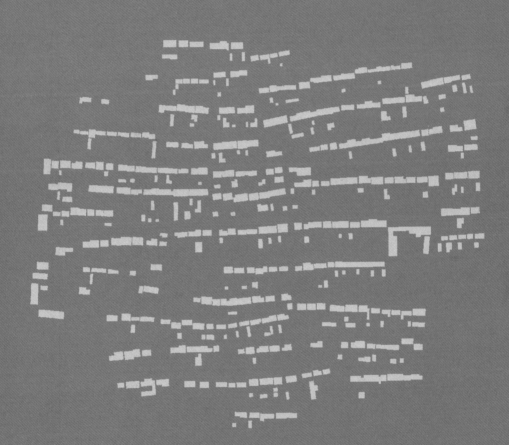

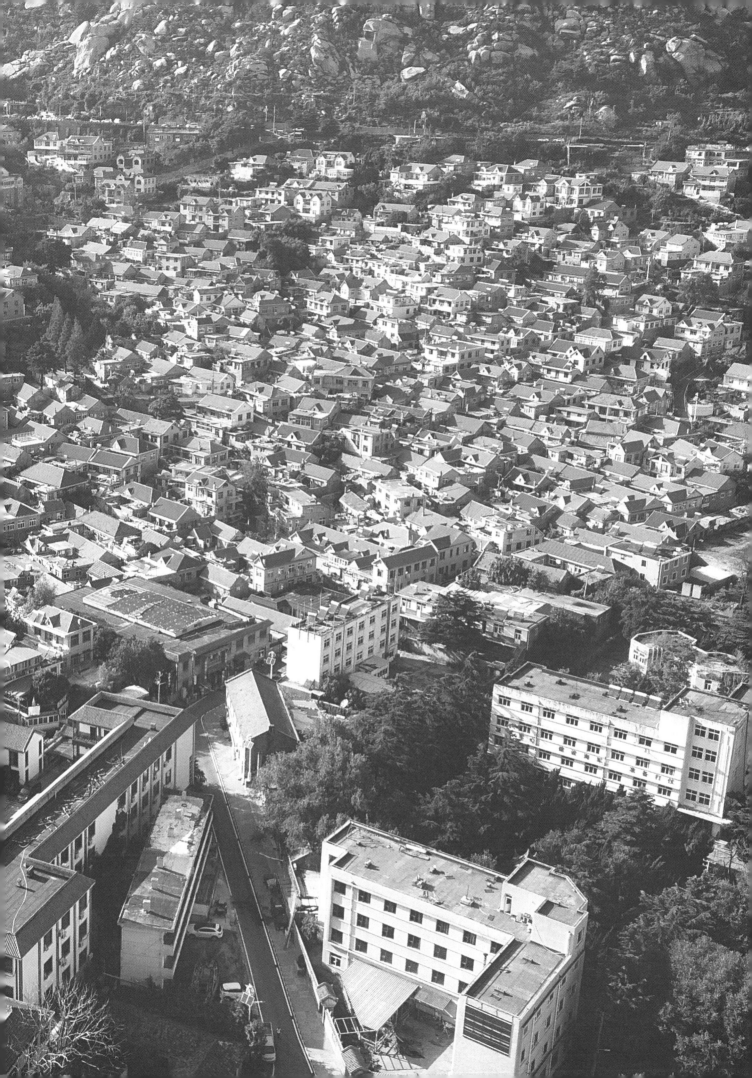

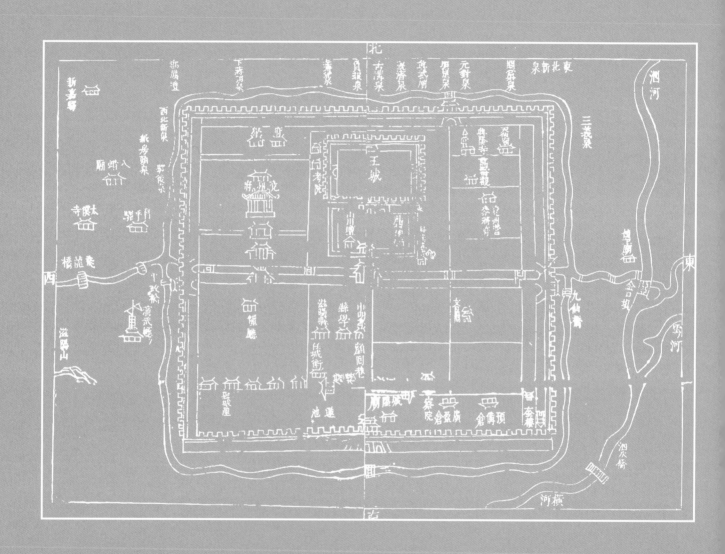

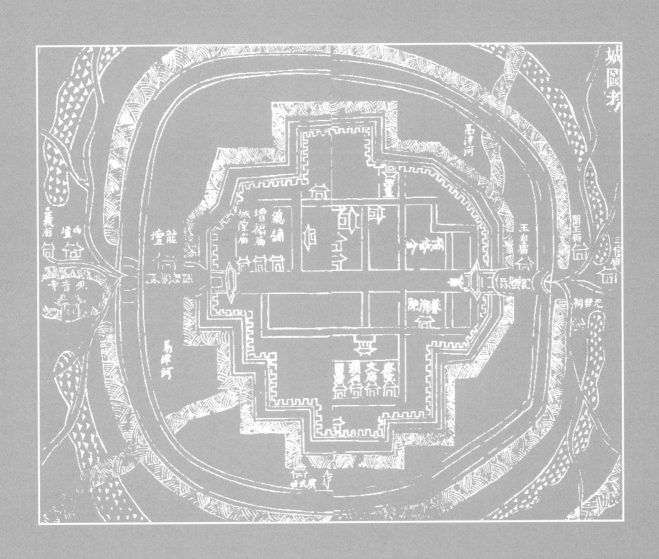

山东

聚

落

国家出版基金项目

国家重大出版工程项目
『十三五』国家重点图书

中国传统聚落
保护研究丛书

山东聚落

高宜生　王代赟　等　著

中国建筑工业出版社

总编委会

《中国传统聚落保护研究丛书　山东聚落》

高宜生　王代赟　等　　著

调查研究与参写人员：张 云　焦鸣谦　王雪茹　王嘉霖　杨皓舒

　　　　　　　　　　刘婉婷　徐靓婧　刘 珊

审 稿：陆 琦

一、引子

中国传统文化将一个地方的环境气候和风俗民情的特质和韵味称为"风土"。《国语·周语上》韦昭注："风土,以音律省土风,风气和则土气养也",即从当地方言的乡音民谣中便可感知一方土地、民风的文化气息,因而"风土"一词与英文的Vernacular近义。"风"指风习、风俗、风气,"土"指水土、土地、地方,所谓一方水土养育一方人,供奉一方神,从这个意义上,"风土"与西方的"场所精神(Genius Loci)"也有一定的关联性。日本近代哲学家和辻哲郎著有《风土》一书,他对"风土"的定义是自然环境气候诸因素加上"景观",这里的"景观"应指审美角度的自然和人文两个方面,二者相融合的文化景观就是一种典型的传统聚落。

然而,在当今乡村振兴的时代大潮中,传统聚落最常见的关键词是"乡土"而非"风土",差不多已约定俗成了。"乡土"一词是中国农耕社会中故乡、家乡、老家和乡下的意思,至今中国社会还延续着这个传统的语义。但中文"乡土"与英文Vernacular的语境存在差异,因为西方并不存在以宗法制为基础的传统乡民社会,其乡村也就不会有类似于中国"乡土"的概念内涵。而乡村的发展前景是要走出农耕语境的乡土,留住文化记忆的乡愁,延续场所精神的风土,再造生态文明的田园。再说自近代以来,乡土并不包括城里的传统聚落,比如北京的胡同,西安、成都、苏州的巷子,上海的弄堂等属于"风土"而非"乡土"的范畴。

自1930年朱启钤先生发起成立中国营造学社以来,在梁思成和刘敦桢两位学科巨擘的引领下,我国建筑界对传统民居和乡土建筑的研究持续推进,成就斐然,形成了传统建筑研究的一大专业领域。但如何使这些研究更多地关联和影响城乡建设的进程,对整个建筑类学科都是一个很大的挑战。

二、中国传统聚落的源流与特征

1. "匝居"与城乡同构

中国传统聚落营造的信史可追溯到商周时期的聚落遗址。其中有关"营造"的最早文字记载见于《诗·大雅·灵台》："经始灵台,经之营之"。这里的"经",是策划、管控的意思;而"营",原意即"匝居",是围而建之的意思,例如"营窟""营市(阛、阓)""营垒""营国"等一系列聚落营造范畴的词汇。因此,古代聚落即以"匝居"的方式,形成血缘的乡村聚落,地缘的城邑聚落,以至作为国家统治中心的都邑聚落——都城。这些华夏聚落以宗庙或祠堂为空间秩序的中心,以城垣壕堑为空间领域的边界，虽层级和功用不同，但从深层构成看却大多同构，保持和发展着"匝居"的聚落营造方式，从而部分地诠释了城乡一体的"亚细亚生产方式"学说。因为，一方面，许多乡村聚落拥有城垣、堡楼、街坊、庙宇等要素，俨如一座座城邑，如从汉代的"坞堡"到明清的庄寨、围堡均是如此；另一方面，城邑甚至都邑虽然看上去坚固伟岸，依然不过是政治权力和经济活动高度集中，等级制度极为森严，壕堑防卫更加严密，水平向扩展开来的巨型村寨而已，是乡村聚落的放大升级版。

2. 聚落原型与变换

从"匝居"的外在方式到聚落的内在构成，可以看到中国传统聚落源于商周"井田制"的"井"字形空间概念及其原型意象。所谓"井田制"，即以王室收取贡赋为目的的土地经营制度和划分方式。如周代王室拥公田，公卿以下据私田，遗有周代理想的营国制度，以百亩为夫，九夫为井，九井为国（都邑）。据此制度，田野的纵横阡陌就演变为聚落内经纬交错的街衢，并围合成间、里等空间尺度及单位。后世的里坊、厢坊、街坊，以及后来的胡同、街巷和弄堂等都是这样演变而来的。但这一"井"状网格空间原型的聚落并非处处趋同，而是因地制宜，异彩纷呈，依循了"因天材，就地利，故城郭不必中规矩，道路不必中准绳"（《管子·立政篇》）的变通法则，适应地理环境和地貌条件的差异而产生拓扑变换。这就犹如某种语言，尽管"方言"各异，但"句法"和"语义"相通。或许以这样的解读，方可辩异认同、知恒通变，把握住中国传统聚落的结构本质及其演变方向。

3. 水系与聚落分布

中国传统聚落源于近水的邑居，据《史记·五帝本纪》："禹耕历山……一年而所居成聚，二年成邑，三年成都"。其中，对水畔、雷泽、河滨等的劳作场所描述，均寓意了聚落是伴水而生的文化地景。甲骨文中的"邑"字右边旁加三撇表示傍水，即"邕"字的金文来历，同样表示聚落即环水的邑居。除了统治与防卫上的考虑，古代聚落选址的首要地理条件，是必须依傍满足漕运需要，方便物资供给的水系。因此，自上古以来聚落选址一般都位于大河的二级台地或其支流的一级或二级台地上。在物流以漕运为主的古代，这些水系可以说是聚落生存的命脉，对于都城而言尤甚，如长安、洛阳、汴梁（开封）沿黄河及其支流东西走向一字排开，建康（南京）、江都（扬州）濒临江淮，北京（涿郡）和临安（杭州）则处于南北大运河的两端。实际上历代中心聚落——都城在空间上的移动，均因应了文化地理的条件和漕运线路的兴衰，并与社会动荡、族际战争和人口迁徙相伴随。

4. 乡村风土聚落

在中国古代，与城邑聚落不同的是，乡村聚落社会是按血缘关系和经济共同体为纽带所形成的聚居系统，聚族而居的社会秩序和居住形式仰赖宗法制度维系，特别是自宋代以来，程朱理学倡导"敬宗收族"，形成了以祠堂、族田和族谱为核心的宗族组织及其聚居制度，宗法的社会结构更加趋于自组织化。但由于特定地域下的自然环境（如气候、地貌、水土、材料等）和人文环境（如宗法、宗教、数术、仪式等）的差异，聚落中的宗法秩序和空间布局亦有着同中有异的呈现方式，营造活动很少有统一法式的约束，较之城邑营造更加因地制宜，灵活多变，因而在与自然地景为一体的有机生长中，保留了纯朴的古风和浓郁的地方性，可以说是千姿百态，谱系纷呈，表现了与西方的"场所精神"相类似的地方特质。以下按地理纬度和等降水量线，将中国各地域的聚落建筑分为四个区段。

1）农耕—游牧混合地区，即400毫米等降水量线以北半干旱北方地区的聚落建筑。如昆仑山南北侧和蒙古草原上游牧民族的帐幕、蒙古包；塔里木盆地周缘突厥语族—东伊朗民族的木构平顶阿以旺住宅；青藏高原上的藏式碉房，甘青地区各族建筑元素相混合的"庄窠"式缓坡顶两合院与三合院，以及青藏高原东部边缘的羌式碉房及合院等。

2）西北、华北和东北地区，即400毫米等降水量线以南至800毫米等降水量线以北之间半湿润北方地区的聚落建筑。如豫、晋、陕、甘各式窑洞，木构坡顶及包砖土坯（胡墼）墙房屋组成的晋系狭长四合院；东北、京、冀、鲁、豫木构坡顶、平顶、囤顶建筑构成的宽敞四合院等。

3）西南、江淮、江南地区，即800毫米等降水量线以南湿润地区的聚落建筑，如川、黔、桂、滇地区，以穿斗体系、干阑—吊脚为显著特征的楼居及合院，藏缅语族各民族的"土掌房""一颗印"（"窨子屋"）"三坊一照壁"等合院；湘、赣、闽北地区"四水归堂"的天井合院或"土库"建筑；江淮地区介于南北方之间的合院和圩堡；徽州地区以堂楼为中心，高耸的马头墙、墙厦、精工木雕、楼面地砖为特色的天井合院；江浙地区穿斗—抬梁混合式的多进厅堂和宅园等。

4）华南地区，即大部处于1600毫米等降水量线范围的高湿多雨地区聚落建筑，如闽南、粤北地区客家、潮汕（闽系）聚落以夯土墙和木屋架构成的大厝、土楼、土堡、围龙屋；粤南广府地区大屋、天井、冷巷构成的合院群等。

总体而言，延续至今的乡村传统聚落基本上都是明清以来的遗存，说明经过两晋南北朝开始的由北而南为主流的历次民族、民系大迁徙，明清时期各地乡村建筑相对稳定的地域分布格局已基本形成，可以从民间流传的营造匠书和聚落族谱中得到印证。如元明之际的《鲁般营造正式》、明万历年间的《鲁班经匠家镜》和清末民初的《营造法原》等，对江南地方的民间建筑影响尤其广泛。

至于少数民族地区的乡村传统聚落，因源于不同的文化传统，其构成及相互关系比较复杂，与汉民族聚落也存在交融现象。比如，明清两代逐渐推进"改土归流"，在南方的少数民族地区以"流官"管理制取代"土司"世袭制，推进了汉族与少数民族的异质文化交融，但后者的"熟化"（或"汉化"）程度，大大超过了前者的"夷化"。

自1930年中国营造学社成立以来，在梁思成和刘敦桢两位学科巨擘的引领下，建筑史界对乡土民居的研究成就斐然，形成了传统建筑研究的分支领域。跨世纪以来，建筑史界对传统民居的人文地理背景和建筑形态分布区系已有一些学术探讨，并有过以传统建筑结构类型为主线的地域区划专题研究。但是这些研究成果怎样对城乡改造中的遗产保护难题产生积极影响，还有待实践中的借鉴和运用。

三、城乡改造与传统聚落

1. 消亡中的乡愁载体

自19世纪末以来，直到改革开放之前，传统中国逐渐从农耕文明走向了工业文明，演变进程是相对缓慢曲折的。尽管传统聚落的宗法社会结构已经崩解，但血缘和宗族关系依然得以延续，聚落的空间结构和传统风貌依然大致如故。随着近30年来城镇化和城乡改造浪潮的冲击，传统聚落的文化特征已发生巨变，大部分古城只保留着少量的历史文化街区。作为乡村传统聚落的大多数村镇，经过撤并集聚或自发式改造，使原有的自然和社会生态系统瓦解或巨变，残留下来比较完整，较多保留着原生态风貌的多在边远山区，占比很大的部分已破败不堪，或被低质化改造，总体上正以极快的速度趋于消亡。

据中外学者的研究，民国时期的城镇化水平不过10%左右，中华人民共和国成立直到改革开放前也只达到17%左右。20世纪70年代末改革开放以来，城镇化开始飞速地发展，城镇化率2018年已达59.58%，其中城镇户籍人口42.35%（包括拥有宅基地的部分镇人口和城中村人口），与欧美约75%～85%及日本93%的城镇化率相比仍差距明显。截至2016年，我国乡村自然村仍有244.9万个，基层自治管理单位"村民委员会"52.6万个，乡村户籍人口7.63亿，常住人口5.6亿，在本地和外地谋生的农民工约2.88亿。2017年全国城乡人均收入倍差2.72，一些贫困的山区和边远地区农村人均收入与全国城乡平均收入倍差则远高于这个数字，这些地方的衰败或空村化现象更加严重（数据来源自2017年、2018年国家统计局公布的数据）。

虽然这种文明进程在任何一个走向现代化的农耕社会迟早都会发生，但是中国作为人类文明诸形态中唯一保持了连续性进化的国家，文化传统的基因和源头即存在于城乡传统聚落之中。这一"乡愁"载体的消亡，不但会使国家和地方失去身份认同的文化根基，而且会使城乡一体化发展的战略目标发生偏差。

2. 风土建成遗产

在中国传统聚落的话语体系中，"民居"是对功能类型而言，"乡土"是对乡村聚落而言，而"风土"是对城乡聚落及其文化地理背景而言，三者均属同一范畴。因此，乡村聚落也是最具文化载体性的风土聚落，呈现了各个地域环境、气候和民族、民系背景下异彩纷呈的风土特质。西方的风土建筑研究可以追溯到法国18世纪新古典主义理论家德·昆西（Quatremère de Quincy），他最早指出了建筑语言的风土（Vernacular）和习语（Idiom）属性。到了当代，英国建筑理论家兼乡村爵士乐作曲家鲍尔·奥利弗（Paul Oliver，1927—），集风土建筑研究大成，在1997年出版了覆盖全球的《世界风土建筑百科全书》（Encyclopedia of Vernacular Architecture of the World），他认为研究风土建筑不只是为了记录过往，对未来的文化和经济可持续发展也是不可缺少的。随后R. 布伦斯基尔（Brunskill R. W.）在2000年出版《风土建筑：一部图解的历史》一书，把20世纪以前定义为"风土建筑时代"，以大量的插图详解了数百年来英国风土建筑在农耕时期和工业化早期的形态特征。

"建成遗产"是经由营造活动所形成的建筑、聚落、景观等文化遗产本体的总称。1999年，国际古迹遗址理事会（ICOMOS）在《风土建成遗产宪章》（Charter on the Built Vernacular Heritage）中，首次提出了"风土建成遗产"的概念，即特定风俗和土地上所建造的文化遗产，其保护价值今已成为全球共识。首先，"聚落建筑"作为风土建成遗产的第一保护对象，是城乡历史环境的栖居场所，也是民族民系身份认同和乡愁记忆的空间载体，携带着可识别的中国传统文化基因。其次，"营造技艺"蕴含乡遗的工巧智慧精华，是对其进行保护、传承和再生的意匠源泉，而只有将传统聚落的营造技艺真正传承下去，保护才是可持续的，才能使聚落遗产长存下去。再次，"文化地景"（或文化景观Cultural Landscape）呈现聚落的环境因应特征，是人工与天工相交融的在地景观。韩国建筑师承孝相，为了表达地景建筑创意，生造了"Landscript"（地文）一词，本意是强调人的活动在土地上留下的印记，就如大地书写一般。显然，"地文"需要保护和续写，即像日本的"合掌造"民居、中国的西递—宏村那样，严格保护好聚落遗产标本，激活历史环境的"场所精神"（Spirit of Place），在新建筑中创造性地转化风土建成遗产的原型意象。

3. 国家级聚落遗产

根据住房和城乡建设部和国家文物局颁布的最新保护名录，中国传统聚落列入国家保护名录的有三大类，均可看作风土建成遗产。其一为100多处"国家重点文物保护单位"身份的传统聚落；其二为国家历史文化名城、名镇、名村，包括135座"名城"、312个"名镇"和487个"名村"；其三为6819个部分由国家财政资助保护的"传统村落"。此外，皖南古村落西递—宏村、福建土楼、开平碉楼与村落，以及红河哈尼梯田文化景观等4项乡村传统聚落及景观被收入世界文化遗产名录。

这其中的传统村落数量最为庞大，部分还同时具有国家级历史文化名村及重点文物保护单位的身份。其分布特点为：南方约占全国总量的78%，大大多于北方；山区多于平原、盆地，如晋、湘、滇、黔、闽的山区占比超过全国总量的二分之一；方言区多于官话区，如晋系方言区约占北方各官话区总和的40%左右；工业化、城镇化起步较晚的地区多于起步较早的地区，如西北地区多于东北地区；城乡人均收入倍差相对较高的地区多于发展水平相近的较低地区，如贵州、云南处于全国传统村落数量排名前列。

上述的三大类传统聚落遗产保护系列中的前两类，有着相应的国家保护法规及实施细则，生存问题相对无虞。而第三类——传统村落量大面广，没有直接的相应保护法规作保障，其生存问题看似有国家财政资助，实际状况则堪忧。

四、传统聚落的保护与活化

1. 模式与问题

对风土建成遗产的专项保护，比较典型的首推北欧斯堪的纳维亚半岛的挪威和瑞典，这里在第二次世界大战前最早以民俗博物馆的方式，保护和展示当地的风土建筑，这种方式随后风靡欧洲大陆和英国。1952年英国"古迹委员会"将18世纪以前的风土建筑均纳入了保护名录，特别值得注意的是，英国将乡村划为120个自然区和181个特色景观区，这是可以借鉴的乡村文化地景谱系保护策略。日本于20世纪70年代兴起的"造村运动"，是通过农业升级改造、乡村特色塑造和技术培训投入，提振乡村经济社会活力和磁力，最终使乡村聚落得到活化和再生。聚落遗产保护和传承是其中的一个部分，如长野县的妻笼宿和岐阜县的马笼宿，其风土建成遗产在存真、修缮、翻建、活化等方面皆有坚定的价值坚守和丰富的保护经验，可供中国乡村风土建成遗产保护和再生实践学习借鉴。

我国城乡风土建成遗产保护与活化前后已历20载左右，经验和教训并存，其中数量占大多数的乡村聚落遗产保护与活化主要有三种模式。第一种为国家文博体系和大型国企主导的乡村博物馆模式，如山西的丁村、陕西的党家村、湖南的张谷英村、福建的田螺坑土楼群及玉井坊郑氏大厝等，经费、法规、导则等条件较为完善，部分村民通过村委会组织参与经营活动受益。第二种为社会企业主导的风土观光综合体模式，乡村聚落遗产由企业与当地政府、村自治体——合作社以契约形式合作及分成，如安徽黟县宏村、浙江松阳县村落、山西沁水县湘峪村、福建连江县杜棠古村三落厝等。第三种为村自治体主导风土生态体验区模式，以由村自治体所属企业及乡村活化能人掌控风土观光资源，进行乡村聚落开发，村民参与其中的相对较多，受益也相对大一些，如安徽黟县西递村、山西平遥县横坡村、陕西礼泉县袁家村、山西晋城市皇城村、福建屏南县北村等。

不可忽视的是，乡村聚落遗产在保护和活化中存在一些带有普遍性的问题和挑战：一是大多没有以乡村经济、社会的改造升级为根本前提，而是过多地依赖于旅游资源的消耗；二是管理政出多门，既条块分割，又一事多管，造成一些村落一村多名，准入标准和处置方式交错低效；三是原住民生活资料——集体土地、宅基地和房屋处于不确定的流转状态，所有权和使用权分离，但土地与房屋租金普遍低廉，收益分配不成比例，原住民的公平共享诉求难以兑现，存在着大量的权益矛盾和法律纠纷，潜在的社会风险已然存在；四是维修和民宿化改造等多为村民自发行为，存在严重的安全隐患，如结构安全意识薄弱，涉及公众安全的强制性技术规范和安全施工监管缺位，消防间距、人身防护不合规范的状况随处可见，声、光、热等室内环境控制指标大都达不到基本使用要求；五是宅基地内滥建低质楼监管缺失，低质翻建率常在一半以上，严重的达70%~80%，使村落风貌严重失控，而招揽观光的利益驱动导致拆真造假现象也随处可见；六是薪火相传趋于中断，大部分营造技艺面临失传，由于种种原因，"非物质文化遗产传承人"名誉并未起到明显的弥补作用，传统意匠及技艺存续与再生尚待突破，新旧修复材料融合手段薄弱等问题普遍存在；七是同质化严重，社会资金普遍投入乡村聚落保护与再生项目的可能性有限，而传统村落依赖国家财政扶持也是很有限的，且不可持续。

2. 标本保存谱系化

当下我国城乡风土建成遗产的保护与活化，首先并不是个建筑学问题，而是涉及保护什么，如何保护，怎样活化的实质性问题，与经济、社会的可持续发展背景息息相关。从物种标本保存的战略眼光看，传统聚落保护与活化的前提是对聚落遗产标本的保存和研究。

少量被定格在某个历史时期或文化样态下的聚落遗产，比如平遥、丽江古城以及各地名镇、名村一类进入各种遗产名录，是受到严格保护的风土建成遗产标本。但这些遗产标本只是聚落遗产中极小的一部分，我们认为，实际上需将我国城乡风土建成遗产按民族、民系的语族区或方言区进行全覆盖，成体系地作分类分级梳理，为后世存续完整的风土建成遗产谱系标本，兹事体大，关及国家和地方历史身份和文化传承的根基。因此，应依风土建成遗产谱系统一甄别、筛选和认定聚落遗产，再以地景修复、聚落修补和技艺传承为基础，将之纳入再生过程。当务之急，是应对其谱系构成缘由与分布有比较系统的认知。

由于语言作为文化纽带的重要性仅次于血缘，而风土在语言学上的含义，即连接一个地方聚居群体的交流媒介"语缘"，既可代表不同的文化身份，也可作为判断各文化身份间亲疏关系的参照。因此，从文化地理学和人类学的角度，可尝试以民系方言和语族—语支为参照，对各地风土建筑做出以"语缘"为纽带的谱系分类区划。总体上看，历史上语族相近，说明有相关的文化渊源；语族的方言或语支相通，说明血缘和地缘存在关联性。传统的汉语族—方言和少数民族的语族—语支是在漫长的历史变迁中，由于地理阻隔及民族、民系迁徙所形成的。虽然建筑谱系和语言谱系是否完全对应确是个问题，但设若不同族群在语言上可以交流，则其聚落及建筑一般也会存在交互关系。

参照语言人类学家的语缘区划，汉藏语系的汉语族民族民系聚落及建筑谱系主要可分为：其一，东北、华北、西北、江淮和西南等五大官话区建筑谱系；其二，华北的晋语方言区建筑谱系；其三，江南的吴语、徽语、赣语和湘语四大方言区建筑谱系；其四，华南的闽语、粤语和客家语三大方言区建筑谱系。少数民族语族区聚落及建筑谱系主要可分为：其一，西南地区汉藏语系藏缅语族17个民族的建筑谱系，壮侗语族9个民族和苗瑶语族3个民族的建筑谱系；其二，北方地区阿尔泰语系突厥语族7个民族，蒙古语族6个民族和通古斯语族5个民族的建筑谱系等。此外，还有少量西北地区印欧语系斯拉夫语族和伊朗语族的民族的建筑谱系，以及华南地区南亚语系和南岛语系民族的建筑谱系。以这样的谱系认知方式，对风土建成遗产谱系遗产的标本系列进行谱系化的保护，是有重要意义的一种尝试。

突厥语族区建筑		其他区建筑	蒙古语族区建筑		其他区建筑	通古斯语族区建筑		其他区建筑
定居区	游牧区		定居区	游牧区		定居区	渔猎区	
北方官话区西部建筑			晋语方言区建筑			北方官话区东部建筑		
河西	关中		北部	中部	东南部	京畿	胶辽	东北
西南官话区建筑				北方官话区中部建筑		江淮官话区建筑		
滇	黔	川	鄂	豫	鲁	淮	扬	
藏缅语族区建筑				湘语方言区建筑	赣语方言区建筑	徽语方言区建筑	吴语方言区建筑	
藏区	羌区	彝区	其他	湘西 湘中 湘东	豫章 临川 庐陵	歙县 婺源 建德	苏州 东阳 台州	
壮侗语族区建筑			客家方言区建筑			闽语方言区建筑		
壮区	侗区	其他	西部	中部	东部	闽中	闽东	
苗瑶语族区建筑			粤语方言区建筑			闽语方言区建筑（闽南）		
其他区建筑			桂南	粤西	广府	潮汕	南海	台湾

我国民族民系风土建成遗产谱系分布示意图

3. 大量性传统聚落的出路

　　除了经典传统聚落风土建成遗产谱系的标本保存，大量性的传统聚落，特别是乡村聚落，总体上面临着景象劣化、原有建筑被大量低质改建、乡村经济和民生有待振兴的境况。因此，需要将聚落有机更新和文化地景再造，作为未来发展的主要方向。实际上，对大量性传统聚落的可持续发展而言，实践中应考虑保存有标本价值的聚落典型建筑，延承风土营造谱系所曾依存的地貌特征、空间格局和尺度肌理，再造出隐含着某质原型、适应生活变迁的新风土聚落及文化地景。

　　此外，传统聚落遗产管理系统和遗产归口的合理化，遗产运作的信托化，遗产基金、社会"领养"

和活化途径的模式化，营造技艺传承的制度化，以及保护技术的系列化等，都应作为传统聚落保护与再生的改进方面加以关注和实施。

五、关于丛书编纂

这部丛书是第一部关于中国传统聚落特征与保护的大型研究集锦，内容覆盖了各省市自治区传统聚落的历史溯源、地域特征与现存状态、保护与活化的方法与途径，以及未来走向的展望等。丛书中的"传统聚落"聚焦于狭义的"村"和"镇"，并可选择性地涉及"城"，即"县"或"市"的老城区，如北京的胡同和上海的弄堂。书中内容兼顾理论观点和叙述方式的历史性、逻辑性和独特性，引述材料要求真实可靠，体例同中有异，充分表达地域特征，并将之纳入史地维度和经济、社会发展的叙事语境。保护与活化内容要求选取兼顾普适性和典型性的工程实践案例，对乡村振兴中的建成遗产存续和再生问题进行全方位的讨论。由于本丛书仍是以行政区划单位作为各分册的研究范畴，难免存在少量跨省市区之间的互涵和重复内容，但作为一部大型丛书，总体上还是完整统一的，其中不少篇章都可圈可点，对乡村振兴和传统聚落的未来探索有多方面的参考价值。

（本文主要内容及参考文献见《建筑学报》2019年12期）

中国科学院院士、同济大学教授
己亥夏至于上海寓所

聚落，是人类聚居和生活的场所，《汉书·沟洫志》曰："或久无害，稍筑室宅，遂成聚落"。聚落这一概念最早出现时是为了描述区别于都邑的居民点，现在已泛指人类生活地域中的村落和城镇。聚落是在各个地域内发生的社会活动、社会关系和特定的生活方式，并且是由共同的人群所组成相对独立的生活空间和领域。传统聚落主要是指具有一定历史性的城乡聚落，拥有物质形态和非物质形态的文化遗产，是先人运用自己的智慧，依据自然、气候、地理、习俗等环境因素建立的适宜的居住空间，同时具有较高的历史、文化、科学、艺术、社会、经济价值，能够反映一定历史时空的社会物质文化与精神文化的重要载体。

传统聚落是人们与自然协调过程中不断地尝试和调整所形成的，是在一定的时空条件下的总结。传统聚落是一定地域空间范围内的人文现象，它既是一种空间系统，也是一种复杂的经济、文化现象和社会发展过程。其起源、形成、发展均在特定地理环境和社会经济背景中，通过人类活动与自然相互作用下的结果，是对自然地理条件、社会治理结构、文化机制作用等多方面的缓慢调整适应，既是人类不断地适应、改造自然环境的实践积淀和智慧结晶，也是特定地域环境人地关系的空间反映。正如本套丛书之一《云南聚落》编写作者杨大禹教授所说："几乎所有的传统聚落，作为联系自然环境和人文环境的中介，从它们的地理分布、外部整体形态、内部空间结构，到聚落与周围自然环境、山水地形的紧密关系，都体现出因地制宜、和谐有机的共同规律。"这些共识是协调当地的地理条件、社会风俗与生活方式等积累而成的。在以聚居为主的生活模式下，都会充分考虑到聚落的环境特点，尽量找到资源配置最为合理、微气候最为和谐的场所。聚落形态与民居建筑形式的存在，与人们应对自然环境的生理、心理需求有着千丝万缕的联系。所以，传统聚落都能反映出在一定的地域空间环境、一定的民族和一定的历史时期所承载的建筑文化底蕴。

传统聚落作为中华文明的一种载体，凝聚着具有地域性、民族性与艺术性的布局特色和建筑风采，以及文化习俗下构成的聚落分布、空间格局、生产模式、景观形态等风情各异、千姿百态的元素。传统聚落是先人们长期适应自然，与自然和谐相处的历史见证，凝聚着中国悠久的农耕文明，展示着人们自古至今的生存智慧，可以说，传统聚落承载着中华文化精华和中华民族精神。所以，保护传统聚落就是维系中国传统文化的延续，就是在保护中华文明的根。

对于聚落空间的研究，既要把控聚落自身各种要素以及各要素之间的相互关系，也要关注聚落内部空间与聚落外部空间之间的关系，从而进一步了解单个聚落与同一个地域内其他聚落之间的关系，以便获得对聚落空间完整概念的把握。通过对传统聚落特色的系统研究，包括将传统聚落的不同历史发展阶段，各种历史文化要素和不同形态载体归纳合一，作为相互交融、贯通的体系来研究，从理论层面上梳理传统聚落各种有关形成、发展、演化的普遍规律和地区特征，挖掘其精神文化及生命智慧，发现其内在的文化价值，尊重其自身的运营机制，肯定其在现代聚落发展中的积极作用，以丰富我们对于人类聚居的认识。

长期以来，我们的先人经过不断的实践，运用了他们的丰富智慧，无论在聚落总体布局或在民居建筑技术、艺术方面都取得了很高的成就，积累了丰富的经验。传统聚落生存智慧拥有中国优秀传统文化的内核，是体现传统建筑智慧最具特色的代表。如何重新再认识传统聚落所具有的地域性、民族性与文化多样性特征，进一步发掘潜藏其中的营建技艺、理论精华和创造智慧，寻求传统聚落的持续发展相应的理论支撑，是我们当前重要的课题。当然，蕴含着中华文化基因的传统聚落更是当代建筑文化特色形成的基础，值得我们去进行研究、总结、学习和借鉴。

"中国传统聚落保护研究丛书"各卷作者综合运用文献研究法、调查研究法、比较研究法、定性分析法等科学研究方法，建构传统聚落研究的基本思路。采用文献分析、田野调查、理论研究与实证分析结合、系统化分析等方法，通过对学术文献、地方志、文书族谱等史料资料进行梳理筛选，对现有传统聚落进行建筑测绘、口述访谈，在吸取前人研究成果的基础上，归纳总结我国传统聚落发展特点及其背后蕴含的丰富文化和物质内涵，从整体上考虑多元文化影响下的传统聚落特征。丛书作者在编写过程中，借鉴历史学、社会学、建筑学、城乡规划学、文化地理学、景观生态学等跨学科交叉的思路，采用融合融贯的研究模式，既对传统聚落的基本共性特点归纳总结，也对受各区域条件影响的传统聚落比较分析，从整体上来把握研究对象。

在新时代的聚落发展和建设中，对传统聚落的保护与研究就显得尤为重要。传统聚落所呈现出来的优秀空间格局与营造技艺，不仅能给聚落的保护更新提供更为合理的方法途径，同时也能为新时代的聚落建设提供更多的方式方法及可能性。探究历史文化基因的内在联系，研究传统聚落的起源、演变、特点和价值，为传统聚落的传承提出依据，以便于更好地加以保护与利用。与此同时，在弘扬与传承优秀传统文化的基础上，探寻传统聚落发展模式及其保护的策略与原则，对保护与更新提出更为具体的要求与措施，构建整体保护的格局理念，以及与其相适应的、分级分类的传统聚落保护体系，更好地把握传统聚落在当代的发展道路与方向。

"中国传统聚落保护研究丛书"的编写希望以准确翔实的史料、精确细腻的测绘、真实生动的图片来全面展示中国传统聚落悠久的历史、灿烂的文化、淳朴的民风。由于各地区的状况不同和民族差异，以及研究基础也会参差不齐，故在编写中并未要求体例、风格完全一致，而以突出各地区传统聚落自身特色，满足各地区建设的需求为主。同时，丛书的编写，也希望对全国各省、直辖市、自治区传统聚落保护与传承、历史街区与传统村落建设，以及城乡人居环境提升起到重要的参考与指导作用，这是本套丛书研究编写的目的和意义所在。

2020年11月16日

　　传统聚落作为乡土文化遗产的主体，是传统社会与传统建造体系的产物。那些基于特有自然、文化因素形成的与环境相适应的乡土聚落，作为独特的文化景观，蕴含着人类对居住地气候、地理条件适应的智慧，承载着不同地域优秀的原生文化，是随着传统社会人们的生产与生活实践逐步形成和发展起来的，凝结并彰显了传统乡民在道德情感、社会心理、风俗习惯、行为规范与方式、理想追求等方面的表达。如国际古迹遗址理事会《关于乡土建筑遗产宪章》所强调指出，这些乡土聚落遗产既是一个社会在文化层面的基本表现，也是该社会与其所处地区关系的基本表现，同时也是世界文化多样性的基本表现。[①]

　　山东乡土聚落是我国传统聚落文化遗产的一个重要组成部分。总体而言，这些在长期农耕与渔猎文明传承过程中逐步形成的传统聚落与民居，凝聚着地方历史的记忆，反映了文明进步的轨迹，包含着人类与自然和谐相处的经验与智慧；生长于兹乡的人们世代延续、族群传承，衍生了独特的文化传统、地方方言、神祇信仰、节庆习俗，寄托着先辈天人合一、耕读传家等美好愿望。这些凝结着传统栖居智慧的乡土聚落，以其独特的乡土景观环境、风情各异的民俗文化面孔，构成了山东各地域完整的区域乡土文化遗产精髓和空间记忆。

　　然而，如刘甦先生指出：在我国过去三十多年所经历的人类历史上最为快速的现代化发展和社会转型进程中，以传统聚落为主体的乡土建筑遗产及其传统营造技艺正面临迅速消亡的窘境——大规模的城市化进程使得作为人口输出地区的乡村面临着现代农业发展乏力，农村环境问题突出，留居人口低龄化、老龄化，农村空心化等诸多社会问题，由此造成了乡土聚落文化遗产保护与可持续发展的复杂挑战。[②]而如何应对这些挑战，是社区、政府、规划师、建筑师、保护工作者等多学科专业群体必须合作面对和熟悉的基本问题。[③]

　　因此，在本书的准备过程中，乡土文化遗产保护国家文物局重点科研基地（山东建筑大学）团队坚持以实地走访、田野调查、勘测研究为原则，立足于对省内乡土聚落遗产的物质空间与传统营造技艺的

---

① ICOMOS. Charter on the Built Vernacular Heritage（1999）. Ratified by the ICOMOS 12th General Assembly, in Mexico, October 1999.
② 刘甦. 2019济南中欧乡土遗产论坛专辑弁言［J］. 住区，2020（01，02）：6-7.
③ 同注①.

真实性、完整性采集记录工作。从2016年至今，我们先后完成了对山东省17个地市百余县区的实地调查研究工作，掌握了大量第一手资料；期间还承担了"山东省乡村记忆工程总体规划"和《历史文化名村保护修建指南》国家标准的编制等相关项目委托，阅读了大量前辈学者的相关著述文献，为书稿的写作奠定了坚实的基础。

面对山东省传统聚落资源丰厚、历史悠久、特色鲜明的实际情况，我们尝试以城乡规划、建筑学专业视角入手，以聚落风貌、乡土建筑空间、传统营造技艺等内容作为写作重点，从多元文化交融视野去理解探究山东传统聚落所蕴含的地域文化演进模式、地方历史记忆，以及山东先民与自然和谐相处的经验智慧。本书首先由山东地域不同人文地理环境的差异性入手，探讨了山东传统聚落在选址择地、风貌格局、街巷排布等方面的特点；其次，由传统聚落的空间构成单元——院落入手，探讨了其在漫长的建造历史中所积累的空间构成手法与技巧；继而聚焦传统聚落的基本构成单位——建筑，介绍了与其匠作特点和意匠精神所相对应的传统建筑营造技艺体系；最后，根据山东传统聚落具体、系统、完整的基础资料，通过不同层次的分析研究，探讨了山东地域的传统聚落区域类型、栖居智慧与保护之道。

本书由高宜生、许东明、王代赟负责全书统稿与文字完善工作，以及绪论、第一章、第六章的编写，第二章由张云执笔，第三章由王雪茹、杨皓舒、焦鸣谦执笔，第四章、第五章分别由王嘉霖、刘婉婷负责编写。本书主干章节的几位作者，均曾深入参与在山东省内的乡土聚落田野调查，并以硕士论文形式呈现其调研成果。今天，他们都在全国遗产保护领域的不同工作岗位上作为青年骨干发挥着重要作用。借此次《中国传统聚落保护研究丛书　山东聚落》撰写之机，可以把他们此前在实地调研基础上所做的整理与研究成果呈现于此。其专业认识固或仍有待系统深化，其未来进境当未可限量也。

本书是在前辈学者研究基础上所完成的阶段性成果，限于作者水平及时间、条件因素，书稿编写过程中多有遗憾之处。例如，由于篇幅所限，大量实地调研测绘手稿并未完整呈现于书中。总之，种种疏漏不足之处，敬恳有识之方家与读者批评指正。

高宜生

2021年9月27日

目 录

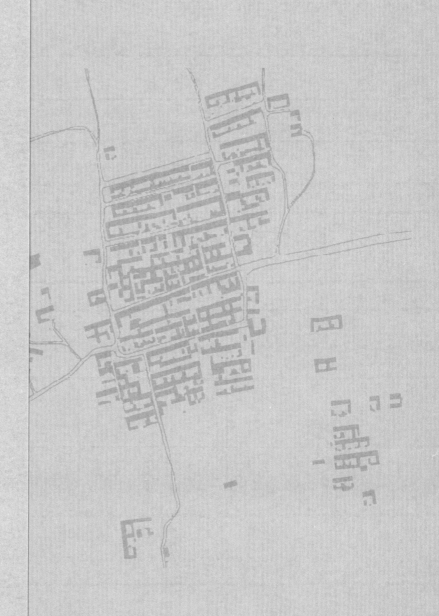

第一章

山东历史地理与聚落演进

山东地处华东沿海、黄河下游，是中华民族古老文明的发祥地之一，素称海岱之地、齐鲁之邦。其北临渤海，与辽东半岛相对峙，扼京津海上门户；东临黄海，与朝鲜半岛、日本列岛相遥望，为中日韩交通之大陆桥；内陆部分自北向南分别与河北、河南、安徽、江苏四省接壤，正所谓北望京津，南拥江淮，西依中原，东临大海，历来为中华形胜之地。山东全省辖16市139县（市、区），民族以汉族为主，回族次之，兼有满族、朝鲜族、蒙古族等少数民族，省内常住人口超过1亿人[①]，位居全国第二。

山东省陆域东西长721.03公里，南北长437.28公里。全省陆域面积15.58万平方公里。其中，山地面积22726.80平方公里，占全省面积的14.59%（相当于济南、淄博、泰安三市面积总和）；水域面积6988.92平方公里，占全省面积的4.49%（相当于枣庄、莱芜两市面积总和）；林地面积24894.46平方公里，占全省面积的15.98%（相当于临沂、泰安两市面积总和）；种植土地面积83845.42平方公里，占全省面积的53.82%；自然湖泊面积1348.55平方公里，占全省面积的0.87%。全省地表覆盖的自然地理要素占82.56%，人文地理要素占17.44%。[②]

第一节　山东传统聚落历史演进与影响要因

从地理环境来看，山东的自然地理特征鲜明地体现了大海与高山辉映、半岛与内陆结合。山东全省地形以泰、沂、鲁、蒙山地为中心向四周降低，向西、向北则逐步过渡为低山、丘陵、山前平原和鲁西北黄泛平原，向南过渡为临郯苍平原，向东过渡为胶莱平原和鲁东丘陵。根据整体地形特点，大致可分为山东半岛、泰沂山地和鲁西平原（图1-1-1）。山东整体气候受大陆和海洋影响，属于亚热带和暖温带季风气候区，气候较为温和湿润，适宜人类耕作居住。

一、遗址考古彰显的山东史前栖居与文化

远在四五十万年前，山东地域就有人类繁衍生息。根据现有考古资料，山东迄今共发现旧石器时代文化遗址和地点120多处，其中古人类化石地点4处，包括地质年代为中更新世的沂源猿人化石地点；细石器文化100余处，主要分布于沂沭河、汶泗河流域，是一批具有时代特征和自身风格的文化遗存；新石器时代遗址1900多处。其中，后李文化是新石器时代中期偏早的文化遗存，距今约8500~7700年，已发现13处。此后发展起来的新石器时代文化，有北辛文化和胶东地区的前大汶口文化（即白石村类型遗存）——其中北辛文化遗址已发现30处，绝对年代距今约7300~6100年；大汶口文化因泰安大汶口遗址发掘而得名，年代距今约6100~4600年，山东境内已发现遗址600余处。大名鼎鼎的龙山文化，因1928年最初发现、发掘龙山镇（今济南市章丘辖区）城子崖遗址而得名，是中国最早的现代田野考古实例。其绝对年代距今约4600~4000年，下限已经进入夏代纪年，是中国古代文明形成的重要时期，在山东境内已发现的龙山文化遗址有1500余处。

① 根据第七次全国人口普查结果在2021年5月21日发布的《山东省第七次全国人口普查公报》，截至2020年11月1日零时，山东全省常住人口总计10152.75万人。
② 本段数据资料与相关信息来自山东省国土资源厅、省统计局在2017年8月3日联合发布的《山东省第一次全国地理国情普查公报》。

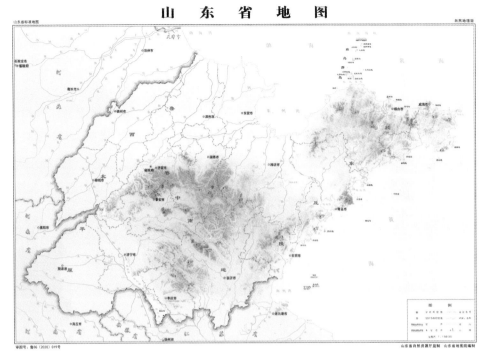

山 东 省 地 图

图1-1-1 山东自然地形地貌［来源：山东省自然资源厅，山东省地图院，审图号：鲁SG（2020）019号］

岳石文化年代大约在公元前2000年～前1500年，其主要因素源于山东龙山文化，又具有自身独特的文化特征，山东境内已发现的该类文化遗址有300余处。[①]

山东商时期的文化面貌比较复杂，至少包含商人文化系统遗存和山东本地的夷人文化系统遗存两个系统的文化因素。山东境内已发现的商时期文化遗存有1300余处（含不能明确区分而笼统称为商周时期的遗存800多处）。山东商时期，一般认为年代界限为公元前1600年至公元前1046年。两周时期，山东地区诸侯国林立，据史书文献记载和考古发掘资料研究，至少存在齐、鲁、逄、薛、莒、滕、郯、鄅、纪、莱、邾、郜、向、邿、徐、杞、费、谭等国。山东省内已发现的两周时期遗址约2300余处，全省17个地市均有分布，其中临沂、潍坊、济宁等市最多均超过300处。这一时期的城址发现有70余座，除临淄齐国故城、曲阜鲁国故城、滕州薛国故城、龙口归城故城以及莒国、滕国、邾国、郯国、纪国、鄅国等二三十座都城外，尚有即墨、曲成、费县、安平、郜城、卞城、阿城等封国重邑故址。而秦汉以来，山东地区一直是经济、文化比较发达的区域之一，汉代以降，山东境内考古发现的古城址有140余处。[②]

通过以上史前至秦汉时期考古遗存数量、位置分布、遗址类型等信息，我们或许不难推断出今天山东境内先民栖居的大致状况：东夷先民史前聚落呈点状发轫于今山东省内各地域靠近平缓水域的台地区域；伴随着时代的延递与发展，其栖居分布区域不断西扩，各地域单元中的栖居地数量不断增加，山东地域的早期文明与文化初具规模；夷商时期，商文化与夷人文化不断交融，至两周时期已方国林立，随着齐文化、鲁文化、薛文化、莒文化等诸多各地文化的不断发展，齐鲁文化由

---

① 本段遗址数据信息自山东省《文物志》《山东考古》等处所载述之山东省内相关考古出版资料。
② 同注①。

此成型。因此，山东传统聚落既源于山东各地域固有土著先民所栖居的不同地理环境单元，亦受到多种早期文明不断交融与发展的影响。

二、山东传统聚落影响要因

山东，最初作为地理名称，主要指崤山、华山或太行山以东的黄河流域广大地区。山东作为政区名称，始于金代。元朝置山东道，明朝设山东布政使司，形成了与今天山东省相近的版图。[①]通观山东省形成之历史，其政区设置对山东历史城镇聚落的形成与文化传承产生过重大影响。历史上，自秦汉至宋元，是山东政区变化最纷繁复杂的时期，秦代设郡，正如汉代应劭《汉官仪》所说，"凡郡，或以列国，……或以旧邑，……或以山陵，……或以川源"，即特别指出了历史文化传承和地理环境的选择。如有历史研究者指出，秦汉设郡大都是以现专区一级范围的古文化古国为基础。秦初设三十六郡，后增至四十八郡，山东居其八，这些都大致奠定了山东后代州府设置的基本格局。

（一）水陆交织的交通条件

交通条件对于传统聚落的形成发展有着极为重要的作用。齐鲁地域自古交通发达——从陆路来讲，自龙山文化时期开始，山东域内就有一条横贯鲁中山地北麓的东西大道，现今从济南东至荣成一线，两侧文化遗存众多，足见古代文化交流之频繁；就水路而言，齐鲁地域有漫长的海岸线，海上交通便利；内河交通则有黄河、汶水、淄水，更有京杭大运河自东南向西北纵贯鲁西平原，沟通南北——发达的交通条件为齐鲁文化与其他各地域文化的交流沟通提供了极为有利的条件，由此

形成了齐鲁地域传统聚落与民居的多元化风貌。

综合来看，齐鲁先民在创造灿烂的古代文明同时，也形成了丰厚的传统聚落与民居建筑文化。从距今6000年前大汶口文化时期的半地穴住宅和龙山文化时期的地面土坯建筑聚落，到战国时期齐国都城临淄的大型宫殿、住宅建筑群；从曲阜孔府、邹城孟府、兖州鲁王府、济南德王府、青州衡王府等贵族世家王公府邸，到烟台栖霞牟氏庄园、龙口丁氏故宅、滨州魏氏庄园等地方豪绅庄园，[②]再到全省各地丰富多样的乡间聚落与传统民居，均是齐鲁先民运用朴素的建造技术，顺应地形地貌，结合气候条件因地制宜、就地取材，在聚落形态、院落布局、建筑构造和细部装饰等方面形成鲜明地域特色的杰出实例。

（二）丰富多样的地理环境

受省内地貌类型多样与自给自足的自然经济影响，山东传统聚落在村落选址、空间形态以及院落布局等方面，均体现出丰富多彩的自然地形地貌特色和就地取材营造的特点。如山地型村落"筑台为基，随坡就势"，通过挖填土方将山坡整理成不同高度的台地。民居院落顺应地形、灵活布局，道路顺坡就势、蜿蜒曲折，形成层层叠叠、充满山野情趣的山地聚落形态（图1-1-2）。鲁西北平原地区地域开阔，耕地面积与宅基地面积较大，其滨州、惠民等地的传统聚落，民居院落南北进深一般都在20米以上（以22～25米居多），东西面阔18米左右，正房多为五间，厢房三间，且多见于四合院。而胶东半岛以山地丘陵为主，海草房村落多选址于阳坡面海、地形较为平缓之处，村落沿山坡横向展开，呈条状布局（图1-1-3）。由于建设用地逼仄，村落房屋密度较大，院落狭小，街道狭窄。海草房民居

① 贾蔚昌，唐志勇. 山东通史·现代卷·上册 [M]. 济南：山东人民出版社，1994：385；山东省地图册 [M]. 济南：山东省地图出版社，2005：171.
② 上述案例详细背景信息参考：王志民. 山东省历史文化遗址调查与保护研究报告 [M]. 济南：齐鲁书社，2008.

图1-1-2　潍坊井塘古村鸟瞰（来源：焦鸣谦 摄）

图1-1-3　荣成市俚岛镇烟墩角村鸟瞰（来源：胡雪飞 摄）

图1-1-4 聊城市东阿县苦山村鸟瞰（来源：胡雪飞 摄）

布局虽多为合院式，但是一般以小三合院、小四合院为主，一进的小三合院或小四合院是其最为常见的形制。

就村落布局形态而言，鲁西北地区地处平原，其传统聚落布局形式以平原型梳式布局为主（图1-1-4）。为调节局部气候，村落常选址建造在前有河流或池塘的地点。村西北多种植层层树木，以抵挡冬季凛冽的西北风。如滨州市阳信县的牛王堂庄，其村落布局具有鲜明的平原地区梳式布局特征，与胶东沿海和鲁中南山区的村落布局相比，更为松散、舒展。而威海、烟台一带的海草房民居，为了防御和抵制海风侵袭，加之沿海岸线可供选择的居住用地紧张，多采用以"团"为主的聚落形式。同时为节省有限的土地、减少热量损耗，建筑一般采用"借山"布局，即毗邻两家东西山墙共用，不留间距。沿街望去，一排排海草房连绵起伏、有曲有直，形成统一多变的聚落街道景观（图1-1-5）。而荣成地处山东半岛最东端，伸入黄海，雨频风多，冬季积雪较

图1-1-5 胶东海草房传统村落街巷空间（来源：闫济、焦鸣谦 摄）

厚，为方便雨水排除、减少屋面雪荷载等考虑，海带草屋的进深都较小，屋面起坡大，屋顶又厚又高。

（三）因地而就的营建用材

就营建用材而言，山东各地的传统聚落就地取材、因材致用，创造出丰富多彩的适宜性建筑构造与建造传统

图1-1-6 枣庄山亭区石板房乡土民居[1]

工艺，体现了齐鲁先民高超的营造智慧与技艺。在经济并不发达的广大农村地区，不仅有效降低了民居的建造成本，同时也形成了山东省内风格各异的地域性乡土建筑特色。如在鲁中南山地区域，广泛分布着火成岩（如花岗岩）、沉积岩（如石灰岩、砂页岩）、变质岩（如板岩）等各种类型丰富的石材资源，其中沂蒙山乡一带的民居，不乏就地取材，以石块砌墙，板岩盖顶，建造石屋，风格粗犷质朴，独具风韵（图1-1-6）[2]；相邻的博山、淄川地区，因其得天独厚的地下资源，陶土原材料与煤炭资源广布，拥有历史悠久的传统陶瓷烧造产业文化。而当地传统乡土聚落的营造亦与此息息相关，呈现出独特的地域性。当地建筑以砖石土坯和陶辅建材为主，多种材料并用，相得益彰。尤其是其建筑墙体、街巷铺面对各种陶瓷烧造废弃物及窑碴（如报废匣钵、陶片等）精彩纷呈的利用（图1-1-7），使得该地区的乡土建筑风貌独具一格。[3]又如鲁西北地区位于黄河冲积平原，区域内缺山少石，其分布面积广阔的黄土即成为该地区主要的建筑原材料。其传统民居从墙体到屋顶维护结构，几乎全部由生土建造。而鲁西北地区雨量较少，年降雨量400～800毫米，囤顶房由此成为当地一种主要建筑形式（图1-1-8），其墙壁、屋顶厚实，冬暖夏凉，是当地人民就地取材、因地制宜的一类典型传统生态建筑[4]。再如海草是一种生长在胶东半岛沿海浅海区域的天然材料，威海、荣城一带沿海渔民多将此类海草用作屋面材料，这种别具一格的建筑材料结合传统营造技艺所形成的海草房村落，其紫灰色海草顶、斑驳的暗红色石墙和参差错落的石墙勾缝相映成趣（图1-1-9），形成具有浓郁地域特色的乡土建筑风格和人文景观。[5]

图1-1-7 淄博市淄川区龙泉镇渭一村街巷空间及民居（来源：焦鸣谦 摄）

图1-1-8 德州乐陵地区囤顶生土民居（来源：焦鸣谦 摄）

① 王江，蓝天翔，孔黎遥. 英国石板房建筑营造技艺启示 [J]. 住区，2020（01，02）：49.
② 孙运久. 山东民居 [M]. 济南：山东文化音像出版社，1999：4.
③ 详见本书第三章第三部分。
④ 详见本书第四章。
⑤ 详见本书第二章。

图1-1-9 荣成海草房传统村落一隅（来源：焦鸣谦 摄）

（四）灵活多样的防御举措

安全的生活环境是人类栖居的必要条件。在前现代社会，不安全因素主要是天灾和人祸两方面。前者多为水患，后者多为盗匪劫掠。为了抵御天灾人祸，山东许多传统聚落都筑有相应的防卫保护设施，通常是沿聚落外边筑围埝以防洪水，修围墙以御盗匪。例如黄河大堤内的滩区村庄，在村落外围另修堤堰，将村庄团团围住，俗称堤圈、围埝、防堰等。为了防御盗匪抢掠骚扰，山东许多村庄四周都修筑高大的围墙，俗称围子、圩子、寨子、围寨、围堡等。[①]例如济南朱家峪就是一座兼具防卫性的山地型村落——其圩墙修筑于村北，西起雁落山顶，东至东山极顶，从两头连接南部群山崖壁，长1000余米，全以石块砌成，形成了一道完整的防御体系（图1-1-10）。圩墙中间辟有西圩门、东圩门，称"礼门"，是两处通村的关口。据闻当年庄长、社首组织庄丁，手持大刀、长矛，日夜轮流值守放哨，并布下土枪、土炮，以策安全。[②]又如滨州市惠民县的魏氏庄园（图1-1-11、图1-1-12），肇建于风雨飘摇、内忧外患的晚清时代，其鳞次栉比的住宅房屋与高耸的城垣炮楼融为一体，易守难攻、进退自如，军事防御功能尤其突出，是国内现存最大、保存最完整的清代城堡式庄园。

（五）源流相彰的文化演进

从历史文化方面来看，文化特质、文化精神与文化传统奠基于先秦时代的齐鲁文化，在数千年的历史演进过程中，无论时代风云如何变幻，其精魂始终传承未断，这正是山东文化传统之内核，也是值得后代传承不息的文化之根。此外，各种内容丰富的运河文化、移民文化乃至近现代西方殖民文化都曾在山东境内广泛传播。随着时间的推移，这些传入的外来文化，都逐步演变成为山东地域历史文化传统的一部分。这一方面的表现实例，既有极符合《周礼·冬官·考工记》规制的鲁故城遗址，也包括因地制宜的齐故城遗址，乃至潍坊坊茨小镇和济南等地深受20世纪开埠时期文化影响的各种具有西方变异风格特征的传统聚落和民居（图1-1-13）。

山东地区大规模的移民活动主要出现在明代初期和清代至民国时期。由于元末鼎革和明初争夺王权的战争造成山东人口急剧减少，明朝从洪武初年至永乐十五年，曾大规模从山西、河北等地移民，以补充人口的不足。这在一定程度上促进了山东与国内其他地区间文化的交融与发展。今天我们从山东滨州魏氏庄园民居彩绘、菏泽地方戏曲等实例中均可见到这方面的影响。齐鲁文化北上，其历时最久、规模最大、影响最深者，无疑是清代至民国时期的"闯关东"移民潮，集中反映了近现代时期中国省际移民的特色。数百年间，数以千万计的山东人由陆路、海路出关移居东北地区，[③]"彼土之

---

① 李万鹏，姜波. 齐鲁民居 [M]. 济南：山东文艺出版社，2004：56-57.

② 同上：59-60.

③ 据相关研究统计，清代迁入东北的山东移民约在800万左右。整个民国时期山东移民高达1836.4万人。参观范立君，谭玉秀. 近代"闯关东"移民外在特征探析 [J]. 北方文物，2010（1）：100-105.

图1-1-10 济南朱家峪圩墙（来源：胡雪飞 摄）

图1-1-11 滨州魏氏庄园鸟瞰（来源：维基百科）

图1-1-12 滨州魏氏庄园（来源：百度图片）

图1-1-13 潍坊市坊茨小镇民居（来源：张云 摄）

人，于受生计压迫之余，挟其忍苦耐劳之精神，于东北新天地中大显身手，于是东北沃壤悉置于鲁人耒锄之下"[1]。这在文化上实系齐鲁民风、民俗的一次大转移、大传播。笔者通过近年来的实地考察研究发现，除了省外迁徙，山东元明时期的省内迁徙亦对山东传统聚落的形态演进产生过较大影响，如现存胶东地区海草房传统聚落，即大量建造于山东内陆区域民众迁徙至荣成等滨海区域时期。此外，山东目前所存有带轩室的传统民居，如山东临沂岱崮镇李氏民居、菏泽巨野苗氏祠堂

等，则体现了江南区域民众迁至山东这类移民文化对山东传统民居形式特色的影响。

总体而言，山东地域这些在长期历史发展过程中运用适宜性建造技术、顺应地形地貌与气候条件、因地制宜、就地取材所逐步形成的传统聚落与民居，凝结着历史的记忆和齐鲁先民栖居的智慧，构成了独具特色的乡土文化景观，以其风情各异的文化面孔构成了山东省内完整的区域乡土建筑文化遗产体系和空间记忆。

---

[1] 吴希庸. 近代东北移民史略 [J]. 东北集刊，1941（2）：52.

第二节　山东省历史文化与区系划分

　　山东，古称"齐鲁"，其名源自周初分封，"（武王）封尚父于营丘，曰齐。封弟周公旦于曲阜，曰鲁"。山东地区由此以泰山为界，"泰山之阳则鲁，其阴则齐"，分出齐、鲁两个文化单元。[①]如安作璋在《山东通史》的前言中指出，"山东"最初作为地理名称，在历史上出现很早。秦汉大一统后，其名始有广狭二义。广义仍指崤山、函谷关以东或太行山以东的黄河流域广大地区；狭义则与今日山东接近，此齐鲁号山东之始。而山东作为行政区划名称，则仍有一段较长的历史演变过程。[②]

一、历史建置沿革

　　山东夏、商以前之历史沿革不可详考。其古属《尚书·禹贡》所载"九州"中的青、徐、兖、豫四州之域。夏商时山东域内方国部落为数不少。据相关学者研究，仅文献上有记载且能查到地望者即达130多国。[③]结合现代考古发现，我们可知这些所谓的古国，多是带有浓厚氏族部落特征的居民群体，与地域结合，有各自的聚居地和分布范围。

　　西周、春秋时期，山东属齐、鲁、曹、滕、薛、郯、莒、宋、卫等诸侯封国的一部分。战国后期大部分归于齐，南部和西北各有一部分属楚、赵。秦统一六国后，在今山东境内分置齐、薛、琅琊、东海四郡。汉代郡国并行，西汉初期，山东为高祖庶长子齐王刘肥封地。汉武帝元封五年（公元前106年），初置十三部州，山东分属青、兖、徐三州。东汉时期分属青、徐、兖、豫四州。[④]

　　秦汉后直至宋元时期，是山东政区变化最纷繁时期。西晋初，山东分属青、徐、兖、豫、冀五州。晋怀帝永嘉以后，山东相继为后赵、前燕、前秦、南燕所据。东晋安帝义熙五年（公元409年），刘裕平南燕，复置青、徐、兖三州，不久又设冀州。而后，山东地区先后属北魏、北齐、北周所有。隋统一后，恢复十三部州，山东分属青、徐、兖、豫四州。唐贞观初年，分全国为十道，山东属河南、河北两道。北宋改道为路，分全国为二十四路，山东分属京东东路、京东西路。金大定八年（1168年）置山东东西路统军司，至此，"山东"一名始作为正式地方行政区划。元朝分置山东东西道肃政廉访司及山东东西道宣慰司，直隶中书省。明洪武元年（1368年），置山东行中书省，治青州。洪武九年（1376年），移治济南，改置山东承宣布政使司，形成与今山东省相近版图。清初，分全国为十八行省，将山东政区定名为山东省，至此"山东"成为地区与政区相统一的专用名词。至清末，山东省共辖有10府、3直隶州、96县。[⑤]

　　中华民国初期，山东政区分省、道、县三级。山东省下辖济南、济宁、胶东、东临4道107县，省会设于历城（今济南市）。1927年废道制，各县直属省。1929年3月，南京国民政府将全省行政机构分为省、县

---

① 参见李孝聪. 中国区域历史地理［M］. 北京大学出版社，2004年，227页，第三章第四节"四、齐鲁文化分异"。古文引自《史记》卷4，周本纪；卷129，货殖列传。
② 安作璋. 山东通史·秦汉卷［M］. 济南：山东人民出版社，1994：1–2.
③ 山东省地方志编纂委员会. 山东省志·建置志［M］. 济南：山东人民出版社，2003：10.
④ 本段数据资料与相关信息来自山东省国土资源厅、省统计局在2017年8月3日联合发布的《山东省第一次全国地理国情普查公报》。
⑤ 本段数据信息摘自山东省国土资源厅、省统计局在2017年8月3日联合发布的《山东省第一次全国地理国情普查公报》《文物志》《山东考古》等资料。

（市）、区、乡（镇）四级。①

而随着中共在山东领导的抗日游击战争的开展，1938年7月，中共苏鲁豫皖边区省委（后为中共中央山东分局）发出关于恢复县、区、乡政权的指示，要求县界不必受旧行政区域限制，应以地形及战争需要重新划分，至年底有12个县成立了抗日民主政府。1939年7月，中共山东分局将山东划分为3个区和2个特区：胶济路南、陇海路北、津浦路东为一区，津浦路西为二区，胶东为三区，湖西、清河为特区。②1940年8月，山东省战时工作推行委员会成立。1941年4月23日，委员会发布《关于全省行政区域划分的决定》，划全省为胶东、清河、冀鲁边区、鲁中、鲁南、鲁西6个行政主任区，下辖16个专员公署，88个县。1945年8月13日，战时行政委员会改为山东省政府，山东解放区划分为胶东、鲁中、鲁南、渤海、滨海5个行政区，下辖22个专员公署，127个县。③

1949年8月，中共中央于中华人民共和国成立前夕在冀鲁豫结合部设立平原省，由中央人民政府直接领导，今山东菏泽、聊城等地划归平原省管辖。1952年11月，撤销平原省，菏泽、湖西2个专区划归山东省。④1953年6月，滕县专区（今滕州）驻地迁往济宁，成立济宁专区。同年7月，撤销湖西专区和沂水专区，将其所属县市分别划归济宁、菏泽和临沂专区。1954年12月，撤销淄博工矿特区，设立淄博市。1958年，莱阳专区更名为烟台专区。1967年，专区更名为地区，山东省共下辖9个地区，4个省辖市，5个县级市，107个县。

改革开放后，随着国民经济的快速发展，中国迎来城市化高潮。在政区调整方面，主要表现为大中城市的辖区调整、撤地设市和政区更名等。从20世纪80年代初到90年代末至今，山东省内政区更名和"撤地设市"简况如下：1981年5月，昌潍地区更名为潍坊地区。1982年11月，设立省辖东营市。1983年，烟台、潍坊、济宁撤地设市。1985年，泰安撤地设市。1987年，威海升为地级市。1989年，日照升为地级市。1992年，惠民地区更名为滨州地区，莱芜升为地级市。1994年，临沂、德州撤地设市。1997年，聊城撤地设市；2000年，滨州、菏泽撤地设市。⑤2018年12月，撤销地级莱芜市，将其所辖区域划归济南市，设立济南市莱芜区和钢城区。⑥

二、山东文化特点述略⑦

山东文化，往往以齐鲁文化概之。细究其由来，山东文化属区域文化范畴，是一个自金元以来有所确指的、空间界域清晰的文化概念。而齐鲁文化，则是一个区域界限模糊而文化内涵清晰的概念，即指以先秦齐、鲁两国文化所奠定的文化特质、文化精神、文化传统的内核。数千年间，无论时代风云如何复杂多变，齐鲁文化唯其精魂始终传承不变，这是山东文化传统之内核，也是后代传承不息的文化之根，经两千余年而传承不息的历史文化精神。地域所在为齐鲁旧邦是其表，文化精神传承为其里，反映出历代国人对这个礼仪之邦优良传统的尊崇、向往与怀恋。

汉代数百年，是齐鲁文化融合发展，加快二元一体化的进程。

① 贾蔚昌，唐志勇. 山东通史·现代卷·上册 [M] //安作璋主编. 山东通史. 济南：山东人民出版社，1994：385-387.
② 山东省人民政府. 山东年鉴2008 [M]. 济南：山东年鉴出版社，2008：45.
③ 王志民. 山东省历史文化遗址调查与保护研究报告 [M]. 济南：齐鲁书社，2008：387-394.
④ 山东省《文物志》《山东考古》186，558；孙运久. 山东民居 [M]. 济南：山东文化音像出版社，1999：47.
⑤ 同注④.
⑥ http://xzqh.mca.gov.cn/ssdescription?dcps=37&dcpid=2018，"山东省2018年县级以上行政区划变更情况"，中华人民共和国民政部官方网站.
⑦ 本节内容主要引自以下诸书：李宏生，宋青蓝. 山东通史·近代卷·上、下册 [M] //安作璋. 山东通史. 济南：山东人民出版社，1991；王志民. 山东区域文化通览·山东文化通览 [M]. 济南：山东人民出版社，2012；王志民，徐振宏. 中国区域文化通览·山东文化卷 [M]. 北京：中华书局，2013.

（一）齐鲁文化演进及其特征

夏商时期，山东境内的方国至少有150余个，而方国多以氏族为纽带，成为众多不同氏族方国的聚居区域。从疆域变迁讲，周封齐、鲁，开启了从小国林立到以齐、鲁两大诸侯国为主体的疆域演变进程；从文化发展讲，虽胶东沿海较小范围内的土著方国还保持着原始东夷文化特色，但总体而言已进入了由东夷文化到齐鲁文化的形成、确立、发展的新阶段。据《左传》等史籍记载，直到西周末，山东地区的古国仍有55个之多。后世以"齐鲁之邦"指称的山东，在疆域范围上，春秋时已基本成形。在春秋时代，当今山东境内的大国除齐、鲁之外，还有莱、莒、曹及宋等。自西周至战国的800年间，在从邦国林立的东夷旧地到以齐、鲁为主体疆域的发展过程中，山东文化的主体——齐鲁文化也随之形成、发展和确立。山东世称"齐鲁"，不仅是地域空间的契合，也是文化精神主导与传承的结晶。

两千年来，齐鲁文化展现出遒劲的文化辐射力，西渐关中，南迁江浙，北上关东，东出日韩。由齐鲁文化重心拓展为东起齐鲁、横贯中原、西至关中的狭长文化带。

（二）儒学文化的演进及其影响

齐鲁文化的融合，成就了孔子思想的博大精深，崇孔尊儒亦始于大一统的汉代，儒家经学，历经战国、秦汉而代代传授，在齐鲁之地形成丰厚的社会根底和人才基础。

儒家思想集中见于《论语》《孟子》，思想体系的核心是礼制治国和道德教化。儒家的"礼"是指纲常名教化的政治、社会秩序，"礼"是与"德政"相结合的。《论语·为政》中说："道之以政，齐之以刑，民免而无耻；道之以德，齐之以礼，有耻且格。"即主张礼治德化与政令刑罚相辅而行。"仁"，如《论语》中的"克己复礼为仁""仁者爱人"，既是儒家修己治人

的根本原理，又是儒家实践道德的最高原理。"仁"作为一种精神品质，包含了多方面的伦理道德原则。除了是一种使人们自觉、主动遵循礼的道德素养之外，还是一种处理人际关系的道德伦理准则。"天人感应""人与天地合一"，可简称为"人和天地"思想。一方面，认为人性天赋，人伦与天道合一，"人伦者，天理也"（北宋·程颢）；另一方面，也阐述人与自然的关系，强调人与自然的和谐，不仅要"仁民"，也要"爱物"的道理。儒家主张国家要实行"富之教之"的德政，使社会与文化得到发展，认为文明的最高成就在于造就理想人格以创立理想社会，通过潜志躬行"内圣外王之道"，以达到"天下为公""大同世界"之境界。人与自然、人际关系、治国之道要走不极端的尚中、贵和的"中庸之道"。

综合来看，以孔、孟为主体，以"三孔""四孟"为标志物，以仁爱礼乐教化人的儒学文化，在推动中华文明的发展、增强民族凝聚力、维护国家统一的过程中，发挥了其他地域无法比拟的文化影响力，而山东亦成为传统道德文明的示范之乡。

（三）山东地域运河文化

隋唐大运河的开凿促进了南北的经济和文化交流，尽管对山东的影响在元朝改造取直开通京杭大运河之前还不明显，但为山东地区运河沿线的商业文化发展和民族文化交流，进而形成运河文化埋下了伏笔。元朝统治时期，由于京杭大运河的开通和手工业、商业的发展，出现了运河沿岸商业文化的昌盛；而海运和商业的发展，也促使东部沿海地域传入的妈祖信仰和商业文化兴盛起来。

元朝时京杭大运河的开通，使运河水运可以从杭州直经山东地域到达北京，不必再绕经洛阳。经过整修取直的大运河使南北交通更加便利，也直接促进了山东运河沿岸地域商业文化和聚落的形成发展，出现了一批具

有运河文化特征的繁荣城市聚落，一直延续至清朝后期。如临清地处会通河咽喉，随着运河通航，元时商业就发展迅速。史载"每届漕运时期，帆樯如林，百货山集，……当其盛时，北至塔湾，南至头闸，亘数千里，市肆栉比。"会通河开通后，位居南北水陆要冲的济宁一跃成为南北货运的集散地，济宁当时也是"高堰北行舟，市杂荆吴客，……人烟多似簇，聒耳厌喧啾。"元代以后至清朝后期，山东运河沿岸发展起来的城市聚落，包括枣庄、济宁、聊城、德州、平阴等四十多个县市。

山东运河商业的发展也吸引了中、外各民族、各地区的人来此经商居住，运河沿岸的商业城市多有被称为色目人的外籍商人定居，他们也成为元统治下的中国人。域外人以信仰伊斯兰教为多，这是运河沿岸多有清真寺的原因。元朝时期，也非常重视同其他国家的海上贸易往来，这时高丽和日本同元朝的贸易密切，这一传统也一直延续至清朝后期。此时，随着海上贸易的发展，元、明、清时期，发端于北宋时期福建地域的海神文化和妈祖崇拜也逐渐随着福建商人来山东经商，在山东东部沿海兴盛。明、清持续和发展了运河和海洋贸易的文化传统，使山东地域的手工业和商业文化有所发展。

清朝后期，随着国运日下、漕运废止和外国侵略者的入侵，山东地区的运河商业文化发展渐趋停滞，因运河而兴的诸多运河城镇也随之衰败，其政治、经济、文化地位迅速跌落。可以说，山东运河区域是中国封建社会晚期黄河流域农耕社会向近代工商业社会转型的一个典型。

（四）移民与抗倭

魏晋南北朝时期，山东地区先后被后赵（羯）、前燕（鲜卑）、前秦（氐）、后燕（鲜卑）和南燕（鲜卑）等少数民族政权占据，东晋也一度占据山东东南部，继

刘宋之后，北魏、东魏、北齐、北周也先后占据山东。少数民族政权在山东的统治，以及由于战乱流入的大量辽东、河北一带少数民族与山东滞留士族交融，使山东文化呈现出了多元融汇的景象。经过长期的发展，这些少数民族的人民和文化，也逐渐融入了当地传统，很难再区分清楚。

元朝末期和明朝初期，由于元末战争和争夺王权的战争造成了山东人口的减少，为补充人口的不足，曾大规模地从山西和河北等地移民填充，这在一定程度上促进了山东与其他地区间的文化交融和发展。明永乐年间，菲律宾苏禄王访华病死于归途中，朱棣敕建德州苏禄王墓，也丰富了山东地域的多元文化。齐鲁文化的北上，主要展现为历时最久、规模最大、影响最深的清代至民国时期的"闯关东"移民潮，数百年间，数以万计的山东人移居东北地区。这在文化上实系齐鲁民风、民俗的一次大转移、大传播。

明朝时期，随着航海贸易的发展，中国福建、浙江和山东沿海地区屡有海盗勾结日本人侵城掠地、抢夺沿海地区百姓财物，史称这些海盗和日本人为"倭寇"。山东东部沿海地区也是倭寇侵扰的主要地区，明朝朝廷曾派出生于山东登州的抗倭名将戚继光在山东沿海率军民修筑海防、抗击倭寇，发展成为山东东部沿海地区的抗倭文化。沿海城防工事的修筑和抗倭名将祭祀建筑和崇拜文化也持续发展至清末。

（五）西方殖民文化的传播

山东是中西文化冲突、交流、融合的前沿之地。鸦片战争以来，山东最先开放，有烟台、青岛、龙口、威海四处沿海开口岸，又据京津门户要冲，成为西方列强觊觎之地。青岛在这种历史背景下，形成西方与齐鲁文化特殊的碰撞、交流。

明末清初时，由于东部沿海地区便利的交通，就有西学传入山东。鸦片战争后，外国传教士也以不平等条

约为掩护，纷纷涌入山东建立教堂进行传教活动。此时，先后来华传教的教会有美国的南浸礼会、北长老会、公理会、卫理公会，英国的圣公会、浸礼会、循道公会、内地会，德国的同善会、信义会，瑞典的山东瑞华浸信会等新教教会；圣方济会、耶稣会、德国圣信会等天主教教会。其中，以美国南浸礼会、北长老会、英国浸礼会及德国圣信会势力较大，影响范围较广。由于山东受传统文化影响较深，这些教会在山东的传播并不顺利。于是，大多数教会采取了用慈善、医疗、教育辅助传教的方式，而有些教会则采取了依靠不平等条约、挟持官府、横行乡里的强力灌输方式传教。因此，近代山东教堂大多有慈善机构、医院和学校的性质，是山东省这些近代建筑类型的前身。到19世纪末，山东共有大小教堂1300余所，遍布各州县。

19世纪末以后，随着各帝国主义国家先后完成工业化且国力发展的不平衡，列强以各种方式侵占中国领土和争夺、划分在华势力范围。此时，德国强占了胶州湾，英国强租威海卫。德国侵占胶州湾时期，对租借地进行了规划和建设，不仅大力发展青岛的城市规划和建设，还修建了胶济铁路，将其势力扩展到山东内陆地区。英国侵占威海卫期间，也修筑了大量的体育、文化建筑和设施。1914年，日本取代德国侵占青岛后，城市建设在德国原规划基础上进一步发展，为青岛城市充填了东洋风格。租借地的发展和建设，也使这些地区成为展示西方和日本近代工业文明，传播其文化的窗口。此外，山东地区的人民去往国外游历、出使、留学和考察，以及西方殖民者通过报纸、期刊进行宣传，都推动了外国文化在山东的传播。山东地域既有发端于本地域的传统文化的持续存在和发展，也有其他国家的多元文化传入，文化总体上呈现出多元杂陈和相互交融的状态。

三、山东地域文化区系划分 [①]

综合地理环境与区域文化发展的历史考察，山东地域文化可大致分为四大区域：胶东半岛文化区，包括今青岛、烟台、威海、日照；鲁北文化区，以潍、淄流域为主，包括今潍坊、淄博等市的一部分，滨州、东营等市；鲁中南文化区，以汶泗、沂沭流域为主，包括今泰安、济宁、临沂、枣庄、济南等市；鲁西文化区，以明清运河沿岸为主，包括今德州、聊城、菏泽及济宁、枣庄之一部分。不同的地理环境对四大区域文化特色的形成产生了重大影响。

（一）胶东半岛文化区

该区有黄海、渤海环绕，海岸长而曲，港湾众多，岛内山峦起伏，峰高林深，不仅在生产方式上形成山海结合的特点，渔、林、牧业发达，而且在文化上海洋特色显明而突出：民俗多表现对大海的敬畏、崇拜，"海仙"传说盛行；民风尚勤、刻苦耐劳、不避艰险、勇于探索，历史上齐人的诸多典型特点，胶东人大多具备。

（二）鲁北文化区

鲁北潍、淄流域，是当年齐国的腹心之地。这里北濒大海，南依泰沂山脉，经济上既有林果矿产之饶，又有鱼盐农牧之利，《战国策》所称"齐带山海，膏壤千里"正是以此地为中心。在文化上，齐人的许多典型特点，如《史记·货殖列传》所描述的：齐地"人民多文彩布帛鱼盐，""其俗宽缓阔达，而足智，好议论，""其士多好经术，矜功名"等，都是以这一带为典型代表。这里还是中原内陆与山东半岛及日、韩海外交流的必经之地，工商业自春秋战国以来即称发达。明清以后，尤其近代以来，这一地区商埠云集，经贸发达，商品经济

① 本节关于山东地域文化区系划分内容，主要参引自：王志民. 山东区域文化通览·山东文化通览［M］. 济南：山东人民出版社，2012.

活跃，人民思想开放通达，都与这一文化传统有直接关系。

（三）鲁中南文化区

鲁中南文化区的汶泗流域，土地肥沃，河流交错，是一个"颇有桑麻之业"的农耕文化的典型区域。其东面的沂沭河流域，丘陵起伏，山地绵延，河谷纵横，也是典型的内陆河谷型农牧业文化区。这一带是鲁文化的腹地，在文化特点上，有圣人孝文化，"俗好儒，备于礼……畏罪远邪。"（《史记·货殖列传》）民风淳朴、厚德、勤俭，是"孔孟之乡"人的典型代表。

（四）鲁西文化区

鲁西文化区平原广野，河流纵横，是农耕文明的重要区域之一。鲁西地接中原，自古以来是兵家争夺之地。在文化上具有齐鲁文化与中原文化交汇融合而多元的特点。这里的民风既有齐鲁忠信之文气，又有中原古战之侠风。尤其宋代以后，由于黄河屡次泛滥、灾荒频发，是历史上农民起义和对统治者武力抗争的多发地区。

齐鲁文化在其历史发展中的诸多成就与特色，都与四大区域在不同时期的特殊贡献密不可分。潍淄和汶泗两流域，是齐鲁文化的发祥地和核心区，贡献之大，自不待言。以山东半岛的文化为例，在齐鲁文化形成发展过程中似乎地位不显，但所谓齐文化的海洋文化特色，经济上的鱼盐之利、工商文化特色，却都与半岛密不可分。而秦汉以后，山东与朝鲜、日本的文化交流中，齐鲁文化中的方士文化以及早期道教的形成、金元时期全真道的兴起与发展，实际上都离不开其文化的贡献。又如鲁西一带，受黄河泛滥的影响，近代以来的社会经济文化显露贫瘠之象，但在中华早期文明发展史上，这里实为夏、商时期夷、夏民族文化的交汇融合之地，这里与曲阜一带都是先商文化的中心活动区域，多有商代早期在此建都的记载，历史资源十分丰富。明清大运河开通以后，两岸地区更一度成为商贸发达、经济繁盛之地。沂沭流域的沂蒙一带是《诗经》中所称的"大东"地区，汉代以后，渐成为人才辈出的文化高地。

第三节　山东地理环境与地理区系划分①

总体来看，山东地理环境有三个突出的特征。一是在地势上中间高、四周低，全省地形以泰、沂、鲁、蒙山地为中心向四周降低。全省最高点为泰山主峰玉皇顶，海拔1532米。二是在地貌类型上丰富多样，平原面积较为广阔。山东地貌类型分中山、低山、丘陵、山前倾斜地、山间谷地、山前平原、湖沼平原、滨海低地、滩涂、河滩高地、决口扇形地、微斜平原、洼地和现代黄河三角洲等14个地貌类型。按面积来说，全省总面积的65.6%为平原（含山前倾斜地）大类，山地丘陵占34.4%。平原，尤其鲁西南、鲁西北平原，地势坦荡、开阔。三是在地质上山东的山地丘陵切割较强烈。山东山地丘陵构造基础是断块山、断裂谷、断陷平

---

① 本节关于山东地理环境与区系划分内容，主要参引自：山东省地方史志编纂委员会. 山东省志·自然地理志［M］. 济南：山东人民出版社，1996；王有邦. 山东地理［M］. 济南：山东省地图出版社，2000.

原和盆地，由于流水侵蚀、切割，使山地丘陵呈现高度的破碎状态。由于分割强烈，沟谷众多，所以山东的山地丘陵被称为"破碎丘陵"。

依据山东地理环境的整体特点，山东现辖省域大致可分为山东半岛、泰沂山地、鲁西平原三大地貌区域（图1-3-1）。对应于山东方位区域与文化区系，山东半岛即鲁东半岛地区与胶东半岛文化区；泰沂山地区即鲁中南地区与鲁中南文化区；鲁西平原进一步可划分为鲁西南地区（包含部分衔接的低山丘陵及山前倾斜地区域）与鲁西文化区、鲁西北地区与鲁北文化区。

一、胶东半岛地区

胶东半岛又称山东半岛。半岛三面环海，在3000多公里漫长曲折的海岸线上，形成了莱州湾、胶州湾等200余个大小不等的海湾，散布着长山列岛、田横岛、灵山岛等450多个近海岛屿，是中国海洋资源最丰富的区域之一。

（一）地理地貌特征

胶东丘陵区，主要包括烟台市、威海市、青岛市所辖地区，为山东半岛的主体部分。该区群山起伏、丘陵绵延，山丘基本由火成岩组成，除少数山峰海拔在700米以上，大部分为海拔200～300米的波状丘陵。坡缓谷宽，土层较厚，加之三面环海，气候温和湿润，自然条件优越。介于鲁中山丘区与胶东丘陵区之间的胶莱平原为山东省面积较大的第二平原，主要包括潍坊市大部与青岛市北部，系潍河、大沽河、胶莱河冲积而成，海拔多在50米左右，土层深厚，农耕发达。现代黄河三角洲呈扇形状，以宁海为顶端，东南至小清河口，西北到徒骇河入海处，前缘部分突出伸入渤海湾与莱州湾之中，面积5000多平方公里，三角洲资源丰富，也有很大的农耕潜力。

半岛丘陵之间为地堑断陷平原带，主要有莱阳盆地、桃村盆地等。丘陵外缘，散布着沿海平原，宽度自几千米至十余千米不等，其中以蓬莱、龙口、莱州滨海平原面积最大，为胶东重要农作区之一。在半岛中

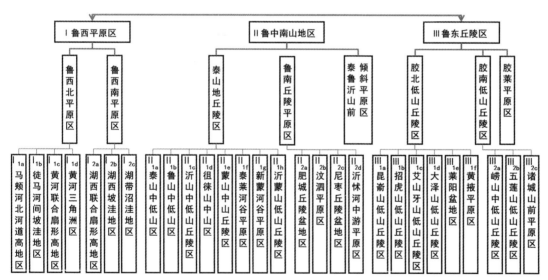

图1-3-1 山东省地貌区域结构分区图表①

---

① 毛敏康. 试论山东省地貌区域结构［J］. 地理科学，1993，13（1）：28，表1。

北部，自西向东分布着大泽山、艾山、牙山、昆嵛山、伟德山等较大高山，它们成为半岛南北水系的分水岭，河流多由此发源，向南北分流。中部方圆300余里的昆嵛山，峰峦叠嶂，林深谷幽，是中国著名的道教名山。半岛山海之间尚有面积不等的沿海平原和近海滩涂。物产丰饶的地理环境，为半岛地区发展提供了优越条件。据考古资料证明：早在六七千年以前，在烟台的白石村遗址和渤海中的长山岛北庄遗址等地就有大量先民从事渔、牧、猎等生产活动，其文化发达程度，不仅可与内陆同期的北辛文化、大汶口文化相比肩，而且独具特色、富于创造性。

（二）气候与降雨量

胶东半岛气候资源的突出特征表现为受海洋影响深刻，因而有气候湿润，春来迟缓、夏无酷热、降水较多变率较小，但热量资源较少、风力资源丰富等特点。

胶东半岛是山东省年降雨量最丰沛的地区，多年平均年雨量多为700～900毫米。半岛和胶莱平原北部的少数地区小于700毫米，沭东地区的日照、莒南一带达950毫米。降水的年际变化较小，变率为20%左右；东南沿海因易受台风影响，变率稍大，可达25%。降水的季节分配是本省较均匀的一个地区，夏季降水约占全年55%～60%，集中程度小于其他地区；春季降水量约占15%～18%，秋季降水约占20%～24%，冬季降水约占5%左右。降水的高值期与高温期相配合，利于作物生长。春季降水较少，但春温较低，蒸发弱，相对湿度较大，平均达63%以上（是省内较高值区），因此土壤墒情较好，少春旱的出现。雨季雨势急，常有暴雨出现，东南部沿海为本省暴雨中心之一，平均强度在70～90毫米/日，半岛东部达到200毫米以上，石岛、牟平、威海等地均出现过最大日降水量超过300毫米的记录。

二、鲁中南地区

鲁中南山地又称泰沂山区。山地突起，大致为西北、东南走向，绵延至鲁南大部，泰沂山脉构成了山东省中部脊梁，脊部两侧，海拔500～600米，属古生代和中生代地层构成的丘陵，形成了山东地理环境的一大特点。

（一）地理地貌特征

泰沂山区自西向东，有泰山、蒙山、鲁山、沂山四大海拔千米以上的山系，其中，号称"五岳独尊"的东岳泰山最高峰海拔1532米。登上巍峨挺拔的泰山之巅，确有"一览众山小"的气势。这里是自上古传说中的炎帝、黄帝、尧、舜、禹、汤以迄秦皇、汉武等历代帝王的封禅之地，是一个上层宗教活动的文化中心，被联合国教科文组织列入世界自然、文化双遗产名录。蒙山是《诗经》中称为"东山"的文化名山。鲁山是著名的淄水、沂水的发源地，其南山坡石洞中发现了距今80万年的人类遗骨——"沂源人"。而沂山则是宋代以来中国山岳中号称"五镇"之首的"东镇"之山。在葱郁茂密的群山林海中，斑斑古迹随处可见。

在泰、鲁、沂等山脉构成的东西走向高山脊背群的北面，是一大片丘陵过渡带，蜿蜒起伏的丘陵外缘是广袤的山麓堆积平原，呈南高北低、倾斜之状。淄水、潍水、弥河等数条大河源自南山，滚滚北流，汇入渤海。

在这些河流发源的高山、丘陵地带，由于河流均源于山丘岭表，呈辐射状向四周分流，形成众多宽窄不等的河谷地带。区内石灰岩分布广泛，喀斯特地貌发育，地下裂隙溶洞水受阻后一部分涌现地表，形成诸多泉群，著名的有济南趵突泉群、黑虎泉群、珍珠泉群、五龙潭泉群，章丘的明水泉群，莱芜的郭娘泉群，新泰的楼德泉群，蒙阴的柳沟泉群等。这里不仅生长着茂密的树林，而且矿产资源丰富；在河海交汇的浅海区，为水产养殖和渔业捕捞提供了理想条件；而山海之间的广阔地带，大多坡缓谷宽、地表平坦、田野肥沃，既有农桑之利，又是畜牧业和矿业生产的理想场所。这一广阔的地带，就是《禹贡》所载古青州之地。20世纪初，围绕中国文明起源的考古探查就首先从这里开始，并在这里发现了被称为"代表中国上古文化史的一个重要阶段"的龙山文化——章丘城子崖遗址。此后，又在这片区域陆续发现了邹平丁公村、桐林田旺、寿光边线王、胶县三里河等大量龙山文化城址。这充分说明，这里优越的自然环境催生了中华早期的文明。

泰沂高山脊背群的南面是地势逐渐趋缓的丘陵地带，东部有蒙山及其他高低不等起伏绵延的山地，著名的沂蒙山区即在这个范围之内。鲁中南丘陵的特点是山地平缓，陵原相间，土地肥沃，河湖众多，灌溉便利，草丰林茂，是著名的农桑之区。

这里的河流主要有汶水、泗水、沂水、沭水等。这些河流大多发源于泰沂山脉，水量充沛，流域广阔，既有灌溉之利，又为交通要道。汶泗流域从上古时代就是人类活动聚居的政治文化中心：这里是距今5000年前大汶口文化的发现地；传说中的太皞（昊）、少皞（昊）部落就主要活动在这一带；商民族曾在此建都。公元前11世纪，周天子分封齐、鲁于潍淄流域和汶泗流域，从此山东地区的文化发展进入了最为壮丽辉煌的历史阶段。

（二）气候与降雨量

鲁中地区热量资源为省内丰富的地区之一，北部济南附近受鲁中山地背风处焚风效应的影响，高达27℃以上，是全省的高温中心。本区气候的大陆性明显大于鲁东区，加之山地众多，地形复杂，使区内气温的年较差较大，山区气候特征明显。

本区降水属省内较多的地区，年降水量多在700~850毫米之间。北部济潍平原较少，可在650毫米左右；南部枣庄、临沂以南最多可达900毫米以上，是省

内降水丰富的地区。区内山地众多，较高山地的迎风坡往往成为多雨中心。如位于泰山南北两侧的泰安和济南两地市，前者处于泰山水汽迎风坡，年降水量平均高出位于背风坡的济南市80毫米左右。区内年降水的集中程度高于鲁东地区，夏季降水可占全年降水总量的65%左右，旱涝灾害的发生概率增加，尤以石灰岩山地区旱灾危害十分突出。本区由于地形抬升作用明显，故为全省暴雨中心之一，以鲁中山区南部最为突出，每年平均暴雨日达3天以上，1日最大降水达300毫米左右，且年暴雨期可长达60~70天。每当暴雨，多形成山洪暴发，河床径流暴满，下游泄泄不及，往往形成洪涝灾害，如鲁南临郯苍平原就是省内洪涝灾害发生较多的地区之一。

本区气候资源的又一突出特征表现为山地区气候的局部差异明显。受地形起伏的影响，形成山地与山前、山下与山上、迎风坡与背风坡、阳坡与阴坡等一系列水热条件的局部差异。通常随着地势的升高，降水增多，气温下降，山上比山下日照多，故在山区有明显的水、光、热的垂直变化。如泰山山顶与山下泰安城相比，二者水、光、热相差均很明显。

此外，山地的水汽迎风坡往往成为多雨中心，且易发生暴雨，而山地的阴坡在湿度上明显高于阳坡，山上的风力明显大于谷地，谷地霜日明显高于开阔的平原区，这些均为"山地气候"特征。

三、鲁西平原地区

鲁西平原地区由鲁西南地区（包含部分衔接的低山丘陵及山前倾斜地区域）和鲁西北地区构成。

（一）地理地貌特征

由黄河泛滥冲积而成的鲁西南—鲁西北平原东到渤海，包括菏泽、聊城、德州、滨州四市全部，济宁大部分，泰安一部分。此平原面积约52100平方公

里，占全省总面积的34％，海拔大多在50米以下，自西南向东北微倾，土壤肥沃，是山东省主要的粮食和农作物产地。由于黄河历次决口、改道和沉积，平原地表形成一系列高差不大的河道高地和河间洼地，彼此重叠，纵横交错。

该平原北接冀南，南达苏、皖，呈半圆形环抱着鲁中南山地，地势较低，是我国华北平原的主要组成部分。黄河由其西南入境，斜贯东北滚滚而下，以"奔流到海不复回"之势，自东营注入渤海。沉沙所至，每年都会新增陆地数千公顷，千百年来形成黄河三角洲广袤的冲积平原。中南部是河湖交错的鲁西平原。著名的东平湖水面浩瀚、资源丰富，是古梁山泊的余脉；南面由南阳湖、独山湖、昭阳湖和微山湖四湖相连，形成我国北方最大的淡水湖群——南四湖。京杭大运河自北向南纵贯鲁西平原，全长600余公里，明清时代为南北主要交通要道，舟楫往返，商贾云集，形成了德州、临清、聊城、张秋、济宁、枣庄等一条繁华的运河城市带，南北经济、文化交汇于此，使鲁西一度成为最发达的商业经济区和重要粮仓。

（二）鲁西南气候与降雨量

鲁西南地区属典型的大陆性季风气候，光、热资源丰富，降水适中，雨热同期，但是旱涝灾害发生的频率较高。

区内年均降水量多在600～750毫米之间，南部明显多于北部，较为适中。降水期又主要分布在农耕期，其中89％以上的降水是在日均温≥10℃以上的农作物活跃生长期，对多种农作物的生长和发育十分有利。但降水的季节分配不均，夏季降水可占全年总量的65％，春季降水平均不足100毫米，仅占全年的13％左右，春旱和夏涝的发生十分频繁。本区降水的又一特点，表现为强度较大。年均暴雨日虽不多（一般2～3天）但多有特大暴雨，1日最大降水量可达200毫米以上。降水的分布不均，是区内气候资源的主要不足之处。

（三）鲁西北气候与降雨量

鲁西北地区属省内大陆性气候最强的地区，大陆度达60％～65％，也是全省降水最少的地区。虽纬度偏高，热量资源有所减少，但与降水相比，仍属相对丰富，为省内光热资源较丰富的地区之一。

鲁西北地区是省内降雨量最少的地区，年降雨量仅550～650毫米，自东南向西北减少，德州附近低于550毫米，是全省最低值区。

第四节　山东传统聚落分布区系与人文地理环境

由于山东省不同地域环境的地理区隔与自然环境条件的地理差异，在不同的地域历史、社会文化、风土人情等人文因素的作用下，齐鲁先民顺应地形地貌、结合气候条件、因地制宜、就地取材，运用朴素的建造技术，在聚落形态、院落布局、结构构造和细部装饰等方面形成了特色鲜明的区域类别与典型特征。以自然环境、人文环境分区为基础，主要考虑地理环境、地形地貌、生产劳作方式、地域文化历史演进等具体划分因素，结合山东传统聚落与民居风格特色，综合民居的建筑技艺、建筑构造、建筑材料等的特点，形成山东地域传统聚落总体空间与格局分区。

一、地形地貌特征

地形地貌特征对传统地域住宅建筑的聚落形态、选址和布局形态具有决定性的作用。自古以来，人们就在各种复杂的自然环境中进行着营造活动，地形地貌是聚落选址及民居营建必须面对的自然因素，一个地域突出的地形地貌特征潜移默化地影响人们的空间形态认知，各个地域人们的理想空间图式很大程度上也与当地自然地理的地形地貌特征息息相关。

（一）山东地形地貌分区

山东省地形复杂，山区、丘陵、平原、盆地等地形地貌类型多种多样。受自给自足的自然经济的长期制约，山东传统聚落不论在村落聚居形态、聚落选址还是院落布局等方面，均体现出丰富多彩的自然地形地貌因素影响。

（二）地貌与河流水系格局

山东地域河流类型和水系格局主要受制于地表形态。山东省山溪性河流主要分布于鲁中南山地区和鲁东丘陵区。在鲁中南山地区以泰鲁沂山脉为中心形成辐射状水系。鲁东丘陵区则以大泽山、艾山、昆仑山、伟德山等构成分水岭，形成南北分流的不对称水系。山东省的坡水性河流主要分布在鲁西平原。山东省地下水的分布与地貌界线的关系更为密切。全省分为鲁东、鲁中南、鲁西北三个水文地质区，其界线鲁地貌分区边界基本吻合。如泰鲁沂山前倾斜平原区，地势开阔平坦，土层深厚，由小清河各支流、弥河、白浪河、虞河、潍河等纵贯南北。诸河中上游都建有水库，灌溉较为方便；加之地下水资源丰富，井灌发达，是山东省粮食和经济作物的高产地区。

（三）地形地貌与河流水系影响下的山东聚落与民居特点

不同地貌区域及相关微观气候应对下，呈现了不同的聚落与民居特点。从山东省各地的传统民居院落来看，虽然都以合院式民居为主，但并不简单套用传统四合院模式，而是根据地形地貌条件，因地制宜地、灵活变通。如鲁西北平原地区，与胶东沿海和鲁中南山区相比，平原地域开阔，耕地面积、宅基地面积也较大，因此滨州、惠民等地的村落民居院落尺度较大，南北进深一般都在20米以上，以22～25米为多，东西面阔18米左右，正房多为五间，厢房三间，且多见四合院。而胶东半岛以山地和丘陵为主，海草房村落多选址于阳坡、面海、地形较为平缓的地方，村落沿山坡横向展开，呈条状布局。由于建设用地逼仄，村落房屋密度较大，院落狭小，街道狭窄。海草房布局虽多为合院式，但是一般以小三合院、小四合院为主，一进的小三合院或小四合院是海草民居中最常见的形制。三合院由北侧的正房、东西两侧的厢房和南侧的院墙组成，四合院其他部分和三合院相同，只是改院墙为倒座。

鲁中山地传统形态"筑台为基，随坡就势"，通过挖填将山坡整理成不同高度的台地，民居院落顺应地形灵活布局，道路顺坡就势、蜿蜒曲折，形成层层叠叠、多姿多彩的山地聚落特征。例如，济南朱家峪古村属于山地型村落，由于地势的起伏，村落民居、公共空间、交通空间均呈现出明显的三维特征。古村依山而建，东、西、南三面环山，村外的石铺古道一直延续到村内，依山势而行，顺溪谷而修，曲折蜿蜒，上下错落。一个个山地院落依崖就坎而建，院落形状、大小不一，为了防止雨水的冲刷，民居建筑坐落在山石砌筑的高台基上。

二、气候特征及其影响下的传统聚落与民居特点

山东省季风气候显著，相对于内陆地区，山东东部地区降水量偏多，加上海气潮湿，冬季气候寒冷湿润。山东省地势较低，除中部泰山隆起之外，其余大部分地区以低山丘陵为主。大地貌界线的气候分异作用并不明显。但是，在局部地域，地貌对气候的影响则很显著。

如沂蒙山区的山脉和谷地为北—西向延伸，使东、南或东南来的暖湿气流可长驱直入山地内部；而泰鲁沂山地的近东—西向分布又对北方的寒冷气流起阻挡作用，使南坡气温高，有利于喜暖植物等生长。

在影响和决定地域建筑形态的诸多自然因素中，气候条件堪称最基本、也是最具普遍意义的因素之一，它决定了建筑形态中最为根本和恒定的部分。面对自然界千变万化的气候条件，人类机体自身的调节适应功能极为有限，需要通过衣物增减，建造"遮风雨、避严寒"的庇护住所，屏蔽恶劣的气候条件、创造宜人的居住环境，其所涉及的气候因子包括：温度、湿度、日照、通风、气压、降水等。而地域民居在聚落形态、选址、院落形态、构造形态等方面的鲜明特色，则是地域民居在长期的历史岁月中形成的对气候条件的应对策略。

鲁西北地区地处平原，当地的村落布局形式以平原型的梳式布局为主。为了调节局部气候，村落常建造在前有河流或池塘的地点，村落西北则种植层层树木，以抵挡冬季凛冽的西北风。如滨州市阳信县的牛王堂庄村落布局具有鲜明平原地区梳式布局特征（图1-4-1），与山东省胶东沿海和鲁中南山区的村落布局相比，更为松散、舒展。

为了防御和抵制海风的侵袭，加上沿海岸线可供选择的居住用地段较少，威海、烟台一带的海草房民居以"团"为主的聚落形式。为节省有限的土地、减少热量损耗，一般都采用"借山"布局，即毗邻两家东西山墙共用，不留间距。沿街望去，一排排海草房连绵有伏、有曲有直，形成统一多变的聚落街道景观。荣成地处山东半岛最东端，伸入黄海，雨频风多，冬季积雪较厚，为便于雨水的排除，减少屋面的雪荷，海带草屋的进深都较小，屋面起坡大，屋顶又厚又高（图1-4-2、图1-4-3）。

鲁西北区域斜坡屋顶主要分布在德州、滨州、惠民地区，主要由茅草铺成，该屋顶具有防水、保温、隔热的特点，大多分布在鲁西北雨水较多的地方。屋顶的基本做法为在山墙上架木质梁架，坡度约为45°，梁架上直接搁置檩条，檩条上铺韧性较高的高粱秸秆，再抹上泥浆，晒干后再铺上质地较松软的谷草或稻草，再用木头或瓦压住草尾部。整个屋顶脊部后，檐部薄，既实用又美观、环保。

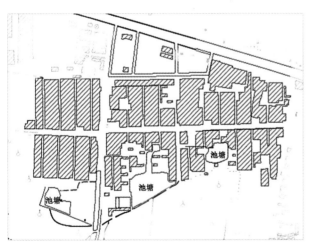

图1-4-1 滨州市阳信县的牛王堂庄村平面格局

图1-4-2 海草房传统聚落院落空间尺度〔来源：闫济 摄〕

图1-4-3 胶东海草房传统村落街巷空间（来源：闫济 摄）

图1-4-4 阳谷县张秋镇缸市街囤顶土屋①

生土民居的屋顶主要包括囤顶和斜顶两种形式。囤顶大多分布在雨水较少的干旱地区（图1-4-4），鲁西聊城的部分地区多为囤顶，可载人，可用于晾晒粮食。囤顶可以按材料和技术可以划分为三类：（1）采用厚厚的秫秸平铺在架好的檩条上，然后在铺好的秫秸上面用厚麦秸泥抹平，房顶厚度在50厘米左右；（2）在房顶表面铺满砖，这种砖与普通砖的区别在于它约为正方形，厚度略薄，砖通过黏土固定，铺满房顶，在砖缝中撒谷粒使之慢慢生长并随之枯萎，利用其根部将砖固定；（3）屋顶分三层建造，第一层檩条和橡子，第二层铺上整齐的麦秸秆，厚度约10厘米，最后再将混有灰土、炉渣的泥土浇灌在麦秸层上，通过反复捶打使其表面平滑、质地结实，最后通过自然风干。

三、山东地域传统聚落保护空间与格局划分

综合以上分析及山东地域传统民居特色研究，划分山东地域传统聚落空间格局分区如下（图1-4-5）：

（1）黄河滩区土坯房传统聚落主要分布区

主要包括德州、聊城、滨州、东营等区域，保护以

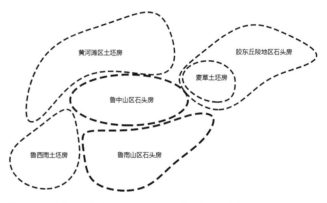

图1-4-5 山东省亚文化区系背景下传统聚落"九区"分布示意图②

鲁西北平原典型民居为特色的传统村落，充分挖掘与保护运河文化、商贸文化、庙会文化等优秀历史文化。

（2）鲁中山区石头房传统聚落主要分布区

主要包括泰安、莱芜、淄博、济南以及潍坊安丘市、青州市等区域，重点打造章丘文化特色传统村落集群、淄博自然风景特色传统村落集群和安丘自然风景特色传统村落集群。

（3）博山窑场民居传统聚落主要分布区

以淄博市博山区为主要区域，深入挖掘与传承陶瓷业缘文化，保护古陶窑遗址、匣钵墙等反映陶瓷文化的历史遗迹，延续陶瓷特色的商贸文化。

① 赵鹏飞. 山东运河生土民居实例探析 [J]. 华中建筑, 2012 (08)：134-136.
② 图纸自作者2015年负责完成的"山东省'乡村记忆'工程总体规划（2016—2025）"改绘。

（4）鲁南山区石头房传统聚落主要分布区

主要包括临沂、枣庄、日照以及济宁曲阜市、邹城市、泗水县等区域，保护石头房、石头寨等以石为材的传统建筑和历史遗迹，充分挖掘优秀历史文化，突显其红色文化与红色精神。

（5）鲁西南土坯房传统聚落主要分布区

主要为菏泽巨野县、泰安东平县、济宁嘉祥县和梁山县等区域，保护以土坯房为主，砖石建筑、石头房并存的传统民居的多样性；保护传承鲁西南地区传统手工艺、梁山文化、孝道文化、商贸文化等传统文化。

（6）麦草土坯房传统聚落主要分布区

主要包括即墨市、平度市、昌邑市等区域，保护以传统麦草土坯房和以明清砖石建筑为特色的传统村落，传承传统手工艺，充分挖掘和保护优秀历史文化。

（7）胶东丘陵地区石头房传统聚落主要分布区

以烟台为核心，重点打造招远市胶东传统村落集群，保护良好的自然生态环境，充分挖掘和保护传统技艺、商贸文化、庄园文化。

（8）滨海石头房传统聚落主要分布区

主要包括青岛、烟台的滨海地区，保护以石头房为主，砖木建筑、海草房并存的传统民居多样性；传承渔文化、卫所文化、胶东神仙传说与道教文化等传统文化；注重海洋生态环境的保护，展示滨海优美风光。

（9）胶东海草房传统聚落主要分布区

以荣成市为核心，科学保护、合理利用海草房；注重保护文登和乳山海草房的差异性，展示不同区域海草房特色；充分挖掘和保护好海洋生态文化、渔文化、家族文化、卫所文化等当地传统文化。

综合来看，各分区内重点聚落及其相关资源如表1-4-1所示：

山东省不同分区的重点聚落及其相关资源　　　　　　　　　　　　表1-4-1

序号	分区	行政区划	传统文化村镇	传统民居	博物馆（传习所）
1	黄河滩区土坯房主要分布区	滨州市	古城镇	魏集村魏氏庄园、丁河圈村丁氏故居	惠风民俗博物馆、沾化县民俗馆、阳信县鼓书院
		东营市	东王村	田门村田氏祠堂、东张庄村传统民居、寨村泉顺院	东营区吕剧传习所
		德州市	魏庄村、四女寺村、闫家村	相衙镇村27号民居、刘营伍村民居、闫集村25号民居、北一村孟氏民居	梁子黑陶博物馆
		聊城市	迷魂阵村、七级运河古街区、路西村	郑于村传统民居、青苔铺村传统民居、张秋陈氏民居、张秋山陕会馆、南街民居、仰山书院	东昌府民间艺术博物馆
		寿光市	朱头镇村	—	—
		淄博市桓台县	城南村、城东村	—	—
		济南市济阳县	—	举人王村卢氏旧居	—

序号	分区	行政区划	传统文化村镇	传统民居	博物馆（传习所）
2	鲁中山区石头房主要分布区	泰安市	大津口乡，鱼山村、南栾村、上泉村、山西街村	李家泉村传统民居	李家泉村知青博物馆、泰山挑山工博物馆、泰山石敢当博物馆、驴油火烧民俗文化博物馆
		莱芜市	南文字村、五色崖村、逯家岭村、卧铺村、青石关村、黄花店村、城子县村	李文珂故居、石家泉村民宅、下北港村段氏建筑群	山歌榨油博物馆、华山民俗博物馆、天缘民俗文化博物馆、房干村村史展览馆、山东亓氏酱香源民俗博物馆
		济南市	博平村、梭庄村、三德范村、三涧溪村、朱家峪村、黄巢村、方峪村	娄家庄村娄家祠堂、天晴峪村传统民居、小娄峪村古建筑群	山东民俗文化博物馆、山东省非物质文化遗产传习厅和精品陈列厅、山东建筑大学"乡村记忆"研究展示基地、旧军乡村博物馆、相公庄民俗博物馆、鼓子秧歌传习所、中国阿胶博物馆
		淄博市	太河镇、梦泉村、上端士村、纱帽村、西岛坪村、西股村、柏树村、土泉村、罗圈村、双井村、石安峪村、杨家庄村、蒲家庄村、土峪村、万家村、李家疃村、韩家窝村、黎金山村	涧村古楼、康家坞村传统民居、张李村传统民居、大七村石氏庄园、毕自严故居	周村大街博物馆群、五音戏传承保护中心
		潍坊市	鄑泉村、西沟村、下涝坡村、黄石板坡村、庵上村、薛家庄村、上院村、赵家峪村、井塘村、昭德古街、响水崖村、	田老村明楼、范企夷大院	—
3	博山窑场民居主要分布区	淄博市博山区	八陡镇、福山村、双凤村、河南东村、古窑村、岳西村、下虎村	东石村传统民居	—
4	鲁南山区石头房主要分布区	济宁市	上九山村、高李村、庙东村、越峰村、凫村、葫芦套村、夫子洞村、梅鹿村、王家庄	鲁舒村传统民居、五里庙村苏家大院、乔家村传统民居、西岩店村乔氏庄园	微山湖民俗博物馆、大庄村博物馆
		临沂市	岱崮镇，王庄村、关顶村、西墙峪村、桃棵子村、竹泉村、常山庄村、李家石屋村、九间棚村、邵庄村、大良村、丁家庄村、庄氏庄园（七、八、九村）、朱村、鬼谷子村	杭头村传统民居、河西村传统民居、压油沟村传统民居、石泉湖村传统民居、源兴涌商号、王家后峪村民居	朱村博物馆、东山民俗博物馆、沂蒙山农耕博物馆、罗庄宝泉民俗博物馆、柳琴戏传习所
		枣庄市	徐庄镇、北台村、东辛庄村、粮峪村、东滕城村、葫芦套村、兴隆庄村、邢山顶村、高山顶村、中陈郝村	大坞村张氏祠堂、抱犊崮古建筑、牛山村孙氏宗祠	齐村砂陶大作坊传习所
		日照市	柏庄村、天城寨村、李崮寨村、上卜落崮村	大夏家岭村四合院、王献唐故居、山东军区军事工作会议旧址	东港区日照记忆馆、刘勰故里民俗生态博物馆、大北林村剪纸博物馆
		诸城市	—	徐会沣故居	—
		青岛市	西寺村	西崔家滩村传统民居	—

序号	分区	行政区划	传统文化村镇	传统民居	博物馆（传习所）
5	鲁西南土坯房主要分布区	济南市平阴县	东峪南崖村、东蛮子村贤子峪村	兴隆镇村民居、前转湾村廉家大院	—
		泰安市东平县	常庄村、中套村、前口头村、东腊山村、梁林村	常庄村民居、前山西屯大队部	—
		济宁市	沈庄村、张家垓村、岳楼村、双凤村、刘集村、西小吴村	拳北村传统民居、张坊村张氏家祠	杨柳店民俗文化展馆、梁山非物质文化遗产博物馆
		菏泽市	付庙村、前王庄村、穆李村	章西村田氏家祠、后董楼村董氏民居、邵继楼村传统民居、孙老家祠堂	菏泽市乡村记忆博物馆、郓城传递红色文化博物馆、郓城传统民居博物馆、曹州面塑艺术馆、中国鲁锦博物馆
6	麦草土坯房主要分布区	潍坊市	齐西村、杨家埠村、东王松村	姜泊村民居	高密市土地文化博物馆、鸢都红木嵌银漆器博物馆、绿博园民间收藏博物馆、杨家埠民间艺术大观园
		青岛市	西三都河村、李家周疃村、大欧戈庄	东潘家埠村传统民居、张舍盆李家村传统民居	胶州市九兴博物馆、平度市勇华民俗馆、青岛非物质文化遗产博览园
7	胶东丘陵地区石头房主要分布区	青岛市	—	—	莱西市胶东民俗文化博物馆
		烟台市	梁家夼村、后石庙村、奶子场村、徐家村、北栾家河村、川里林家村、丛家村、界沟姜家村、口后王家村、上院村、石棚村、高家庄子村、大泺洼村、徐家疃村、孟格庄村、东曲城村、河东王家、山后冯家村、北朱村、肖家庄村、西鲁家夼村、霞河头村、南桥村、后寨村、马陵冢村	马陵冢村李氏庄园	张格庄民俗博物馆、青龙夼村知青博物馆
8	滨海石头房主要分布区	青岛市	青山渔村、凤凰古村、雄崖所村	—	—
		烟台市	湾头村、城后万家村、王贾村、朱旺村、朱流村、西河阳村、里口山村、大口东山村	海庙于家村海草屋、北头村都氏宗祠	烟台市剪纸传习所
9	胶东海草房主要分布区	威海市	俚岛镇，留村、东墩村、渠隔村、东楮岛村、烟墩角村、顶家寨村、大庄许家村、东烟墩社区、小西村、巍巍村、鸡鸣岛村	—	大庄许家乡村记忆馆、西火塘寨乡村记忆馆、威海市鲁绣博物馆
		文登市	万家村	—	—
		乳山市	南司马庄村	—	—
		海阳市	—	霞河头庄园	—

附图：山东省传统聚落资源地理分布图（图1-4-6~图1-4-12）[1]

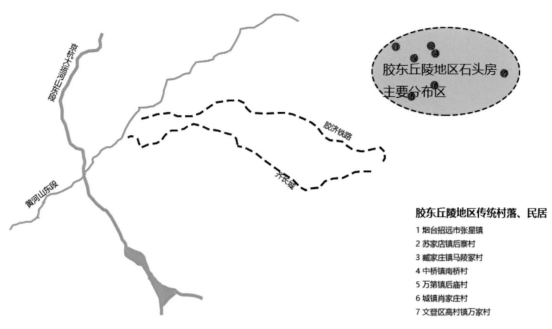

胶东丘陵地区传统村落、民居

1 烟台招远市张星镇
2 苏家店镇后寨村
3 臧家庄镇马陵家村
4 中桥镇南桥村
5 万第镇后庙村
6 城镇肖家庄村
7 文登区高村镇万家村

图1-4-6　山东省胶东丘陵地区传统聚落资源分布示意图

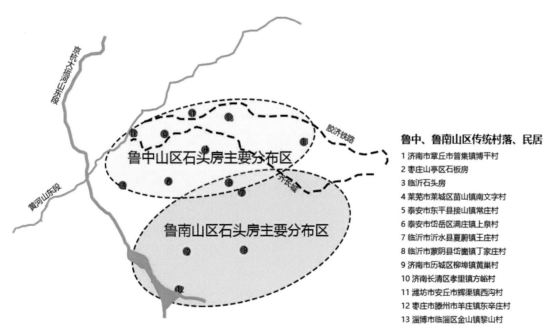

鲁中、鲁南山区传统村落、民居

1 济南市章丘市普集镇博平村
2 枣庄山亭区石板房
3 临沂石头房
4 莱芜市莱城区苗山镇南文字村
5 泰安市东平县接山镇常庄村
6 泰安市岱岳区满庄镇上泉村
7 临沂市沂水县夏蔚镇王庄村
8 临沂市蒙阴县岱崮镇丁家峪村
9 济南市历城区柳埠镇黄巢村
10 济南长清区孝里镇方峪村
11 潍坊市安丘市辉渠镇西沟村
12 枣庄市滕州市羊庄镇东辛庄村
13 淄博市临淄区金山镇黎山村

图1-4-7　山东省鲁中、鲁南山区传统聚落资源分布示意图

---

① 图纸来源同前注。

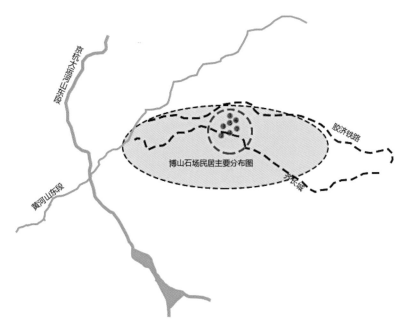

图1-4-8　山东省陶瓷业缘影响区域传统聚落资源分布示意图

陶瓷业缘文化传统村落、民居

传统文化乡镇:
1 淄博市淄川区太和镇
2 淄博市博山区八陡镇

传统文化村落
3 淄博市淄川区太和镇梦泉村
4 淄博市淄川区太和镇上端士村
5 淄博市淄川区太和镇纱帽村
6 淄博市淄川区太和镇西岛坪村
7 淄博市淄川区太和镇西股村

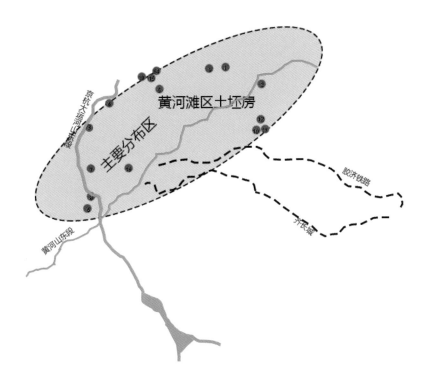

图1-4-9　山东省黄河滩区传统聚落资源分布示意图

黄河滩区传统村落、民居

1 滨州市沾化县古城镇
2 东营市垦利县胜坨镇东王村
3 德州市武城县李家庄镇魏庄村
4 德州市武城县四女寺镇四女寺村
5 德州市临邑县德平镇闫家村
6 聊城市阳谷县乔润街道迷阵村
7 聊城市东昌府区堂邑镇路西村
8 聊城市阳谷县七级镇七级运河古街区
9 滨州市无棣县海丰街道城里村
10 东营市广饶县大王镇田门村田氏祠堂
11 东营市广饶县大王镇东张庄村
12 东营市广饶县安乐街道寨村泉顺院
13 德州市宁津县相衙镇村27号民居
14 德州市宁津县刘营伍乡刘营伍村
15 德州市宁津县柴胡店镇闫集村25号民居
16 德州市齐河县赵官镇北一村孟氏民居

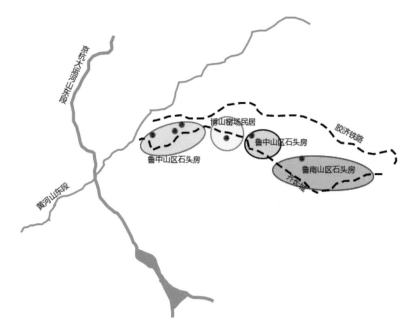

齐长城沿线传统村落、民居

鲁中山区石头房
1 长清区孝里镇方峪村
2 济南历城区柳埠镇黄巢村
3 济南历城区西营镇天晴峪村
博山窑场民居
4 博山区山头街道古窑村
鲁中山区石头房
5 淄川区太河镇土泉村
鲁南山区石头房
6 安丘市柘山镇薛家庄村

图1-4-10 山东省齐长城沿线区域传统聚落资源分布示意图

运河沿线传统村落、民居

黄河滩区土坯房
1 武城县四女寺镇四女寺村
2 武城县李家户镇魏庄村
临清运河合院
3 临清市汪家大院
鲁西土坯房
4 聊城市东昌府区堂邑镇路西村
5 聊城市阳谷县侨润街道迷魂阵村
鲁西南土坯房
6 梁山县水泊街道刘集村
7 梁山县黑虎庙镇西小吴村

8 嘉祥县马集镇沈庄村
9 嘉祥县马村镇张家垓村
10 嘉祥县孟姑集镇岳楼村
11 嘉祥县卧龙山街道双凤村
鲁南山区石头房
12 邹城市石墙镇上九山村
13 邹城市郭里镇高李村
14 邹城市郭里镇庙东村
15 邹城市城前镇越峰村
16 滕州市羊庄镇北台村
17 滕州市羊庄镇东辛庄村
18 滕州市木石镇粮峪村
19 滕州市姜屯镇东滕城村
20 滕州市柴胡店镇葫芦套村
21 薛城区邹坞镇中陈郝村

图1-4-11 山东省京杭大运河沿线区域传统聚落资源分布示意图

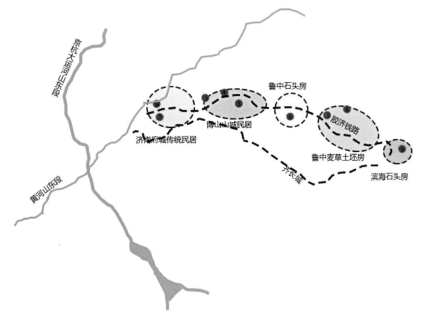

胶济铁路沿线传统村落、民居

济南府城传统民居类
1 济南金菊巷民居
2 济南万竹园

博山山城民居类
3 王村镇万家村
4 新城镇城东村
5 金山镇黎金山村

鲁中石头房类
6 乔宜镇水崖村

鲁中麦草土坯房
7 坊安街道东王松村
8 东潘家埠村

胶东滨海民居类
9 王哥庄街道青山渔村

图1-4-12　山东省胶济铁路沿线区域传统聚落资源分布示意图

第五节　山东传统民居营造技艺

一、建筑材料资源、社会人文环境与传统营造技艺影响关系

　　囿于经济成本等多方面因素的限制，因地制宜、直接取用当地天然材料，一直是山东各地传统聚落营建的主要方式。在广大经济欠发达的乡村地区，这无疑可以有效地降低建造成本，同时也形成了省内不同地区乡土建筑不同的地域性特色和风格差异。山东三面环海，地形复杂、地貌类型多样，域内乡土建筑所采用的自然材料极为丰富，从生土、石料、木材到各类陆地、水生植物茎秆（如秸秆、茅草、芦苇、海带草等）乃至海洋贝类资源，都在其选择范畴。而无论对各种天然材料，还是砖、瓦、陶制品等人工材料的具体使用方式和做法，齐鲁乡民均创造出了丰富多样的与当地条件相适宜的地域性建筑构造与传统建造工艺。

　　山东省内土壤资源的分布主要受大地貌和中地貌界线影响，总体上属棕壤、褐土为主的地带性土壤，主要以棕壤、棕壤与褐土、潮土与盐碱土等基本类型自东向西依次分布。[①]棕壤也称为棕色森林土，集中分布在气候湿润的胶东、沐东丘陵区；在半湿润的鲁中南山地丘陵区，棕壤与褐土交错分布——其中棕壤广泛分布于鲁中山区酸性花岗岩、变质岩风化物及洪积物上，褐土则发育在石灰岩、钙质砂页岩及其风化物上，主要分布于由沉积岩组成的鲁中山地丘陵区和黄土堆积区；而半干旱的鲁西北黄河冲积平原，地势平坦、土层深厚，是石灰性潮土和盐碱土集中分布的区域。这里石材资源匮乏，取之不尽的黄土遂成为人们建造住屋的基本材料。同时，黄河改道使得这一地区多沙土、盐碱地。由于碱

---

① 本段与山东土壤资源有关的描述主要参引自：王有邦. 山东地理［M］. 济南：山东省地图出版社，2000：7-9.

性黏土不适合制砖，当地建房所需砖瓦均要到较远之处购买。故一般农家建屋，砖石十分少见，除建筑基础外，从墙体到屋面维护结构，几乎都由生土建造。该区域乡土聚落与民居也因此形成了独特的防盐碱、防水患灾害的处理措施。山东地域的自然地理环境条件特点，直接决定了地方物质材料资源的供给，从很大程度上决定了省内不同区域乡土聚落的面貌和建筑用材特点。

以鲁中山区济南朱家峪村的传统民居为例，其对建筑材料的使用与上述地理环境影响下的地域特性紧密相关。朱家峪村中乡土建筑的外墙取材非常广泛，包括乱茬石、黏土砖、煤灰砖、土坯等。按照墙体构造工艺，一般可分为三类：第一类做工比较考究，使用加工精湛的条石作为外墙基座，基座上砌筑清水砖墙，上覆黏土小瓦双坡屋面；第二类以山石块或乱山石砌筑高外墙基座，基座上砌煤灰砖墙——煤灰砖为朱家峪本地特有的建筑材料，由烧成灰烬的煤灰掺和少量石灰制成，其色彩灰黄，尺寸与土坯砖相同，强度高于土坯而逊于青砖，是一种物廉价美的乡土建筑材料；第三类用乱山石做外墙基础，墙基础上砌外抹石灰的土坯墙，屋顶为山草或麦秆，此种建筑造价最为低廉。而尤有特色之处，为村中民居建筑使用土坯砖、煤灰砖和"丁石"混搭砌筑的一种典型墙体构造形式——即把煤灰砖用于外墙外侧砌体，而外墙内侧仍用土坯，出于墙体结构整体性要求，通常夹砌条石将外层煤灰砖和内层土坯拉结，因条石与墙体成"丁"字形，故称"丁石"。丁石在外山墙上露出一端，与泉州民居外墙"出砖入石"混合砌法效果相类，形成朱家峪一带独特的乡土建筑风貌（图1-5-1），在山东其他地域罕见。

图1-5-1　朱家峪"明经进士"朱逢寅故居丁石外山墙（来源：焦鸣谦 摄）

当然，传统聚落鲜明的地域特色是基于多方面因素影响而形成的。如陈同滨先生指出，乡土聚落与乡土建筑遗产的类型特色在于其"文化多样性"，这一特性是由自然地理环境的多样性和社会形态关系的多样性共同导致的。[1]因此，在各地不同的生产、生活方式与地方文化习俗影响之下，即使建筑取材的类别差异很小，如同样使用木材、石料、生土、砖瓦、秸草等材料筑屋，在实际应用中仍然会呈现出明显的风格差异。借用阿尔多·罗西（Aldo Rossi）对建筑与城市类型概念的阐释，我们几乎可以肯定：在不同文化背景之下，即使建筑的功能使用要求基本一致，因为不同地方人们的文化价值与审美取向差异，也必然会出现各种营造形式风格上差异。因为每一种人类聚居形态及其建筑的"类型"形式，都是具体地理环境与自然气候条件、场地选址和地形地貌、建筑材料资源和人类社会生活与文化模式等多种条件彼此联动作用，才最终体现为具体的聚落形态和建筑形式。[2]

① 2019 年10 月26 日，陈同滨先生在济南中欧乡土遗产论坛上首次提出"乡土建筑遗产区系研究"的命题，并在主旨报告中归纳了乡土建筑遗产的三个基本特征（时代性、地域性、社会性）、两个关系要素（人人关系与人地关系）和一个基本特色；指出乡土建筑遗产的类型特色，即在于其"文化多样性"，而保护文化多样性也正是今天全球文化遗产保护运动的目标旨要。参见陈同滨. 乡土建筑遗产的区系研究初探 [J]. 住区，2020（01，02）：8.
② 罗西认为，远溯至新石器村落这类人基于功能需求改造世界的先例，"人造家园"和人类的历史一样悠久。正是在这种意义上，从居住建筑、神庙到更复杂的建筑，有了最初的形式和类型。"类型"根据人的功能需要和对美的追求而发展；一种特定"类型"与特定的形式和生活方式相互关联，而其具体形态在不同社会中各不相同。参见 [意]阿尔多·罗西. 刘先觉校. 城市建筑学 [M]. 黄士钧，译. 北京：中国建筑工业出版社，2006；第一章第三节"类型学的问题"，页37-43。

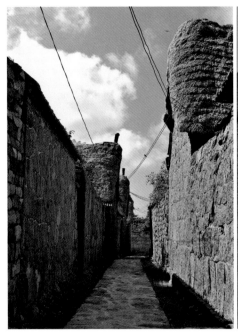

图1-5-2 胶东海草房传统村落街巷空间（来源：闫济、焦鸣谦 摄）

以胶东半岛沿海地区最具特色的建筑人文景观海草房民居为例。建造海草房的海草是胶东沿海渔民自古习用的一种天然建筑材料，其学名大叶藻，为多年生草本植物，一般生长于温带海域近海浅湾的3～6米深度，广泛分布于我国胶州湾至渤海沿岸，以及朝鲜半岛、日本、欧洲和美洲海域。[①]海草晒干后为紫褐色，由于含有大量胶质盐分，晒干后的海草防潮防蛀、不易燃烧，且保温性能良好，因此被当地人们用作屋顶覆材。这些由专门的匠人以"苫海草"法完成的屋面又陡又高，造型厚重，形若马鞍，极富地域特色（图1-5-2、图1-5-3）。

无独有偶，在北欧丹麦的卡特加特海湾中最大的岛屿莱斯岛上，自中世纪时代起，岛上居民也有用海草苫顶盖房的传统（图1-5-4、图1-5-5）。其中最古老的海草屋建于1790年，迄今已有两百多年的历史，

图1-5-3 荣成市俚岛镇烟墩角村海草房民居院落（来源：闫济 摄）

图1-5-4 丹麦莱斯岛海草屋民居（来源：Allan Jensen/Flickr）

① 关于胶东海草房的详细介绍，参见本书第二章，以及张巍. 齐鲁地区建筑文化［M］. 吉林科学出版社，2016年，页34-39；李万鹏，姜波 齐鲁民居［M］. 济南. 山东文艺山版社，2004：110-116.

图1-5-5 丹麦莱斯岛海草屋民居（来源：TrineBM\
Wikimedia）

在1989年被当地政府列为保护建筑。[1]而对照图片，读者不难看出，胶东半岛和莱斯岛两地这两类海草顶乡土民居，虽然都使用了相同的建筑屋面材料，但气质迥异，无论是其建筑整体布局（聚居、散居），还是两地匠人对屋顶形式的塑造，乃至海草顶的细节工艺做法，都有着一目了然的风格差异。

正如张钦楠先生指出，居住建筑作为人类社会最早出现的建筑类型，可以说是构成人类聚居形态（城市或村庄）的"母体"。在各种建筑类型中，居住建筑最敏感地反映了社会生活及文化模式的变化。从中外各种乡土聚落和民居形式中，我们都可以发现，它们确乎在很大程度上取决于社会生活及文化模式，由此我们可以通过分析阅读其时代、民族乃至区域特征，认识其形式背后的文化，揭示人类聚落与建筑的文化意义。[2]就山东区域的乡土建筑而言，除极其注重实用性之外，其自西

向东亦呈现出一个总体趋势，即各地乡土建筑的形制格局由西向东越来越趋向自由。有相关研究者认为，这种建筑营造形制和风格的变化，基本可以视为一个从受内陆农耕文化影响到受海洋渔商文化影响逐步演化的过程。[3]

二、山东传统建筑营造技艺保存现状及任务

1999年10月，国际古迹遗址理事会（ICOMOS）在墨西哥召开第十二届大会通过《关于乡土建筑遗产的宪章》，标志着乡土文化遗产保护与研究在全世界范围受到遗产保护业界的关注。该宪章次年经陈志华先生译介引入[4]，也促使国内研究者从文化遗产保护视角重新审视乡土聚落遗产。《关于乡土建筑遗产的宪章》认为"乡土性"可由以下六项内容确认：（1）某一社区共有

① 参观 Seaweed Roofs on Læsø, https://www.visitnordjylland.com/north-jutland/destinations/seaweed-roofs-laeso，自丹麦北日德兰行政大区（Region Nordjylland）旅游局官方网站；以及相关主题纪录片 "Seaweed Roofs on Læsø, Denmark"，https://www.youtube.com/watch?v=7sfVq9eWMTI

② 张钦楠. 建筑设计方法学［M］. 西安：陕西科学技术出版社，1995；第4章"文物"的设计——揭示意义，70-135.

③ 张巍. 齐鲁地区建筑文化［M］. 长春：吉林科学出版社，2016；98.

④ 陈志华，赵巍. 由《关于乡土建筑遗产的宪章》引起的话［J］. 时代建筑，2000（03）：20-24.

的一种建造方式；（2）风格、形式和外观一致；（3）使用基于传统确立的建筑型制；（4）非正式流传下来用于设计和施工的传统专业技术；（5）一种对功能、社会和环境限制的有效回应；（6）一种对传统建造体系和工艺的有效应用。[①]可以看出，上述全部六项内容都和传统建筑的营造技艺直接关联。如该《宪章》所阐述，"与乡土性有关的传统建筑体系和工艺技术对乡土性的表达至为重要，也是维修和修复乡土建筑的关键。这些技术应被保存、记录，并通过教育培训传授给下一代工匠和建造者。"[②]因此，作为非物质文化的遗产的传统营造技艺和乡土建筑的物质空间实为传统聚落遗产内容构成的一体两面。

在古代中国几千年漫长历史时期中，传统建筑营造技艺始终在师徒相授、口口相传中不断发展而延续未断。而自近代以来急剧的社会变革，以及现代工程技术革新带来的建筑营造方式的根本变化，使得传统建筑技艺开始迅速退出历史舞台，今天仅在部分古建筑施工单位和偏远乡村尚有少量留存。[③]在山东区域也是如此，尤其是随着我国改革开放以来近三十多年的急剧现代化与城镇化进程，遍布省内各地乡间的传统聚落在不断衰败过程中正逐步被现代建筑替代；那些在长期实践中积累了丰富传统建筑施工经验的各行匠师也因后继无人日渐凋零；无论是传统乡土聚落抑或相关民间建筑营造技艺，均面临着迅速消亡的处境。因此，对于省内各地区

种类繁多，地域特色突出的传统乡土建筑营造技艺，无论是抢救性保存记录，抑或系统化整理研究，都已成为一个亟待完成的迫切任务。

正如陈同滨先生指出，对乡土建筑遗产的保护研究有必要突破以往历史建筑的类型模式，将研究扩展到具有一定地理和社会共性的范畴中进行。[④]而纵观20世纪80年代末至今我国乡土文化遗产保护研究的整体发展历程，背后所牵系的也正是上述学术范式的转变，即"从起步阶段以建筑史学视角，通过田野调查、建筑测绘等方法初步建立民居体系的被动观察型学术范式，逐步转向以文化遗产保护视野，通过多学科合作，形成以乡土建筑遗产保护、利用与活化为主的主动介入型学术范式。"[⑤]

乡土聚落保护是复杂的系统工程，具有动态变化和与人密切关联的特点。乡土聚落与建筑作为传统社会和营建体系形成的产物，蕴藏着地方乡民对地理气候条件适应的智慧。随着时代的变迁，面对这种建造体系的劣化消失，如何做好传统建筑营造技艺的保护与传承工作？如何结合利用现代科技成果对乡土建筑遗产进行保护和修缮？如何在当代社区规划与建筑设计中汲取传统经验智慧？如何妥善平衡乡土遗产保护与地方社会经济发展的关系，从地方可持续发展的角度考虑文化遗产的保护与利用？[⑥]这些都是今天每一位文化遗产保护工作者面临的重要课题。

① https://www.icomos.org/charters/vernacular_e.pdf, ICOMOS. Charter on the Built Vernacular Heritage,1999。
② 同上。
③ 李新建. 苏北传统建筑技艺 [M]. 南京：东南大学出版社，2014；1.
④ 贾蔚昌，唐志勇. 山东通史·现代卷·上册 [M] //安作璋主编. 山东通史. 济南：山东人民出版社，1994；385-387. 陈同滨2020年，页8.
⑤ 李晶晶. 我国乡土建筑研究的现状及趋势——基于CNKI论文数据库的计量可视化分析 [J]. 住区，2020（01，02）：104-108，106.
⑥ http://www.whitr-ap.org/index.php?classid=1529&newsid=2998&t=show，国际古迹遗址理事会乡土建筑和土质建筑遗产科学委员会（ICOMOS-CIAV &ISCEAH）2019年联合年度会议暨"面向地方发展的乡土和土质建筑保护"国际学术研讨会公告主题。

第

二

章

胶东半岛传统聚落

胶东半岛现有的传统聚落基本形成于元代以前、元末明初、明代至清代三个时间段，形成原因包括自然形成、移民迁入、避世隐居等，传统聚落所表现的形态特征各不相同，究其起源，与自然地理条件、社会经济和时局动荡均有关系。其中，自然地理条件相对稳定，而社会经济和时局则是在不断变化中，这影响了不同时期、不同区域传统聚落和街巷的形成与发展。

第一节　胶东半岛传统聚落特色

山是胶东半岛传统聚落选址布局的基本构成要素。胶东半岛传统聚落多与丘陵为邻，较为平坦的滨海平原地区，地形地势稍有起伏。传统聚落多在山坡阳面依山形地势分布，前高后低，次序展开。从科学选址的角度分析，这种布局有利于建筑获得良好的采光和排水条件，背靠山峦，又能很好地阻挡山区和海边的大风。同时，也涉及选址布局考虑的重要因素——防御性。现存的胶东半岛传统聚落大部分形成于明朝时期的移民活动，这个时期胶东半岛处于海患清除、海防系统建立的过程，海防文化和移民传统聚落自身的防御需求在传统聚落的选址布局中也有表现。从防御的角度来说，整个传统聚落呈现后高前低的整体布局，易于瞭望，可进可退，有防御外敌的作用。

水也是选址和布局的依据之一，背山面水，是旧时常说的负阴抱阳、聚风纳气之势。胶东半岛传统聚落，90%以上的传统聚落选址都靠近水域，包括湖水、河川和大海。除了风水学的考量，这种布局也源于居民生活对水的需要。烟台山后的冯家村，水源比较匮乏，在接通自来水之前，村民需要每天去步行路程一个小时以外的水源地去挑水，十分不便。因此，在传统聚落的选址中尤其对中部丘陵地区，临近水源十分重要。

南部沿海青岛崂山区青山渔村是传统聚落形态保持完好的山水格局传统聚落实例，传统聚落选址于海边的山地丘陵地带、连绵山脉形成的平缓山谷之中，传统聚落整个空间布局随形就势，顺应山谷的地形和海岸线自然曲折，建筑依山势自由分布，山坡较平缓的地方被开垦为小面积的茶园，山脚则是渔港，拥有十分便利的渔业资源。传统聚落北面靠山，南面朝海，夏季清凉舒爽，冬季凛冽的寒风被山脉阻挡，避风抗寒，营造了良好且适宜的居住环境。（图2-1-1）

此外，传统聚落选址还要考虑到交通条件。交通条件的便利与否影响着传统聚落的整体选址布局以及街巷格局的形成。青岛即墨市的凤凰村、李家周疃村均形成于明清时期人口大迁移（祖籍云南），位置在金口古港口附近。良好的海陆运输条件吸引人聚居于此，带动传统聚落经济的发展和商品的流通集散，也使得来自各地的建筑材料和建造技艺融汇于此。现今，李家周疃村的李秉和庄园内仍保留着部分古建筑群，凤凰村存有两条传统格局保存十分完好的古巷，可一窥当年传统聚落的繁华。

一、街巷格局的形成

街巷如同传统聚落的脉络，是传统聚落中的骨架和筋络。街巷的形成表现出自发性、适应性和延伸性的特点，这些街巷并未经过统一的规划，最初只是居民搬迁

图2-1-1 青山渔村传统聚落选址

至此建房形成的一条主街，随着人口的增加，新的建筑和院落营建起来，形成各个支路巷道和交往空间，形成现有的传统聚落街巷格局，这种格局是动态的，并仍在根据建造的需求向外生长。街巷的作用是为居民提供交通和交往空间，它的构成包括建筑、道路、聚留空间、河流、树木等，这些要素共同构成了传统聚落中的街巷空间。

胶东半岛地区传统聚落街巷格局的形成受到自然与社会因素的共同影响，它受制于所处的自然条件，也折射了居民生活、交往、防御等方面的需求，相似的影响因素会塑造街巷格局中的相似形态。依据调研传统聚落的平面分析，总结出胶东半岛传统聚落中的街巷格局主要包括四种类型。

一是网格状布局。特征为有两条或两条以上的纵横交叉的主要道路，其他支路网格状交叉使建筑群呈现团状。根据网格的形态又可区分为棋盘状网格（图2-1-2）和不规则网格两种形态（图2-1-3、图2-1-4）。棋盘状网格布局的街巷地势平坦无较大起伏，道路划分相对规整，纵横道路基本垂直，这种格局受地形限制较明显，主要出现在南部和西北部平原等地势相对平缓的区域，呈现这种状态的传统聚落包括招远市孟格庄村和大涝洼村、莱西市西三都河村、即墨市李家周疃村等。不规则网格状的街巷，道路不规则交叉，形成大小不一的组团，这种格局主要出现在西北部沿海平原和中部丘陵地区，如栖霞市后寨村、招远市北栾家河村等。

二是行列式布局。特征为街巷呈明显的行列式划分（图2-1-5a）。这种布局主要分布在东部沿海荣成

图2-1-2　孟格庄村街巷布局

图 例
■ 文物建筑
■ 历史建筑
□ 传统风貌建筑
□ 一般建筑
■ 障碍建筑
┄ 规划范围

图2-1-3　西三都河村街巷布局

图2-1-4　李家周疃村街巷布局

地区海草房传统聚落，呈现这种状态的原因除了地势相对平坦外，还和海草房的区域做法有关。荣成的海草房有"接山"的做法，即海草房连靠在一起，接山的海草房建筑群，呈现出规整的行列分布，又因海草房屋顶较高耸，为争取到充足的采光，前后两排院落间距相对大一些，街巷的行列式被进一步加强。在南部沿海区域也发现了传统聚落的行列式做法——青岛即墨市大欧戈庄，由于传统聚落在20世纪70年代都经过了重新整体规划，传统格局已被破坏，暂不计入

总结。

三是依山就势的自由布局。特征是传统聚落形态自由，街巷依山就势自然转折（图2-1-5b）。这种格局主要出现在山间丘陵的传统聚落，街巷蜿蜒曲折，建筑布局也顺应山势，如青岛崂山区青山渔村、招远市石棚村、烟台市里口山村。青山渔村和石棚村的传统聚落整体形态呈团状，而里口山村传统聚落分布十分分散，顺应山脉婉转呈现三个分散的小组团，特征十分鲜明。（图2-1-6、图2-1-7）

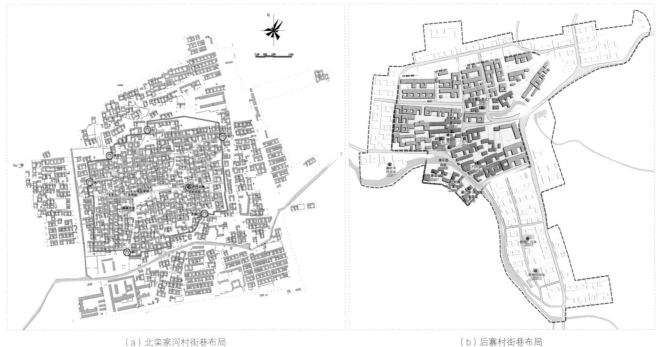

（a）北栾家河村街巷布局

（b）后寨村街巷布局

图2-1-5　不规则网格布局组图

（a）大庄许家街巷格局

（b）东烟墩村街巷格局

图2-1-6　行列式布局组图

二、街巷风貌

　　街巷风貌既包括道路特征、街道立面、转角空间、周围环境等静态构成，也包括季节、天气变化、人的活动等动态构成。不同街巷格局形成的街巷风貌也有差别，但在同一区域的传统聚落，其街巷风貌相对一致。

　　东部沿海荣成的海草房传统聚落，地势相对平坦，行列式街巷显得整齐宽敞。海草房的屋脊是马鞍状的，屋脊以下线条自然，海草顶整体呈不规则曲线。从干道向远处看，是联排整齐的海草顶和石材墙面，水

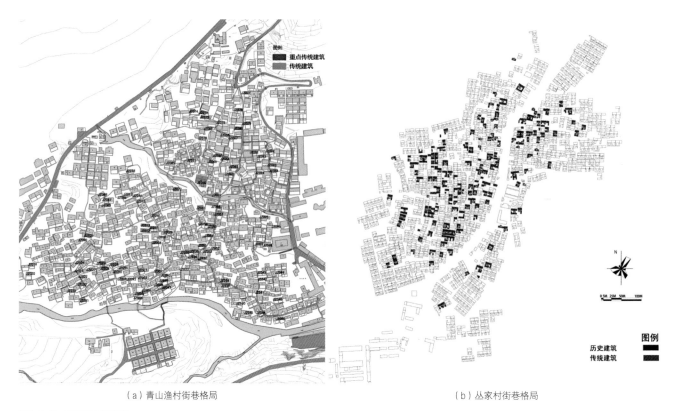

（a）青山渔村街巷格局　　　　　　　　　　　　　　　（b）丛家村街巷格局

图2-1-7　自由式布局组图

平向带有石材厚重感的直线条和竖向空间起伏波动的优美天际线，组合在一起节奏感极强，给人以强大的视觉冲击。

　　在中部丘陵区域的传统聚落，因山势地形变化，街巷高差起伏较大。这个区域的主要建筑材料为石材，道路的铺装也是碎石和条石，整体风貌十分古朴，招远市的口后王家是十分典型的山区街巷风貌。整个村子沿山坡而建，因地势高差被隔成上下两部分，道路整体呈棋盘网状格局，纵横的路网十分明晰。因整个村子依山势而起，横向道路沿等高线布置，比较平缓，纵向道路则是一段又一段的石台阶。村子靠近山脚公路的区域道路已经过环境整治，铺上了水泥路，而地势较高的区域，还保留着原始的碎石路。走在上山的小路上，目之所及围墙、建筑山墙、基础，脚下所踩的道路都是石材铺成，使传统聚落生出一种原始的古拙之美。这种风貌在青岛的青山渔村也有体现。

　　西北部沿海平原区域的西部也分布了海草房，但街巷格局和风貌与荣成地区迥然不同。在莱州市朱流村、朱旺村还保留有20栋以上的海草房建筑，建筑材料主要是砖、石材和土坯砖，道路为土路和水泥路（图2-1-8）。村子已进行过新村的扩建，传统街巷被分为两部分，各自呈团状，被新建筑包围，传统建筑在这些组团内零落分布，因材料不同，传统建筑的沿街立面呈现复杂多元的风貌特征，黄色的土坯砖、青色的窑砖和暖色调的石材，形成丰富的色彩变化。而在靠近中部的传统聚落，如孟格庄村、高家庄子等商业贸易较活跃的传统聚落，经济条件较好，建筑普遍为砖石墙面，立面做工十分精细，显得很轻盈，建筑装饰如石雕、瓦当滴水也都很讲究，道路铺碎石，街巷风貌整体性强。这种整体性在区域偏东部的龙口西河阳村也有体现，但整齐的石材墙面和精致的哈瓦屋顶使街巷又呈现另一番风貌。（图2-1-9～图2-1-11）

图2-1-8　区街巷

图2-1-9　朱旺村街巷

图2-1-10　西河阳村街巷

图2-1-11　孟格庄村街巷

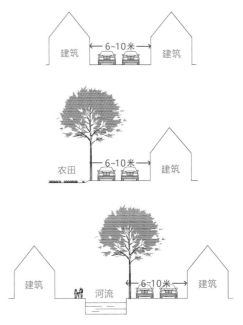

图2-1-12　主干道尺度感变化

即墨市凤凰村，保留有两条传统风貌保存极好的古巷，这个村子最早是房姓人移民过来建成的，故乡的老宅院均为房姓人所建。巷子以前是一条内巷，巷口设门，两边的建筑是一组完整的院落，是旧时大家族聚族而居的实例，后巷门拆除，古巷的风貌还保持完整。胶东半岛传统聚落街巷的墙上常出现拴马（驴）石，有与墙壁平齐和凸出墙壁两种做法。在孟格庄村，发现有的突出的拴马石直接雕刻在墙壁条石正中部位，体现了传统匠人对原始建筑材料特性的熟练把控。

一个地区的传统聚落风貌总能找到相似性，又有各自鲜明的特点。风貌这个词很难定义具体由什么构成，它涵盖了街巷为站在其中的人们呈现的一切物质和非物质形态。建筑作为静态的物质存在，限定出各种巷道、转角、聚留空间，人在其中行走、逗留、聚集、聊天，构成完整的街巷风貌。

三、街巷的尺度

街巷的尺度来自传统建筑与其他环境要素的不同空间组合，尺度的变化形成不同的空间感受和使用功能。连贯的空间形成道路，骤然变化的空间形成转角，围合出的开敞空间形成聚留空间和小广场。

胶东半岛传统聚落街巷中道路尺度大致分为三级，不同级别的道路使用频率不同。

一级道路为主干道，宽度在6~10米，主干道连接传统聚落和外界社会，有穿村而过和在传统聚落一侧两种位置关系。穿村而过的一级道路是最常见的一种类型，一般由两侧建筑和路面或是建筑、路面和河流组成，道路断面两侧限定比较稳定，人的尺度感受因两侧传统建筑檐下高度而变化（图2-1-12）。在传统聚落一侧的一级道路，一般为快速道路，由建筑和河流、山体、农田等元素与路面组合，道路断面只在一侧由建筑限定，可变性强，通常为根据交通需要拓宽或增修形成，这种情况下院落的大门不会开在一级道路上。在前一种位置关系中，道路除了用于交通，有时也会被赋予集市的功能，这种情况在第二种位置关系中很少出现。主干道可行驶汽车，满足现代快速交通需求。

二级道路为支路，宽度在4~5米范围内。支路是村民最常使用的公共道路，可以是两侧建筑限定形成的，也可以是建筑与河流、农田、山体限定形成的。支路可行驶非机动车和单向行驶小型汽车，基本满足快速交通的需求。

三级道路为巷道，宽度在2~3米。巷道是所有道路中使用频率最低的，使用人群一般为巷子里的住家。巷道也是调研中发现原始形态保持最好的道路形式。巷道只能行驶非机动车，不能满足快速交通的需求。

建筑墙面的夹角和退让形成尺度骤然变化的街巷转角空间，从现代建筑学的角度可定义为盲角空间，这种空间变化会触发不同活动和现象的产生。在胶东半岛传统聚落中，这种小空间十分常见，这与传统建筑的自发性特点有关，有时会放置一个石磨，大多时候仍是空着作交通空间或驻足空间。聚留空间和小广场在胶东半岛传统聚落中发现实例不多，发现的也多改造为现代形式，不能明确判断是否与传统聚落街巷一起形成。

在传统聚落街巷尺度的区域分析中，发现虽然尺度的划分范围基本一致，但丘陵地区街巷尺度较平原地区偏小，巷道所占比例较大。

四、院落与建筑特征

胶东半岛传统院落基本构成元素包括大门、围墙、影壁、建筑、庭院以及其他院落环境要素。

大门是院落的入口空间，在胶东半岛地区，大门位置会避开院落中轴线，偏一侧在次间或梢间的位置设置，或在厢房的位置开门，但在东部沿海荣成地区，也常有大门正对正房门的平面布局（图2-1-13）。大门通常以单独门楼的形式出现，有大小的差别，小门楼檐口高不过2米，宽度为1.5米左右，大门楼檐口高3米左右，宽度2.5~3米，在有倒座的院落，大门一般设在梢间位置，宽度为2~3米，檐高、进深同倒座（图2-1-14）。

正对大门的地方会在院落中设置影壁，影壁一般是独立设置的，也有嵌在厢房山墙上的做法，富裕人家的影壁做得极具装饰性，镶嵌各种吉祥图案的石雕，是彰显地位和财力的一种手段。影壁的高度一般与大门檐口高度一致，有框景的效果。

一进院落一般只有正房或正房加一侧厢房，另外一侧厢房的位置有时会作牲畜圈或厕所。多进院落的组合更为灵活多样，常见的组合方式是顺着大门设一条贯通的甬道，连接几进院落。在南部和西北部沿海平原区域，有利用墙和影壁将入口院落围合出两进院落的做法。

胶东半岛冬季寒冷，大风天气较多，建筑一般开窗较小以抵御寒风，导致室内采光受限，建筑需要获得最大限度的采光以满足室内的光照需求。平原区域地势平坦，建筑采光受南面建筑的影响，院子都比较宽敞，以便建筑获取充足的光照。丘陵区域地势变化大，建筑本身依山势而建，采光较好，且受地形限制，院子较平原区域较小（图2-1-15）。院落中建一侧厢房或不建厢房的做法除了经济条件限制，也有采光的需求。

正房一般为三间，进深4~6.6米，常见进深为4.5米，明间面阔3米左右，梢间较明间小，面阔2.5米左右。在东部沿海荣成地区，正房开间多为3~4间，建

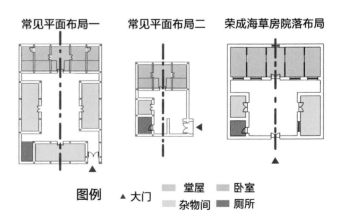

图2-1-13 大门在平面布局中的位置

（a）石棚村　　　　　　　　　　　　　（b）孟格庄村

图2-1-15　徐家村传统院落

图2-1-14　胶东半岛地区的大门

筑进深较小。在西北部沿海平原有三间加两个半间的做法，出现在商户或较富裕的普通人家，受等级制度制约，不能建五开间正房，只能在梢间两侧加两个半间。明间两侧均设灶台，两梢间垒炕床，一般长辈住在东梢间，父母住在西梢间，子女住在厢房或半间，在胶东地区有梢间做顶棚的做法。

院落和建筑是组成传统聚落的基本单元，是居民日常生活的主要活动场所，其布局反映了传统居民最直观的生活状态。它的地域特征除了体现在院落和建筑的空间、尺度变化中，人在其中进行地域生产生活活动时也赋予了它一部分动态特征。

五、建筑立面特征

建筑立面是通过材质、形状、色彩、比例的变化和韵律组合，来追求建筑外观的形态美感。胶东半岛传统乡土建筑前后立面一般表现为三段式，包括墙基、墙身和屋顶三部分。而在山墙立面有一段式和三段式两种形式，一段式即由墙基到脊下同一种材质和手法垒砌；三段式则是通过墙基和檐口高度突出的条砖或条石，将山面切分成下碱、墙身、山花三段的形式。

（一）下碱

下碱的区域立面特征比较统一，由石材垒成，高度1米左右，也有个例出现。根据石材的形状特征分为做工精细的条石下碱、经过简单加工的块石下碱和形状不规则的碎石块下碱（图2-1-16）。条石下碱所用石料加工整齐，垒成的下碱立面石缝很小，表面光洁，石材表面有时会凿出花纹，石材一般为浅青灰色。条石下碱有三层和五层两种做法，三层的做法为由三层厚度均30厘米左右的条石错缝堆砌，五层条石的下碱在立面处理上采用石材厚度由下往上高度递减的做法，如"30→20→18→16→15"厘米的高度变化，营造出建筑立面上的透视感，使建筑显得更高。

块石下碱与条石下碱相比做工稍简单，石材呈矩形，尺寸比条石小，厚度一般在20厘米左右，选用当地石材，因区域石材种类不同而表现出质地和色彩的变化，块石墙面的墙缝较大，一般做抹灰处理。

碎石块下碱立面表现出不规则的纹理分割，一般出现在山墙面和建筑背立面，选用材料为大小不一、形状不规则的石块，风格粗犷，但这其中也有特例。龙口西河阳村的碎石块下碱，在垒砌时选用大小规格相差不大的石块，石缝相接整齐，形成一种碎片式的美感。下碱在

（a）厚度逐层递减的条石下碱

（b）条石下碱

（c）块石下碱

（d）碎石块下碱

图2-1-16　下碱

正立面有局部垒到窗台（有些地方叫小平口）下的做法。

（二）墙身

墙身部分因材料不同显示出不同的立面特征，可分为砖墙面、石墙面和土墙面以及砖—石—土组合的墙面形式。砖墙的立面处理方法较普遍，通过丁砖和顺砖的规律排列，形成墙面的韵律感（图2-1-17）。全石墙面的材料选择与下碱的后两种做法类似，在石墙面中常有用砖包砌建筑四个转角的做法（图2-1-18）。土墙面的主要材料是黄土和土坯砖，呈现材料的粗糙质地和色彩，一般用来做建筑背立面，而正立面和山面全部用土墙面的实例则很少（图2-1-19）。

门窗是传统建筑立面特征的重要组成。门设在明间正中，墙面的开窗主要在两梢间，正立面开大窗（图2-1-20），背立面开小高窗（图2-1-21），明间门的过梁上有时也会开小高窗。门一般为素面，刷黑漆或不刷漆直接表现木材的纹路，不做其他花纹。传统窗户的样式十分多样，包括直棂窗、十字格、万字棂等，窗框刷黑色、朱红色或蓝色。

在建筑山墙檐口的位置，常出现用条砖或石板出挑的做法（图2-1-22），是一种地域化的建筑立面装饰手法。

（三）屋顶

屋顶（图2-1-23）是传统建筑中的第五立面，它的立面特征来自屋顶材料的不同选择和处理手法。山草和海草的屋顶，通过层层叠加形成，屋顶整体性强，色彩偏灰褐

图2-1-17 砖墙身

图2-1-18 石墙身

图2-1-19 土墙身

图2-1-20 梢间大窗

图2-1-21 背立面高窗

图2-1-22 石板出檐

色，屋顶线条呈富有美感的变化曲线。而小瓦屋顶的立面特征来自瓦垄的均匀排列形成的竖线条与屋脊横线条的组合，较草顶更显轻盈。屋脊的花脊做法也为小瓦屋顶立面增添了装饰性。

通过对建筑立面特征的分析，笔者发现建筑材料的材质、色彩等特性是立面特征最大的影响因素，材料的地域分布形成了不同区域的建筑立面特征，也促进了传统营造技艺地域做法的产生。

<table>
<tr><td>（a）莱州地区海草顶</td><td>（b）荣成地区海草顶</td></tr>
</table>

（a）莱州地区海草顶 　　　（b）荣成地区海草顶

后加机制瓦

原始草顶

（c）山草顶（后加盖了机制瓦）　　　（d）小瓦顶

图2-1-23　屋顶立面

第二节　胶东海草房传统聚落

一、海草房传统聚落的历史演进

　　海草房传统聚落具有悠久的历史，新石器时期已出现海草窝棚。根据《中华本草》记载，宋代登州沿海居民已认识海草的特性，并在生活中广泛运用。可考证的关于海草房的记载为元代。20世纪70年代初，宁津镇涝滩村，自然倒塌的一栋海草房，正房房梁上有"至正二年"字样，虽几经修缮，现仍保持着原结构与风貌。港西镇巍巍村，建于元大德年间（1297～1307年），至中华人民共和国成立前约一二百户人家，全村均为海草房。现存200年以上的海草房民居院落约20个，100年以上的海草房民居院落约60个，是目前保护海草房民居原貌及街巷形态最好的传统聚落之一。其他兴建于元代的村落，如渠隔、曲家庄、留村、杏陈家、金角口等也是典型的海草房传统聚落。元代海草房民居已形成，并繁衍发展至荣成大

046

部分地区。

元末战争，胶东半岛人口大量削减，再加上明初倭寇进犯沿海地区。为防范倭寇以及防止沿海居民与倭寇勾结。明初在山东沿海设卫11处、所14处、巡检司20处、墩243处、堡129处、控扼山东半岛东部及海域，并先后调动人口巩固海防。清代裁卫所设荣成县，卫所后裔繁衍构成清以后荣成人口基础。根据《荣成市志》和2014年海草房民居普查结果显示，荣成现有村落94.7%建于明清时期，并且大部分村镇都有海草房分布。另根据清《荣成县志》和《钦定四库全书——世宗宪皇帝（石朱）批谕旨》中关于海草房的记载，推测最晚于明代，荣成地区海草房的营建已经相当普遍，工艺技术的发展也已成熟。从荣成地区现存的海草房实例来看，年代最久的海草房大概已存300年左右（约清中期）。推测至清代中期，海草房民居的结构、构架、屋面等做法大致已经定型，而砖的使用对200年后的海草房构造产生了影响。近年来，沿海地区的建设和发展，使海草房民居的保存受到了巨大冲击，大部分已被拆除。如今，具有地域文化特色的海草房受到越来越多的关注。

二、村落形成

海草房传统聚落的形成有几种基本形式：一是从外地迁徙而来的人，他们觉得当地生活环境条件较好，便留了下来，形成村落；二是从以前的村子孵化出来形成另一个村落；三是屯田兵户。经过调研，海草房传统聚落半数以上形成于明代。（表2-2-1）

海草房传统聚落形成年代　　表2-2-1

朝代	聚落名称
元代以前	大西村、巍巍村、金角口村、前神堂口村、杏陈家村、小瞳林家村、大瞳林家村、大瞳李家村、留村、渠隔

朝代	聚落名称
明代	龙家村、杏南台村、国家村、东崮村、烟墩角、沟崖张家、东利查埠、凤凰崖、西利查埠、颜家村、张家屯、东烟墩、关沈屯家、沟陈家、大苏家、初家泊、项家寨、瓦屋石、中我岛、小耩村、英西庄、庄上宋家、东龙家、竹村、卢家、嘉鱼汪村、东楮岛、马栏耩、止马滩、所东王家、尹家庄、所东张家、东钱家、季家、所前王庄、东墩、口子
清代	鸡鸣岛、王家村、小西村、古里高家村、后神堂口村、杏石硼、西林村、石山东家、凉水泉村、大庄许家、陈冯庄、金角港、大岔河、北场、刘庄村、南洼村

元代及以前生成的村落：大西村、巍巍村、杏陈家村、金角口村、前神堂口村、小瞳林家村、大瞳林家、大瞳李家、留村、渠隔，共10个村落。

明代时期形成的村落：龙家村、杏南台村、国家村、东崮村、烟墩角、沟崖张家、凤凰村、东利查埠、西利查村、颜家村、张家屯、东烟墩、关沈屯家、沟陈家、大苏家、初家泊、项家寨、瓦屋石、英西庄、中我岛、小耩村、东龙家、庄上宋家、竹村、卢家、嘉鱼汪、东楮岛、马栏耩、止马滩、尹家庄、所东张家、所东王家、东钱家、季家、所前王家、东墩、口子，共37个村落。

清代时期形成的村落：鸡鸣岛、王家村、小西村、古里高家村、杏石硼、后神堂口村、西林村、石山东家、凉水泉村、大许庄家、陈冯庄、金角港、大岔河、北场、刘庄村、南洼村，共16个村落。

三、形成与发展影响因素

（一）地理条件

地理封闭，陆路不通，土地贫瘠，农业不兴以农而立的封建社会，一方面位置封闭，远离中国古代政治与经济中心圈；另一方面地多咸卤，形成沿海居民以海为生、靠海而活的生存状态，是形成沿海居民选择海草和石材营建居所的主要原因。此外，由于特殊自然地理条件下对海草材料的选择，荣成沿海属温带海域，水域透明度高，适合海草生长，并且荣成沿海多台风，利于当地居民依靠季节性风潮收集大量海草。

（二）气候条件

荣成属暖温带季风型湿润气候区。四季分明，年平均气温为12℃，平均日照2600小时，年平均降雨量800毫米。荣成7、8、9三个月平均风速4.2米/秒，低于同时段其他地区的平均风速，且有风时段多集中于夜间。同时，7、8月份的相对湿度分别高达86%、84%，为全年最高。并且，7、8、9三个月平均气温为23℃，为全年最高。上述三个条件共同作用形成了7、8、9三个月的湿热气候。荣成冬季最主要的气候特征是大风，8级以上大风日年平均为30天，最多为54天。

（三）人口迁移

根据《荣成市地名志》，对36处核心保护村落成村情况看，迁移情况如下：

省外迁徙：从云南、福建、浙江、陕西等地迁移过来形成的村落多集中于俚岛镇。据记载，明朝时期云南人口迁入山东为军队调动，所迁移的人口为军人而非平民。

省内迁徙：人口主要来源于文登，少量来源于烟台（海阳市、牟平县）、日照。方位特征较为明显的是文登至宁津镇。

市内迁徙：方位特征较为明显的有：成山镇至俚岛镇、埠柳镇至俚岛镇、埠柳镇至港西镇。

海草房传统聚落多半都是通过移民形成，自发移民、政府强制性移民以及军队迁移等不同形式的移民都会影响传统聚落之间的社会构成，特别是军队迁移造成村落内社会构成较为复杂，姓氏也较为多样化。

首先，村落的核心公共空间有所区别，不同宗族组成的村落会根据自己宗族实力的大小组成平等布局模式，以核心公共空间为核心的布局模式。

其次，村落内部居住组团的组成跟宗族构成也有一定的相关性，在不同的发展阶段，村落中住宅组团的组成方式有所不同，单个宗族的村落，居住组团的布局根据宗族内等级地位排布，地位较高的位于村落的中心，地位较低的处于村落相对边缘的地带。多宗族的村落，单个宗族势力较强，对于其他宗族处于支配地位的，该宗族处于村落的中心区域，其他宗族则处于村落较为边缘的地带；多个宗族实力相当的则在村落中的布局相对平等，但是每个宗族内部也存在等级和空间相关的布局方式。

（四）传统产业

1. 瓦产量有限

荣成境内土壤多为酸性岩及风化物发育而成，质地较粗，砾石和沙砾含量较高，不易制瓦。并且沿海一带受海水影响，盐化潮土。制瓦业所需大量土地，对耕地本已紧张的胶东半岛来说非常奢侈。始建于1958年的荣成县斥山镇郭家村瓦厂，已于1984年4月，因泥土枯竭转产。根据当地瓦匠师傅介绍，荣成当地制瓦沙孔易漏水，如今民居使用的瓦大多来自淄博等外市。而旧时，对外交通相对闭塞，外地产瓦很难进入。

2. 半岛盐业发展

荣成古代盐业繁盛，并以煎盐法为主，消耗了大量的柴薪。在材料稀缺、地理偏僻的胶东半岛，这样的客观环境对灶户，尤其是那些贫苦的直接劳动者来说，营建住所需寻找新材料，以替代消耗过盛的树木和茅草，而海草是最佳替代品。

3. 生产生活方式对村落布局的影响

海草房传统聚落居民生产生活方式主要有渔业、盐业、屯田兵户、农业等。以渔业为主要生产方式的村落，虽然村落布局相对简洁，但是对龙王庙等与出海捕鱼等生产方式相关联的神庙较为重视，故神庙在村落中处于较为重要的地位；由海防卫所演化而来的村落，村落的布局方式更加成熟和严整，体现出我国古代营造城市的手法；以农业为主的村落在空间布局上相对简洁，以实用性为主，村落多以庙为核心布局或采用平等布局的模式。

（五）地形地貌

从荣成市地形地貌分析图上可以看出荣成市属低山丘陵区。地势整体上南北两头高、中间低，呈"马鞍"形，平均海拔25米，地形复杂，类型大体可以分为山地、丘陵、平原三大种类。

荣成市境内北有伟德山脉，主峰海拔约55米；南有石岛山、槎山，主峰海拔分别为411米和539米；此外还有甲子山、龙庙山、锥山等小山系，主峰海拔在250米左右。

在海草房村落中，分布在平原地区的一共为34个，分布于丘陵地区的共为29个，大多数海草房基本上是以平原丘陵为基础，以山脉山地为背景的结构层次（表2-2-2、表2-2-3）。

荣成海草房传统聚落片区地形地貌特征　　　　　　　　　　　　　　　表2-2-2

地形	村落名称
平原地形	马栏糟、东楮岛、东墩、所东王家、大庄许家、东烟墩村、烟墩角村、陈冯庄村、瓦屋石村、项家寨村、东崮村、初家泊、金角港、沟崖张家、小糟村、中我岛 古里高家村、张家屯村、大瞳林家、颜家村、国家村、小西村、鸡鸣岛村、龙家、大西村、王家村、嘉鱼汪村、竹村、卢家村、东龙家村、止马滩、南洼村、所东张家、东钱家、所前王家
丘陵地形	后神堂口村、前神堂口村、金角口、大瞳李家、大苏家村、关沈屯村、凉水泉、英西庄、庄上宋家、小瞳林家、凤凰崖、杏台南村、杏石硼村、东利查埠、沟陈家村、西利查埠、石山东家、杏陈家村、西林村、魏巍村、留村、渠隔、大岔河、季家、刘庄、口子、北场

荣成海草房传统聚落与河流的关系　　　　　　　　　　　　　　　表2-2-3

河流	村落与水的关系
—	竹村（南距河900米）、东龙家（西距河250米）
马道河（含支流）	西林村（南部临河）、国家村（南距河160米）、杏陈家村（南距河70米）、杏石硼村（南距河60米）、杏南台村（北距河50米）、金角口（南部临河）、古里高家（南距河40米）
烟墩角村南河	烟墩角（南部临河）、东崮村（南部临河）、前神堂口村（南距河80米）
沟崖张家村南河	沟崖张家（南距河300米）、凤凰崖（南部临河）、东利查埠（南部临河）、西利查埠（河流穿村）、石山东家（南部临河）
白龙河	龙家村（西部临河）、魏巍村（东距河400米）
颜家村南河流	颜家（南距河100米）、小瞳林家（东部临河，北距河130米）、大瞳林家（北距河40米、南部临河）
关沈屯村南河流	关沈屯村（南部临河）、勾陈家（南部临河）
留村西河流	留村（东部、西部临河）、口子（南部临河）
北场西河流	北场（西部临河）、渠隔（北部、东部临河）
大岔河西河流	大岔河（西部临河）、季家（河流穿村）、所前王家（西距河170米）、东墩（西部临河）
东钱家南河流	东钱家（南距河流40米）

四、村落选址与格局

荣成海草房村落选址与布局受诸多方面影响，大体分为自然地理、传统文化、人口迁移、经济因素等方面。

（一）选址与建设与自然地理相适应

荣成属于低山丘陵区。南北两头高、中间低，呈"马鞍"形，有山、丘、滩三大地貌类型和16种微地貌单元。大多数海草房传统聚落依山傍水而建。例如，港西镇巍巍村，南、北、西三面群山环绕，择址于山脉间的平原地带，东侧白龙河自南向北流淌而过，选址营造适应的生态环境。三面凤山余脉缓缓环绕，阻挡了北方强大的海风和冬季凛冽的西北风，引入了宜人的东南风，形成了优良的小气候（图2-2-1）。

海洋不仅是荣成经济发展的重要影响因素，同时也影响着海草房传统聚落的布局。例如，荣成宁津街道东楮岛村，位于桑沟湾南岸，是一个北、东、南三面环海的狭长半岛，东楮岛原为一个平坦的海岛，只有落脚时才与陆地连接，1966年村民修路，相连西海岸，形成了今天三面临海、一面通陆的格局（图2-2-2）。

为适应地域性气候，胶东地区海草房村落的街巷较宽，以东西向为主，与夏季主导方向大致平行，与冬季主导风向垂直。夏季，由于海草房屋顶较高，使得街巷一直处于阴凉遮挡的状态，当居民院落中气温升高后，气流上升，带动街巷内的冷空气进入院落，给院落和房间内带来丝丝凉意，有效提高了民居的舒适性。冬季，寒风凛冽，一排排的建筑，有效地阻挡了来自西北方向的寒风，由于主要街巷较宽，不会形成狭管效应，使村落中的风速较缓。

（二）选址与建设受传统文化影响

海草房民居村落的布局形式与民风民俗也有一定的内在关系，村落布局的形式美反映当地村落民风的内在美。

首先，风水文化。风水学中讲究"靠山面水"，而荣成的海草房村落选址一般多选择建在面海和地势较缓的靠山阳坡之处。这种选址理念也适应了当地海洋性气候的特点。此外，在建房之前选择地基时尤其讲究风水。有钱人家请风水先生来看，穷人家则根据当地形成的标准进行选择。择好地基之后，要选个吉日挖地基，也叫"撩地基"。在挖之前，要先确定方向，一般是坐北朝南的"子山午向"，并且要避正南子午方向，偏东一点，或者偏西南一点。

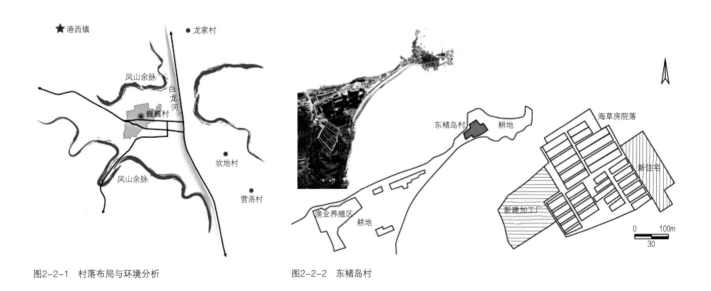

图2-2-1　村落布局与环境分析　　　　图2-2-2　东楮岛村

荣成择地基标准：

（1）前宽后窄：被判定为不好的地基，基本不可取。

（2）前窄后宽：这种宅基俗称"喇叭房"，主人会大吉大利，事业必成，财运亨通。

（3）正正方方：在这种宅基地上建房，方正格局，将使居住者一生方正，受人尊敬。

（4）东北凹西南凸：宅基大吉，宅主及家人身体强壮，意志坚定，家财日趋上升，事业兴旺。

（5）左长右短：宅基上吉，宅主及亲人顺事顺财，凡事有人帮，逢凶会化吉。

（6）前低后高：大吉，主居住者稳步上升，锐意进取，一生健康，人财两旺。

（7）西北方略微隆起的土阜：西北方属金，视为乾金，乾金喜土，大长辈权势，后辈之力量则可借势沾光，视为上吉。

（8）东低西高：上吉，主居贵英豪，尤其对长子有利，而宅主性格豪爽、强大。

其次，家族文化。中国住宅是围绕着"家"这一核心而形成的，海草房建筑也是如此，按照我国的宗族制度形成了家族式的院落和村落和以家族为单位的生活空间。海草房的建筑布局与居住习俗也蕴含着我国的家族文化，特别是家族成员的亲疏、尊卑关系。这种家族文化主要体现在海草房的规格和建筑布局中。

荣成的很多村落都是同一家族聚居，形成了宗族村，如东墩村、巍巍村等。在这样的宗族村，一般而言，家族房屋群落的中心是祖父母、父母的房子，父子、五服以内兄弟的房屋依次接着中心房屋的山墙而建，形成合山墙的建筑布局。不仅节省了建筑成本，又可以遇事相互通报，方便共同防范和抵御外来侵扰。家族关系中相对较疏远的兄弟关系或出"五服"的自家人在建新房时，紧邻已有房屋的山墙，并依照其规格重新另起一墙。同样高的海草房房基不得超过左邻右舍，院墙也不能超高超宽，子孙的房屋规格不得超过祖辈。

在住房的分配上，也体现出家族中家长的权威，以"尊老"为先。一般习俗是"以东为大"，父母等老人一般住在正屋的东间，如果有未出嫁的女儿，可以让女儿住在正屋西间，已婚的儿子、儿媳等晚辈住在厢房，长幼有序，各居其室。

（三）海防卫所的影响

在荣成海草房的形成历程中，除当地的渔民、盐民是其主力外，由于当时的卫所制度而产生的屯田军户也是重要的助力，荣成的很多村落就是由这些屯田军户定居而形成的，因而，在荣成的海草房中，卫所文化清晰可见。

明代海防卫所建筑分为卫、所、堡、寨，山东与其他沿海各省相比还多了海防守备营统辖卫所。沿海各卫所间修建烟墩，日间放烟，夜间点火，传递军情，犹如长城之制，被后人称为"海上古长城"。

明代在山东地区共设有9卫10所，分别是安东卫、鳌山卫、灵山卫、大嵩卫、靖海卫、成山卫、威海卫、任城卫、平山卫和雄崖所、夏河寨前所、浮山前所、王徐寨前所、宁津所、寻山后所、百尺崖后所、金山左所、海阳所、奇山所。

其中，靖海卫、成山卫、威海卫、宁津所、寻山后所、百尺崖后所、海阳所在威海。

明朝人口的重构和海防卫所的建立对该地区传统聚落的空间影响较为显著，例如对神庙的重视和防御设施的建立。

海草房传统聚落以齐文化为主流文化，齐文化的开放性、变通性和兼容性使传统聚落的空间形态遵循古制又不完全仿照古制，灵活变通，建筑布局和建筑构造相对简洁和实用。

（四）人口迁移对村落布局的影响

从时间和空间两个维度阐述海草房传统聚落的迁

移。时间维度，海草房传统聚落中留村形成于元至元年间，历史最早，始迁于今河南洛阳。古里高家形成于清道光年间，最晚形成，迁徙自荣成市夏庄镇。半数以上村落形成于明代。

空间维度，存在省外迁徙、省内迁徙、市内迁徙、镇内迁徙。省外迁徙，从云南、福建、浙江、陕西等地迁移过来形成的村落多集中于俚岛镇。据记载，明朝时期云南人口迁入山东为军队调动，所迁移的人口为军人而非平民。省内迁徙，人口主要来源于文登，少量来源于烟台（海阳市、牟平县）和日照。方位特征较为明显的是文登至宁津镇。市内迁徙，方位特征较为明显的有成山镇至俚岛镇、埠柳镇至俚岛镇、埠柳镇至港西镇；镇内迁徙，俚岛镇及宁津街办的内迁徙。

海草房传统聚落自发移民、政府强制性移民以及军队迁移等不同形式的移民都会影响到传统聚落之间的社会构成，特别是军队迁移造成村落内社会构成较为复杂，姓氏也较为多样化。首先是村落的核心公共空间有所区别，不同宗族组成的村落会根据自己宗族实力的大小组成平等布局模式，以核心公共空间为核心的布局模式。其次村落内部居住组团的组成和宗族构成也有一定的相关性，村落在不同的发展阶段，村落中住宅组团的组成方式有所不同，单个宗族的村落，居住组团的布局根据宗族内等级地位，地位较高的位于村落的中心，地位较低的处于村落相对边缘的地带。多宗族的村落，单个宗族势力较强，对于其他宗族处于支配地位的，该宗族处于村落的中心区域，其他宗族则处于村落较为边缘的地带；多个宗族实力相当则在村落中的布局相对较为平等，但是每个宗族内部也存在等级和空间相关的布局方式。

（五）经济对村落布局的影响

海草房传统聚落除了农耕式文明之外，还重视商业、渔业的发展，同时由于士兵屯田形成的村落也具有独特之处。以农业为主的村落在空间布局上相对简洁，以实用性为主，村落多以庙为核心布局或采用平等布局的模式；而重视商业发展的村落由于其经济条件较好，在村落的布局和建筑形式上相对较为丰富和复杂，家庙在村落中的地位相对较高；以渔业为主要生产方式的村落，虽然村落布局相对简洁，但是对龙王庙等出海捕鱼等生产方式相关联的神庙较为重视，在村落中处于较为重要的地位；由海防卫所演化而来的村落，村落的布局方式更加成熟和严整，体现出我国古代营造城市的手法。

五、海草房典型聚落——烟墩角村

烟墩角村位于山东威海荣成市俚岛镇，东临黄海，西临东崮村。明朝时期，山顶上修了一座烟墩，烟墩角村由此而得名。烟墩角村是荣成65个民俗博物馆的其中之一，村落中目前保存着明代时期遗留下的海草房，是具有代表性的临海渔村。烟墩角村不仅保存着典型的海洋文化特征，并且具有自身的独特性，也因其独有的天鹅自然生态保护区而闻名遐迩（图2-2-3）。

（一）选址特点

烟墩角村选址于山海之间，村落东南两侧濒临大海，北部地区分布有大量的丘陵。整体地势由西向东，逐渐降低。东南角的崮山伸入海中，挡住了黄海，与内陆相接，在村落正南围合形成了一个"布袋"形的小海湾，村落坐落于海湾的北部和西部，造就了山环海抱的景观格局。同时，民居阻挡了冬季的西北寒风，在海湾内形成了适宜的微气候条件，水清浪柔，鱼虾资源丰富，为天鹅提供了最为理想的越冬栖息地。（图2-2-4）

图2-2-3　烟墩角村航拍

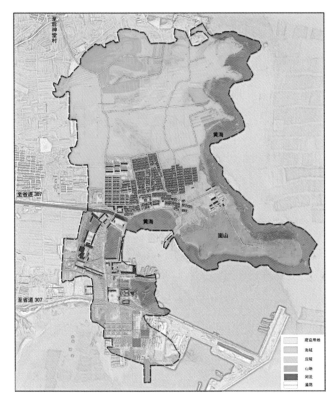

图2-2-4　烟墩角村周边地形地貌

（二）村落形态

1. 平面形态

烟墩角村传统民居，是以家庙为中心围合而建，村落原有道路大体呈鱼骨状分布，有一条主要道路连接村镇公路，其余均为小街。主路曲折沿山而上，越走越高，小路则在一个高度的水平面上横向穿插，位于村落中间家庙前的广场成为整个道路系统的起点。由于村落为自然形成、自然发展的聚落，所以小街两侧的房屋并非整齐划一，致使街道空间忽宽忽窄。大部分院落与小路间都有一段高差，需要拾级而上，高高低低，形成错落有致的街道景观。随着村落生活建筑区域的扩大，道路的中心点迁移到传统民居和现代民居之间的区域，同时为满足机动车辆行驶的需要，道路拓宽，修建笔直，呈网状分布。道路不仅连接居民区，而且连接码头、加工厂等各个生产单位。（图2-2-5）

明清时期

民国时期

中华人民共和国成立

现代

图2-2-5 烟墩角村聚落平面形态演进

2. 竖向空间

烟墩角村聚落地区是山地地形，耕地珍贵，大部分村民选择在不宜耕作的山地上安置住所。烟墩角村靠山建造，道路具有较大的坡度，转弯道路比较多，为预防雨污水冲击造成的泥石流，大多都用块状石头垫平道路。因为山区地形存有一定的高差，宅地标准无法获得统一，本地居民构建房屋时便依山势，顺河坡，从前往后，逐渐升高，屋顶山墙则高低错落，院落门窗半隐半现，这样能最大限度保证每家每户的采光和通风。（图2-2-6）

3. 交通系统

烟墩角村大体呈长方形。村庄内部有一条东西向和四条南北向的主要街道。沿四条南北主要街道分布基本与主要街道平行的东西向的小巷。村庄东部、西部建筑布局沿道路基本整齐排列，村庄中部建筑年代久远，分部较为散乱。村庄中心位置明确，位于村庄东西主要街道和南北主要街道的交会位置。村庄中部为传统建筑区域，传统街巷尺度适宜，空间组织有序，以沙土路面为主。两侧为成规模的新建民居，街巷格局整齐划一，前后距离基本相等，路面为水泥路。（图2-2-7）

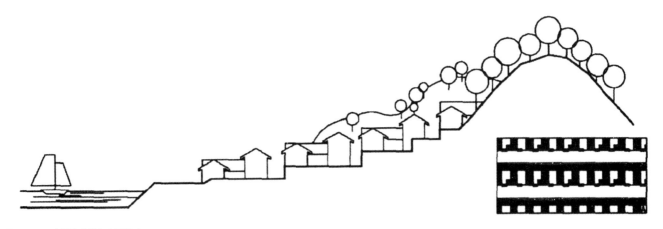

图2-2-6　建筑聚落基本布局模式图

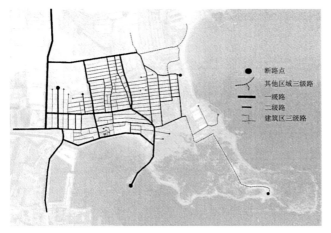

图2-2-7　烟墩角道路分析图

图2-2-8　烟墩角街巷与民居院落

（三）民居院落

　　烟墩角村传统院落是住宅围墙以内的空间，承载着一家一户的居住生活。山东将院落称为"院子""宅院"或"天井"。传统的民居院落结构多半是封闭式的四合院格局，由北屋正房、南屋南倒厅和东西厢房合围而成。部分院落不建南屋，简化作三合院，俗称"簸箕掌式"。围院的墙称为院墙，大多用石块砌成，因石块大小不一，形态各异，石块与石块接缝摆放，用石灰勾缝，每一面院墙都显得十分古朴。院墙外一般设有专用石块磨制成的"拴马石"，以备拴驴、拴马之用。院墙上口，有盖青瓦的，也有用石灰抹成半圆形的，俗称"和尚头"。整个宅院的进出口是大门，大门一般漆为黑色，取森严之意。大门的门扇上都有门环，多为铁制，呈圆形。一般人家则装有门环，用以锁门。与大门配套的是照壁，又称"影壁"，设在大门之内的迎门处，有的单独建筑，有的镶在厢房的山墙上，一般都为"内影壁"。平面一般都比较简单，有小二合院、小四合院、大四合院和一正一厢院等，甚至还有两进的院落。出于防御海风侵袭的需要，加之海岸线可供选择的居住用土地较少，海草房民居村落便以"团"为主，海草房之间山墙与山墙相接，草屋顶与草屋顶相连，毗邻两家东西山墙共用，沿街看去，一排排海草房连绵不断，有起有伏，有曲有直，形成统一而又多变的村落景观。（图2-2-8）

第三节　海防卫所聚落

元末明初，倭寇侵犯中国东部沿海，山东是侵犯地之一。为了应对倭患，保卫海疆，防止倭寇骚扰我国沿海地区人们的正常生产生活，明朝政府在我国沿海地区设置了卫所城堡的防御体系。同时，明朝政府陆续在山东沿海设置了莱州、登州等11卫，胶州、福山等14千户所及沿海20处巡检司，48处小寨，403处墩堡，还分别建即墨营、登州营、文登营，从而逐步在山东沿海构筑了一道由卫、所、司、军寨、墩堡五级结构严密的海防体系。

清代定鼎中原后实行八旗兵制和绿营兵制，卫所制废弛，卫所裁撤或改县，海防设施有的沿用或废弃。清代晚期，随着国力衰落和西方列强的侵入，为了抵御外辱，清政府在山东增设炮台，修筑海防工事，在威海建设海军基地，进一步加强了山东海防设施建设。

一、山东沿海卫所聚落概况及其特点

（一）山东海防卫所体系构成

明代的军事海防是明廷从中央集权通过各级行政、军事机构联系到守城官兵以击退倭寇入侵的完整纵深防御体系。从军事设施来看，山东海防分为营、卫、所、寨、司五级结构，卫、所、寨、司以点连线，大小呼应，其中间隔空地带分设墩堡，形成线状海防控制沿海区域，以此构成海防体系。

1. 海防守备营

明代的行政机构制度为"府县制"，凡府、县城设有都司、卫、所等军事机构，则有相应的军事衙署。明洪武年间建立的卫所数量虽然不少，但各卫所之间相互独立，互不统属又相隔一定距离，难以多向支援，也很难形成有机的统一整体防御，一定程度上影响了山东沿海卫所的整体海防实力发挥。

明永乐至宣德年间，先后在登州、文登、即墨三地建立了既相对独立又统辖卫所的军事单位——海防守备营，即登州营、文登营和即墨营，号称海防三营。三大营各有具体的海防防务范围：登州营管辖登州、莱州2卫和青州左卫，文登营管辖威海、宁海、成山、靖海4卫即墨营管辖大嵩、鳌山、灵山、安东4卫。沿海三营掎角拱立，各分策应卫所，形成了多向辐射的军事防御网络。营中设把总、指挥同知、指挥佥事等武职官员。把总为各营长官，与指挥同知、指挥佥事共同掌管总营事。

从20世纪40年代开始，文登营的庙宇、城墙等也纷纷被拆毁，现仅存少量遗址。即墨营与登州营今已不存。

2. 卫城

"卫"是"营"下一级的军事单位，建有城池，驻有重兵，兵民一体，由军事长官统一指挥。卫设指挥使司，指挥官阶三品，品位高于知府，其衙署规格相当于府治。沿海备倭之卫，一般下属左、右、中、前、后5个千户所。如宁海卫设左、右、中、前、后五所，金山所属左所，为备御千户所卫城周长6~8里，沿海十卫中大嵩卫城规模最大，城周八里。卫城为砖砌城墙，外设角楼，有的城门外侧还筑有瓮城相连，以加强城门的控守。城外有社稷坛、先农坛等祭祀建筑，城内有衙署、营房、书院、牌坊、民居和寺庙等建筑卫城内的具体建筑设施因地而异，略有出入，但是，军事机构、行政机构、文化机构和祀典机构均大体具备，否则难以形成卫一级政权的实体。

卫城的命名不尽相同，分为以下几种：其一，以统治者的理想军事意向命名，如安东卫，其名为安定东方之意；其二，以卫城所处地形而地名，如鳌山卫所处的地形，像一只头朝东尾朝西的鳌，因此称其为鳌山卫；其三，以卫城所属府、州县治得名，如莱州卫、登州卫等。

3. 所城

"所"是次"卫"一级的军事单位，归"卫"管辖，分布于沿海要害之地，卫、所城之间相距百余里，官军达千人的千户所直隶。所设官员为千户、百户，官阶五品，衙署有正门，仪门、正堂及吏舍等建筑相当于县衙。千户所城周长3～5里，所城除规模比卫小外，城池的建筑内容与卫城大致相同，所城中亦有居民居住。有的千户所是明初建立，可直书其名，如寻山所、海阳所等；有的千户所前身是军寨，这种千户所的全称涵盖了这个所的地理位置、历史渊源、防御功能、隶属关系、军事序列和建置规格等方面的内容。如明末清初的历史地理学家顾祖禹著之《读史方舆纪要》中，将浮山所的名称写为"浮山寨备御前千户所"。浮山所建在浮山西麓两公里处，故以"浮山"为名：在设置浮山千户所之前，此处是一座军寨，因此名有"寨"字："备御"即防御之意，即指其功能而言；"前"字代表浮山所的军事序列，浮山所是鳌山卫的前所，因此名前加"前"；"千户所"表示了浮山的建制规格，统军士1120人。

4. 寨、司

"寨"是比"所"更小的兵营，没有居民混住。宋代将设置在边远和要隘之处的军事单位称为寨，隶属州或县。明代军寨，大多为筑有带防御壁垒的驻军营地。大的军寨后来被升为"所"，包括石臼寨所、夏河寨所、浮山寨所等。

"司"指巡检司，一般附设于沿海村镇之中，只设少数弓兵，沿海岸线巡视，并且各分区段设墩堡数座，如果发现情况，便点燃烟墩，传报给卫所守军，这种巡检机制使得入侵者在偏僻的海岸登陆时也能被迅速扼制。

5. 墩、堡

墩堡，又称作烟墩、烽堠、烽燧、墩台等，是利用烟火传递军情的军事设施，相当于边关的烽火台，用以预警，是防御体系中最小的军事单位。卫、所、寨、司防区中均设墩堡数座，数量因防区规模而异，如浮山备御千户所辖有十八处墩堡，分布在其防区内。

遇有倭寇袭扰，各墩堡白日举烟，夜间举火，接递通报，以示告警。由于沿海天气的不同，能见度亦不同，一般墩堡之间的距离为"五里一墩，十里一台"。墩堡一般建立在山势险要之处或战略要地上，其建造方法是外垒砖石，内夯砂土，边夯边垒，向上逐渐收拢，顶部形成一个平台，便于登高瞭望，或者直接由砖石堆砌而成，就地取材，建筑材料因地而异，如蓬莱西苑山上有火山石，山顶筑有的黑峰台内有夯土、石灰混合填充物，外砌黑色的火山石。

建于沿海者名为墩，居于要路者名为堡，统名为墩堡，墩与堡相似，但筑有简易工事。墩堡台上有守望室，置有燃放烟火的硫黄、硝石等易燃物和柴草等燃料，台下有戍守墩堡明兵的守军住房、屯耕及羊马圈等，备有铁锅、饮水、柴薪等生活用品，可见墩堡不仅是一个点烟、燃火的预警联络台，也是守望戍卒生活的据点。每处墩堡设守卫2～6人不等，清乾隆版《胶州志》记载："大曰墩，小曰堡，墩军六名，堡军五名，各有汛地。"一遇敌情，白天举烟，叫作"燧"，晚上生火，叫作"烽"。于是临台得报，烽烟相传，为所属卫城内的指挥使司传递预警信号，使其调兵遣将，以御敌军。虽然如今看墩堡传递信息较为落后，但在冷兵器时代，墩堡是军事海防信息迅速传递的设施。

（二）山东沿海卫所分布

明代海防卫所建筑分为卫、所、堡、寨，山东与其他沿海各省相比还多海防守备营统辖卫所。沿海各卫所间修建烟墩，日间放烟，夜间点火，传递军情，犹如长城之制，亦被后人称为"海上古长城"，北起辽东，南抵广东，共设卫所处，仅洪武一代31年中就建有136处卫所，下设堡、寨、墩、屯、关隘等处。明中叶以后，对已建成的卫所在建筑工艺等方面不断改进修葺，并增筑不少新的卫所据点。这些防御据点，后来大部分发展为府、州、县城，比如沈阳中卫、广宁中左屯卫、山海卫、天评卫、威海卫、金山卫等。

山东沿海卫所分布较为密集，平均每隔80～100公里就一处卫所城，各卫所之间还密集地分布着寨司和墩堡，海疆部署严密。

（三）卫所聚落营造的自然因素

由于山东沿海卫所多处于破碎丘陵地形及低缓起伏的剥蚀平原，距海较近，因此沿海卫所有以下地势：群山环抱，居高临下，在地形上形成了第一道天然海防屏障；背山面水，与风水理论相符，具备典型的风水主地；依山傍水，满足居住、生产用水，通风良好，光照充足，蕴含着朴素的古代生态观。

1. 地质地理因素

海岸地质条件，海防聚落所在地沿海不同的地质条件，对其总体布局有很大的影响。砂质、岩质基础易于登岸，泥质基础则相反，因此，重点在防御。出海距离，所谓"海防"，即防御来自海上的威胁，便于出海是海防聚落选址布局的一个重要因素。因此，有的海防聚落选址于地势开阔处，直面大海；有的较为隐蔽，或选址于江河入海口处，或选址于海湾湾畔，但无一例外地均位于方便出海处。

2. 高程和地势因素

如何取舍高程、地势的优势和不足，避害趋利，是明代军事聚落选址中一个十分重要的因素。另外，卫所聚落建设的难易程度、水源地的远近、屯田的方便程度、军队集结的速度等，均受到卫所高程的直接影响。聚落城址的地势决定其视野是否开阔，对于及时发现敌情并做出快速反应相当重要。以山东的雄崖所城为例，其城址西靠玉皇山，东临直通黄海的丁字湾，绝对高程不高但视野良好，是明代海防聚落选址的典范之一。

3. 朝向因素

好的朝向不但体现了通风采光的要求，也能够充分满足心理需求和生理需求。南北方不同的气候条件，对海防聚落的朝向提出了不同的要求。此处的朝向特指以聚落南北向主轴为标志的指向方位，以其与正南向的夹角来表示。一些防区受气候影响相当严重，这时聚落朝向的选择显得尤为重要。

（四）卫所军事防御聚落总体布局特点

明代强大的海防体系中最重要的战略军事意义的据点是卫和所，同时为了抵御海盗，防御性因素是卫所选址必须重要考虑的因素之一（表2-3-1）。卫所的防御性需必备的四个功能特征是：高耸、险要、临海、通畅。高耸是指卫所的选址应位于地势较高的地段，这样能够通过充分利用自然地形，使自己一方在防御方面占据地形上的自然优势。险要是指卫所的占据易守难攻的险要地势，四面环山，有河流穿过，能够充分利用周围的高山和陡峭的港口防御敌人。临海指的是卫所距离海的位置比较近，首先是有海洋带来宜人的气候，适合居住；其次是依靠海上的海口方便观察敌人的船舶停靠，警戒部队。另外，当入海口岸是否便利海上船只的出行，成为权衡卫所选址位置的重要标准之一。如雄崖所位于丁字湾的南面，背面靠前面临海，敌人难以攻击，同时使航行非常方便。通畅是指卫所的选址要有作战时的交通便利，能够有良好稳定的交通出行，这样才能使舰船进出方便，便于作战需要。

明代海防卫所建筑分布示意图　表2-3-1

类别	聚落名称
卫所	威海卫、成山卫、寻山所、宁津所、靖海卫
军寨	草马军寨、琵琶寨军寨、项家寨军寨、罗山寨军寨、红土寨军寨、黑土寨军寨、崂山屯东城军寨、马家寨军寨、青木寨军寨
烟墩	烟墩角烟墩、东烟墩、墩西张家烟墩、柳家村烟墩、于家村烟墩、东墩村烟墩、范家村烟墩

（五）卫所道路规划街坊划分

上溯中国古代相关的城市规划，自西周开始，受到"周王城图"的影响，促进城市建设和规划的范本，都在按照这个规划。卫所营建的城池，方形平面比较常见，但也有例外，如一头大一头小的威海卫城和不规整矩形的浮山所城。卫城规模较小，每一侧的中央墙壁只有一个开放的大门，南北四对面形成交叉街。虽然每个卫所防御都有各自不同的形状及特点，但都是以穿过街道的道路为主要道路，由它来连接各个部分。规划中有护城河并且护城河环绕整个城池，成为一道防御屏障。内环路多为环形道路，再加上所内的宽窄巷，共同形成卫所道路网络。城市的道路应该考虑相关的要求而后再进行规划和设计。首先，规划原则为一个城市的道路应四通八达、广阔适中，方便人们走出城市和货物的运输，使之有畅通的交通。其次，卫城道路建设必然服从军事服务中的防御功能。山东沿海卫所城池内道路设计首要考虑的还是军事的需求，为了方便军事战备的需要，城门尽可能开设在一条直线上，同时大街的设计也是工工整整，整齐划一没有断头路和曲折道路等，这样保证了军队的快速集合反应，以应对战事。邻里是城市的一个重要组成部分，邻里的形状按道路规划的形式，道路交叉纵横，一个长方形或正方形的街区。因此，邻里规模基于距离的道路。首先将整个卫所城进行划分，一般卫所城都是方形的，多进行平均分割，即将方形对折再对折，这样便形成了两条主要道路和四个部分，这四个部分形成了四个大街坊。再把这四个部分依次对折，形成次街，这样便有了中街坊。同样，再把中街坊按照以上方法进行划分，形成小街坊，小巷子在小街坊内部，这样三级街坊便完成。由此可见，邻里概念与道路交通规划的概念和方法类似，从大到小、等级分明、档次不同有不同的功能。坊是一个广场单位式的公共活动，临十字路口和道路，坊内有公共建筑如衙署、寺庙等。

二、鳌山卫雄崖所

雄崖所位于胶东半岛的南岸，位于即墨市东北44公里处黄海之滨的丁字湾畔，现属丰城镇所辖。其东瞰大海，与迎面的白马岛咫尺对峙；西扼群峰，同背后的玉皇山唇齿相依。地势险要，选位得当，实为古代海防要塞。因其对面白马岛上有一雄伟的赭色大断崖，故名为"雄崖守御千户所"，简称"雄崖所"。故城为明建文四年（1402年）所建，属鳌山卫管辖。雄崖所建成后，成为山东屈指可数的海防要地。（图2-3-1）

雄崖所古城是我国东、南沿海仅存的有城门且城郭清晰可辨的明代军事所城。清乾隆年间，作为军事机构的"巡检"交移福山县海口，雄崖所遂成为一个自然村落，后因人口增加分为南所、北所两个村落。南门外西山上保存着一座玉皇庙，成为村民祭天拜祖和举行典仪的重要场所（图2-3-2）。

雄崖所为一正方形城堡，周长2公里，占地25公顷。城墙由土夯筑，外包青砖、石块，高5米，顶宽3米，十分坚固。墙上用青砖砌成垛口，墙外有护城河环绕，建有"奉恩""迎薰""镇威"等城门，城门上均筑城楼。城内有十字大街道通往各门，街道用石条铺地，

图2-3-1 雄崖所故城鸟瞰

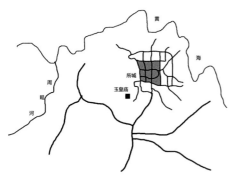

图2-3-2 雄崖所格局示意图（来源：根据山东省建设厅资料调整）

图2-3-3 南城门

图2-3-4 雄崖所村外玉皇庙

街衢衢平整，商号林立，市井繁荣。雄崖所是当时防御倭寇的滨海重地。清雍正十二年（1734年）雄崖所被裁撤废置。城池日渐衰败，大部分被毁，现南门及南门楼保存尚好（图2-3-3）。西门仍保留明代初建时的原貌，门洞上方匾额的"镇威"二字仍可辨认。雄崖所名称沿用至今。

（一）村落布局形态

1. 防御性选址

雄崖所作为隶属鳌山卫的重要海防建筑，其选址位居高处，巧妙而充分地利用自然地形，在防御方面占据自然优势；卫所选址位于丁字湾南岸，依山面海，易守难攻，且出航便利，胶州的陆路也很方便，体现了战略交通的通达性和便捷性。

2. 按古代风水学选址

雄崖所村落地形呈正方形分布，坐北朝南，村落空气清新，生态环境优美。其地处黄海海岸西侧，地势较为平坦，但有一定坡度，西高东低，枕玉皇山，柘条山与烟台山左右环抱，符合中国古代良好选址的风水要求。地理位置处于丰城镇海滨丁子湾内部，有效避开了风力对所城的冲击，使进入丁子湾内部的风力减弱，成为天然的屏障；倚靠黄海建城，面对丁子湾，西临周瞳

河，具备充沛的水源系统。因雄崖所城与丁子湾之间仍存在一定距离，但具备视线上的交集，因而面海一侧的所城防御成为重点。

所城制高点位于城外西山之上的玉皇庙（图2-3-4），其功能兼备瞭望之用，成为观测海上动态的首要基地。制高的瞭望点设置在城外，并退于城市之后，一方面有助于实现观测与驻扎军队的独立联动，另一方面增加了观测点的隐蔽性。同时，制高点选于山顶之上，契合城市地形特点，形成了利于发挥海防优势的基本格局。

雄崖所村现仅存南门城楼、西门城楼基台各一座、北墙一段，村内各个时期的民居建筑交杂分布，很难考究每座民居的建造年代。

（二）空间布局

1. 功能布局

雄崖所城呈方形，坐北朝南，偏东南向。其地势东低西高、南低北高。所城东西长337米，其中东门至十字街中心176米，十字街中心至西门161米；南北长389米，其中南门至十字街中心194米，十字街中心至北门195米。城墙周长1452米，约合1.45公里。城设四门，南门、西门至今完好无损，西门为明代建筑，是整座所城的制高点。城门为拱券形，长12.5米，外口高2.5米，底宽2.5米，城门外题为"镇威"，内题额遗失。东

图2-3-5 雄崖所功能布局（来源：根据山东省建设厅资料调整）

门、北门已毁，但北门外照壁犹在。城墙外四周有护城河，上宽约5米，下宽约1.5米，深约4米。1951年拆城墙后填平，部分遗迹清晰可辨。城内外有城隍庙、关帝庙、菩萨庙、玉皇庙、九神庙、天齐庙、先农坛等建筑。现村中的东西、南北两条大街即当年所城的主要街道。（图2-3-5）

雄崖所城墙基本损毁，只留下北面城墙残垣，其余各面城墙均被村舍代替，因此所城骨架主要依靠外缘村舍和道路系统构成。雄崖所村民居现状分布规整，刻画了明确的轴线关系。与城外道路走向保持了一致的联系。南北门的轴线与东西门连线形成的轴线，将所城分划为几近规整的四个部分。主轴贯穿所城南北、东西，形态笔直，这与所城地形和选址有关。轴线的发展基本延续所城主干道路方向，垂直交错，所城结构清晰，轴线突出。

2. 道路空间形态

雄崖所城规模较小，每一面城墙中央只开一个门，东西南北四门相对，与两条主要道路相接形成十字大街，贯通全城中心，形成雄崖所的主干路。另外城内还分布着多条与之平行的小路，道路网以棋盘式布局进行组织，搭配着"T"形、"L"形和"Y"形等及其他形态的纵横交错的曲线路，道路网规则明确。"李、王、陈、韩、陆"等姓氏的居民是当时主要的军户。至今，雄崖所村还保存着陈家街、孙家街、陆家胡同、黄家胡同等主要街巷，反映了原有军户的居住格局。主路采用石块零散铺设，小路多为土路，中心突出，层次分明。街道用石条铺地，较为平整，街道两侧商号林立，市井繁荣。外部向村落四角辐射多条曲折的道路，活跃村落道路组织，形成曲直相融的道路体系。城墙四面有护城河围绕，形成天然的屏障，城墙内为环形路。十字大街、环状路、长街窄巷等共同构成了雄崖卫所的道路网结构体系。（图2-3-6、图2-3-7）

图2-3-6 雄崖所建筑立面特点

图2-3-7 雄崖所玉皇庙山门

三、登州卫与蓬莱水城

登州古港位于山东半岛的北部居中的位置，也是山东半岛最北端的海港。地理位置极其险峻，为历朝历代兵家的必争之地，其位置与辽东半岛形成犄角之势，成为巩固京畿地区的重要屏障。它坐落于一小海湾中的群山环抱中，东部有高台地掩护；西北有丹崖山、田横山，西南部有紫荆山屏障；南有庙山为依托；北临大海，自然环境堪称优越。同时，登州古港外还有众多的海岛可作接力和中转站，特别适宜中国古代沿岸逐岛推进的海上航行，以及为南来北往船只提供必要的掩护和补给。此外，这里还有横贯南北的古登州水道，航行条件极佳。（图2-3-8）

从海洋地理位置来看，登州港控拥黄渤海水道，为山东半岛海防前哨，"登之一郡实系全齐之命脉"。《大清一统志》中写道：登州"僻在东陲，三面距海。虽土田窄狭，而利擅鱼盐。"又称其"北约大海，可作辽左襟喉。南出成山，足控江淮门户。"明嘉靖年间的《山东通志》云：登州港"三面距海为京东扦屏。南走徐扬，东达辽左水陆交会比亦要冲之国也。"清乾隆年间的《山东通志》称：登州港，"群峰绵邈，成山斗立于波中，众塾委输，大海环周于域外，防岛备倭之峻

图2-3-8　蓬莱水城

堡，安不忘危，拱燕卫蓟之要区，远能应近，虽孤悬之僻郡，马翼之雄州。"清光绪年间的《增修登州府志》道登州港："登州一郡，三面洪涛，屏翰京师，控引辽左，拖东南冲突之要。乃分土仅六百余里，而缘海之地，自姆屺岛口逸东至成山折而南至嘉鸡汪又折而西至东良海口，环抱纤延"，且"计其里道一千二百有奇。夫区区之郡当凋擦之余，非有富民足与保聚，非有重兵足与防守，非有高山深溪足与凭负乃可。"险峻的地理位置为登州古港的海防建设开展奠定了一个良好的基础。

"蓬莱水城"是一个今人的词汇，在清代称之为"登州水城"，明代称为"备倭城"，宋代称为"刀鱼寨"，再往前，就是始于春秋战国、兴盛于汉唐的"登州古港"。时至今日，"蓬莱水城"不再拥有千百年前"登州古港"的波澜壮阔，然而，如若置身其中，在这一隅水城还可隐约感受到当年水城的千军万马、百舸争流的盛景。（图2-3-9）

（一）登州湾的起源

早在新石器时代，登州的航海活动就已经兴起，古老的登州海道便名声在外，登州古港也因此成为山东龙山文化传播的重要交汇点。春秋战国后，登州古港更成为历代王朝开展海内外政治、经济、文化交流的便捷海上通道。作为中国古代北方海运交通的重要枢纽，登州古港与古泉州、古明州、古扬州并成为中国四大古港——"四大通商口岸"。

蓬莱水城外的水域就是登州湾，登州湾就是今天蓬莱水城水域的"母体"（图2-3-10）。登州湾史前海域广阔，随着历史的变迁，尤其受地壳运动影响，以及水流冲积泥沙的堆积，登州湾海域的范围大大缩减。至距今5000年前后，海湾面积约50万平方米，仅为原来的二分之一左右。"登州古港"的雏形渐渐显露出来。又经过几千年的发展，登州湾发生了较大变化。唐代

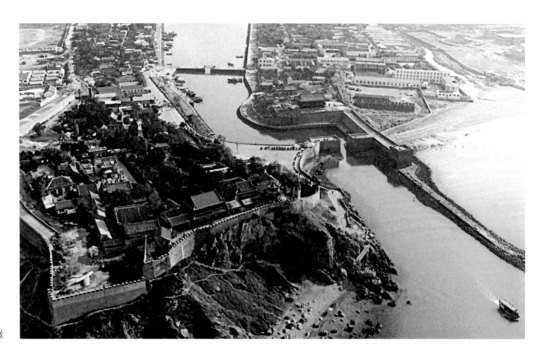

图2-3-9 蓬莱水城鸟瞰

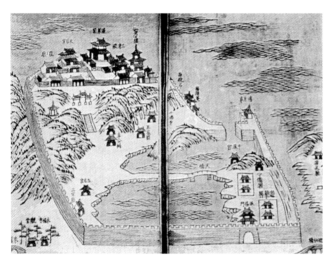

图2-3-10 蓬莱水城古图

之前，虽然汉武帝曾在蓬莱地"求仙筑城"，开创了蓬莱建城的历史，但登州还不是行政区划单位。公元621年，唐朝政府在山东半岛设立登州行政区。唐贞观八年（公元634年），设置蓬莱镇，时值唐太宗李世民正欲建立水师基地，备战征讨"高丽"王国。于是发现了蓬莱优越的自然环境。因此可以说，是政治战争使这个"北方小镇"脱颖而出，成为重要的军事据点。登州的治所由今牟平区迁至今蓬莱市，蓬莱镇由此升格为蓬莱县，

隶属于登州。登州湾遂正式命名为"登州港"。在随后各个朝代，登州、蓬莱均被作为州、府政府所在地，成为胶东半岛、山东半岛的政治、军事、经济、文化中心，时间长达千年之久。直至清代《天津条约》登州改为烟台开埠，登州才失去了往昔的地位。

然而，这一时期虽然登州的政治地位在不断提升，但是由于港口自然条件和环境的恶化，港湾面积继续缩小。至唐朝初期，港湾面积约30万平方米，约为原始海湾的三分之一，以后没有太大变化，大致奠定了今天"蓬莱水城"的规模。登州古港的繁荣带动了城市的发展。

港盛则城兴，登州古港的繁盛直接带动了一座古老城市的兴起，蓬莱水城历经千年演变，从经济商港、文化驿站到宋、元、明、清时期的军港要塞，直至今天的"国家重点文物保护单位"，经历了兴起、发展、鼎盛、衰退、保护的坎坷道路。它用自身的沧桑历程展现了中华民族自强不息的奋斗精神，更成为黄渤海"双手托起"的一颗璀璨明珠。

如今，历经千年沧桑风雨的登州古港已演变成如今的"蓬莱水城"，二者融为一体，呈现出"城围水、水

环城"的美丽样貌。游走其间，不时可以看到古代的炮台和那些存留至今的守海保疆的斑驳铜炮。军港的气息犹在，好像在向我们述说着那段抗倭御敌、守土保疆的传奇历史。

（二）蓬莱水城的建造

明朝建立之后，明太祖朱元璋更号洪武，建都金陵。然而从明初起，东部沿海倭祸频仍，虽禁不止，为害甚重，甚至连军事重镇登州港亦被"尽焚"战舰。明代初期山东半岛地近日本，经济繁荣，是倭寇侵扰的重点地区之一。据东部沿海各州县志记载，明洪武至永乐年间，倭寇骚扰沿海不下百次。明初倭寇侵扰山东半岛，一般会选在清明节前后，借助来自太平洋的东南风，从朝鲜西海岸进入山东半岛海域。倭寇掳掠人口，劫掠财产，焚毁村寨，给山东半岛沿海人民造成了极大灾难，引起了明朝政府的高度重视。明朝政府开始在山东半岛沿海采取种种海防举措，严密布防，不断健全海防机构，完善防御设施，并在沿海主动出击，打击倭寇的嚣张气焰，保卫百姓的生命财产安全，蓬莱水城应运而生。

登州地处战略要津，明朝政府一向对登州地区的陆、水军等建设，均极为重视。明初设卫所，山东都司共辖18卫，登州卫居于重要位置。明洪武九年（1376年），升登州为登州府，将登州守御千户所升格为登州卫。登州的寨城建设，亦堪称道。登州的城寨，计有蓬莱城、水城、横寨、刘家旺寨、黄河寨、解宋寨、户洋寨、栾家口备倭城等。

明朝时，由于受到倭寇和海禁的影响，山东半岛沿海的海港建设基本处于维持或者停滞的状态，只有登州经过大规模军事改造，渐渐成为中国北方最大的军港，这座军港亦被当地称为"蓬莱水城"。明初，为海上防守与海运之需，驻守蓬莱的指挥谢观，向上奏疏，要求对黄河入海口处"挑梭绕以土城，北湖水门，引海入城"以扩建港口。《山东通志》卷六云："新海口即旧屯

刀鱼战棹之所，洪武九年，知州周斌奏设登州卫，置海船，运辽东军需，指挥使谢观以河口窄浅，奏议挑深，缭以土城，北切水门以抵海涛，南设关禁以几往来。"谢观的奏疏受到了明廷的重视，明政府决定对登州港进行工程改造建设，于是在蓬莱城北，南联城墙，兴建了水城，曰"登州水城"或"蓬莱水城"，这是我国古代北方颇具规模的人工港口与海防要塞。后因主用于备倭，设帅府于此，亦称"备倭城"。据到时史料记载，当时，登州军民在宋遗刀鱼寨沙堤围子基础上始夯筑土城，把整个港区全部圈围起来，形成内外隔绝的军泰壁全。建好的土城周长约2000米，城内面积27万平方米，呈不规则长方形。到明万历二十四年（1596年），登州军民又在土城墙外瓷以砖石，用以提高城墙的防护能力，同时在水城东、北、西三面增筑敌台。经过加固的水城城墙平均高度7米，宽约8米，基本是现在的模样。出于军事需要，明代建水城时仅开二门，南为振阳门，与陆路相连；北为水门又名关口门。后来水门两埭之间架板以通东西，人称天桥，水门也叫作天桥口。当时，人们将原河道扩展挖深，引海水入城内，形成城内海，俗称小海。小海面积约7万平方米。这样，城内小海与城外大海，通过水门而进出，门宽仅3米，守护容易。城内小海，停泊舰船，操练水师，保持封闭状态，一旦海上有警报，战舰驶出水门，即可通向大海，驱逐敌船。水门内建有码头，便于战船停靠，水门外建有平浪台、防波堤，用以消波阻沙，减冲缓流，即使海上暴风突起，巨浪骇地，小海仍可平静无恙。小海水位常年与外海持平，无须候潮，船只每时每刻均可出入。蓬莱水城经过屡次改造扩建才有今日的规模。明代修建的"备倭城"由两部分组成，一是海港设施，包括以城中"小海"为中心的防波堤、水门、平浪台、泊船码头等，二是陆地设施包括城墙、城门、敌台、炮台、驻兵营房、署衙等。城内水域为南宽北窄的"小海"，居于城中，呈长袋形，为水城的主体，水深4米左右，供

图2-3-11　蓬莱水城俯视实景

图2-3-12　蓬莱水城城门

船舰停泊和水师演习使用。"备倭城"的对外通道有两条：另一条是水上通道，即位于"小海"最北端通海的水门，专供船舰出入；另一条是陆地通道，即位于"小海"最南端的振扬门，供车门行人出入。"备倭城"环

抱着军港，护城河环绕着水城。城围港、水绕城，这正是备倭城结构独特、布局巧妙之处，不愧为中国古代军港的杰出之作。（图2-3-11、图2-3-12）

第四节　山地丘陵聚落

一、青岛市崂山区青山渔村

青山渔村位于崂山东南端，位于紧邻娅口的东北部海滨山坡上，建造的民居依山就势，步步登高，沿海而建，蜿蜒曲折。青山是在明洪武年间大移民时期形成的自然村落，距今已有600年的悠久发展历史，村落现有庙宇、祠堂、古迹遗址10余处，有自己独特的文化历史底蕴（图2-4-1、图2-4-2）。

（一）选址特点

青山渔村位于崂山脚下，西面背靠狮子峰，东面面向青山湾，北面紧邻黄山口，南面望向崂山头。青山渔村三面环山、一面临海，地处山海交接的优良环境，是典型的山海环抱式形态，处于山脉凹陷的过渡空间，山势较为平缓，村庄民居依山就势，步步登高，沿海而建，蜿蜒曲折。

青山渔村选址很好地融合了堪舆学上对"势"的追求理念。西面靠山，左右均有山脉环抱围护；前有青山湾，体现"聚"的意境。村落周围的山与海湾构成了村民赖以生存的资源，山地可以进行茶叶种植，面向海湾可以进行出海捕捞。这样的选址也体现出当地居民对生活环境的重视。（图2-4-3）

图2-4-1 青山渔村的山海地形

图2-4-2　青山渔村地貌特点

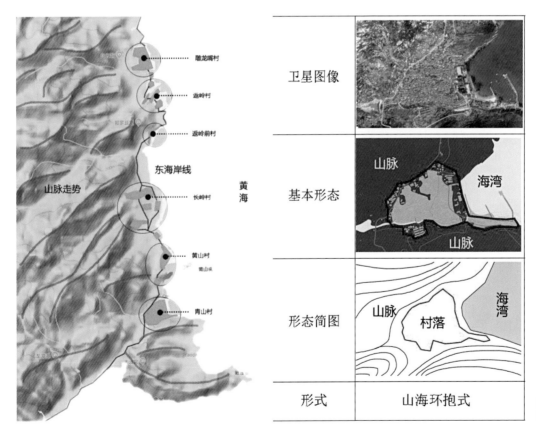

	卫星图像		
	基本形态	山脉 海湾 山脉	
	形态简图	山脉　村落　海湾	
	形式	山海环抱式	

图2-4-3　青山渔村周边地形地貌关系示意图

（二）村落形态

1. 平面形态

青山渔村的地形地貌及生产方式决定了其独特的平面布局形态。出于渔业生产的需要，青山渔村邻青山湾而建，并建有长达260米的优质渔港。青山渔村为丘陵地貌，村落从东侧海岸线向西拾级而上，逐级抬高。受山地地形的影响，村落内部产生了丰富多变、灵活趣味的空间形态。同时，山地地形对道路和街巷的形态产生了一定的影响，产生了两种道路和街巷形态，一种是垂直于山体等高线，另一种是平行于山体等高线。两种形式的道路和街巷形成纵横交错的交通系统，共同构成了村落的空间骨架。从青山渔村村落的坐落形式来看，青山渔村像一片大的树叶，覆盖在西高东低的山坡之上。渔港码头是"叶柄"，村内的道路是"叶脉"，几条放射性的村内主要道路依山势随坡而上是"主脉"，细小的村内小道是"支脉"，而一户户房屋建筑在这些脉络上生"长"而出。纵横交通的交汇点往往会放大，形成开敞空间节点，并伴随设置村落公共空间，如村委会、文化广场、村口空间等。（图2-4-4）

2. 竖向空间

青山渔村依山而建，民居建筑群顺应山势等高线层叠而上，高低错落，空间形式相对无序，但仍有规律可循。由于村落融于山体之中，建筑又需要坐北朝南，因而形成了两种纵向形态。一种是等高线式排列，这种排列方式平行于等高线，同排之间没有高差，排与排之间阶梯式递进而上，街巷曲折不规整，多集中于村落北部，建筑可以面朝南方自然地顺山而建；另一种是高差式排列，这种排列方式交叉于等高线，街巷带有一定的坡度，同排之间略带高差，建筑自低至高阶梯式递进，而排与排之间则相对规整，多集中于村落南部。（图2-4-5）

图2-4-4 青山渔村聚落平面形态

图2-4-5　建筑与山体关系

3. 水系脉络

青山渔村有两条河道穿过，自山脉顶流下交汇至青
山湾，雨期细小湍流，旱期水道略微干涸。南侧河道较
宽，流经村落边缘，一面是民居叠起，一面是自然田
园；北侧河道狭窄，横贯村落中央。河上石桥精致，古
道盘旋，河岸古树林立，居舍与树木交织。村落风水极
佳，依山傍水，资源丰富，是青山渔村的环境特色。
（图2-4-6）

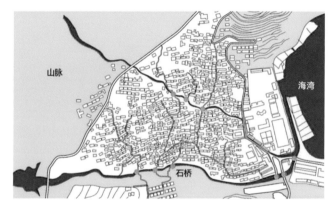

图2-4-6　青山渔村水系

4. 交通系统

青山渔村三面环山地势高，东面临海地势最低，东
西两条主干道将村落包裹在内，东车道为最高点，西车
道在最低处，高差80多米。村中建筑顺应山势，自高
向低成阶梯状错落而下，因而巷道蜿蜒分支，形成树枝
形态，虽然看似随意，却也是融于自然、因地制宜的表
现。地势落差大的区域道路为台阶，较缓的为坡道，只
有平行于等高线的道路平坦。

渔村地少人多，建筑密度大，布局紧凑，门户之间
缝隙狭窄，因此道路大多仅有1米多宽，虽然街巷高宽比
小，但压迫感并不强。建筑大门面向最宽的道路，因而
各个方向的门户都有，以便利为主。除东西两条主干道
外，村中道路几乎不能行车，大部分道路仅能步行通过。

村内道路通常分为石板路、沙土路和水泥路三类不同的宽度和类型决定了人们的通行方式。石板路不平坦，高差最大，最为狭窄，仅能步行；沙土平坦，较宽，能行驶非机动车，常见摩托车停在门口；水泥路最宽，能行驶三轮机动车。（图2-4-7、图2-4-8、表2-4-1）

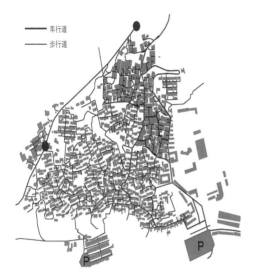

图2-4-7　青山渔村的街巷组织

图2-4-8　街巷肌理

青山渔村内部街道类型

表2-4-1

图示			
类型	台阶型巷道	坡道型巷道	平行等高线型巷道
图示			
类型	石板路	沙土路	水泥路
特征	宽0.9~1.5米，相对不平整、高差大、仅能步行	宽1.2~1.7米，路面平坦、有坡度、能行驶非机动车	宽1.6~2.5米，路面平坦、有坡度、能行驶三轮机动车

二、烟台招远高家庄子村

家庄子位于山东省招远市西北部，辛庄镇镇政府驻地西侧。高家庄子西侧碧水潆洄、绿树成荫、田野平畴，与庙宇钟楼古柏、村落民居相互掩映，具有优美独特的山水田园风貌；古村落圩墙边界明显、村中街巷纵横交错，严整的布局中流露出完整而突出的传统村落街巷风貌，具有典型的城池型传统宗族村落空间格局，是山东地区最具有传统特征、保存最完整的古村落之一。（图2-4-9）

（一）选址特点

高家庄子所处区位南高北低，两侧平缓的丘陵地形，有一条小溪自村庄西侧由南向北注入渤海，碧水弯曲呈九道湾，由于形似青龙环绕，称为九龙沟。（图2-4-10）

（二）村落形态

1. 平面形态

高家庄子清中叶以前以始建于明万历年间的关帝庙为中心，形成东西、南北大街的十字大街传统村庄格局。随着清嘉庆十四年（1809年）徐氏家庙、同治元年（1862年）圩墙的相继修建，高家庄子逐渐形成了以南北大街及其旁侧的关帝庙、徐氏家庙为核心的方形城池、鱼骨状街巷格局。近代由于人口的增多，圩墙内的用地难以满足居住需求，加之圩墙的作用日益减弱，民国时期开始，部分建筑突破圩墙的限制，村落向东侧和南侧发展。

高家庄子圩墙内东西向大街5条、南北小街巷10余条，整体组成了"进宝"二字图案；东西向大街、胡同和南北胡同之间多呈"丁"字形相交，村内还有4条内向性的甬道小巷，两端多建有门楼，有较强的防御特征。（图2-4-11、图2-4-12）

图2-4-9　高家庄子村航拍

图2-4-10　高家庄子村周边地形地貌关系图

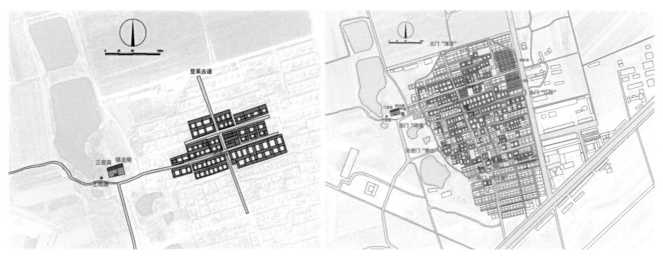

图2-4-11　高家庄子村落初期肌理复原想象图、中期肌理平面图

图2-4-12 高家庄子现状村庄平面形态

向延伸出多条东西向街道，形成了以南北大街为主干的鱼骨形路网结构，有"五横一纵"之称。东西街道宽4～6米，南北街道依然保持在原来的宽3米。近期在原有鱼骨形路网的基础上继续向南延伸，南北向街道数量增多，村子东侧还修建了水产大道，该道路宽度约为14米，整体形成了"井"字形路网。水产大道修建代替了南北大街的部分功能，特别是车行路线，多选择经水产大道进入该村各条东西向大街。（图2-4-13～图2-4-15）

2. 水系脉络

村子西边的九龙沟发源于村落南方，流向渤海，既是古圩墙西侧的护城河，也是北方村落中少见的风水水系，水口处建有镇龙庵、三官庙和土地庙等庙宇。

3. 交通系统

村落初期是以"十"字形路网为村落的基本骨架，南北向街道宽度3米，东西向街道约4米。南北大街关公庙一段较为狭窄，宽度约为2.5米，窄巷宽度1～2米。中期南大街继续向南延伸，以该大街为主干，横

（三）民居院落

高家庄子村现存民居院落，除建于19世纪20年代的徐云峰故居及其附近几组旧宅，大部分建于19世纪70年代～19世纪90年代，多为单进的三合院、四合院，少数或并联或串联的二进、三进院落规模较大，如三义广老板徐素孙辈徐献修、徐懋修所建大院占地面积均1000平方米；院落一般由正房、倒座、厢房组成，正房和倒座三开间或五开间，倒座于尽间或次间设屋宇式大门，大门正对厢房山墙设照壁，另一侧厢房一般与猪圈相毗连，厢房靠近猪圈一间为厕所。（图2-4-16）

图2-4-13 高家庄子城池街巷格局

图2-4-14 高家庄子现状街巷肌理

图2-4-15 高家庄子北街中段、南北大街北段

图2-4-16 高家庄子村三义广故居、徐其珣故居

1. 三义广故居

三义广故居采用竖向串联的组合方式，单个院落还是采用明清四合院的组合方式，整个组合为封闭式。单个院子一正一倒，厢房一厢或两厢不等，一个居住群组有四个院子，院子之间各自独立。四个院子之间留有东西和南北向过道，北院的倒房出入口就设置在东西向过道上，东西向过道不与外界连接，是一个封闭的过道。南北向过道称为大胡同，是四个院子的主要出入口，三义广故居共有两条胡同，门楼朝向南北向过道，过道墙壁上留有孔洞，作为夜晚照明使用，过道南北两端设置门楼，夜晚关闭，过道北侧的门楼对面设置照壁。

2. 徐其珣故居

徐其珣故居与周边住宅采用横向并排的组合方式，住宅群组的延伸方向主要为东西向。该住宅为二进院落，院落呈现刀把形，正门对应"十字口"，分为前院和后院，前院和后院又各自分为东院和西院，前院开两门。西前院倒房两开间，一间作为仓储，另一间结合门楼形成主要入口；东前院倒房两开间，分别是仓储和门楼，院内只有一厢房，是戏班和马夫居住的场所，其东南角为关帝庙各自独立；西后院为主人居住的场所，一正、两耳、两厢、一倒，正房三开间，两侧设置耳房，厢房两开间，一灶一炕，西厢房与卫生间结合，倒房两间，一间为仓库，一间与门楼结合；东后院作为主任会客的场所，一正一倒均为三开间。

（四）民居建筑

1. 门楼

门楼分为单独设置和结合厢房设置两种形式，单独设置一般将门楼开在院落的东侧或西侧，与院墙相结合。门楼与厢房结合设置时会占用厢房的一个开间，门楼的进深和厢房的进深相等，有两种特殊的样式：一种是在门楼与厢房的脊之间，用瓦片做了各种带有寓意的纹样；另一种是门楼的屋顶从厢房凸出，做成卷棚式，与南厢屋顶的直线形形成了鲜明的对比，达到多变的效果。门楼上挂牌匾上书"节孝""彤管扬辉"等词语，装饰以门簪，主要以荷花、牡丹等花卉纹饰为主，大门两侧通常具有上马石和门枕石，根据家庭情况的不同雕刻的复杂程度也会有区别，有的住户门楼两侧设置门龛，作为节日上香之所。（图2-4-17、图2-4-18）

2. 照壁

照壁多采用"门内与厢房结合设置""门外对面设置"两种形式。门楼内侧多设置照壁，照壁上写"福""寿"等吉祥字符，较为复杂的饰以砖雕，同样也是具有一定意义的砖雕画。门对面为空地或道路的也会在门外对面设置照壁。

3. 正房

正房内部布局以三义广故居为例，三开间，正间为会客厅和灶房，分为两个灶，分别通入东间和西间的大炕。而徐其珣故居三开间，两侧有耳房，正间主人休息饮茶的场所，耳房为厨房，各有一个锅灶分别通入东间和西间的大炕。

（五）民居风格与村落风貌

1. 屋面式样

单体建筑一般为密檩三角梁架，屋面为单层仰瓦，以适应沿海地区多雨雪的气候，可以使雨雪的积水很快顺流而下，既方便实用又古朴整齐。檐口挑檐多为青石板，比墙体凸出一截，多出的部分呈向下的尖角状，其圆柱体上雕刻了精美的图案，少数砖砌叠涩。（图2-4-19）

2. 墙体

建筑正立面腰线以下为白石或青石块砌面，腰线以上为青砖。（图2-4-20）

图2-4-17　高家庄子门楼、牌匾

图2-4-18　高家庄子大门门簪

图2-4-19 高家庄子屋面式样特点

图2-4-20 墙体特点

第五节 胶东半岛传统聚落建筑特色与风貌特点

一、胶东半岛传统聚落民居装饰特点

胶东半岛传统乡土建筑的装饰主要包括砖石雕、木雕、瓦饰和脊饰、彩绘、楹联和节庆符纸等附加装饰。这些装饰取材于动植物、自然形态、历史和神话故事等，具有一定的象征意义，呈现出抽象的形态和线条美感。这些寓意吉祥的建筑装饰带有人们对生活的美好期许和对家宅的庇佑之心，表达了对安宁、健康、福祉、幸福、长寿等方面的期许。

（一）砖石雕

砖石雕是胶东半岛传统乡土建筑中最常见的装饰手段，主要在博风、马头（墀头）、影壁、门墩（抱鼓石）和台阶等部位（图2-5-1）。在烟台王贾村的传统乡土建筑中，笔者还发现了在檐口望砖上雕刻装饰纹样的个例。

这些雕刻做工精致，装饰题材十分丰富，有几何、线条化的吉祥纹样，也有象征福、禄、寿和吉祥幸福的文字主题如"福""寿""榖""戬"，谐音喻指的图案装饰如喜鹊站在梅花梢头暗指"喜上眉梢"，海棠花暗指"海棠富贵"，历史故事题材"孟母三迁"，道教题材"暗八仙"等。

另外，还有一种结构化的装饰。在西北部沿海平原和南部平原区域，在檐下有用砖雕刻为檐椽（图2-5-2a）或是砖斗栱的做法（图2-5-2b）。这类砖雕在结构上有支撑挑檐的作用，但更多的是增加传统乡土建筑立面的装饰性。

（二）木雕

受湿度大、盐雾侵蚀等气候环境影响，胶东半岛传统乡土建筑中木材料的装饰相对较少，尤其在东部和南部沿海地区实例更为少见。木雕装饰主要出现在梁头、雀替、窗棂和门簪等部位（图2-5-3）。在许多村落，不论建筑质量如何，大门的门簪都做得比较精致，雕刻各种吉祥花纹的这些小小的构件，承载着住家的美好愿景，透出浓郁的生活和人文气息。

（三）瓦饰和脊饰

瓦饰是屋顶带花纹的瓦件，而脊饰是具有装饰性的

（a）望板上的砖雕　　　　　　　　　　　　　　　　　　　　（b）墀头和博风的砖雕

（c）影壁上的砖石雕　　　　　　　　　　　　　　　　　　　　（d）石雕-拴马石

图2-5-1　砖石雕

（a）砖雕檐椽　　　　　　　　　　　　　　　　　　　　（b）砖雕斗栱

图2-5-2　砖雕

（a）抱头梁

（b）大门处的骑马雀替木雕

（c）松鹤图案的门簪

（d）"寿"字纹的门簪

图2-5-3　木雕

屋脊。胶东半岛传统乡土建筑中的瓦饰是不上釉的，呈现瓦烧制出的青黑色。瓦件的装饰在瓦当、勾头、滴水等部位，烧制出吉祥寓意的花纹和文字装饰，一般为"福""寿"字纹或植物题材的纹样（图2-5-4）。

屋脊最初是起保护脊檩的作用，在逐渐的发展中才演化出装饰效果。传统乡土建筑中的屋脊大多为清水脊，由条砖和花砖一层层砌出，两端做燕尾，顶部覆筒瓦保护，整个线条呈两端微微起翘的曲线（图2-5-5）。胶东地区的屋脊多为实心，也有屋脊中部用瓦件做镂空花脊的做法（图2-5-6），但主要出现在大门的屋脊

上，正房上十分少见，应与区域气候和地域文化有关。

（四）其他装饰

彩绘装饰在传统乡土建筑中并不常见，主要出现在大门（图2-5-7）和抬梁式结构的梁头（图2-5-8），色彩主要为蓝、绿、白、黄、朱红和黑色[①]，一些砖石雕、木雕和屋脊的表面也会施彩绘（图2-5-9）。室内装饰中顶棚有时也施彩绘，顶棚由苇条编成，底部刷成白色、黄色或蓝色，正中绘制吉祥花纹（2-5-10）。

楹联在民宅中不太常见，在笔者调研的村落中，只

---

① 王祝根. 胶东传统民居环境保护性设计研究——以文登营村新农村居住环境设计为例［D］. 武汉：华中科技大学，2007.

（a）吉祥纹样的滴水　　　　　　　　　　　　　　　　　（b）"寿"字纹的脊瓦

图2-5-4　瓦饰

图2-5-5　屋脊的燕尾

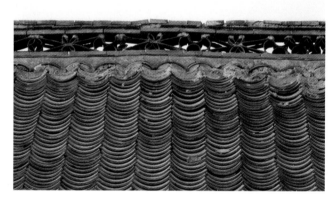

图2-5-6　镂空花脊

图2-5-7　大门处的彩绘

图2-5-8　梁架上的彩绘

图2-5-9　屋脊上的彩绘

图2-5-10　室内顶棚的吉祥图案

在家庙宗祠中发现。节庆符纸则主要是春节期间装饰在大门上的春联、五彩的幡子等。

这些建筑装饰，尤其是砖石木雕，都保存了百年以上，现今都或多或少地出现了损毁和风化现象，而笔者调研的村落中已没有老的雕刻匠人，年轻一代的匠人学习雕刻的也较少，如果需要修缮只能从外地请工匠来做，这些地域的雕刻艺术如何保存延续十分堪忧。

二、胶东半岛传统聚落建筑风貌特点

（一）梁架结构

根据笔者的调研结果，胶东半岛传统乡土建筑中发现的梁架结构包括抬梁式、三角梁架和组合式梁架三种。抬梁式主要用于家庙建筑、有钱人家或祖上出仕的官宦人家的住宅。三角梁架在普通民宅中普遍使用，在其他地区的营造技艺研究中也有相似的结构——如苏北地区的金字梁架。组合式梁架则属于极少个例，表现为抬梁式和穿斗式梁架的组合。大门的门楼梁架结构中，檩条有时直接落在山墙上（图2-5-11）。

1. 三种梁架形式

胶东半岛传统乡土建筑中的抬梁式梁架结构主要为

图2-5-11　檩条直接落在山墙上的门楼

三架出前后廊和五架两种（图2-5-12、图2-5-13），三架出前后廊的建筑，墙设在檐柱的位置。抬梁式梁架主要用在家庙宗祠和官宦人家后人的民宅中，主要构件包括檐柱、金柱、抱头梁、梁、椽子、叉手、瓜柱、檩子和大梁（脊檩）。抬梁式梁架各构件用料较粗，横梁（包括三架梁和五架梁）截面通常为做成圆角的长方形，尺寸可达38厘米×20厘米，檩的直径为20厘米左右。

三角梁架的结构简单，梁架呈三角形，主要构件包括柱子，横梁，斜撑（也叫八字木，相当于叉手、托脚），大梁，檐檩和椽子，也有不立柱的做法存在，梁架直接落在墙上。三角梁架的形式非常多样，各构件的

图2-5-12　五架抬梁——东曲城村

图2-5-13　三架出前后廊——西河阳村

尺度与屋顶选用的材料和经济条件有关（图2-5-14）。以普通民宅为例，山草房屋面较轻，所用梁架构件尺寸也较小，一般大梁的直径为8~10厘米，檩条的直径为6厘米左右，因其承重小，屋面是不能上人的。小瓦房的屋面稍重，一般大梁的直径为12~16厘米，檩条直径为8~10厘米，也有偏抬梁式的用料做法。海草房的屋面重量较小瓦房更重些，一般大梁尺寸可达38厘米×20厘米，檩条的直径为10厘米左右。三角梁架的横梁截面近似圆形，表面简单雕琢，仍为木材的原始形态。

组合式梁架主要表现出现在建筑山墙面梁架中，具体表现为在三架前后出廊抬梁式梁架抱头梁的下面，两根檐柱之间增加一根贯通金柱的枋子（图2-5-15）。根据老匠人的解释，这种做法是为了方便在屋顶空间做放置杂物的隔层，三角梁架中的横梁也有这种用途。

2. 柱子的尺寸

立柱的设置和尺寸与建筑的承重体系有关，胶东半岛传统乡土建筑有砖木承重、木石承重和石墙承重三种形式，砖木承重的建筑中柱子的直径一般为20厘米，木石承重的建筑柱子直径在7~10厘米，而在部分地区采用石墙直接承重的做法，没有立柱，梁架直接搭在石墙上。

3. 梁架的定坡

梁架的坡度由掌尺来定，一般是木匠。梁架坡度比例标准是房间进深（B）：屋架高度（H）（图2-5-16）。不同材料的屋面，梁架坡度也有不同，小瓦屋面坡度最大，定坡比例在1：0.30~0.36之间，民宅一般为1：0.30~0.34，家庙宗祠等可到0.36；山草屋面坡度比小瓦屋面稍陡，比例在0.36~0.38；海草屋面最为高耸，但这种坡度一部分来自于屋面海草的堆砌，梁架的定坡比例在1：0.38，但屋面外观坡度可达1：0.45。这种坡度的变化源自于屋顶对排水的要求。

梁架结构的分布区域边界并不泾渭分明，不同类型的梁架分布区域相互叠加，很多村落出现了两种或两种以上的梁架结构形式。梁架的特征更多地表现了胶东半岛传统营造技艺中的一些共性。

图2-5-14 不同形式的三角梁架

图2-5-15 组合式梁架——西河阳村

图2-5-16 定坡比例

房屋进深（B）

定坡比例=B∶H

屋架高度（H）

（二）墙体特点

从墙体厚度来说，胶东半岛地区传统乡土建筑的墙体普遍较厚，厚重的墙面与墙体材料的选择有关（图2-5-17）。石墙的厚度普遍≥40厘米，其中前后墙厚度在40～42厘米范围内，山墙面墙身厚度在40～45厘米范围内，在个别村落石头山墙的墙身厚度可达50厘米。砖墙面的厚度为37厘米，一方面是因为砖材的造价高，另一方面是砖的尺寸规格远远小于石材，在墙身厚度上就有所削减。黄土的墙体（土坯砖墙或泥墙）厚度在40厘米，与石墙相近。

从建筑材料来说，墙体包括下碱部分和墙身部分。下碱部位的建筑材料在胶东半岛地区具有普遍性，一般用较规整的条石或块石砌筑（图2-5-18），而墙身部分建筑材料的选择因区域材料资源分布和经济条件而异。

从具体的营造做法上讲，各个村落的墙体营造做法都有异同点，最终笔者将调研中了解到的这些墙身做法

图2-5-17　厚重的石墙

图2-5-18　下碱部分

图2-5-19　全石墙两侧石头的砌筑方式

概括为四类。

一是全石墙，墙体材料全部为石头，包括条石、块石和碎石。石墙的墙体较厚，一般都做内外两层，厚度上比较平均，营造的差异体现在石料外观的选择和工艺的精细程度上。墙的外侧直接构成建筑的主立面，一般选择较为平整的石料，由专门的瓦匠垒砌，石头的大小、缝隙的衔接都十分注意，而墙的内侧为室内，在后期的使用中还要在墙面抹灰，因此石料则随意些，宽度随外侧厚度的变化调整，也不需要专门的瓦匠垒砌，两层墙之间的缝隙用碎石或黄泥填充。这种做法主要通过石块的叠压和错缝达到结构的稳固（图2-5-19）。也有外侧为石料垒砌，内侧则用土坯砖垒砌这种组合使用的墙体做法，外观也表现为石墙，其稳固程度要比双层石墙低一些（图2-5-20）。

二是砖石墙，主要建筑材料为青砖、石和泥。下碱部分是条石垒砌，一般砌到窗台。墙身部分一般也做两层墙体，外侧墙用青砖砌，基本为淌白墙的做法，青砖的砌法包括全顺砖、一顺一丁、三顺一丁、五顺一丁等，用黄泥粘结，墙缝根据做工不同为0.5～1厘米。内侧墙根据经济条件不同用砖或土坯砖，墙体之间的空腔用黄泥灌浆（图2-5-21）。

三是土石墙的做法，主要建筑材料为土坯砖和石头。下碱用石头，墙身用土坯砖。这种墙面做法中，会在下碱上先用砖砌两层线脚，再砌土坯砖。土坯砖的规格因地域做法不同，尺寸相差很大，具体的砌筑规律也很多样，有类似砖墙的全顺砖做法，也有横砖两层、竖砖一层的做法（图2-5-22）。土坯砖的承载力相较石材较差，又有不耐雨水侵蚀的弱点，一般用在倒座和厢房的外墙和建筑室内分隔墙，在正房外墙上很少使用。

四是组合式墙体做法，即石头墙、青砖墙和土坯砖的组合形式。一般为石下碱，墙身主体用砖砌筑，墙心用土坯砖垒砌（图2-5-23）。这种组合式的做法综合了材料各自的优势，材料的材质和色彩为建筑立面带来丰富的变化，是胶东半岛地区传统乡土建筑营造中较常出现的一种墙体做法。

在垒墙时，梁架的柱子一般要垒到墙体里，三角梁架的结构中，通过材料的错让和填埋将梁架的连接点埋到墙体里，一般是在墙厚的正中位置。墙一直垒到椽子

图2-5-20　全石墙内侧用土坯砖的砌筑方式　　　　图2-5-21　砖石墙的砌筑　　　　　　　图2-5-22　土坯砖的砌筑

图2-5-23　组合式墙体

的下面，用碎石和黄泥封填（图2-5-24）。在中部丘陵区域，会做石挑檐，即墙头出挑石板至檐下的地域做法（图2-5-25）。建筑的山面，也会将梁架全埋或半埋入墙体之中。

墙体的营造做法受气候条件、材料资源分布和经济条件的三重制约，各区域墙体做法虽然相似，仍有一些区域的特性可循。在东部和南部沿海区域，风力大、雨水较多，墙体中较少使用土坯砖。而在中部丘陵区域，尤其是地势起伏较大的区域，砖的使用频率远远小于石材，除了自然和经济条件限制，砖材对地形地势的适应性也不如石材。西北部沿海平原区域，地势相对平坦，砖的使用频率也比其他区域较高。

（三）屋顶式样

胶东半岛地区传统乡土建筑屋面根据材料不同可分为三类：小瓦屋面、山草屋面和海草屋面。

小瓦屋面：小瓦屋面包括三部分：正脊、垂脊和屋面。

哈瓦做法："哈"字通"合"，类似我们常说的合瓦。哈瓦的瓦垄比仰瓦要高一些，约10厘米，哈瓦的做法使瓦垄的线条被凸显，看起来十分精致优美。在铺屋面时，先排勾头滴水，排板瓦时就顺着划定好的瓦垄由下往上铺，一层压一层，十分密集。铺屋面小瓦时有单面仰瓦和哈瓦两种做法，单面仰瓦的做法更为普遍（图2-5-26）。

山草屋面：山草屋面包括正脊和屋面两部分，屋面材为山草、高粱秸和苇子等（图2-5-27）。

海草屋面：海草顶是胶东半岛传统乡土建筑中特有的一种屋面形式，主要分布在威海荣成沿海和烟台莱州渤海湾附近的一些村子，其主要材料为海草、山草和泥。

图2-5-24 梁头直接搭在墙上

图2-5-25 石挑檐

（a）哈瓦做法一（里口山村）

（b）哈瓦做法二（西河阳村）

（c）单面仰瓦（有花脊和滴水）

（d）单面仰瓦（无花脊和滴水）

图2-5-26 小瓦顶

图2-5-27　苫房的过程——中我岛村

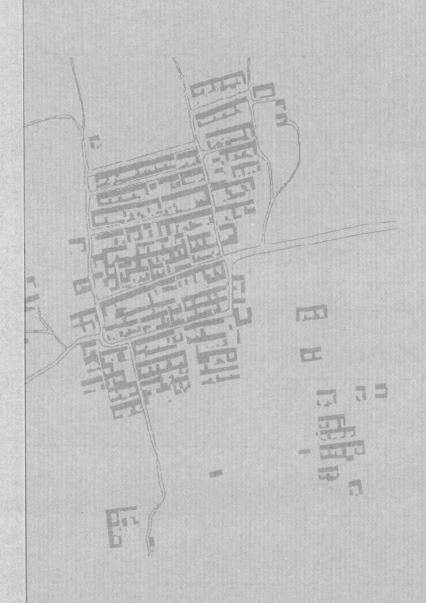

第　三　章

鲁中山区传统聚落

鲁中山区位于山东省中部，是传统意义上的鲁中南地区，具体包括泰山、鲁山、沂山中低山区；肥城、枣庄丘陵盆地区；徂徕山中山区；沂蒙山、尼山低山丘陵区；蒙山、中山丘陵区；泰莱、沂蒙、平费河谷平原区；沂沭河中游平原区；汶泗河口平原区；小清河平原区；湖东山前平原区。具体区域范围以50米等高线来划分，包括莱芜以及泰安、淄博、临沂、济南、潍坊、济宁和枣庄的部分区域。

第一节　鲁中山区自然地理条件与历史人文环境

鲁中山区位于山东省中部，以泰、鲁、沂、蒙、徂徕山等山地为主体，包括周围的低山丘陵以及与平原间的部分过渡地带，是山东省地势最高的区域。泰山雄踞中部，主峰海拔1532.7米，为山东省的最高点。其他各处主峰海拔均在1000米以上，并由主峰向四周逐渐降低形成海拔500米以下的低山丘陵区（表3-1-1）。鲁中山区地貌复杂，形成了以山地丘陵为骨架、盆地平原交列其间的地势，大体可分为中山、低山、丘陵、山间平原等基本地貌类型。[①]

一、鲁中山区地貌特点

"多山"是鲁中山区最主要的地貌特征。受泰山运动和新构造运动的影响，形成多种地貌特征，主要山地为断块山，其中岱崮地貌略显独特；其山地的组成成分也各不相同，泰山中山区、东部鲁沂山区主要包含花岗岩、片麻花岗岩、片麻岩；平阴、肥城低山丘陵区主要包含灰岩、页岩；沭东丘陵区主要为片岩、片麻岩，低山上含花岗岩等。分布广泛的花岗岩、片岩、石灰岩易于房屋的建造，因不同地区的石材取料不同，其形成的建筑风格也不同（图3-1-1）。

鲁中山区内水资源丰富，中、小河流密布，鲁、泰、沂等诸山连成一体，是区内河流的主要水源始发地，向东、南、西呈放射状分布，如沂河、淄河、汶河、弥河、孝妇河、小清河等；且区内地势起伏较大，地质构造多变，高的地势和丰富的降水量为地下水的汇集、渗透和形成泉水出露提供了必要条件，形成了区域内泉水丰富的自然环境资源。水源是鲁中山区聚落选址和形成的重要条件，依山就势的同时利用水源形成具有独特空间结构和风貌是该区域传统聚落的重要特点，聚落命名亦多有与水源关联命名，如井塘村、竹泉村、铜井村等。

鲁中山区各山脉海拔表

表3-1-1

山名	标高（米）	山名	标高（米）	山名	标高（米）	山名	标高（米）
泰山	1532	沂山	1032	龙须崮	707	鳌子崮	616
蒙山	1156	徂徕山	1028	凤凰山	648	大山	560
鲁山	1108	牙山	806	四海山	625	孟良崮	536

---

① 张晓楠. 鲁中山区传统石砌民居地域性与建造技艺研究［D］. 济南：山东建筑大学，2014.

图3-1-1　石砌建筑的不同风格（高山顶村）

二、自然环境与气候

鲁中山区由于地形起伏变换较多，其山区的气候特征明显，气温低，日照短，降水较多，年降水在750～850毫米，山地降水多明显于谷地。其气温随地形升高而减低，如岱顶年均温度仅5℃左右。而山地间则形成了丰富多样的自然环境，这些自然因素在

同为山区的鲁中区域影响着传统聚落不同风貌与民居建筑特色的形成。

（一）温度

鲁中山区年平均气温为14～16℃，其平均最高气温出现在7月份，为27.2～28.4℃，平均最低气温出现在1月份，为-0.6～-3.1℃（表3-1-2）。山区内温度变化快、昼夜温差大。

鲁中山区的墙体厚度约400～550毫米，多为500毫米。室内多做滑秸泥抹面，外施麻刀灰，厚约10～50毫米，厚实的建筑墙体，是人们应对昼夜与不同季节温度变化的措施，这样的厚度与构造做法有极强的保温隔热功效，利于夏季隔热与冬季保温。室内的抹面不仅有利于室内的整洁美观，更重要的是填补石墙的缝隙，使其不透风，有利于冬季的保温。

（二）降水

鲁中山区因山区地形不同其各地降水量不尽相同，该区域降水主要集中于6月、7月、8月，冬季降

鲁中山区各市平均各月气温情况表（单位：℃）　　　　　　　表3-1-2

城市名	一月	二月	三月	四月	五月	六月	七月	八月	九月	十月	十一月	十二月	全年平均
济南市	1.1	4.7	9.3	17.5	24.3	25.8	28.2	26.7	24.1	14.7	8.9	2.5	15.7
淄博市	-0.5	3.1	8.4	16.0	22.8	25.3	28.4	26.6	23.3	14.1	6.9	0.4	14.6
枣庄市	2.3	4.4	9.1	17.4	23.5	25.6	28.9	27.0	22.9	15.5	9.0	2.6	15.7
潍坊市	-0.2	2.8	8.1	16.4	22.5	24.9	28.5	26.5	23.2	14.9	7.5	1.3	14.7
济宁市	2.0	5.3	9.8	17.5	23.8	26.0	29.1	27.6	23.6	15.2	9.1	3.2	16.0
泰安市	0.4	3.4	8.5	16.0	23.0	24.9	28.1	26.6	22.4	14.0	7.6	1.0	14.7
莱芜市	0.5	3.3	8.1	16.2	23.0	25.0	27.9	26.4	22.7	14.1	7.4	1.2	14.7
临沂市	1.4	3.9	8.1	16.5	22.1	24.3	28.0	26.4	22.3	15.2	8.7	2.6	15.0

水较少，以降雪为主（表3-1-3）。

鲁中山区降水量自东南向西北递减。而不同的降水量影响着不同的建筑排水形式。西北地区降水量少，降雨量在800毫米以内，其屋顶形式多以屯顶和平顶为主，如济南方峪村、泰安梁林村等。部分屯顶建筑会在门窗上方设置遮雨板，平顶建筑屋面多设置

专门排水口。东南地区降雨量常年大于800毫米，民居为坡顶，且呈现了降雨量越多、屋面越陡峻的特点，故莱芜、淄博、济宁、枣庄，传统民居均为坡顶建筑，且济宁、枣庄区域的坡顶略陡峻于莱芜区域。檐墙有挑檐，门窗洞口不另设遮雨设施。建筑屋面坡度从西北往东南逐渐加大。（图3-1-2～图3-1-5）

鲁中山区各市平均各月降水量情况表（单位：毫米）　　　　　　　表3-1-3

城市名	一月	二月	三月	四月	五月	六月	七月	八月	九月	十月	十一月	十二月	全年
济南市	6.3	5.3	35.3	29.6	63.0	93.6	176.8	155.1	5.6	42.7	0.3	1.9	615.5
淄博市	13.1	4.0	18.4	30.1	25.2	62.8	72.7	119.7	6.1	39.4	0.6	0.5	392.6
枣庄市	40.4	20.4	9.0	43.2	31.1	76.5	620.6	286.0	91.3	106.4		1.1	1326.0
潍坊市	26.7	4.1	11.6	15.4	38.1	65.1	127.0	258.1	12.8	21.8	1.0	0.9	582.6
济宁市	20.9	7.0	2.2	48.7	49.7	110.9	351.8	126.3	40.0	53.9	1.1	1.5	814.0
泰安市	12.7	4.7	15.0	33.3	24.8	62.4	271.3	81.7	11.5	49.4	2.2	0.6	569.6
莱芜市	17.6	4.9	22.1	49.9	38.2	91.6	236.6	106.8	15.3	37.6	1.2	1.1	622.9
临沂市	36.2	15.5	16.5	47.5	32.6	40.8	385.1	183.5	54.6	48.2	0.2	1.6	862.3

图3-1-2　石砌建筑的不同风格——贤子峪村

图3-1-3　建筑风貌1——济南方峪村

图3-1-4 建筑风貌2——济宁夫子洞村　　　　　　　　　图3-1-5 建筑风貌3——泰安梁林村

三、自然资源与物质基础

（一）木材资源

鲁中山区属暖温带落叶阔叶林区，林木资源较为丰富，其中树木种类约600种，分74种209属，以北温带针、阔叶树种为主。其中可作建材使用的主要有柏木、松木、榆木、杉木等。鲁中山区传统聚落民居梁、柱多用松柏，檩条多为落叶松、榆木，木椽多用杉木、落叶松，门窗常用红松、白松。

（二）石材资源

鲁中山区经过两次造山运动的影响，多山脉丘陵，域内岩石组成与种类多样，石材资源丰富，传统聚落民居中多见有大理岩、页岩、板岩、石灰岩、安山岩、闪长岩、凝灰岩等。其中，使用于传统聚落较多、分布较广的为石灰岩，淄博马家沟出产白云岩，济南长清崮山、枣庄地区多为页岩。总体呈现了各地传统匠师就地取材，根据不同岩石的特性特征施用于传统民居的鲁中山区石作民居特点。

石灰岩当地称为青石，也叫作青白石，岩石为青色或灰色，质地坚硬、均匀，表面条纹细腻，不易风化，隔水性强且易于加工，多用于建筑的墙体、台基和踏步处。汉代东方朔的《神异经中荒经》中有书"东方有宫，青石为墙……门有银牓，以青石碧镂"，可见青石作为建筑用材，历史悠久。

页岩属于沉积岩的一种，具有明显的片状肌理构造特征，颜色多为灰白色或青色。页岩易于开采，容易分裂成明显的片状，且平整度极好。页岩不透水，但受到硬物的打击易碎裂，因此多用于建筑的屋面铺设、地面铺装和石墙砌筑找平等。

板岩为变质岩，呈现板状的结构肌理，极易开采成薄板状。同页岩相似，主要用于建筑的墙体砌筑、屋面铺设和地面铺装，也常用来堆砌院落围墙。

花岗岩属于火成岩（岩浆岩），也是山地构造岩的一种，主要成分为石英、长石和少量云母，是鲁中山区分布最广的岩石。但因其质地坚硬、表面粗糙，不宜开采和加工，也不容易进行造型雕刻，在民居建筑中应用不多。

（三）泥土资源

鲁中山区内的土壤分布多为褐土（黄土）和棕壤（棕黄土），两种土壤黏性都较为合适，是传统建筑营造过程中制作土坯的原始材料，分布广泛，取用方便。

四、鲁中山区的社会环境因素

地缘、血缘及社会文化环境对聚落特征影响深远。鲁中山区自古以来就是经济、政治、文化的中心，是北辛文化、大汶口文化的发祥地，这些文化对其后的龙山文化、齐鲁文化的形成产生了极大的影响。

（一）礼制下的尊卑等级

鲁中地区传统民居多为四合院形制，其院落的空间秩序和建筑等级深受礼制礼法以及血缘关系的纽带下形成的宗法社会的等级制度和道德伦理的影响，形成了长幼有序、守本固元的文化特点。鲁中传统民居中的大院，如莱芜南文字村张家大院、淄博李家疃村李家大院等，均为严谨的北方四合院形制，主次分明、布局严谨、中轴对称。北屋正房为尊，左右可接耳房，为家中长辈居住之所。两侧厢房次之，以东为尊，供后辈居住使用。因此，正房体量最大、形制最高、用材最好，两侧厢房次之，杂屋最末。

但山区聚落中的普通民居，受其地形影响，院落面积不规整，且交通不便，人力资源有限，不能形成规整的四合院形制。其因地制宜，在顺应地势形成四合院、三合院、两合院的条件下，依旧遵循着"礼"的秩序，北屋正方为尊，体量最大，用料较为规整，制作最为精良，如淄川梦泉村、青州井塘村、济南长清方峪村等。

（二）独有的泰山文化

处于鲁中山区中部的泰山是世界文化遗产和世界自然遗产，有着悠久的文化历史和底蕴。自古以来人们以东为尊，象征着生命和希望，东岳的泰山变成了生灵孕育之处，神灵居住之所。历代帝王统治者都登临泰山进行封禅和祭祀天地，各朝文人雅士亦喜好来此游历，并留下了许多诗文佳作。深入人心的泰山崇拜，以及"泰山奶奶""泰山石敢当"的民间信仰，使得当地居民对于泰山充满敬意，因此建筑取材并非开山取石，而是多利用山间碎石和河沟卵石来建房，形成了泰山"卵石砌墙墙不倒"的独特技艺。

五、鲁中山区传统聚落资源及其分布

鲁中山区地大物博，现如今遗留下众多的传统聚落和栖居遗址。现有的中国传统聚落有14处，山东传统聚落有229处，选入"乡村记忆工程"的传统文化乡镇有5处、传统聚落有91处、传统民居有30处。由于鲁中山区建筑多山地丘陵，受其地理环境、物产资源的影响，民居建筑以石砌建筑为主，山区建筑因地制宜，石材与木材作为建筑材料相结合，不仅体现了就地取材的环保理念，也体现了山东人忠厚、朴实、豪爽的民风。由于各地所用石材不同，形成了不同的建筑风貌特征。民居多以硬山建筑为主，屋面为双坡屋面，多为草顶。枣庄地区盛产页岩，其屋面为石板屋面。西北部邻近黄河冲积平原的地区，建筑多为屯顶房。而区域内有钱的大户人家，常用砖瓦来砌筑建筑，造型精美，形式考究。综合现存传统聚落资源，鲁中山区典型传统聚落资源如表3-1-4所示。

城市	聚落	民居
济南市	朱家峪村、方峪村、贤子峪村、梭庄村、土屋村、双乳村	举人王村卢氏旧居、娄家庄村娄家祠堂等
济南市莱芜区	南文字村、逯家岭村、卧云铺村、五色崖村、上王村、澜头村	高庄街道东沟里村李文珂故居、颜庄镇下北港村段氏建筑群、方下镇石家泉村民宅、羊里镇大增家庄黄义旧宅等
泰安市	中套村、东腊山村、梁林村、鱼山村、上泉村、常庄村、李家泉村	梯门镇前山西屯大队部、大津口乡李家泉村传统民居
淄博市	太和镇（包括23处省级历史文化名村）、万家村、蒲家庄村、纱帽村、蝴蝶峪村、黄连峪村、黎金山村、李家疃村	北郊镇大七村石氏庄园、昆仑镇康家坞村传统民居、洞村古楼
潍坊市	井塘村、涝坡村	宝都街道田老村明楼
临沂市	桃棵子村、竹泉村、常山庄村、李家石屋村、鬼谷子村、邵庄村、九间棚村	探沂镇王家后峪村民居、庄坞镇河西村传统民居、向城镇杭头村传统民居
枣庄市	东辛庄村、葫芦套村、兴隆庄村、邢山顶村、高山顶村	北庄镇抱犊崮古建筑、周营镇牛山村孙氏宗祠、大坞镇大坞村张氏祠堂
济宁市	上九山村、越峰村、夫子洞村、王家庄村	金庄镇西岩店村乔氏庄园、乔家村传统民居、济河街道五里庙村苏家大院、鲁舒村传统民居

第二节　鲁中山区山峪谷地聚落

一、章丘朱家裕村

朱家峪村位于山东章丘市东南10公里处，是典型的、系统的、完整的鲁中山区丘陵传统聚落。

（一）历史沿革

朱家峪原名城角峪，村内出土的陶器残片和斑鹿角化石证明在距今约3800年前的夏朝，这里已形成聚落，后改名"富山峪"，明代初年朱姓居民迁徙至此，故易名为"朱家峪"，并延续至今。自明代以来的六百余年间，居住在此的朱家峪人依照山势地形建成了这个独具特色的山村，兴建了民宅、祠堂、庙宇、学校，修筑了桥、道、井、泉。清朝末年为防盗贼而在村口构建起了寨墙，逐渐形成了今天的规模与面貌。伴随着社会的发展，朱家峪村周围的村落均产生了巨大变化。而朱家峪村受山形限制，该村村民则在村北另建立了新村。这样就使古村的风貌得以保存，非常完整地保留了原来的聚落形态与格局，原有的古桥、古道、古祠、古庙、古宅、古校、古泉、古哨等古建筑也得以保全与延承，这使得该村享有"齐鲁第一村"的美誉。（图3-2-1）

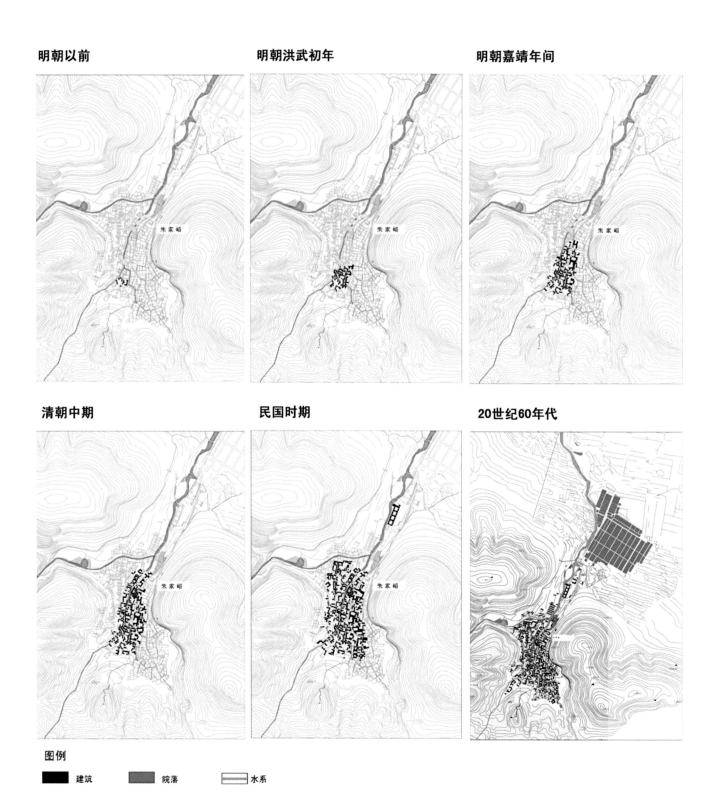

明朝以前

明朝洪武初年

明朝嘉靖年间

清朝中期

民国时期

20世纪60年代

图例

■ 建筑　　■ 院落　　▭ 水系

图3-2-1　朱家裕村的历史沿革

图3-2-2 朱家峪的选址及聚落形态

（二）聚落布局形态

1. 聚落选址

朱家峪村东、南、西三面环山，选址于山地与平原交接的过渡地带，东依东岭，南靠文峰山，西端止于笔架山脚，北向开口进入山北的平原地带。其基址的选择十分接近中国古代人居聚落理想的风水格局，藏风聚气、耕地充裕、交通便利。聚落因地势而发展成南北长、东西窄的狭长聚落形态。

朱家峪村选址深受传统风水思想影响，东、西、南三面环山，平敞谷地，入村村口位于狭长北侧，极具防御功能。文峰山山峰与北侧双峰山山凹连线，形成贯穿老村的主轴线。此轴线与青龙山、白虎山山峰连线交点，为原中哨门遗址处，由此向南为明、清的聚落聚集区。村前有池塘或河流婉转经过，为生产生活提供用水。在这种枕山、环水、面屏的环境条件下建造聚落，使人能有一个冬暖夏凉、朝向良好、避风防洪、利于防御、环境优美的居住环境。既满足了古聚落选址的环境要求，也体现了古聚落朴素生态观的选址理念。

朱家裕是典型的北方山地古聚落，它的选址讲究因借自然，使聚落的布局形态与自然山水相契合，自然山水成为聚落的重要组成部分（图3-2-2）。

2. 空间布局

1）功能布局

朱家峪古村为梯形居落，总面积约3平方公里。古村北自寨墙牙门南至文峰山脚长约2125米，东西山麓间最宽处约775米，占地约28公顷。聚落最北端以礼门及城墙限定聚落范围，南北向道路控制聚落空间的延伸方向，街巷沟渠构建聚落内部空间的框架，形成自然山水环绕的布局形态。聚落内部的公共空间和居住空间的区域，以不同的建筑风格加以区分。内部布局注重主从关系，中央为主要建筑群，建筑群沿巷道和轴线关系纵向延伸，形成线性布局。

聚落三面环山，坐南朝北，整体形态与山体紧密依存，村庄平面被山体所限制，由山体围合而成。聚落布局并非按照平原城市方格网布局，而是与地势密切结合，依山势形成阶梯形聚落，上下盘道，民宅高低错落，空间环境变化丰富，景观风貌特色鲜明。

古村利用重要公共建筑（如文昌阁、朱氏家祠、古戏台等）形成若干控制节点，点缀以古桥、古泉、古井、古树等，用道路、冲沟串起，组织成极为有机的聚落格局（图3-2-3）。

村中建筑随山形自然分布，上下盘道，高低参差，错落有致，体现出了鲜明的山地聚落特点。村中冲沟纵贯南北，既是排泄山洪的孔道，也是居民生活废水的排放处。同时，流水的存在不但丰富了聚落的景观体系，还能调节村子里的微气候。村中散布着许多公共井泉，这是居民用水的主要来源。

2）道路空间形态

朱家峪依山而建，地势高低起伏，在交通方面既要方便百姓日常交通的快捷性，还要满足车辆通行以及生活物资的运送。胡山山顶海拔693.8米，为章丘第一高峰。胡山山顶与中哨门形成的轴线确定了主街的部分走向，在此轴线两侧，文峰山与白虎山呈对称分布。村内的道路系统沿冲沟布置，曲折盘回，村口处铺设南北向的石板干道串起整个村子，成为村子的南北中轴线。干道至村中岔分为四条主路，其间以曲径小巷道相连抵达每家每户，道路连通上下交通的石阶纵横交错。朱家峪的道路系统分为两级：主要车行道路和人行步道系统。车行道为村庄的主要通车道路，以入村的双轨古道为主脉，沿着聚落的中轴线布局南北延伸。沿等高线布置的车行路为辅助，二者之间巧妙利用高差或爬山街，以之字路连接，或以原始的立交桥相互跨越，共同形成网络状交通体系，构建了整个村庄的道路骨架

图3-2-3 朱家峪文昌阁、朱氏家祠、山阴小学

体系；另一级交通就是山地村庄便捷的步行交通便道。这些道路更多的作用是促进了交通的快捷、邻里交流的方便，所以其最大的特点就是灵活：有的利用小桥跨越壕沟，有的利用建筑之间的错落曲径通幽，有的凭借错台高低呼应，错落有致，串联了宅院、祠堂、农田，随民居高低，随山势蜿蜒，组成了连接各户院落，大小道路四通八达的道路网，充分体现出人工与自然的完美组合，巧夺天工。

朱家峪古聚落中的古道、小巷不拘一格，长短不一，内部道路的排布通而不畅，标识性不强，这些特征都满足传统聚落的防御性要求。朱家峪古道受当时、当地生产力及生产方式的限制，只修建了贯穿南北的"单轨"和"双轨"两种道路，一条道路由朱氏家祠斜上东南，另一条道路由关帝庙斜上西。古道全由青石板铺成，主要是生产路，单轨古道中心以青石相连，双轨古道是双向石道，为了防滑中间铺以砂面岩。双轨古道始建于明代，清朝时进行重修。巷道宽度通常都小于3米，街道尺度决定了户与户之间的近邻关系，增强了邻里交往的可达性。村中道路随坡度自然弯曲变化，既满足了因山而建、因地制宜的环境特征，又构成了生动多变的聚落道路空间。（图3-2-4）

二、井塘古村

井塘古村位于山东省潍坊市青州市区西南15公里处的王府街道办事处南部，沂蒙山脉北向延伸段玲珑山北坡，属低山丘陵区，平均海拔280米。气候属北温带亚湿润区，大陆性季风性气候明显，年平均气温12.8℃，无霜期192天，年降雨量平均740毫米左右。聚落始建于明代景泰七年（1456年），距今已有500多年的历史，坐落于青州西南山区的崇山峻岭中，是山东省第一批省级传统聚落。

图3-2-4　朱家峪街巷肌理

（一）历史沿革

明景泰七年（1456年），河北枣强的吴氏三兄弟移民至青州。历经三世，吴氏族人到玲珑山麓，寻泉而居，砌石为屋。不久之后，张氏、孙氏两姓人家也搬迁至此，三家将泉水引入村前的池塘，以"井塘"为村名，此泉便是青州母亲河"南阳河"的源头，自此成就了井塘村500多年的历史。

井塘村是在潍坊乃至全国小有名气的明代古聚落，这里有一座座用石头精工而造的明代古居，依着山体建造而成。古村道路很多用青石板铺成，古石桥、古井、古庙分布村中。明朝嘉靖年间，明第三代衡王朱载圭三女儿下嫁至井塘村，其居住的旧址如今仍在。

井塘村是当年苏区历史上著名的"井塘会演"之地。1934年10月，中央红军主力集结于都河边，开始战略转移。时任中央分局书记的项英和中华苏维埃中央政府办事处主任的陈毅，共同领导留在中央苏区的红军和地方武装三万余人继续坚持斗争。10月下旬，中央分局和中央政府办事处机关从瑞金梅坑转移至于都县的宽田，12月下旬又转移到黄麟乡的井塘村。这时环境已经更加残酷。为了激发苏区军民的斗志，也为迷惑敌人，掩护中央主力红军战略转移，1935年2月，中央分局和中央政府办事处决定由瞿秋白负责，组织工农剧社下属的"红旗""战号""火星"三个剧社举行了一场大型的文艺会演。

（二）格局特点

井塘村气候特点为冬冷夏热，四季分明，春秋冬干旱少雨，雨水多集中于夏季。冬季干冷，寒风频吹，聚落选址基本位于临风易排水的山体坡面之上，以利于建筑使用。

井塘村位于周边几处山丘所夹而成的山洼之中，依山就势，周边有玲珑山、纱帽山等，地势总体而言四周高、中间低，因而当地流传着这样一句话："山高石头多，出门旧爬坡。"建筑沿山势分布，道路随着山体盘旋而上，形成独特的村域特色。

井塘古村位于今井塘村东北侧，小顶山东坡，纱帽山、玲珑山以西，"井塘"以南。东、西、南三面环山，北面临水，地势西高东低，整体来看，聚落选址极佳，合于环山、面水、负阴抱阳，左右砂石拱卫，藏风聚气之聚落选址。

井塘古村依山而建，形成了既有明代建筑风格又有西部山区居住特色的古建筑群，是山东省内保存比较好的一处传统聚落。古村内道路依等高线分布，民居院落错落排布于其周围，不同高度的道路通过石阶联通，形成丰富多变的聚落格局。（图3-2-5）

改革开放以来，古村原住村民相继从交通不便的老宅迁出。搬迁后，使得明、清、民国、中华人民共和国成立初期、"文革"等不同历史时期的建筑或遗址，相对完整地保留下来，古村整体风貌未遭受太大破坏，保留了井塘古村原有的历史风貌。近年来，青州市政府采取了一系列的保护整治措施，大力发展当地旅游事业，配套设施逐渐完善，形成古村、过渡区和新村三位一体的井塘村格局，使井塘古村风貌较为完整、和谐地展现出来。

（三）传统建筑、设施、场所、空间

井塘古村保留了大量传统建筑、场所，如以孙家大院、吴家大院、张家大院为代表的传统古村院落，以西哨门为代表的民国初期防御建筑，以关圣祠、龙王庙为代表的祭祀类建筑，以古戏台为代表的民俗文化类建筑等，以及古树名木及其周边环境所形成的聚落空间场所。这些建筑和场所遗迹有的进行了修缮整治，有的进行了原貌保存，共同组成了井塘古村现有的聚落风貌与聚落环境（图3-2-6）。

关圣祠：明代万历年间建，是为纪念三国时名将关云长显圣助邢玠破倭寇而建。关圣祠是祭祀关羽的

图3-2-5 井塘古村选址

祠堂，石构无梁殿，券门，整石镂孔窗，内供关羽、周仓、关平彩塑像，全石无梁拱形建筑。中华人民共和国成立后，塑像被毁，祠前原有两株二十多米高、四人合抱的古松，"文革"期间被伐。院内立有建于明代的"天地牌位"，高2.5米左右，宽1.2米左右，上刻"天地三界十方万灵真宰"，是国内最大的石质天地牌位。

无生老母庙：无生老母庙主要是四季社的活动场所。井塘村四季社的历史非常悠久，供奉无生老母和四季老母。每逢四季交接之时（立春、立夏、立秋、立冬），举行"接季"活动。老母庙还没有被毁坏时，社友们就在老母庙接季，现在是在社友家里接季。

老戏台在庙的东南面，仪凤桥东边，后来老戏台上面有人家盖了房子，就将戏台改在现在的院落里，面对

着井。从清朝中期开始，村民就自发请老师来教古装戏，每年正月初二开唱，唱到正月初四，为期三天，当时演唱的京剧剧目很多，如渭水河访贤、借东风、甘露寺、华容道、草船借箭、三岔口、芦花荡、汤怀义、南阳关、穆柯寨、蒋干盗书、回荆州、盘丝洞、十字坡、失街亭、空城计、广泰庄、铡美案、打龙袍、盗御马等四五十出京剧，都是本村的子弟演员。

吴家大院始建于明末清初，原是清朝吴俊杰的古宅，有南院、北院、西院。后来吴凌霄四代人先后在此居住。吴凌霄考过科举，家中开过钱庄和酒店。

明代初年，井塘村吴氏家族四世祖吴三从河北冀州府枣强马安场迁入青州吴家井，于明代景泰年间（1450～1456年）自吴家井迁入井塘村。

吴氏宗谱最早由十六世祖秀才吴经帮修纂，全文书写在约3平方米大小的白布上，自此布谱成为吴家修谱

图3-2-6 井塘古村戏台、古桥、门楼与正房

的传统形式。随着支系繁衍，为使昭穆有序，吴氏又分别于20世纪50年代和1980年修纂了7份支谱。支谱为后世子孙续定字辈，依次是：平、庆、安、国、章、家、仲、树、东、升、敬、贤、良。

明代后期，朱明宗亲衡王的女儿下嫁井塘村吴氏子

弟，现古村内仍保存有吴宜宾管家院一处。

张家大院是大门朝东的四合院，北屋为上房，依次是南屋、东屋、西屋。张家先后曾有十代人在此居住，最多时大院中同时有二十余人一起生活（图3-2-7）。

图3-2-7 井塘古村张家大院

三、济南长清孝里镇方峪村

济南长清孝里镇方峪村属于典型鲁中南地区传统山地村落，至今保留着较为完好的传统村落形态。方峪村坐落于大峰山齐长城西南侧的一个山峪内，东经116°36′23″，北纬36°19′38.02″，距济南主城区63公里、孝里镇7.9公里。村落三面环山，背倚西北侧鹁鸽山，东邻马山，西南临桃山，形同葫芦，只有一个出口，有较强的防御功能。村落巧借山体屏障，妙用当地石材资源，在山林中构石为屋，营造了生态和谐的居住场所。（图3-2-8、图3-2-9）

（一）选址特点

方峪村地处泰山余脉低山丘陵区，三面环山，地势北高南低，东西坡度较为缓和。村内有季节性河流贯穿村庄，河流源头位于方峪村西南山区，流经方峪村前，经村域东部向北，流经南凤村、北凤村，经孝里镇镇区南，与小清河连通。村庄住宅沿一级台地错落布局，是典型的山地村落。

方峪村在选址上体现了中国古代典型的自然观，其

图3-2-8 方峪村地势特点

图3-2-9 方峪村聚落风貌

风水格局是中国古代堪舆学说应用于城市规划中的典型案例。古村背靠鹁鸽山，南面清水沟，整个村落东西南均邻山，按照中国古代堪舆学说，南山为案山，鹁鸽山为镇山，东山和西山分别为护砂。

方峪村落位于山坳的狭长地带，沿等高线变化呈内凹的倒置镰刀形，总体顺应地形，布局紧密。方峪古村落因地制宜安排聚落格局，巧借地形走势、妙用石块材料、融于山林之中、孕育和谐之境。用古语"因天材，就地利，城郭不必中规矩，道路不必中准绳"来描述方峪的布局再合适不过了。（图3-2-10）

（二）村落形态

孝里地区早在春秋战国时期即有村落，据《平阴县志·疆域志》云："孝里铺南有村曰东长，西南三里有村曰广里……古平阴城，即相传谓今东长村即其地，遗址犹存。"方峪村史可追溯到宋代，原名王峪村。距今600余年的明洪武年间，方氏一族由山西洪洞县迁来，后经历一场地震，方氏一族出资重建该村，因而更名为方峪村。至今村落内有三百多户、千余人口，其中90%以上村民都姓方。由于交通不便，房屋破旧，20世纪80年代，大部分村民从山坡上搬到山下建设新村，仅20余户老人住在老村，由此形成老石头村和新村两部分。方峪村地处偏僻，没有经历战乱，老石头

房得以完整保存，因而，老石头村基本维持了明清时期的传统村落面貌。

1. 平面形态

方峪古村落依山而建，错落有致，线条清晰。石板街古朴而又幽静，东西主街长约500米，全部由青石铺成，主街两侧石门楼一座挨一座，体现出质朴和踏实的特点。

方峪村的民宅以院落式为主，坐北朝南，为一层平房，古村落的住宅保留着原有肌理生长。方峪古村落民居建筑仍保留着古老的"石头房"建筑风格，传统四合院式建筑格局，建筑密集，依山而建，北高南低。（图3-2-11）

图3-2-10 方峪村村落选址

图3-2-11 方峪村聚落平面形态［来源：济南长清孝里镇方峪村传统村落保护发展规划（2016-2030）］

2. 竖向空间

村落位于山坡上，村中目前保留有近两百座石头房，聚落整体呈团聚阶梯状布局，大街小巷均为青石铺就，中心大街两侧房屋墙壁上拴马石比比皆是，尽显村落当年之繁华，位于镰刀巷尽头的"吴家大院"是老方峪村民居建筑的典型代表。村落中石板铺就的街巷起伏不平，主干巷道平行于山体等高线，建筑顺应地势，或采用错层，或采用高台基，整体因地制宜，错落有致。（图3-2-12）

3. 交通系统

古村落道路分布成不规则网络状，竖向上有起伏，纵横交错，形成鱼骨状的路网系统。道路宽约3米，两侧直接与建筑相邻，形成相对封闭的巷道空间。（图3-2-13）

整体村落内主要有几种道路形态：

（1）古街巷步行主路，为古村内主要的石板街，街巷宽度2~4米。

（2）古街巷宅间巷路，为古村内两相邻建筑间的滴水空间，此通道主要起划分宅基地的作用，局部也承担入户通道的功能，街巷宽1~2米。

（三）民居院落

方峪村民居院落与平原地区院落不同，院落虽由建筑和院墙围合形成，但方峪村院落几乎都是沿山腰展开布局。受地形高差影响，院落不遵中轴线对称原则，建筑的方位、数量顺应地形，布局更为灵活。村内现有近200处石头房，常见院落形制有二合院式、三合院、四合院以及多个院相连形成的组合院落。（图3-2-14）

1. 二合院

二合院由正房和一侧厢房构成，院落布局呈"L"形。正房坐北朝南，多为三开间，供主人会客、日常起居生活使用。厢房通常位于院落东侧，多为两开间，用于辅助功能。旱厕设于院落西南侧。根据院落与街道的关系，院门设在东南侧或东北侧。

2. 三合院

三合院是村中最普遍的院落形态，正房坐北朝南，建筑在由石材垒筑的台基之上，两侧厢房面阔不统一，所处位置对称或不完全对称。部分三合院由正房、一侧厢房和倒座构成，厢房多位于东侧，院落平面布局灵活，不拘一格。

图3-2-12 古村落沿等高线台地式布局

图3-2-13　方峪村的街巷空间

图3-2-14　方峪村聚落公共空间

3. 四合院

四合院主要由正房、东西厢房、倒座构成，部分四合院设置门楼。核心空间为院落，院落围合不限于规整的矩形，内院空间有导向性、秩序感，但失去了中轴对称的形式。院门设于东南、东北或西北侧，受地形影响，院落整体平面布局和空间更为灵活多变，形态较传统四合院更为丰富。

4. 组合院

组合院形式较少，多为村中大户人家或者2~3个合院拆除院墙组合形成。吴家大院属于典型的组合院落形制，院落本身为三合院形制，后与西侧单排院合并，将院墙拆除，从而形成了现有的组合院落。两院并置正房两座，均坐北朝南，院门设在东南侧，旱厕设于原单排院的西南角。

（四）民居建筑

方峪村房屋建筑多以青石砌筑，有的辅以土坯，房顶多为平顶，里层采用苇箔、木质檩条作支撑，外层采用石灰、沙子捶制。民居单元按照一定秩序和规律沿街巷排列布局，苍劲而古朴的巷道景观颇具特色。村内有完整的、有组织的排水系统，每家每户有独立的天井内院，民风质朴，邻里关系融洽。（图3-2-15）

图3-2-15　兄弟门

1. 兄弟门

兄弟门是长清当地特有的全石砌建筑，屋面采用长清、平阴地区典型的平屋顶形式。建筑立面对称布置两道同样的门，内部一道墙将院落分成对称的两部分。兄弟二人分居两院，两院间既相互联系，又保持了独立性。建筑保持了兄弟二人的血缘亲情，也尊重了个人生活的私密性，体现出"分家不分离"的特点。（图3-2-15）

2. 正房

方峪村传统民居正房常见"凹"字形，中轴对称，

图3-2-16　方峪村缩壁厅

图3-2-17　方峪村村传统民居囤顶屋面

两侧次间突出于明间1.5~3米，明间向内缩进。因而，当地人也称这种形式的房屋为缩壁屋（图3-2-16）。房屋建造在3~5级台阶之上，平台作为进入室内的过渡空间，三面与明间、次间相连，均设房门，通过平台可直接进入次间。

正房面阔三到五间，五开间正房中间设有夹山墙，将正房分割为两开间加三开间模式。明间两侧每个次间均设有两个房门，分别与明间及室外平台相连。次间室内南北与东西长宽比为3：5，南侧及山墙面设开窗。（图3-2-17）

第三节　鲁中山区近山平原聚落

一、济南平阴县东峪南崖村

东峪南崖村位于山东省济南市平阴县洪范池镇南部，位于镇驻地东南部2.8公里处，大寨山与云翠山的山谷地带。村落历史悠久，春秋时期古鄷国遗址位于村西北部，故又称东鄷峪南崖村。东邻大寨村，西邻王山头村。目前仍保留了大量的传统夯土民居，其具有"冬暖夏凉""就地取材"等良好的生态节能性，是鲁中山区西部典型的传统村落。（图3-3-1）

（一）选址特点

村子东依大寨山，西靠云翠山，南面浅山与云翠山、大寨山连为一体呈环抱之势，村西北角扈泉、墨泉交汇流入浪溪河，村域内整体为丘陵间沟壑地形。

明清时期古村遗址位于村庄西北部，主要由高家、万家、辛家、崔家四个家族组成，奠定了村庄的雏形。以后随着李姓、张姓、苏姓等相继迁入，聚落向周边山体方向扩展。改革开放以后，由于生活的富足和自然环境条件的影响，村庄人口和规模进一步向东部拓展，街巷格局、建筑风格等逐渐形成了如今传统聚落的基本格局。

整体上看，东峪南崖村地势开阔，上风上水，防御性强，自然条件优势明显，符合中国传统文化中"顺应自然，天人合一"的思想。村落现状人文地理风貌保存完好，为中国古代聚落的理想选址。（图3-3-2）

图3-3-1 东峪南崖村

图3-3-2 东峪南崖村选址

图3-3-3 东峪南崖村范围及平面图

（二）村落形态

1. 平面形态

东峪南崖村靠背的大寨山呈南北走向，与对面的云翠山形成环抱之势，将南崖村环抱其间。四周的山水顺势汇流而下，在谷底汇成一条小河，再往北与洪范池、东流泉的水汇聚在一起形成狼溪河。南崖村就处在狼溪河的最上游。（图3-3-3）

在漫长的岁月里，河水像一把隐形的刀，不知不觉地把厚厚的黄土层分割成两半，南崖村就坐落在东面的高台上。它守着狼溪河，望着对面的云翠山，威风凛凛，气度不凡，也正好体现了古人对村落"背山、临水、面屏"的风水理念。村子的规划设计也是围绕这个理念展开的，街道以东西方向为主，主要街道有三条，每条街的西头都有庙宇镇守。文左武右，左有文昌阁，右有关帝庙，中间有象征三个村落如一家的三义堂。其他大大小小的街巷纵横交错，几大家族之间相对独立成

村，彼此又紧密地联系成一个整体。

东峪南崖村传统夯土民居院落坐北朝南布局的达90%以上。出于节省土地的考虑，民居院落多呈长方形布局，面宽小而进深大，入户门开在面宽方向且朝向村子的巷道。院落平面布局较为紧凑，采用集合形式。

2. 竖向空间

当地村民顺应地势高差将较为平坦的土地留给农田，把不适合耕作的坡地用来修建住房。由于民居建筑建造多由一家一户独自营建，缺乏财力和劳动力对自然地形做出大的改动，加之当地村民有尊重自然的信仰，所以只能巧借地形地貌，沿袭世代遗留的营造经验与风俗习惯，利用天然坡度来营建村落街道景观。

由于院落布局随形就势，民居建筑可随着坡地的高低起伏自由调节，使建筑基本不为山势地形所限

制。这种自由起伏的地形使民居平面布局更加灵活开放。在平面布局中，均以中间的"正屋"为基础，在此基础上，再根据需要或者地形展开修建。这种方式能在地势不平的山地建筑过程中发挥优势，远比地势平坦地区的天井、四合院等建筑更开放、更灵活。人们可以根据地形需要，向纵横两个方面进行加建，新加建筑还可以依附原有的建筑，来达到节约材料和建筑用地的效果。

3. 交通系统

东峪南崖村属于丘陵间沟壑地形，村西建有围墙，中间有城门，门外为流水，村落三面青山环绕，山峦起伏，景色优美。

随着东峪南崖村村居民生息繁衍，人数扩大，村庄的规模不断扩大，街巷格局也有进一步发展，在原有主街的基础上将其强化，同时生长出巷道和入户小道。目前村中保留有明清建筑300余户，房屋2000多间，主要集中在村西部的万家街、高家街、崔家街三条街道和十余条胡同中。村落街巷受地形影响较大，纵横交错，蜿蜒曲折，整体风貌极具特色。

东峪南崖村依山势坡地而建，形成高低错落、轮廓变化丰富的建筑景观。自然倾斜的地形造就了街道空间的多层次性。各种院落类型相互组合，建筑单元相互依托，功能设置利于沟通。（图3-3-4）

东峪南崖村里的主要道路都是这样的石板路，平整宽阔的路段用大的石板，有些小路的上下坡、较陡的路段用小石块或用石头的立面，防止路面滑，这都是老百姓从长期实践中得来的经验。（图3-3-5）

皋门里的石板路行人最多，表面已经磨得十分光滑，在阳光的照射下，折射出油亮的光。皋门的这条街全部用石板铺成，每隔几米还有用竖立的石头做的闸子，一是防止路滑，二是防止大水冲刷，这样的路面既耐磨又坚固。（图3-3-6）

图3-3-4 街巷肌理

图3-3-5 典型的山地聚落空间1

图3-3-6 典型的山地聚落空间2

4. 街巷布局

街巷根据尺度、用途、使用频率等可分为主街、支路、巷道三级。一级道路为主干道，宽度为5~9米。二级道路为支路，宽度为3.5~5米。三级道路为巷道，宽度为1.5~3米。（图3-3-7）

（三）民居院落

东峪南崖村依山势坡地而建，形成高低错落、轮廓变化丰富的建筑景观。自然倾斜的地形造就了街道空间的多层次性，各种院落类型相互组合，建筑单元相互依托，功能设置利于沟通。由于院落布局随形就势，民居建筑可随着坡地的高低起伏自由调节，使建筑基本不为山势地形所限制。这种自由起伏的地形使民居平面布局更加灵活开放。在平面布局中，均以中间的"正屋"为基础，在此基础上，再根据需要或者地形展开修建。该地区因雨水较少，民居建筑屋顶多做成囤顶，这种接近平顶的房屋能有效地增强对风的抵抗能力。院落多以三合院为主，也有少量的楼房四合院。院落结构简单，低矮厚实，且不规则。以三间正屋为主，左右为厢房，院落狭小，四周皆用墙体围合，封闭性较强。（图3-3-8）

院落大门的做法十分讲究，平地起三级台阶，台阶两侧是垂带石，门洞进深一间。门脸采用当地"迎风踏虎"式的做法，"迎风"石面刻着一寸五錾的"一炷香"式的装饰纹。墀头上镶嵌砖雕的"福"字和"寿"字。立桯子采用一整块条石，用垛斧垛平，勒出砖纹。黑漆的大门庄重、简朴。门楣上方的木板镶有楷书"福长有"三个朱红色大字。门顶采用木质檩条、椽子，再上面覆有古老钱纹的扒砖，顶上采用白灰沙石覆顶，用笔直且薄的青石板作檐子，干净利落，十分精神。（图3-3-9~图3-3-11）

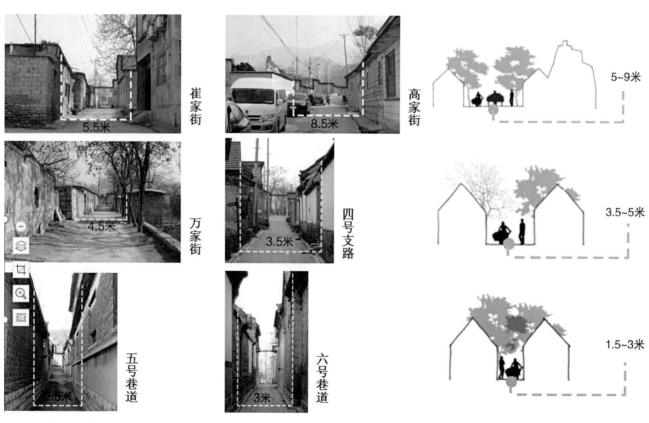

图3-3-7　东峪南崖村街巷尺度

图3-3-8 东峪南崖村民居院落典型布局

图3-3-10 院落大门

图3-3-9 院子的街巷大门

图3-3-11 南崖村文昌阁

二、莱芜苗山镇南文字村

莱城区苗山镇南文字村，在莱城东北23公里，苗山镇政府东约6公里处，坐落在群山环绕中的丘陵小平原中央。东邻常庄，西靠西沟崖，南接响水湾，北连北文字村。张家大院始建于明末清初，距今已有300年的历史，设计精巧、外观典雅、建筑考究，是明清时期典型的鲁中山区传统村落建筑，也是莱芜地区保存最为完好的古民居建筑群之一。（图3-3-12~图3-3-13）

（一）选址特点

村落四面环山，依山傍水，村北依九十九顶摩云山，地处汶河、淄河分水岭。在群山环绕的丘陵小盆地中央，村东侧溪流清澈见底。南文字村青山环绕，云雾袅袅，溪水长流，地势平坦适宜人居住，有利于生产生活，种植农耕。

从南文字村所在的空间格局角度来看，南文字村村北的山就是"文"字上的一点，而从北文字村到古德范村的路作为一横，流向淄河和汶河的两条河像一撇一捺，组合形成一个"文"字，而南文字村就坐落在"文"字的中间部

图3-3-12　南文字村村落选址

位，足以见得古人对村落选址的良苦用心，既要符合传统文化中的风水理念，又寄托着对子孙"文脉"的美好期盼。

（二）村落形态

南文字村原为李姓建村，后建的张家大院于明末清初，始于帝师之师张道一，购置土地，后陆续置地建房，广置豪宅，渐渐形成了现在规模的张家方城。张家方城的鼎盛时期占地0.157公顷，共36个小四合院。张家大院距今已有300年历史，是莱芜地区保存较好、较完整的古村落建筑群，是莱芜的"乔家大院"。

1. 平面形态

南文字村古村落位于群山环绕的丘陵小盆地中央，地势平坦。据考证，南文字村张家大院鼎盛时期南北长130米，东西宽130米，占地面积约1.69公顷。张家大院由四个大型合院组成，其中每个片区有9个四合院，张家大院共有36个小四合院，建筑面积约16900平方米。张家大院形成了东门、西门、南门、北门的四门传统格局。张道一有四个孩子，因此他按照自己的支系将张家方城划分为四个部分，每个孩子占据一个部分，由此形成一个大型四合院，这样张家大院其实就是由四个大型四合院组成的一个正方形大院，后人称为"方城"。"方城"规划布局设计非常巧妙。四门内设有相互连通并且只有过年等重要节日才打开的小门，这样不用出大门，张氏族人便可以相互串门拜年。（图3-3-14）

南文字地势平坦，易于劳作，加之土壤肥沃，易于作物生长，所以村中殷实人家较多，且有集市。明代《嘉靖莱芜县志》记载："文字现集在县东北30公里，斗秤三名，一、六日期。"周围几个村庄都来赶集，热闹非凡。由于人多杂乱，社会不稳，为防寇卫家，清同治年间村人绕村建筑围子墙（名叫祭圣寨），是为方城，围墙长约1公里，墙高15米，墙厚5米，乱石砌

成。设有四个正门，四门上方均有匾额：东门"会齐"；西门"瞻岳"；南门"安澜"；北门"德胜"。另有新北门、东南门、小便门等小门，各有不同用处。例如，在早上规定时间，小便门打开，村中所有人都从此门出行去马蹄泉打水，过了这个时候，便把门关上，谁也不准外出。围墙上设有墙道、垛口、炮楼（七座），作防御用。天黑关门并有专人站岗巡逻，戒备森严。

2. 交通系统

南文字村传统村落的交通空间由主街巷、次街巷、支巷三部分组成。

南文字村街巷基本为东西向或南北向的直线型走向，由南文字村的方形院落和较为平坦的地势所决定，与南方村落或北方纯山区村落的街巷是不同的。南文字村由多处坐南朝北的四合院构成，其中心位置为张家方城。南文字村的主街为水东路，它承担着对外交通的功能，开放性较强。南文字村的支巷和次巷是内部生活和生产性道路，其比例尺度<1，具有较强的封闭感和私密性。（图3-3-15、图3-3-16）

南文字村街巷空间基本上是由方形的院落或建筑外缘所界定的，街巷基本以直线为主，但街巷的交叉形式却丰富而多样。南文字村街巷交叉口以错位的三岔口为主，即丁字交叉口。十字交叉口的形式非常少见，如果两条街巷相交通常也是以错位交接而形成两个丁字口相连的形式或将局部空间放大为风车状的小型广场，而十字交叉口只有在靠近村庄边界新修街巷的交叉口中出现几处。这些不同程度的交叉、错位，使得街巷既通畅又有丰富的空间景观变化，增强了其使用性和可识别性。

南文字村街巷铺装的处理也体现出村民的智慧和理念。一是街巷铺装的生态性。南文字村街巷大多是就地取材，由当地的青色大理石铺砌而成，寒暑交替、岁月更迭，将街巷铺装的大理石变得光滑而黝黑，仿佛墨

图3-3-13　南文字村山水地貌特点

图3-3-14 南文字村方城

图3-3-15 南文字村主街

图3-3-16 南文字村支巷

汁，记载着整个村落的不朽记忆。由于街巷两侧的墙面形成了一个狭长的街巷空间，东西向的阳光受到两侧墙面的遮挡，不能直接照射到街巷的路面上，只能通过两边白墙反射和漫射才能到街道上，映射出幽深的光，在树影、屋影的交错下，斑斑点点增加了村落的历史厚重感。

二是街巷铺装的导向性。南文字村街巷路面石板的铺砌具有一定的规律性，不同宽度和等级的街巷路面其铺砌方式不相同。一般次巷较宽，路面中间就横铺长石条，两边竖放石条，石板曲折蜿蜒，沿着次巷的走势，更强化了次巷的弯道部分的空间特征。支巷较窄，就在路面中间竖放青石，两侧则由碎石铺成，在视觉上强调出了巷路的纵深感，这样也便于路面排水，雨水通过碎石渗透到泥土中。在街巷的交叉口也都铺装导向石，以强化导向功能。

（三）民居院落

四合院是组成张家方城的基本单元。张家方城的四合院大多为一进院落，部分为二进院，一合院、二合院、三合院落都有，院落坐北朝南，建筑砖石结构，雕花黑瓦，石砌墙基、夯土山墙。

其中为数不多的两进院落合院为典型的四合院，建筑坐北朝南，大门位于倒座的山墙之上，大门正对二层阁楼的东墙，以高墙为背景，进入二门映入眼帘的是青砖影壁，通过宅门和影壁的一放一收，完成了从院外到院内的空间过渡，进入院落空间。院内场地空旷，门前有台阶拾级而上，抬高了建筑整体高度，建筑廊檐均有图案雕刻。正房坐落于院落的主轴线土，为起居住屋，三开间约6米，单体建筑上只有朝向内院的一面设有门窗，以形成面向院子的内聚空间。

（四）民居建筑

张家大院建筑形式与北京四合院相近，硬山建筑

设计考究，大门或金柱门或如意门，门前设上马石，门侧有倒座，入口直面影壁墙，其上由多块雕花砖拼接出各种吉祥图案。院中东西厢房各三间，北为正房三间，东西耳房各两间。正房前出厦后落金，建筑都按照四梁八柱、五脊六兽的形制建造而成，设计精巧、外观典雅、装饰精美。屋顶小黑瓦，屋脊垂兽、望兽，墀头有浮雕，山墙有山样，家家各不同。"土地改革"时期，保存相对完整的房屋分给村民们居住。随着时间的推移，房顶上渐渐多了许多红色的瓦片。（图3-3-17）

亓联友老人根据方城的现状和村民描述的方城建筑特色写道："南北东西四城门，道一及第竖旗杆，大门二门山屏门，前院中院，院中院，垂珠联珑门台高，雄狮把门展威严，前厅中厅两配厅，座座都是四合院，五脊六兽，高屋建瓴，四梁八柱，飞檐拱，雕梁画栋，四角飞铃，柱脚石鼓墩，虎踞又龙盘，方砖纹饰，技艺非凡，门窗图案，艺承鲁班，方城之建，气度高古，苍劲雄壮，古朴典雅"。

1. 门前影壁

南文字村院落进门之后，常于厢房山墙上设置影壁，通过宅门和影壁的一放一收，完成了从院外到院内的空间过渡，影壁由多块雕花砖拼接吉祥图案而成。壁心为方砖斜砌，周围饰以各种线条、花纹。（图3-3-18）

2. 正房

院子坐北朝南，北房为正房，正房一般为前出厦，建造精致，四梁八柱。廊柱下面的圆形柱础，精雕细刻的石砖木雕，堪与徽商建筑的三雕媲美。厦子上有四条明柱。房顶有小黑瓦、大檐、大梢、大花脊。屋脊上有的是哈巴狗、张口兽，抑或猫头滴水。两山墙顶部的图腾有的是荷花，有的是二龙戏珠，外形十分壮观。山墙上雕有镂花龙凤浮雕。屋两侧有许

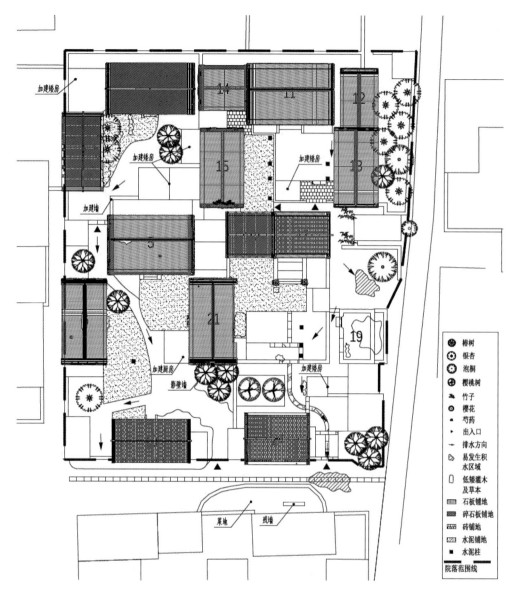

图3-3-17 张家大院典型院落格局

图例:
- 椿树
- 银杏
- 泡桐
- 樱桃树
- 竹子
- 樱花
- 芍药
- 出入口
- 排水方向
- 易发生积水区域
- 低矮灌木及草本
- 石板铺地
- 碎石板铺地
- 砖铺地
- 水泥铺地
- 水泥柱
- 院落范围线

多的缠枝牡丹、蝙蝠、如意祥云等具有吉祥寓意的深浅浮雕。影壁借用房屋的山墙,由山青砖垒成。砖雕精美别致,上部雕花纹,下部刻方格,木格绞雕花窗子,檐下对称雕刻着镂空雕花木刻。整体既庄重又活泼,实为难得的精品。房内东、西两间用隔扇间隔开,有的采用屏风,用来为儿女们提亲时提供说话方便。屋后面屋檐下有正方形的开口。这是当时普遍存

在的给鸽子做的鸽子窝,老百姓俗称"鹁鸪楼子"。(图3-3-19)

3. 厢房

张家大院厢房的屋顶常与正房的屋顶一样,多采用硬山式屋顶。长子住东厢,次子或女儿住西厢,也有将其中一间厢房作厨房或储物间。(图3-3-20)

图3-3-18　院落影壁

图3-3-20　院落厢房

图3-3-19　院落正房

图3-3-21　极具地域民俗特色的硬山山花

4. 耳房

正房两侧较矮的房屋为耳房。耳房的进深较正房浅，台基也比正房低，耳房的开间一般为一开间，在靠近正房一侧设门，另一侧开窗。由耳房、厢房山墙和院墙组成窄小的露地空间，地面不铺设石板，袒露土层，主人常在此种植花草树木。（图3-3-21）

第四节　鲁中山区密集型传统聚落

太河镇地处淄博市淄川区东南部山区，位于淄水两畔，与青州、沂源、博山、临朐四区县交界，是淄川区面积最大、村庄最多的一个镇。全镇占地面积268.7平方公里，辖95个行政村，其中23个村是省级及以上历史文化名村，是鲁中山区传统村落最为密集的一个镇。

一、太河镇地理环境与气候条件

太河镇地势起伏较大，整体地势南高北低，东高西低，最高峰黑石寨海拔932米。最低处为规划范围北部，辛泰铁路以东、淄河以西的位置，海拔161.8米。东西两翼为山地丘陵，中间沿淄河两岸地形较为平坦。该镇从传统聚落分布来看，包含如下三个区：

太河片区：地貌类型为石灰岩低山丘陵，山脉多呈"V"形。区域整体地势西高东低，由西向东倾斜，西北较高，多呈东西走向，境内群山环绕，形成天然的屏障。

峨庄片区：重峦叠嶂，沟壑交错，危崖峭壁，奇峰怪石，共有大小山头446座，山沟241条，自然形成24条小流域。片区为独立流域，无外来水源。整个区域呈"丰"字形排列，地势南高北低，最高峰黑石寨海拔932米。有溶洞4处，沟谷纵横交错，构成了若干小的地貌类型。

淄河片区：淄河片区地势较为复杂，纯属山区乡镇。境内山峦均属南北走向。东西两翼为山地丘陵，中间沿淄河两岸地形较为平坦，整个地势呈东西高、中间低、南高北低的特点。淄河从南至北穿境流入太河水库，形成箕状阶地，中南部马鞍山海拔616米，北部淄河出境口海拔235米。

太河镇生态水系完整，水利风景资源丰富。地处山区，太河水库、淄河以及峨庄古聚落森林公园内水系发达，库塘瀑布成串，成为鲁中地区的水景明珠。境内水利资源丰富，有大型水库——太河水库1座，小一型水库——紫峪水库1座，小二型水库——土泉、后沟水库2座，塘坝3座，拦河坝64座，扬水站30处，各类水池424个，深井77眼，护堤7000米；峨庄森林公园东山上渠、东山下渠、太河片区东下册水渠，总长26598米，构成了一道亮丽的水利景观。太河生态保护区内优质的饮用水源使太河矿泉水在全市矿泉水市场销量份额达到50%以上。

二、齐长城关隘与商道对该区域传统聚落影响最为深远

齐长城在淄川境内全长50公里，主要遗迹30公里，位于太河镇城子村、劈山、马鞍山一带，沿途共经过2个镇15个村庄，成为几千年来淄川文化传承发展的根脉。齐长城沿线及其关隘对于传统聚落的形成和风貌的影响非常深远，影响最大的有城子村、梦泉村、西股村、池板村、永泉村等传统聚落。齐长城，位于淄河片区，齐长城城墙及兵营遗址——千年石门、烽火台、屯兵营、水窖等设施保护完好，大有"一夫当关、万夫莫开"之气势。齐长城遗址在城子村（古城）逾淄河，东到三台山，以东虽有黑虎、油篓、雁门等诸"寨"而无城墙，成为齐长城与淄河的交汇点。孟姜女的故事就发生在淄河镇，至今还有姜女台、孟姜女庙、孟姜女哭倒长城处等遗迹。

此外，商道对于传统聚落的影响也十分深远，例如杨家村与土泉村相距仅2.3公里，由于杨家村处于山峪，其经济与物质基础均依附于山地耕作果木资源，而土泉村因商道兴起，聚落风貌大异于山地聚落风貌，多有高品质砖石木传统民居。

三、聚落资源梳理

（一）太河镇传统聚落形成年代

太河镇域内传统聚落历史记载最早见于汉代，明代建村的村庄数量最多。建村最早的为城子村，按其为"齐国边镇"说，当地有两千多年的建制。太河镇传统聚落多因迁移聚居而成，省外主要从河北、河南、山西、安徽等地迁移而来，省内主要从青州、临淄、博山、泰安、莱阳、沂水、临朐迁移而来，也有部分村庄是在太河镇早期存在的村庄基础上迁移而成。（表3-4-1、图3-4-1）

年代	数量	村庄名称		
		太河片区	淄河片区	峨庄片区
元代以前	9	北马鹿、南马鹿、西同古、东同古	淄河、前怀、西石门、北镇后、城子	—
元代	18	黑山村、李家、曹家、宋家	孙家庄	柏树村、上岛坪、下岛坪、西岛坪、峨庄村、东东峪村、西东峪村、柳花村、响泉、后沟、前沟、纱帽、罗圈
明代	45	赵家庄、郭家庄、后峪、王子山、东下册、东余粮、西余粮、双山	前香峪、后香峪、北岳阴、南岳阴、湾头、东石门、马陵、小口头、东坡、东等、本齐、杨家、双井、梦泉、亭子崖、南股、永泉、陈家井、池板、西股	西石村、鲁子峪村、东石村、石沟、孙家坪、石安峪村、东坡庄、上端士、下端士、土泉、秦家、王家村、后紫峪、上雀峪、下雀峪、杨家庄、山桥
清代	12	同古坪、杨家泉村、林泉村、老峪、北下册、南下册、方山村	聚峰、南镇后、幸福、桑杭	十亩地
近代	11	小后沟、新村、太河、北牟、西南牟、东南牟、南阳、东崖、东峪、东太河、后庄	—	—

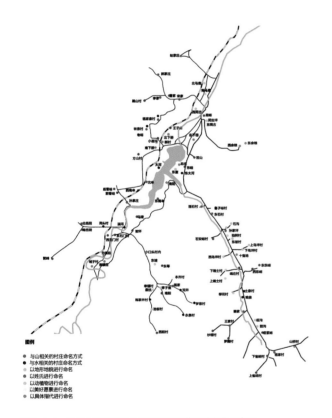

图3-4-1 淄川太和镇密集分布型传统聚落形成年代示意图

（二）传统聚落命名方式

太河镇村庄命名方式包括以山水、地形地貌、姓氏、动植物、村民美好愿景和具体指代等几种方式，其中又以借用山形水势、地形地貌的方式命名村庄的方式最为普遍。空间分布上，以姓氏为主要命名方式的村庄主要分布在太河片区，以山形水势命名的村庄主要分布在淄河与峨庄片区，与太河镇整体的地形地貌情况相契合。（表3-4-2、图3-4-2）

总体而言，太河镇大量石砌民居的传统聚落大部分在山地丘陵深处，因地形受限多以散落的形式分布。村庄选址特点一是水源丰富，具备了人们长期生存的首要条件；二是蔽风朝阳，两面或三面环山，依山为屏，遮蔽寒风，由此形成了"后有靠山、前有流水、形局完整"的村域环境。

四、太河镇传统聚落街巷格局与特征

太河镇传统聚落的道路骨架大致分为三类，一是按照街道走向，呈线性延伸，进而形成街道，街道宽度以行走马车和行人躲避为标准，留足大约4米的宽度，对面建房；二是以长辈居住的院落为中心，向外扩散，呈放射状分布，形成小巷、胡同和家族式的连片聚落；三是依据聚落山地形势，呈层层向上延伸的"之"字形，多就地取材使用石块铺设。道路宽度一般较窄，形成蜿蜒的上山路，道路一侧建房。（图3-4-3~图3 4-5）

命名方式		村庄分布		
		太河片区	淄河片区	峨庄片区
山形水势	与山相关	黑山、老峪、方山、后峪、双山、东峪、王子山	前香峪、后香峪、北岳阴、南岳阴、聚峰、西石门、东石门、马陵、前怀、小口头、东等、南股、西股	鲁子峪、石安峪、东东峪、西东峪、峨庄、纱帽、罗圈、后紫峪、下雀峪
	与水相关	杨家泉、林泉、太河、东太河	湾头、淄河、陈家井、双井、梦泉、永泉	土泉、响泉
	地形地貌	西同古、同古坪、东同古、小后沟、东崖	东坡、亭子崖、池板	石沟、孙家坪、西岛坪、上岛坪、下岛坪、前沟、后沟
姓氏		赵家庄、郭家庄、李家、曹家、宋家、杨家泉、林泉、北牟、西南牟、东南牟、孙家庄	杨家	西石村、东石村、孙家坪、秦家、王家村、杨家庄
具体指代		北下册、东下册、南下册、南阳、后庄、东余粮、西余粮、新村	城子、北镇后、南镇后	十亩地、山桥
动植物		北马鹿、南马鹿	桑杭	上端士、下端士、柳花、柏树
美好愿景			本齐、幸福	—

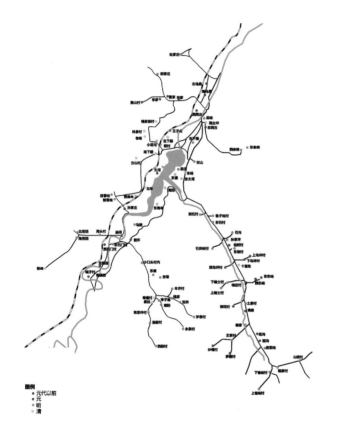

图3-4-2　淄川太和镇密集分布型传统聚落命名方式与类型划分示意图

图3-4-3　西石门村地势街巷大多为两侧建房的"线性"道路

（a）　　　　　　　　　　　　　　　（b）

图3-4-4　方山村呈放射状分布的街巷

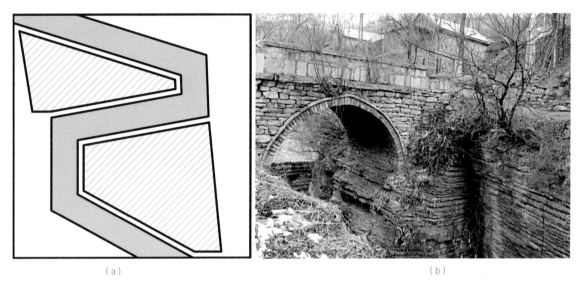

（a）　　　　　　　　　　　　　　　（b）

图3-4-5　池板村地处山地，街巷多呈"之"字形，以适应地势起伏

五、传统建筑特征

（一）山地环境的院落与建筑布局

民居与山体的关系可分为正房脊的走向与山体等高线平行和相垂直两种。其走向与聚落整体布局都具有同构性——沿山势走向，一般来讲，保证正房朝向始终朝南。因此，往往随着山势的转折，经常相互转换两种布局方式。（图3-4-6）

（二）院落的空间与形制

太河镇传统聚落民居大多以合院为主，具有"外封闭，内开敞"的特点。院落主要由宅门、院落、正房等构成，平面多为长方形，其形式并非典型的传统四合院形式，而是呈现"凹"字形、"日"字形、"目"字形。院落大门一般为东南门，人称朝阳门，也有西南门，人称洛阳门。为防鼠患，大门基本留有猫道。（图3-4-7）

图3-4-6　土泉村与山体山势关系

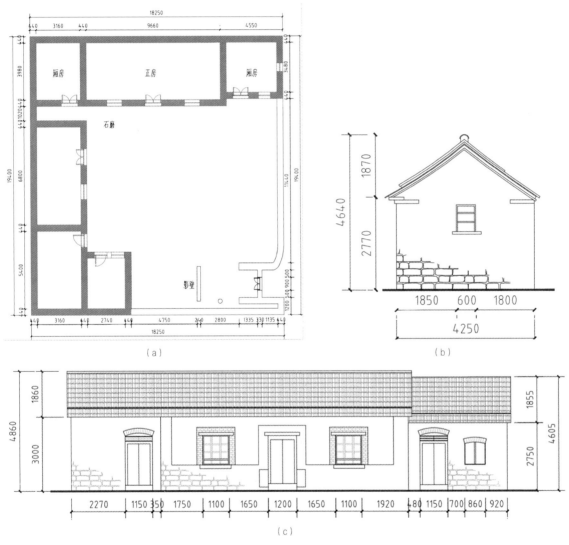

（a）

（b）

（c）

图3-4-7　典型院落测绘（杨家庄村61号院落）

六、太河镇典型传统聚落

（一）杨家村

杨家庄村隶属于山东省淄博市淄川区太河镇（图3-4-8），距市政府驻地张店73公里，距淄川区约58公里。杨家庄村地处太河镇南部，太河水库上游，位于著名的省级自然生态保护区和省级名胜风景区——峨庄传统聚落国家森林公园内。杨家庄村村域总面积26公顷，村庄建成区用地面积4.5公顷，其中核心保护范围2.8公顷。杨家庄村地处淄博最大的饮用水水源地——太河水库上游峨庄河支流北侧，地下水资源丰富，是淄川区内最好的水质。

杨家庄村地处鲁中低山丘陵区，属泰沂山北麓，构造上属古老的泰山群，在地貌上属鲁中南山区低山丘陵区。村庄东西长约675米，南北宽约314米。受地形影响，杨家庄传统聚落布局依山就势，台地错落。北靠黑虎寨，南邻峨庄河支流。交通方便，生活便利。据考证，杨姓先居此地，以姓氏命名杨家庄。李姓迁入时，村中已无人，仅存杨氏茔地，村名未改。（图3-4-9、图3-4-10）

图3-4-8 太河镇传统聚落分布格局

图3-4-9 杨家村卫星
影像图

图3-4-10 杨家村传统
聚落总体格局图

（二）土泉村

土泉村东靠悬羊山，西靠淄中路，紧邻峨庄风景区，位于太河镇峨庄片区峨庄传统聚落国家森林公园内。村庄交通便利，淄中路横穿其中，峨沂路、峨临路、峨李路连接四周区县，道路四通八达。村域面积28.6公顷，村庄占地13公顷。土泉村所在位置为洪荒时期的河道，位于泰沂山脉北麓中低区，村庄周围地形复杂，重峦叠嶂，沟壑交错，危崖峭壁，奇峰怪石较多；地质岩层以寒武系石灰岩和杂色岩为主，最上层是土，厚度2~5米不等。土层中夹有乱石渣。土层底下是零碎石头，质地松软，再往下是主要石材层。村西侧有碧波湖，毗邻淄中路。村内有一条河流，自东向西流入村西水库，村域内水资源丰富，土泉村依山而建，村庄背靠山脉，村前有河流过，意为"背有靠山，玉带环抱"之意，背风向阳、山环水抱等自然资源且与风水因素相适应、相协调，体现出天人合一的选址理念。土泉村在风水学上叫作水口村，村口水口处村型收小，藏风闭气。聚落沿河建于南北两山之间的低洼处，东西狭长。土泉河南北两侧民居沿山势而建，错落有致，路面均用石板铺就，与村主街相连。河道以北为民居主体，一条东西向主街连接整个村庄，成为古时商业发达的地区。土泉河以南的民居中有千年流苏树作为公共空间。沿河有石孔桥连接南北居民，自村主街（前街）向西，连接淄（川）中（庄，中庄属沂源）通向外面的世界。（图3-4-11、图3-4-12）

就其聚落形成原因，土泉村在春秋战国时期属于齐地，当时便有人迹活动，齐桓公在村内栽种了两棵流苏树，其中一棵存活至今。明朝初期，土泉村始祖由山西迁移至此处，因悬羊山下地理位置好，泉水甘甜，适合临水而居，始祖王氏便在此定居，由于此地紧邻商道，随着周围村民的迁入，慢慢形成了现在的聚落规模。

（三）西股村

村庄建成区面积23.57公顷，村域面积7.2平方公里，聚落整体布局沿山势而建，同周边山体走向紧密结合，形成共存之势。整个聚落布局呈"人"字形分布，村庄民居建筑依山就势，道路街巷纵横交错蜿蜒曲折，台地高低错落。现状村庄在三官庙周边以及村庄中南

图3-4-11　土泉村卫星影像图

图3-4-12 土泉村传统聚落总体格局图

部房屋多为清代建筑，三官庙东侧山脚下以民国时期建筑为主，村北入口处西侧山脚下多为20世纪70年代的建筑。村中主要有三个类型的传统建筑，分别为全石质民居、砖石民居和土石民居。明朝中期建村，初以姓氏命名，清初因地处玉皇庙溜西峪中，改称西股村。（图3-4-13、图3-4-14）

（四）纱帽村

纱帽村建村大约在明代，村初以峨庄房氏在此村口杀马称杀马庄、沙马庄，后以村东北有山形似乌纱帽，故改成纱帽村。村域面积0.55平方公里，村庄占地26公顷。纱帽村三面环山，东有卧虎寨，南端是南山松林，

西南有雁门寨，西有蟠龙山、齐长城遗址，东北有纱帽峰，植被繁茂，林草覆盖率在85%以上，原始古朴，土地山林总面积近506.2公顷，昼夜温差大，土壤结构特殊，适宜有机干杂果品生长，是多年的省市区级林果生产先进村。纱帽村三面环山，山区自然环境较好，植被繁茂，气候宜人，村庄的民居依山而建，就地取材，村庄下方为河流，进村路为河坝，南北狭长，街巷虽迂回曲折，但布局合理，河西是村里的主体，河东南的民居有一孔石拱桥与村里的进村路相接。纱帽村最初为三个自然村，分为下庄、西庄和南庄，经过多年繁衍，现在基本相连。进村路经过王家庄、秦家庄与淄（川）中（庄，中庄属沂源）相连。（图3-4-15、图3-4-16）

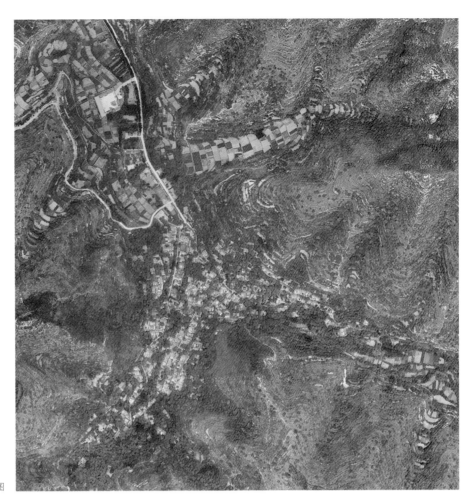

图3-4-13　西股村卫星影像图

图3-4-14　西股村统聚落总体格局图

图3-4-15 纱帽村航拍

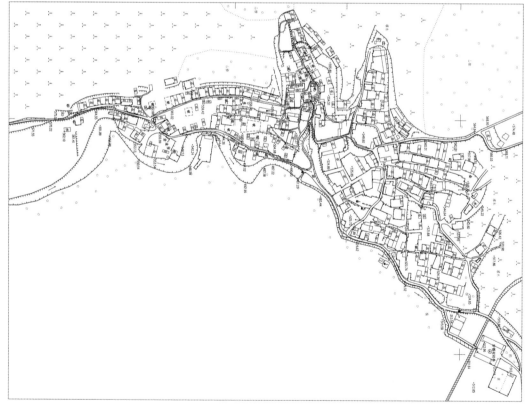

图3-4-16 纱帽村统聚落总
体格局图

第五节　深受陶瓷业缘影响的鲁中山区典型传统聚落

鲁中山区深受传统陶瓷制造业影响的传统聚落范围主要在淄川龙泉镇，约32平方公里；博山山头镇，53.74平方公里；八陡镇，36.94平方公里；洪山镇，约40.16平方公里。面积总计约162.84平方公里，该区域传统聚落受陶瓷业缘的影响，主要体现在如下几个方面：

（1）该区域为陶瓷烧造所用胚料、煤炭资源及釉料原材料、水资源的富集区域，地理环境多山富水，多有靠山背风地貌，自然环境特征相对较为统一。

（2）受陶瓷业烧造技术流动的影响，该区域内现有人口的来源及其姓氏构成相对庞杂，其原籍多有淄博市域以外的区域，这反映了作为陶瓷烧造传统产业区内，不同地域的陶瓷制作、烧造及其企业主不断迁移、交流、汇集的历史史实。相应的，该区域内地域文化及其民间神祇信仰非常多元，如龙泉镇渭一村就有包括窑神（范蠡）、关帝等诸神祇民间祠庙17处之多。

（3）受陶瓷烧造产业影响，该区域民众历来家境殷实、经济富足，其民居建筑品质较好，规模较大，仅栖居功能者其合院格局更合乎传统礼制的内外有别、主从有致，特别富足的商贸（企业）主，其传统住宅多达3~4进院落；作坊与栖居结合者，则前侧邻街为销售店铺，中为栖居，后为作坊。

（4）该区域内传统民居营建多采用陶瓷烧造废弃匣钵、陶片及窑磴为墙者，所用窑磴为橙红色、大尺度（高270毫米，长360毫米，厚55毫米），其抗剪及耐腐性能优于青砖，其用于墙体多为空心斗墙，用于檐口则多出挑，较青砖出檐苍劲深远，如此种种，使得陶瓷业缘影响下的传统聚落相较传统的青砖灰石风貌，特点迥异、特征鲜明、特色浓烈。

（5）该区域内部分不从事陶瓷烧造的传统聚落，亦多有依陶瓷品烧造与陶瓷销售沿线集中而聚居的特点，如龙泉镇玉街（民国时期张姓矿主所建之贯穿龙一、龙二、渭一、渭二等多座聚落的石板路）沿线分布多达7村，这7个村落的主路即玉街，道路宽阔，沿路多有外向开门店铺。

一、陶瓷业缘影响下传统聚落所处环境条件、自然资源与人文背景

（一）地形地势

淄博地处鲁中山地与鲁北平原的交接地带，东、西、南三面环山，南部为中低山区，中部为丘陵区，北部为平原区。由于地质构造的限制，淄博呈一个南部为封闭高地，东西两翼跌宕耸立，中部低陷并向北倾伏的箕状盆地。本书的研究区域位于中部丘陵区与南部中低山区之间的过渡区（图3-5-1），整体地势南高北低，表现为低山丘陵地貌，较大的山数淄川的马鞍山、黉山和博山的鲁山、原山等。

（二）水文

淄博市全市河流均为雨源型河流，河水流量随季节变化较大，主要河流有小清河、淄河、孝妇河、乌河、东猪龙河5条，另有主要河流之较大支流共20余条，由于受南高北低地形的影响，基本呈南北流向，最后入渤海。水系的发达是陶瓷传统产业发展的必备基础，陶瓷业缘影响下的传统聚落逐水系而置由其陶瓷产业内在的影响要因。

博 山 区 地 图

（a）

淄 川 区 地 图

（b）

图3-5-1 淄博地区地形地势图［来源：山东省自然资源厅，山东省地图院，审图号：鲁SG（2020）019号］

（三）自然资源

1. 矿产资源

淄博地区矿产资源丰富，矿产具有伴生、共生矿多，矿产资源组合好的特点，陶瓷产业也是因为有良好的资源组合发展起来的。本书研究区域内的陶土和煤炭资源广布，煤层之下便是烧陶的优质原料黏土层，原料和燃料取用方便，因此自古便是淄博市陶瓷产业的主要分布范围。本地区依托良好的资源优势，兴盛了陶瓷产业的同时，也促进了砖瓦材料及陶辅建材的烧制、发展。

2. 木材资源

木材作为淄博地区传统建筑屋架及门窗构件的主要材料，是建材中不可或缺的组成部分。本书的研究区域属暖温带阔叶林区，主要为低山丘陵地貌，森林资源较为丰富，可用作建材的主要有柏木、榆木、槐木、桐木等。

3. 石材资源

淄博地区山地丘陵广布，石材资源丰富，以青石为主，是本地区传统建筑的主要建材之一。本书的研究区域位于中部丘陵与南部山区地带，旧时山中遍布大小采石场，石材取用方便。淄川当地流传着"金圈子，银台头，玉石大街铺龙口"的民谣，这里的玉石指的便是青石，可见当地盛产此种石料。

4. 泥土资源

泥土是传统建筑营造中最为常见的建筑材料，分布广泛，取用方便。泥土材料的用途也十分广泛，无论是房屋基础的夯筑、墙体的垒砌还是作为抹墙的泥灰、黏结的泥浆，到处都可以见到它的踪迹。本地泥土以黄土为主，随处可见，营造过程中就地取用即可。（图3-5-2）

图3-5-2　陶瓷烧造胚料

（四）社会人文环境与经济基础

1. 陶瓷产业与文化

淄博地处鲁中地区，交通位置便利，资源优渥，因此陶器生产早在旧石器时代晚期便已出现，瓷器历史最早也可追溯至西周时期，历史悠久。淄博是著名的"陶瓷之都"，文化底蕴深厚。淄博地区传统建筑营造技艺具有独特的地域特色，其中陶瓷业及其文化对其的影响尤为重要。早在原始社会本地区制陶业已经形成，瓷器产业始于北朝晚期。宋代淄博陶瓷器生产进入全盛时期，据载北宋时期官府在磁村窑设官收税，进而证明当时烧制瓷器的规模和产业的兴隆景况。元末明初，因山东地区战乱较多，陶瓷产业遭到了严重破坏。明清时期制瓷业未有较大发展，仍保持一定的生产规模。直至中华人民共和国成立后，随着社会的进步、陶瓷生产技术的革新，陶瓷生产业得到了迅速恢复和发展[①]。

由于明清时期淄博地区未曾受到战争、灾害等较大客观原因的影响，部分清代中期之后建造的传统民居至今仍有留存。陶瓷制造业虽然受到后来兴起的琉璃产业的影响，但总体而言并未造成太大冲击。至清代中期，陶瓷制造业仍具有相当规模。在烧制陶瓷器的同时，当地窑炉也生产了大量耐火砖材，这些最初用于砌筑窑炉的耐火砖材后来被应用于传统民居建筑之中，当地人称其为"窑碛"。同时，烧造陶瓷器的过程中产生了大量用于辅助烧制的废弃材料，当地人称之为"匣钵"或"笼盆"，具体指的是在陶瓷器物进窑烧制之前，预先准备的用于在窑炉中盛放待烧陶瓷器物的容器，是采用当地黄土成器再烧制成型的陶罐（附录1），它的主要作用是防止炉里燃烧产生的烟尘造成产品的污染与损坏。当匣钵老化破损后，便成了废料，但多数匣钵材质坚固，抗风化、耐腐蚀性能好，耐火性相当出色，最终被当地居民作为建筑材料运用到了传统建筑的营造之中，即前文中提到的"陶辅建材"。

淄博地区人民的生产生活与陶瓷文化息息相关，几百年以来，陶瓷制造业一直是当地赖以生存的最主要经济支柱。当地人也十分了解身边的陶瓷产品，使用方法层出不穷，久而久之，在生活中利用丰富而便利的陶瓷产品便成了当地人的习惯，悠久的陶瓷文化和当地人们的生产生活早已密不可分地融在了一起。

2. 鲁商文化

鲁商在中国历史上兴起较早，和徽商、晋商、浙

商、粤商一起被公认为中国五大著名商帮。淄博地处山东中部，地理位置十分优越，自古商贾云集，经济发达，加之当地资源优势，陶瓷产业很早就形成规模，除当地满足自用外，同时伴随鲁商商队远销各地。作为北方地区陶瓷制造和销售中心，淄博地区吸引了全国各地的工匠艺人汇聚于此，从而带动了不同地域文化和建筑营造技艺的传播和融合。

3. 经济条件

户主自身的经济条件直接决定着传统建筑的营造标准，表现为材料及相应工艺的选择、建筑的规模和建造工艺的精细程度等，是影响营造技艺的重要因素。在调研过程中发现，个别大户人家的房屋，如渭一村的孙家老院，与普通民居有着明显的区别（图3-5-3），有着丰富的石雕装饰、精致的小青瓦屋面及做法考究的屋脊，而最明显的区别则是这些大户人家的房屋仍以砖石和窑碛为主，没有使用前文中提到的陶辅建材，这些民居仍然保持着北方民居的固有特点。从整个聚落的整体情况可以看出，富商阶层的房屋没有使用陶辅建材的痕迹，一般人家的房屋局部使用陶辅建材，而贫寒人家的房屋大量使用陶辅建材作为房屋建筑用材。由此也说明，当地传统建筑营造技艺中对陶辅建材的使用实际上取决于户主自身的经济条件，通过该地区民居建筑中陶辅建材的使用情况和比例也很容易推断出个别村户和整个村镇的富裕情况。

二、陶瓷业缘影响下的传统聚落选址

传统聚落的选址受到诸多因素的影响，陶瓷业发展所考虑的更多侧重于资源、交通等因素，因此在聚落选址上，更依附于陶瓷产业生产要素。

---

① 节选自《淄博陶瓷史》，本文有改动。

|（a）|（b）|

图3-5-3　陶瓷企业主与普通技工传统住宅

（一）资源因素

陶瓷业缘影响下的传统聚落均建立在原料供应方便的地方，传统陶瓷产业所用原料大多来自聚落的周边地区，直至中华人民共和国成立后才开始从其他地市采购原料。因此，如今尚存的几处陶瓷业缘聚落，皆位于周边矿产原料丰富的地区（表3-5-1）。除原料来源方面的考虑之外，周边的商业资源也是影响业缘聚落选址的重要因素之一，如博山的李家窑村、北岭村皆是依托城镇市集发展起来的曾经的窑业产地。（图3-5-4）

博山区陶瓷原料分布范围　　　　　　　　　　　　　　表3-5-1

用途	名称	产地
硅质原料	石英石	李家、池上、南博山
	石英砂石	八陡、白塔
黏土原料	焦宝石	八陡、域城、岳庄、蕉庄
	瓷石（高岭土）	福山、八陡、山头、夏家庄、域城、白塔
	陶土（铝矾土）	福山、八陡、山头、夏家庄、域城、白塔
	黏土	八陡、域城、白塔、蕉庄
熔剂、助熔剂	长石	李家、池上、南博山
	钟乳石	岳庄、北博山
	白云石	域城、石门
	萤石	岳庄、石马、淄井、虎牢关
釉料	白药石	淄川县大昆仑庄
燃料	煤炭	八陡、西河、黑山、两平、石炭坞

（数据来源：《博山区志——自然资源篇》）

图3-5-4 河南东村选址与水系、城镇商业资源位置关系

（二）风水与风向

陶瓷传统产业烧造过程中，诸多工艺环节均对气温的控制有要求，就现存聚落来看，其选址颇具生态智慧，均位于藏风聚气之所，在此基础上，其制作、凉胚车间亦多设置活动门窗，根据气温和风速设置门窗出入风口。（图3-5-5）

（三）交通因素

聚落的形成，不仅是制造业的兴旺发展，就像本地烧造陶瓷的聚落一样，还需要有陶瓷产品的销售途径，这便主要依赖于货源地的地理交通情况，是否便于将货物运输辐射四方。淄博地区位于山东的腹地鲁中地区，自古东经西去、南来北往的商贾皆途经此地，作为五大商帮之一的鲁商商队，将本地的陶瓷产品远销各地。途径淄川、博山地区的古齐长城，是曾经鲁中地区连接北

方的重要关卡，这一带位于如今博山八陡镇的青石关地区。清乾隆时期的《博山县志》有载："青石关两山夹立，而中通一道，山皆青石峭壁，奇险。关立山巅隘处，今南来商贾散于岱北诸境者，必经之关。"由此可知，穿梭于鲁中地区及北方平原的商贾，必经青石关地区，也由此将本地的陶瓷产品远销其他地区。

三、聚落格局

根据淄博陶瓷发展史脉络分析，陶瓷业缘传统聚落皆于明清陶瓷烧造时期有较大发展，建筑遗存也多为清代中晚期至民国初期建成。由于当时并没有统一的规划设计，因此，聚落建设就带有明显的自发性与随意性，为了方便生产陶瓷，多数窑炉就修建在聚落周边（图3-5-6）。由于烧造陶瓷工艺复杂，大部分工

（a）龙泉镇：渭一村、渭二村（图中河流为渭头河）　　　　　（b）山头镇：河南东村、河南西村（图中河流为孝妇河）

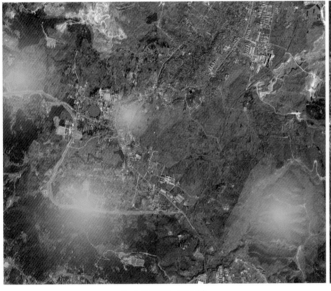

（c）八陡镇：福山村

（d）八陡镇：青石关村

图3-5-5　典型聚落选址山形水系示意图

作需要在窑炉周围的作坊中完成，因此一个窑炉与相
应的生产用房共同组成生产单元（图3-5-7），甚至多
个单元聚合成组形成窑厂集中烧造，这便是早期本地
区的陶瓷生产方式。部分生产单元选择沿河分布，利
于生产取水及部分垃圾的处理，如山头镇河南东村中
的李家厂窑等几座现存窑炉遗迹皆沿横贯于河南东村

内的孝妇河支流水系分布。

　　随着陶瓷产业的不断发展，聚落周边窑炉的密度
不断增大。在淄川区的渭头河周围，清代中晚期便形
成了淄川地区陶瓷制造和销售中心，中华人民共和国
成立初期窑炉数量更是达到40余座，至今渭头河畔的
渭一村、渭二村，当年烧造陶瓷所遗留的土窑遗址、

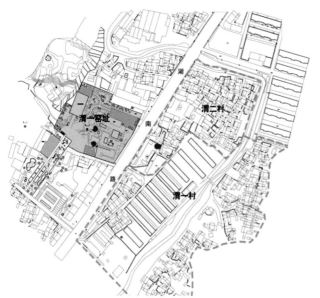

图3-5-6 传统大型烧造场区与栖居聚落位置关系

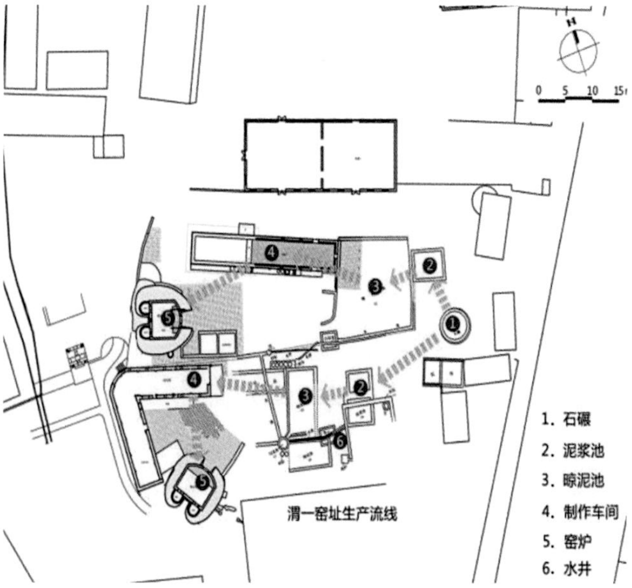

图3-5-7 山东地域传统陶瓷烧造工艺流程

1. 石碾
2. 泥浆池
3. 晾泥池
4. 制作车间
5. 窑炉
6. 水井

渭一窑址生产流线

陶瓷烧造作坊遗址以及陶辅材料所营造的民居建筑仍散布其中。博山区的山头镇，鼎盛时期的河南街传统民居聚落群不足5公顷的聚落里，分布着多达140余处的窑炉。

四、街巷空间

（一）街巷尺度

笔者在对当地聚落实地调研时发现，所研究聚落中的街巷尺度多种多样，在这里我们不妨以旧时当地主要运输工具——牲口车和独轮木推车作为尺度标准对其街巷进行划分（表3-5-2）。牲口车宽度约为1.5~2米，独轮木推车宽度约为1米，至少可供牲口车双向通行的道路为Ⅰ级，尺度介于5~8米之间甚至大于8米；可供牲口车单向通行或独轮木推车双向通行的道路为Ⅱ级，尺度介于3~4.5米之间；不可通行牲口车但可供独轮木推车单向通行的道路为Ⅲ级，尺度介于1.5~2.5米之间。

在当地，Ⅰ级道路多为贯通全村的主干道，也是与其他周边村镇往来的主要道路，一般位于地势较为平坦的地带，也有部分临河道而建，大多不平直。部分聚落中窑炉及其配套生产单元选择邻主街、沿河道分布，既便于用牲口车运送材料和产品，同时又满足垃圾的运输及倾倒。Ⅱ级道路一般以主干道通向村内的道路为主，部分此类道路呈现出典型的山地道路特征，如"之"字形岔路。Ⅲ级道路则位于院落之间，丰富了路网，增加了内部交通的便捷性。由于地势起伏，为便于独轮木推车在村内穿行，当地人民运用智慧对路面进行了改造，增加了"车辙"（图3-5-8），使推车更易推行，这也辅证了独轮木推车在旧时作为货运工具之一的论述。

（二）街巷格局

街巷如同支撑起每个传统聚落的骨架，此次纳入研究的几处聚落皆呈现出明显相似的不规则网状街巷格局特点（图3-5-9）。最初村民们在选择基址进行房屋的营造活动时，由于缺少统一的规划，所形成的大街小巷纵横交错，使得聚落没有相对规整的格局，每条道路的宽窄尺度也不统一，具有明显的随意性。旧

尺度区间	实例	尺度示意	实景照片
5~8米	河南东村沿河道路（7.8米）		
	福山村福山街（6.2米）		
3~4.5米	渭二村司家老宅胡同（3.8米）		
1.5~2.5米	福山村闫家胡同（2.1米）		

图3-5-8 踏步上的"车辙"

时中国传统聚落中，市场是最重要的公共空间之一，聚落中各住户通过其道路系统地与市场联系起来，当地人们为了能够以最便捷的路径到达河边或主干道上的集市，都会尽量以最短的路线进行道路设置，因此，便捷性也成为促进此类街巷格局形成的另一因素。在当地，只有当地居民能够对村中道路了如指掌，自由穿梭其中，初到村中的外地人很容易迷失方向，这种错落的路网与传统的"棋盘式""鱼骨式"道路格局相比，在一定程度上可以防止盗窃的发生，为本村居民提供了安全保障。

（a）龙泉镇：渭一村、渭二村　　　　　　　　　　　　　（b）山头镇：河南东村

（c）八陡镇：福山村　　　　　　　　　　　　　　（d）八陡镇：青石关村

图3-5-9　陶瓷烧造业缘影响下的传统聚落街巷格局

（三）街巷风貌

街巷风貌既包括道路特点、材质、两侧建筑立面特征、景观环境这类静态元素，也受到不同季节、不同时段、不同使用者等动态元素的影响，可以说街巷风貌涵盖街巷本身向驻足其中的人所展示的一切元素。街巷风貌具有强烈的地域性特点，本书研究区域范围相对较小，涉及的几个聚落在街巷风貌上呈现出明显的相似性。但由于村内街巷尺度、所处位置及功能的不同，其本身风貌也呈现出各自的特点，在此我们根据前文中对街巷尺度区间划分的三个层级对其相应的风貌特点进行

描述。

本地区建筑材质较为多样，以砖石土坯和陶辅建材为主，多样的建筑材料同时使用，搭配出丰富的沿街立面效果，尤其是做工精细考究的山墙，极大地丰富了街巷立面。冷色调的青石下碱、青瓦屋面与暖色调的耐火砖材出檐、陶辅建材砌成的外墙相得益彰，"匣钵"的使用又使本地区的街巷风貌独具地域特色，给人与众不同的视觉感受。道路多宽窄不一且并不平直，因而往往一眼望不到道路尽头，取而代之的是道路消失的下一个转角。

在较为宽阔的Ⅰ级道路中（图3-5-10），路面基本在现代化建设中铺设水泥材质，方便车辆通行。街道两旁的传统民居与新建民居鳞次栉比，呈现出多元化的街道立面特征。宽阔的街道两旁经常可见当地居户开设的饭馆、小商店等邻街店铺，集市也多于此类道路上开设。

就目前调研所得信息来看，除河南东村部分道路铺设水泥路面外，大多传统聚落中的Ⅱ级道路（图3-5-11）路面依旧保持传统的石板或碎石路面，山地路段采用青石板砌筑台阶。居户大多不在这类道路沿街设置院门，因此街道立面多为院墙或建筑山墙，空间封闭性较高。

Ⅲ级道路（图3-5-12）直通住户院门，此类道路路面处理更为随意，碎石铺地或直接夯实土质地面，因为是居户的门前路，因此居户往往将院落延伸至道路上，在院门前栽种花草树木，形成邻里间的公共空间，供平日休闲纳凉之用。院墙与院门在营造手法上相较于主屋更随意，因此带来沿街立面更加活泼多变的特点，增加了街巷本身的停留感。

街巷风貌包含了多个层面的内容，本书在此只对由营造技艺层面所涉及的街巷风貌进行论述，其他层面不做过多分析。

图3-5-10　Ⅰ级道路

图3-5-11　Ⅱ级道路

图3-5-12　Ⅲ级道路

五、院落空间

院落空间布局体现着人对自然环境和社会环境的应对方式，其影响因素有很多，自然环境方面如地形地势、光照等，它们在一定程度上决定了院落的选址、正屋和院门的基本朝向，院落的尺度等；而生产需求、文化习俗、营造技艺及当地村民生活习惯等社会因素，则在一定程度上影响着院落格局、建筑布置等，合院是北方民居的传统形式，本地区也不例外。

（一）院落空间组成要素

1. 基本构成要素

院落空间基本构成元素包括院门、建筑、院墙、影壁、庭院等院落环境要素。除此之外，部分近代建设的传统民居院落将宅基地里原有的窑炉遗存纳入院落，组成带有窑炉的合院，因此当地部分院落，窑炉遗存也成为其院落的基本构成要素之一。

院门作为院落的入口空间，设置方式多种多样，本地区院门大多选择开于院落一角，而非院落中轴线上，仅有少数大户人家如福山村的苏家大院，大门设置在中轴线之上正对于堂屋门，以门楼的形式出现，但平时门楼板门不开启，进入院落需走门楼两侧小拱门（图3-5-13）。影壁的设置一般根据院落的布局，分为独立设置和依托厢房山墙设置两种，当地部分大户人家的影壁工艺精湛、极富装饰性，彰显了户主的财力。通过建筑和院墙的设置使院落围合成封闭内向的空间，外墙通常不开窗，向心性较强，这也符合中国的传统文化理念。

2. 窑炉遗存

在当地部分近代建设的院落之中，窑炉遗存也作为院落构成要素出现，这些窑炉遗存在院落建设前就已存在，户主进行院落建设时，便把它也纳入到院落之中，

图3-5-13　苏家大院门楼

图3-5-14　窑炉合院中的窑炉遗存

组成带有窑炉的合院形式，极具地域特色。窑炉合院因受到体量巨大的窑炉遗存影响，其格局往往发生改变，但仍为合院的形式，为方便研究，我们在这里将其称之为"窑炉合院"（图3-5-14）。

（二）院落类型

山东淄博地区院落以合院为主，三合院、四合院较为常见，也存在部分只在单侧建房的院落和建堂屋倒座的院落。在院落空间形态上，当地民居与正常的鲁中民居院落空间略有不同，经实地调研发现，其合院空间布局多样，甚至堂屋位置都没有严格遵循北方传统合院中北屋为尊长的传统，而是相对灵活多变（表3-5-3）。

窑炉合院作为淄博地区传统民居中特有的合院形式，形成于近代。在过去，窑炉多独立设置或与生产陶瓷的

院落分类	实例	平面示意图	院落分类		实例	平面示意图
只建堂屋的院落	渭二村司家老宅		四合院	一进四合院	渭一村孙家老宅	
建堂屋、倒座的院落	渭二村刘氏家院			多进四合院	福山村苏家大院（目前无人居住）	
三合院	河南东村刘家大院（目前无人居住）		窑炉合院		福山村宋氏家院	

■ 居住用房　■ 仓库　■ 厕所　■ 院门　■ 窑炉遗存　■ 空置　　N ▲

作坊连在一起，设置在聚落周边位置。在清代中期至中华人民共和国成立前期的这段时间内，当地居民多以陶瓷生产作为自己赖以为生的手段。明清时期当地陶瓷业虽不及唐宋时期，但也相对繁荣、窑炉林立，当地陶瓷生产多以手工业私营作坊的形式为主，部分私营业主的作坊越来越大，形成一定规模的窑厂，此时窑炉往往三五成群地布置，周边建设与其相关的生产用房，如位于渭一村、渭二村西北侧的渭一窑址群。过去部分离村较近的窑炉，在近现代聚落扩建的过程中被吞没，窑炉被划入新建设的民居院落之中，从而形成了如今我们看到的窑炉合院，如在山头镇李家厂窑炉合院中，窑炉已作为一部分并入院落之中，目前被居户用作仓库。福山村宋氏家院中，同样保留有窑炉遗存一处，且相对完好。因此，居户选择了结合窑炉共同围建自家院落，在体量相对较大的窑炉影响下，院落布局发生了改变，西侧厢房不得不缩短、变窄，为土窑让出空间，南侧倒座也紧邻窑炉建成，此番变化使得原本矩形的院落布局发生了改变。

六、传统民居建筑

（一）陶瓷业缘影响下的传统民居

传统建筑单体格局与北方地区传统民居大致相仿，正房平面多为三开间，也有极少数可以做到三开间加设半间梢间。在对当地老匠师访谈中得知[①]，三开间房屋营造中，根据当地风俗传统，组成三开间的四列山墙不同时而立，普通人家至少取消一面内山墙改用木屋架，空间分隔方式为立木隔断或砌筑隔墙（图3-5-15、图3-5-16）。当心间设屋门，进门为正堂，两侧为卧房或储藏室，炉灶多不设在主屋中，而是设在院落其他位置。尺度方面变化较大，多受户主经济状况等影响，但普遍面积较小。如渭二村司家老宅，作为当时的窑厂主，是本村中经济条件最好的人家，其正房进深约为4.8米。常见的民居进深约4米，明间面阔约3.5米，次间较明间稍小，若有梢间，则梢间多为不足半间的小屋。建筑尺度与房屋建造年代相对应，房屋越久远，其

---

① 此依据老匠人司志龙、王孚杰口述，并于实地调研中得到证实。

图3-5-15 立木隔断

图3-5-16 砌筑隔墙

图3-5-17 苏家楼

图3-5-18 侯家门楼

尺度越狭窄，而中华人民共和国成立后的这段时间内新建造的一批传统建筑，尺度明显大于过去所建造的建筑，这得益于部分新技术、新材料的使用。厢房及倒座形式更加多样且随意，以单间为主，多为家庭中子女的住所，通常进深为3~4米。部分院落中的厢房一间改成储物间，倒座位置加盖厕所等设施。

本地住用的房屋还包括楼，多出现在经济条件较好的住户之中，如渭二村司家老宅的司家楼、福山村的苏家大院的苏家楼（图3-5-17）等。这种楼通常面阔一间或三间，分为上、下两层，内部不做分隔，由木制楼梯上下联通，多为家中长辈住房。也有大户人家用作门楼，一层设院门，二层设屋，如河南东村的侯家楼（图3-5-18）。

（二）生产建筑

当地传统建筑除民居外还有一类重要组成类型——

150

生产建筑，此类建筑包括窑炉、陶瓷生产加工车间、库房等。这里的窑炉指的是圆直焰窑，也就是当地人所说的"馒头窑"。"馒头窑"顾名思义，外形类似馒头，顶部留一圆孔，称为窑顶孔，又称为"天子眼"。窑前设一窑门，窑后设两条烟囱，窑炉的规模大小不一，当地窑炉大致分为大、中、小三种型号，其容量用在内可排布的匣钵数量计算，大窑可摆放达5000个，中窑一般2000个左右，小窑500～1000个。烧窑时窑炉全部封闭，仅留一孔洞用于添加燃料，过程中全凭经验掌握，烧成时间根据窑炉大小和燃料质量决定。窑的外墙基由青石砌成，窑身以匣钵和砖石、黄土为主要原料砌成。古窑内壁由耐火砖材砌筑，窑壁通过耐火砖层层叠涩收紧，使窑炉内部形成穹窿形窑顶，中间留出窑顶孔，极具有艺术表现力。当地人称这种用于叠涩砌顶的耐火砖材为"顶窑碛"（图3-5-19）。

窑炉平面相对单一，功能指向性十分明确。窑炉建筑外形多为圆形或方形（图3-5-20），具有厚厚的外壁，目的在于保持窑炉在烧制瓷器时炉内的温度，防止散热。尺度方面，窑炉大小并无统一规制，主要根据各家经济条件和产业规模而定，直径从几米到十几米不等。除此之外，还有陶瓷生产、加工与存放所用的生产类建筑，此类建筑规模相较于民居建筑而言普遍较为宽敞。

图3-5-19　顶窑碛

图3-5-20　馒头窑外观照片

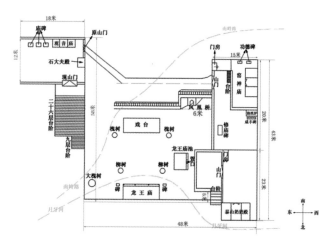

图3-5-21　福山村相连五庙复原示意图

（三）祭祀建筑

　　淄博地区陶瓷业缘村落中的祭祀活动主要围绕掌管行业的"窑神"进行，"窑神"寄托了窑主和窑业工人对新的一年兴旺发达的美好愿景，每年春节过后

的开工之日，窑神庙里都会举行隆重的祭祀仪式。据历史文献和目前考古所发现的残碑记载中可知，淄博地区各烧窑村落中，大都有过窑神庙的出现，如博山区现存的北岭窑神庙残碑中就有相关记载。如今，在博山部分地区仍有窑神庙遗址残存（图3-5-21）。由此可知，在当地作为主要祭祀建筑的窑神庙，在之前广泛存在于窑业村落之中。《山东省陶瓷志》有载："1068～1077年（北宋熙宁年间）颜神店窑户集资于北岭村建窑神庙，窑业日盛"。"1834年（清道光十四年），业陶者集资重修北岭窑神庙。"[1] 又如位于福山村南岭的福山窑神庙，始建于咸丰二年（1852年），坐落于山坡之上，主体建筑为三开间，木屋架结构。窑神庙这类祭祀建筑与当地民居及生产建筑不同，其规格更倾向于传统的祠堂、宗庙等，梁柱体系较为完整。

---

① 《淄博陶瓷志》编纂委员会. 淄博陶瓷志［Z］. 2003:5.

第六节　鲁中山区传统聚落建筑特色与风貌特点

鲁中山区为山地，除陶瓷业缘影响下传统聚落受传统陶瓷产业影响因素较大外，鲁中山区还体现了典型的山地聚落特点，彰显于传统聚落营建过程中的每一个环节。

一、石地基基础特点

鲁中山区多山地，其间的建筑直接坐落于山中岩石之上，不需要进行基础夯实，而是用石材砌筑台基，此处台基不是中国古建筑传统意义上的台基，其形状较为模糊，是承载建筑的平台。建于山地之中的村落会对山坡进行梯田式的找平处理，外侧石砌挡土墙，内部夯土找平（图3-6-1）。村民在盖房子时，首先要进行宅基地的处理，选定一处较为平缓的区域后，先清理基地上的杂物以及岩石上部土层，将土壤堆积在基地两侧作为护坡，也可作后期平整院落地面使用（图3-6-2、图3-6-3）。然后将院落范围内的岩石凿开整平，低洼处用碎石填补找平，在部分陡坡处，若高差较大且需求土量较多时，会在所堆砌平台下做车棚券，既节省土料，又可作仓库使用。开凿完院落基床后，在建筑的选

定位置上直接进行房屋的砌筑，院落和室内可回填土壤后夯实处理。由地基开凿出的岩石以及建筑剩余石料，砌筑院落周边挡土墙，或用于道路。有时基地高差较大时，建筑也会做两层处理，一层面向低地势处开门，多作为储藏室或养牲畜使用，二层面向高地势处开门，做居住使用。这种对于环境和地形的处理方法既降低了对原有环境的破坏，又利用原有地形进行微景观的处理，体现了建筑与自然的和谐。

二、墙体肌理及面层特点

传统建筑的墙体构成主要包括下碱、上身、山尖[①]和檐口四部分，通常以腰线（三匹线砖）为界分为下碱

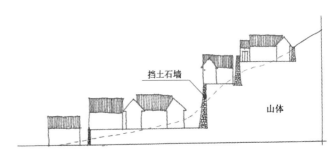

图3-6-1　山坡找平示意图

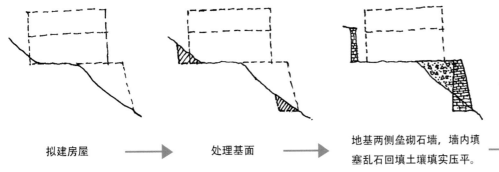

图3-6-2　地基处理示意图

[①] 山尖是指檐口以上的三角形硬山山墙。

图3-6-3 山区内的模糊台基（左梦泉村、右方峪村）

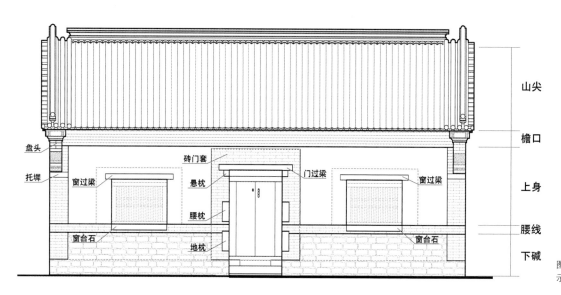

图3-6-4 建筑墙体构造示意图

和上身，以"山线"为界，分上身和山尖，墙体最上方为拔檐（图3-6-4）。该区域内建筑墙体多为石材、砖材、土坯等多种材质混合砌筑而成，因此其各部分营造工艺和使用材料有所不同。通常来说，条石做下碱，其上三匹青砖为腰线，其上上身常为四角砖砌，墙心土坯或毛石砌筑后抹灰，部分地区会在门窗部位做砖套，最上部为砖做檐口。而山区中的简单民居，其建筑墙体完全由石材砌筑而成，其下碱上身没有明确的构造做法上的区别。

（一）混合墙体

1. 下碱构造

青石是砌筑下碱的主要材料，其质地坚硬，隔水

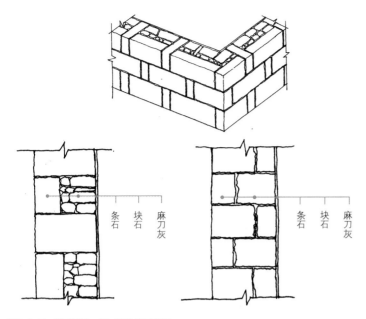

图3-6-5 条石下碱一顺一丁构造示意图

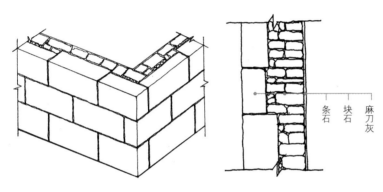

图3-6-6 条石下碱陡砌构造示意图

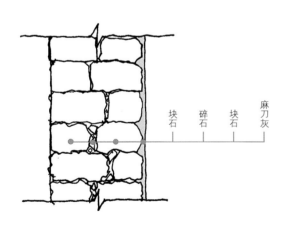

图3-6-7 块石下碱构造示意图

能力强且不易风化。下碱条石砌筑的方式主要有两种，一种为每层条石按一顺一丁的方式砌筑（图3-6-5），另一种为条石十字缝陡砌（图3-6-6）。

经济条件相对较差的户主，无法购得大量的青条石，其下碱多用青石块砌筑而成，青砖下碱做法较少存在，一般为经济条件较好的家庭使用。下碱青砖砌筑时，建筑墙体上身也多为青砖砌筑，其下碱与上身构造做法上无明显区分。该做法一般不设角柱石，可以在建筑四角下碱上方设置青条石起拉结和找平的作用（如常庄村）。（图3-6-7）

2. 上身构造

建筑上身为墙体腰线到檐口和山线之间的部位，一般比下碱稍薄，5～10毫米。本地区上身的构造做法多种多样，有软心四角硬上身（四角为条石或青砖，墙心为土坯或麻刀灰抹面）；硬心四角硬上身（四角为条石或青砖，墙心为块石）；整砖上身、条石上身、块石上身和土坯上身。其中，上身全土坯的做法在该区域内极其少见，这种墙体一般直接土坯或版筑而成。（图3-6-8）

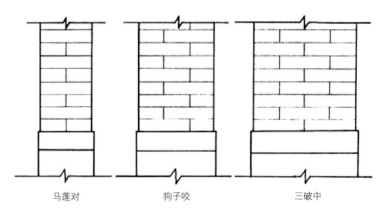

马莲对　　　　狗子咬　　　　三破中

图3-6-8 墀头止身砌筑式样

山区石砌建筑多无盘头，直接用石板或用青砖砌两层做挑檐，只有较为讲究的建筑做盘头，且做法较为简单，墙身之上先沿檐墙方向横向设一条石作托墕，再沿山墙方向设置一条石为挑墕，挑墕上竖向放置一方形条石为垫花，上面或刻有花鸟图案或刻"福""禄"等寓意吉祥的字样，其上设挑檐石，也称"枅子"，其呈枭砖状以出挑屋檐，其上放置檐口石板。枅子之上在山墙面上设置梯形的挡捎，最上方为压捎石，用于承托山墙上方屋面。（表3-6-1）

<table>
<tr><td colspan="4" align="center">盘头特点分类表   表3-6-1</td></tr>
<tr><td>盘头类型</td><td>石砌</td><td>砖石砌</td><td>砖砌</td></tr>
<tr><td>构造做法</td><td></td><td></td><td></td></tr>
<tr><td>照片案例</td><td></td><td></td><td></td></tr>
<tr><td>村落</td><td>梦泉村</td><td>李家疃村</td><td>土峪村</td></tr>
</table>

3. 山尖构造做法

山尖为山墙上部承托屋顶檩条的三角部位，即从挑檐层或荷叶墩同层开始向上的山墙部分。该区域内山尖形式多种多样，有砖砌、条石砌、块石砌、毛石或碎石砌、土坯山尖等。

山尖的式样称之为"山样"，有尖山和圆山两类。其中，本区域圆山做法又分为"小圆山"和"琵琶山"两类（图3-6-10）。尖山和小圆山做法较为常见。部分建筑在山尖山顶位置或设"山花"或做"雀眼"，为通风之用，材质做法多样，有直接在山墙处裸露正檩檩头的做法（如兴隆庄村），也有在山尖处加设高窗用以通风采光的做法（如东辛庄村、李家疃村）。普通民居中多用青瓦拼出圆形或花形的"雀眼"，较为讲究的建筑中用"山花"，其上多有精美的雕花、或寓意福禄吉祥的图案。泰安、济南等地的部分民居多为屯顶，无山尖，在其山墙顶中部位置也会留有方形的气孔。

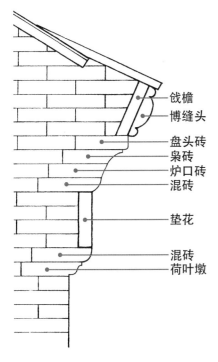

图3-6-9 盘头侧身砌筑
做法

- 戗檐
- 博缝头
- 盘头砖
- 枭砖
- 炉口砖
- 混砖
- 垫花
- 混砖
- 荷叶墩

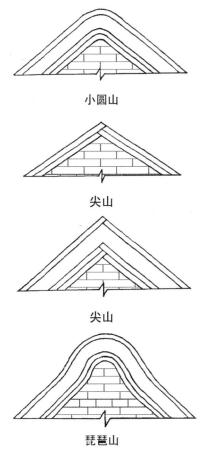

小圆山

尖山

尖山

琵琶山

图3-6-10 山尖样式

4. 檐口式样

鲁中山区传统民居建筑檐口分石檐和砖檐两种。其中石檐做法相对简单，多用于山区普通民居中，通常在墙体之上，用60～100毫米的石板做直檐铺设一圈为出挑檐口之用。砖檐种类较多，根据各地的经济条件和文化特色有不同的组合形式。每层檐按照其处理方式和形状不同分为直檐、半混檐、枭檐、炉口檐、鹅头混、鸡子混檐、菱角檐、折子檐、抽屉檐、飞椽檐、锁链檐、灯笼檐（表3-6-2）。本区域最为常见的檐口形式为墙砖直檐，多为两层。贫穷人家亦可只做一层直檐，富贵人家可做3～6层不等，应根据出檐深度进行出挑层数和每层出挑尺度的设计。当檐口三层以上时，通常最下一层为直檐，最上层为盖板，中间根据需求进行各砖檐层的组合，如直檐与菱角檐组合、折子檐和灯笼檐组合等（表3-6-3）。不同檐口有不同的讲究，例如灯笼檐通常设置在学堂或读书人读书的建筑中。

山墙面上檐口的出挑是由拔檐博缝完成的。但简单的民居一般不做博缝，山区多为一层石板做拔檐。砖做拔檐时，在敲山尖之后，需先用灰将山尖抹平顺，然后开始"下檐子"，一般民居中，博缝之下两层拔檐砖即可，两层拔檐需与前后檐墙的两层砖檐相交圈。如建筑有博缝时，则在两层拔檐砖之上设置博缝，博缝可为青砖陡砌或方砖砌成。博缝之上再做一层盖板，盖板多为望砖砌成，也可用青砖砌成。清代中期以来在拔檐博缝的出挑尺寸上有了规矩，为"六、八、十"，即博缝层出檐为6分，约1.9毫米；第二层拔檐砖出檐8分，约2.5毫米；第一层拔檐砖出檐10分，约3毫米。但现各地民居虽找官式建筑规矩居多，但受其地域做法的影响，不同建筑略有区别。两层拔檐转也可用鹅头混，当地称为"滚边"，也有在拔檐砖与博缝间加一层枭砖檐的做法。

名称	图例	做法
直檐		直檐即青砖平砌成的一层，其最为简洁、易操作、成本低，是该区域最为常见的形式，也称作箭杆檐
枭檐		枭砖砌成的一层
炉口檐		炉口砖砌成的一层
半混檐		混砖砌成的一层
鹅头混檐		为直檐下直角倒角磨圆而成
鸡子混檐		直檐削去上下两角而成
菱角檐		菱角檐为青砖以45°角斜摆卧砌成锯齿状，可错缝平砌成多层菱角檐，部分地区称之为"菊花檐"
折子檐		青砖直檐面上刻折线纹而成
抽屉檐		青砖隔一匹出挑一匹的摆砌形式
飞椽檐		檐口用青砖做成的类似飞椽样式的檐口形式，一般多为专门的砖构件砌成
锁链檐		由青瓦上下仰合而成锁链样式的檐部构件，多用于普通民居之中
灯笼檐		较为特殊的檐口形式，有三层砖砌成灯笼串的样式

注：部分地区将枭檐、炉口檐、半混檐组合而成的檐口称之为"豁缝檐"（对应枭檐、炉口檐、半混檐三行）

檐口做法	石板直檐	两层石板直檐	菱角檐+豁缝檐	菱角檐两层直檐	菱角檐+折子檐+直檐
照片案例					
村落	黎金山村	土峪村	李家疃村	黎金山村	李家疃村
檐口做法	多层直檐（六层）	豁缝檐	双层砖椽三层直檐	灯笼檐	灯笼檐+折子檐
照片案例					
村落	蒲家庄村	南文字村	城南村	李家疃村	李家疃村
檐口做法	直檐+锁链檐+菱角檐	石檐+双层直檐+抽屉檐	双层直檐+砖檐	抽屉檐+折子檐+直檐	双层菱角檐
照片案例					
村落	李家疃村	常庄村	乔家村	西岩店村	黎金山村

（二）砖墙砌筑风格

砖墙在该区域内一般用于大户人家，或用作组成墙体的一部分。民居，顾名思义多为村民根据自家条件和自身意愿建造的房屋，并无太多规矩可讲。越是富足的人家，其建筑体量越大，用砖越多，越具有官式建筑的特点。普通人家在备好料盖房子时，最好的材料用于砌筑建筑外皮，建筑内侧墙体则量力而行，有砖用砖，无砖用块石、土坯等。其墙体用材混杂，砌筑方式多种多样。现讨论的砖墙砌筑做法，为较为规矩的建筑墙体做法和常用的墙体砌筑方式。

建筑墙体砖按其摆置样式可分为卧砖、陡砖和甃砖（图3-6-11）。本区域砖墙多为清水淌白墙，且分为两种砌筑方法，夹心墙和外包墙。其外墙皮青砖的砌筑方式多为卧砖十字缝错缝砌筑。现存建筑多采用满丁满顺的砌筑方式，五顺一丁、六顺一丁的做法居多，若

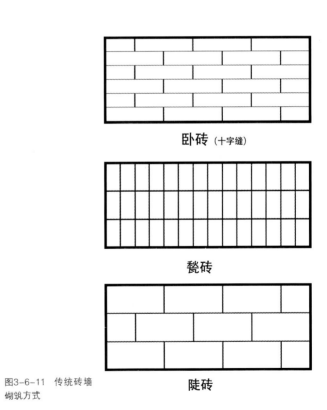

卧砖（十字缝）

甃砖

陡砖

图3-6-11 传统砖墙砌筑方式

面积较大的墙体会在墙体内加设条石连接墙体内外两层（图3-6-12）。青砖墙体内皮或夹墙一般用为土坯或砖坯砌筑，当地将未经烧制的青砖称之为砖坯，其尺寸与青砖一致，更利于墙体的砌筑和找平。此砌筑方式为该区域最为常见的砌筑方式，也是较为规矩的一种砌筑方式。

砖墙在过梁处或当山墙承檩、前后檐墙承梁时，砖墙内皮不宜继续使用土坯，通常会在檩头或梁头下垒砌砖柱用以承重。在砖墙内皮的砌筑方式上，各地区各不相同，需承重处用砖或条石砌筑，其他部位则依照户主条件适当调整，或用毛石，或用土坯，皆

可。但需要保证墙体的承载能力，以其不开裂、不歪闪为基本要求。

（三）石墙砌筑风格

鲁中山区，以山地丘陵为多，山区建筑多为石砌，墙身浑然一体，多无下碱上身山尖之分，做法也无相异之处。石墙多为干砌，不掺泥只在室内一侧做滑秸泥、麻刀灰抹面，抹面层不仅美观还能使得墙体不透风，而石块之间的空隙造成墙体空腔，有保温隔热的作用。石墙的外立面则根据不同地区，其石料的不同、石料的加工方式不同、砌筑方式不同形成不同的建筑风貌。条石砌筑的墙体规整平齐（如方峪村）；块石砌筑的墙体虽凹凸不平，但墙体层次分明有秩序（如夫子洞村）；毛石砌筑的墙体石块大小不一，也不方整，但这种杂乱摆砌出的墙面也有一种无序自然的美感（如兴隆庄村、上泉村），部分地区其石材以片岩板石为主，石材小而薄，工匠通过不同的摆砌方式使墙面呈现出纹样（如上王村）。（图3-6-13）

较为规整的石墙由条石或块石砌筑，其砌筑方式与石砌下碱的砌筑方式相同。而毛石砌筑的墙体多无规律可循，多依靠工匠多年的经验，依靠石块之间的摩擦力和其形状的相互咬合摆砌而成。墙体厚度没有要求，但石墙其承重能力强，无须厚重的墙体，墙体一般厚300～450毫米，受其所用石材大小的影响较大。

图3-6-12　满顺满丁"五顺一丁"墙体构造图（常庄村）

方峪村

夫子洞村

兴隆庄村

上泉村

上王村

图3-6-13　石墙垒砌样式

三、梁架制式

就鲁中山区民居梁架体系来说，山东地域受北方官式建筑影响较深，所用的抬梁式梁架结构基本依照官式建筑梁架体系的规矩制作。但多数民居，尤其山地丘陵内的村落，其结构形式则没有较为严格的形制标准，村民们利用当地材料资源，遵循实用、安全、简单的原则，利用三角形的稳定性来搭建梁架，形成了最为简单、实用的三角梁架结构体系，可根据房间的跨度进深、木料质量以及屋顶的坡度要求来增添瓜柱、斜撑，调节瓜柱长短等来制定相应的屋顶样式。鲁中山区内虽多为坡顶建筑，但在泰安、济南地区有不少屯顶、平顶建筑，其梁架形式亦有所不同。因此，将鲁中山区内梁架体系分为三类：屯顶梁架、三角梁架和抬梁式梁架。

（一）屯顶，平顶梁架

屯顶也是中国传统建筑的屋面形式，其屋面前后稍低、中间略高微微起拱，从山墙面看呈弧形，其屋面坡度极缓。该建筑在本区域内多分布在西北部的泰安、济南等地，如贤子峪村、方峪村、中套村、梁林村、东腊山村等，此类建筑多为石砌建筑，其梁架结构最为简单，建筑无柱，梁直接搭于前后檐墙上，梁头直接砌于墙内，山墙承檩。檩条可直接置于梁上，根据所需要的坡度进行调整，坡度较低时，可在梁上直接加垫板或短柱来调整各檩条的高度，以形成屋面的弧度。该做法通常屋面坡度小，进深小，所使用的梁架数量少。因其为当地民居做法，并没有数量和尺寸上的明确要求，都是根据现场条件进行适当调整。由于该做法一般无椽木，檩条上直接铺苇箔作屋面，因此檩条间距不宜过大。当房间进深小，檩条木材较好且较粗时，则檩条较少，一般为4~6根；当房间进深大，檩条木材较差或较细时，其承载能力差因此需要的檩条较多，可为6~8根，该情况下，一般设置斜梁。由梁的中间设一短柱，

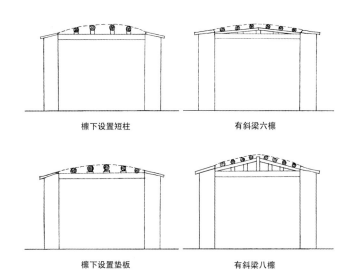

檩下设置短柱　　　　有斜梁六檩

檩下设置垫板　　　　有斜梁八檩

图3-6-14　常见的屯顶梁架样式

斜梁一头搭在梁头上，一头搭在短柱上形成坡度，其上再分布檩条，斜梁下可按需求加设短柱，以防止斜梁因中间受力较大而断裂。檩条两端则直接插入山墙。中间短柱的长度通常为进深的0.05~0.1倍，可根据户主的要求进行适当调整（图3-6-14）。

（二）三角梁架

三角梁架是鲁中山区分布最广泛、应用最多的梁架体系，普通民居中十分常见。其较于抬梁式，既节约木材又搭建方便，结构三角形最为稳定，且满足屋面承重的基本要求。该做法通常无柱，无椽子，屋面多为草顶，自重轻，建筑前后檐墙承梁山墙承檩。最基础的三角梁架构造简单，由梁、两根斜梁和檩条三部分组成。斜梁之间相互交叉，使得梁架顶呈"Y"字形可直接搭置檩条，另一头搭在梁两端的梁头，形成三角形。民间常用的斜梁交叉方式为榫卯结构，其形式做法有两种（图3-6-15），按照当地的习惯以及木材的品质选择使用。正檩搁置在梁架顶的"Y"字形搭口内，两侧插入山墙内固定，其余檩条直接搁置在斜梁上，有在斜梁上设三角形或板状的木块，用来固定檩条，使其不下滑，

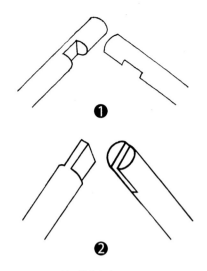

图3-6-15 斜梁搭接方式

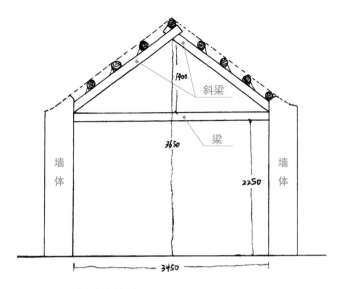

图3-6-16 三角梁架结构示意图

当地也称之为"挡头";也有直接在斜梁上挖一凹槽卡住檩条,檩条两端搭于山墙中固定住。有时建筑内设置石砌隔墙,此时该处不设置梁架,直接将隔墙砌成山墙样式,檩条直接搁于隔墙之上。(图3-6-16)

此梁架做法简单,无多少规矩可言,通常使用的住户经济条件也一般,其梁、檩直接用自家的原木搭接而成,相对较细,也没有过多的精细加工。且多无"椽"无"望",檩条上直接铺苇箔,因此其檩条数量不固定,多为7根,以屋顶能铺满苇箔为准。当室内进深较大时,所用檩条也多,为满足结构安全的需求,可在三角梁架中间加竖向支撑,将大三角形划分为两个小三角形,若需继续加固,则按照此原则加斜撑,进一步划分三角形,充分利用了三角形的稳定性,体现了村民的建造智慧。有些地区部分较为讲究的建筑其梁架结构是抬梁和斜梁的结合,主梁上方立瓜柱,瓜柱上方设置二梁,二梁上再立一瓜柱,斜梁搭置在两梁头和瓜柱上,二梁梁头开槽用以卡住斜梁。斜梁上再继续搁置檩条。虽然此类梁架有抬梁的做法,但其抬梁是为了支撑斜梁,且其檩条置于斜梁之上且条数无要求,并非抬梁式梁架中檩条置于梁头之上,屋面没有坡度变化,因此将此类做法也归于三角梁架体系之中(图3-6-17)。

(三)抬梁式梁架

鲁中山区传统建筑基本为硬山建筑,屋面前后两坡,两侧山墙与屋面相交,将檩条梁架封于山墙之内。其中较为讲究的人家,其建筑梁架多采用抬梁式梁架,所用木材也较好,且加工细致。经由调研得知,本区域存在的抬梁式梁架类型有五架无廊式、六架前檐廊式、七架无廊式、七架前后廊式、八架前檐廊式、九架前后廊式(图3-6-18)。其中最为常见的为五架无廊式梁架。此六类属于官式建筑的梁架分类,民间传统抬梁式建筑虽多依照官式建筑的规矩建造,但依旧有部分改变,大部分建筑结构是在这六种梁架结构上的变形。该区域内除少数建筑为规矩的四梁八柱形式外,民居建筑因其经济能力有限,建筑多不立全部柱子,可前后檐墙承梁,山墙处可设置屋架半嵌在山墙之中,也可省略屋架直接山墙承檩。(表3-6-4)

四、屋面特色

屋面是建筑结构主体营造的最后一步,鲁中山区根据其地域的不同和经济条件的不同,其屋面做法也不

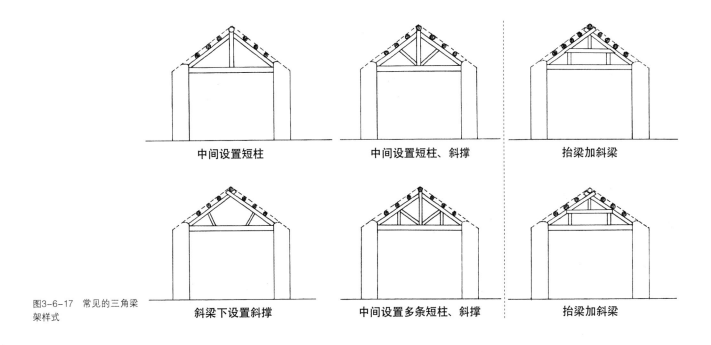

| 中间设置短柱 | 中间设置短柱、斜撑 | 抬梁加斜梁 |
| 斜梁下设置斜撑 | 中间设置多条短柱、斜撑 | 抬梁加斜梁 |

图3-6-17 常见的三角梁架样式

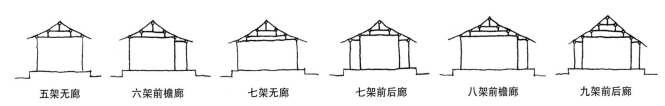

| 五架无廊 | 六架前檐廊 | 七架无廊 | 七架前后廊 | 八架前檐廊 | 九架前后廊 |

图3-6-18 常见的抬梁式梁架类型

鲁中山区"抬梁式"梁架样式表 表3-6-4

名称	梁架样式简图	照片	备注
五架无廊			为鲁中山区存在最多的抬梁式梁架样式，有立柱和不立柱两种。立柱的五架梁梁头搭于柱子上，柱子砌于墙内。不立柱的梁头直接置于前后檐墙上。见于李家疃村、蒲家庄村、南文字村等
六架前出廊			建筑五架梁设前出廊为六架，檐柱上设穿插枋、抱头梁、檐檩，并出挑屋面。通常无不立柱做法，特殊情况可后檐墙承重。且做法较为常见，如南文字村。李家疃村有将其前檐墙移至檐柱处，金柱立于室内的做法
七架前后廊			建筑七架前后廊用于民居中，多仅前出廊，后檐墙移至后檐柱位置，后金柱立于室内。特殊情况下可后檐墙承重。见于南文字村、乔家庄村

名称	梁架样式简图	照片	备注
七架无廊			此为七架无廊式的变式，可柱子承重，也可墙体承重，见于西岩店村
七架硬挑前出廊			此为七架无廊式的变式，七架梁硬挑出墙外进行挑檐。可柱子承重，也可墙体承重，也可根据其空间需求调整其前檐墙和"金柱"的位置，见于西岩店村
九架前后廊			九架前出廊用于民居中，多仅前出廊，后檐墙移至后檐柱位置，后金柱立于室内。特殊情况下可后檐墙承重。见于常庄村

同，主要有茅草屋面、瓦屋面和石板屋面三种。其中，石板屋面多存在于南部枣庄地区。

（一）草顶屋面

草顶屋面原本是最为常见的屋面形式，其工艺简单，材料易取，但容易损坏，现遗存不多，多为后期修缮。草顶做法简单，分为铺"箔材"、苫背、铺麦草、做屋脊四步。梁架完成后需先铺"箔材"以承屋面，"箔材"多有秫秸箔、苇箔、玉米秆等，现多用秫秸箔（图3-6-19）铺设。从下往上一层压一层铺设固定，其各交界处用黄泥封好，其上做一层苫背层，苫背层多为黄泥，但各地区可能有所不同。泥上再铺麦秸草，麦秸草事先要成捆绑好，之后再一捆一捆地往上铺，从下往上铺，每铺一层在麦秸草顶部抹黄泥，固定住麦秸草，然后一层层往上铺，直到正檩出相交叠。做屋脊时，先加一层黄泥，连接屋顶两坡上的麦秸草，然后将麦秸草从

中间稍稍弯折盖于屋脊之上，其上再墁一层泥，即固定屋顶麦草防止其散落，又有防水的作用，防止正脊各层交接处漏雨。本区域内的各地区也有不同的屋脊做法，山区部分用石板压于草顶之上作为屋脊，有的直接在屋脊处盖瓦。

图3-6-19　秫秸箔、麦秸草

草顶屋面的做法中，其檐口挑檐拔檐都是用石板铺砌而成，墙体之上直接铺一层石板做挑檐，其前后檐墙处，苇箔直接置于前后檐口的石板上，并用黄泥固定。两侧苇箔直接铺到拔檐石板内侧，山墙处拔檐石板上方立砌块石，似垂脊样式，屋顶在两"垂脊"间铺设麦秸草。（图3-6-20、图3-6-21）

（二）瓦顶屋面

瓦顶屋面是本区域内分布最广的屋面形式，各地区都会有瓦顶建筑的存在，其中干槎瓦做法居多，也有部分建筑采用仰瓦灰梗屋面，只有极少数的重要建筑会做仰合瓦屋面。瓦顶屋面工艺有铺望砖、苫背、砑瓦和做脊四步。瓦顶屋面多为抬梁式屋架，檩上设置木椽，椽木分为两种，一种是扁方椽，另一种是半圆椽，其中方椽多为常见。椽子两端搭在檩上用钉子钉住，其搭接方式有三种：一为椽子头对头搭接；二为椽头相邻错位搭接；三为椽头等距错位搭接（图3-6-22）。其中，头对头的搭接方式较为少用，该做法虽然使得室内屋面整齐有序，但是其中无挡口，望砖容易下滑，此做法中一般会将檐口的最后一层椽木错位搭接。檐口设置飞椽，飞椽前段上方设置连檐，且多数建筑会在檐口飞椽上铺两行望板替代望砖，这种做法不仅使飞椽连接为一个整体，也有利于防止望砖的下滑。传统民居中除檐口附近一般不铺望板，多为望砖或苇箔，其中望砖最为常用。望砖在民间也被叫作"芭砖"或"砖芭"。铺设望砖时，需将望砖两侧搭置于椽子的中线上，从下往上一层一层铺设到顶。

"铺望"完成后进行苫背工作，即在望砖层上抹泥灰，传统民居建筑多用滑秸泥。滑秸泥为黄土、麦秸（即滑秸，麦秸长度不宜超过5～6厘米）与白灰加水掺和而成，其中白灰与黄土的配比在3：7～5：5，泥灰与麦秸的配比约5：1（均为体积比）。苫背通常苫2～3层泥背，每层厚度不得超过5厘米，泥背太厚反而容易开裂。较为讲究的建筑在苫完每一层后进行"拍背"，即用拍子拍打泥背，以拍实为准，可增强泥背的抗冻性和防水性，也可减少开裂。泥背完成后需进行"晾背"，既使得泥背内水分蒸发防止望砖酥碱和木椽糟朽，又可使泥背干后收缩开裂，也叫作"放裂"，使得下一层苫背抹泥时可以将两层更好地结合。

图3-6-20　草顶建筑（东辛庄村）

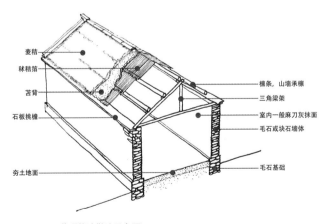

图3-6-21　草顶构造做法示意图

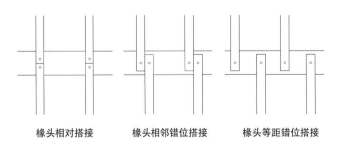

图3-6-22　椽头搭接方式简图

苫背完成后，进行屋面砸瓦，屋面砸瓦分中、号垄和排瓦，也叫作"分中号垄"，这是确定瓦垄位置和屋面平面的定位工作。后砸边垄，用以控制瓦面的高度和囊相（即屋面的曲线形式），然后拉线进行屋面砸瓦。

砸瓦常用灰泥或滑秸泥。根据不同的砸瓦形式分为四种：干槎瓦屋面、仰瓦灰梗、合瓦屋面、筒瓦屋面。本区域内最为常见的屋面做法为干槎瓦屋面，其次为仰瓦灰梗屋面，筒瓦屋面最为少见。（表3-6-5）

花瓦样式表   表3-6-5

名称	套砂锅套	短银锭	鱼鳞
花瓦样式			
照片案例			
村落	李家疃村	李家疃村	李家疃村
名称	筒瓦鱼鳞	板瓦锁链	板瓦锁链
花瓦样式			
照片案例			
村落	李家疃村	城南村	城南村

1. 干槎瓦屋面

干槎瓦屋面是山东地区最为常见的屋面形式，屋面几乎没有囊，为仰瓦瓦垄相互压叠编织在一起的屋面做法，其屋面没有盖瓦，瓦垄间不做灰梗。该屋面轻巧省料且防水性能好，体现了中国古代工匠的智慧。此做法需要瓦件相互搭接，无蚰蜒当，因此其对瓦件的规格要求严格。在砸瓦前需要先套瓦，即将瓦件与样板瓦进行比对，误差在2毫米以内的为可用瓦件。规格不同的瓦件不能用在同一瓦垄之中。干槎瓦屋面苫背层较其他做法相对厚些，苫背后需将泥背抹平，其屋面近乎无囊，坡度一般大于30°。砸瓦时，需先"分中"，找出屋面的中线作为第一垄瓦的中点，从中间向两侧摆放。先中间一垄，大头朝下摆放两块瓦，第二垄先放一块大头朝下的，此瓦应架在两侧垄第一块瓦的瓦翅上，再放一块小头朝下的瓦，盖住两侧垄的第二块瓦，除此之外，其他瓦都应该大头朝下。其后第三垄瓦参照第一垄，第四垄瓦参照第二垄，依次往下，使得两垄之间的瓦相互编搭在一起形成瓦面。（图3-6-23、图3-6-24）

图3-6-23 干槎瓦屋面（南文字村）

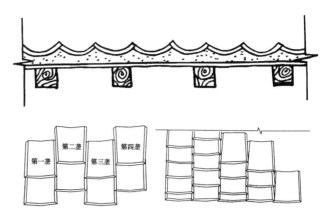

图3-6-24 干槎瓦构造做法示意图

2. 仰瓦灰梗屋面

仰瓦灰梗屋面做法较为不讲究，即板瓦、仰瓦做底瓦后不做盖瓦，而是用灰在瓦垄间堆抹呈筒瓦样式的灰梗（图3-6-25）。

3. 合瓦屋面

合瓦屋面多用于较为讲究的民宅之中，也称作阴阳瓦，即用板瓦做底瓦和盖瓦，按照一正一反错垄排列（也可谓"一阴一阳"）。为了加大走水挡，方便排水，通常底瓦要比盖瓦大一号。（图3-6-26、图3-6-27）

4. 筒瓦屋面

筒瓦屋面是板瓦做底瓦、筒瓦做盖瓦的屋面做法，在本地区内存在的较少。其做法与合瓦屋面相似，即将其盖瓦换为筒瓦。（图3-6-28）

（三）屋面脊饰

鲁中山区常见排山做法有两种，分别为"荷包式"和"排山式"（图3-6-29），"荷包式"即两瓦件相向合扣，错缝平摆直至正脊位置；"排山式"即传统的排山勾滴做法，尖山通常勾头坐中，圆山建筑通常滴水坐中。

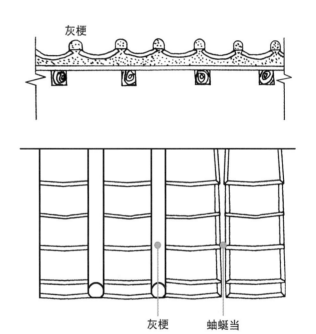

图3-6-25 仰瓦灰梗构造做法示意图

图3-6-26 合瓦屋面常用勾头滴水（乔家村）

图3-6-27 合瓦屋面（常庄村）

图3-6-28 筒瓦屋面（西岩店村）

（a）"武稍"荷包式

（b）有垂脊排山式

图3-6-29 排山样式

图3-6-30 石板屋面（高山顶村）

（四）石顶屋面

在枣庄的部分山区存在用其出产的页岩石板铺屋面的做法。石板屋面建筑的梁架多为三角梁架，屋面无曲线，檩上不设椽木，直接铺设秫秸箔，箔上可薄铺一层泥，也可直接铺设石板。由于石板重量较大，为了防止屋面石板滑坡，因此屋面坡度不宜过大，通常为15°～25°。屋面所用石板为当地直接开采的页岩石片，其大小不一、形状各异，但不宜过大也不宜过小，较小的石板缝隙较多，不利于屋面防雨，而石板较大时，页岩刚度并不是很强，容易发生断裂。为防止屋面

荷载过大,所用石片应相对较薄,其厚度为10～30毫米。(图3-6-30、图3-6-31)

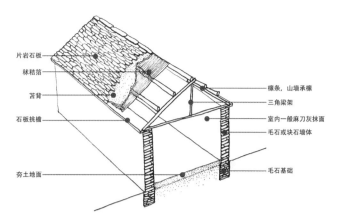

图3-6-31 石顶屋面做法示意图

(五)屯顶屋面

屯顶屋面多存在于鲁中山区西北部靠近鲁西北平原的地区,其屋面多为滑秸泥背屋面。此类屋面通常不做椽子,檩条上直接铺秫秸箔,铺好后可铺一层三合土(即黄土、灰土和细砂混合,其比例配比各地做法不同),其上再苫泥,其滑秸泥约10～20厘米厚,需一层一层地进行苫泥,每层厚约2～3厘米。最后再抹一层白灰。通常每过几年需补抹一层。现存屯顶房多已用水泥等抹面。(图3-6-32)

(六)平顶屋面

平顶屋面也多存在于区域西北部,其屋面做法与屯顶屋面相似,但其建筑墙体高于屋面,形成女儿墙,墙面设置专门的落水口解决排水问题,屋面根据墙面排水口所在位置,设置屋面弧度,可单侧倾斜也可中间高、四周低,形成排水坡度。此类屋顶通常较厚,有屋顶苫泥形成屋面的排水线。为了防止屋面漏水,其灰背与墙体需不留或尽量少留槎子。当灰背与墙体同高时,可在砖檐外侧收槎。当墙体高于灰背层时,可先苫背,后砌女儿墙。(图3-6-33)

图3-6-32 屯顶屋面建筑(梁林村)

五、门窗特点

门窗过梁鲁中山区多直接用三块横木搭在门洞两侧墙体上即可。部分山区内也有直接用一整块条石搭在门洞之上作为门过梁的形式。过梁之下,门洞之中四周各设一块木板以安置门扇之用,谓之"门框"。部分地区不设置门过梁,而是在门洞上方为石砌或砖砌的拱券。有平券、半圆券和木梳背三种样式,该地区内常见的为半圆券和木梳背两种。(图3-6-34)

图3-6-33 平顶屋面建筑(帛庄村)

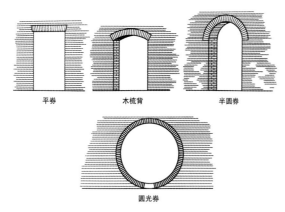

平券　　　　　木梳背　　　　　半圆券

圆光券

图3-6-34　拱券样式（来源：摘自《中国古建筑瓦石营法》）

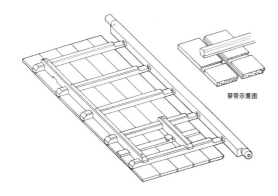

穿带示意图

图3-6-35　门扇的构造做法

有门即有扇，"户"所称的即为门扇。开启门扇则内外通，关闭门扇则空间私密。鲁中山区内多为板门，其门扇为撒带门的做法居多。即用35毫米厚的木板，通过穿带锁合而成的门板样式（图3-6-35）。门板上除设有门轴、穿带外，还设有门栓，即木长条做的门插。较为讲究的建筑中还会设置门钉和门环。门钉是将木板与穿带进一步连接在一起的构件，多为圆形，也有做梅花丁样式的。门环是门的开关，有现在门铃的作用，门环下常设金属底座，为响器，来客人时，叩响门环，通常两侧门扇一侧设置一门环。（图3-6-36）

鲁中山区传统民居中，窗类型多样，按窗洞形状，可分为方窗、圆窗、拱券窗，其中方窗最为常见。按窗的样式可分为直棂窗、方格窗、板窗、套方窗、拐子锦

窗、花窗等[①]，分布较多的为方格窗与直棂窗，经济条件较差的户主常使用方格窗，较为讲究的户主常使用直棂窗，通常做13根竖棂，也称作"十三棂"，由木板木条通过榫卯、搭接、穿插的方式组合而成。（图3-6-37）

直棂窗是出现最早且应用最广的一种窗的形式，其工艺相对简单，由窗框和横竖排列的窗棂组合而成，窗不可活动。其横竖窗棂的组合不固定，样式多变，直棂条多为方形，可按窗洞大小调整竖向直棂条的根数和间距，间距越大，采光越好，但较为讲究的建筑通常使用13根竖棂，横向直棂条样式较多，最为常见的是设置2道横棂于中心处或将窗分为三部分。较为复杂的则是在中间设置3道横棂，窗的上下两端各设置1道或2道横棂。窗内侧可糊麻纸以保温防风。还用一种将方直棂条沿对角线一分为二，形成三角形截面的棂条，将其尖端朝向外侧，竖向排列的直棂窗，也被叫作"破子棂窗"。部分地区还有用砖在外侧按直棂窗样式再砌一层的特殊做法，在这里称其为砖直棂窗。

方格窗是民间最为简单的窗的做法，由横竖的方形直棂条榫卯、穿插而成的方格网式的窗。没有具体的说法要求，户主可根据自家窗的形状进行适当调整，多用于竖向的长方形窗洞中，多位于后檐墙之上。

花窗是窗洞内嵌有图案的窗，其同漏窗相似，在鲁中山区民居中极为少见，多用于有特殊功能或具有特殊意义的建筑中。花窗通常为圆窗，以观赏性为主，民居中花纹较为简单，多以木条拼接而成的纹样为主。

板窗是其中唯一可开启的窗，有单窗扇和双窗扇两种，窗扇的做法与"撒带门"的做法相类似，即用木板通过穿带锁合而成，也设有窗轴。此类窗套多为半圆拱券形。板窗关闭后建筑内部封闭且无光线进入，只有打开板窗才可采光通风，因此通常设置在做仓库使用的建筑二层上。（图3-6-38）

---

① 刘大可. 中国古建筑瓦石营造［M］. 北京：中国建筑工业出版社，1900.

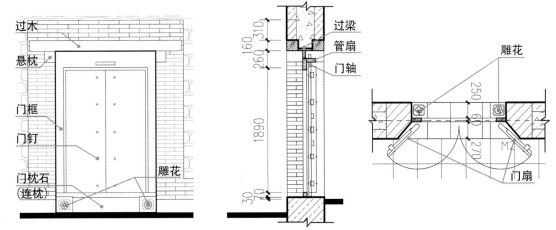

图3-6-36 板门构造
（南文字村）

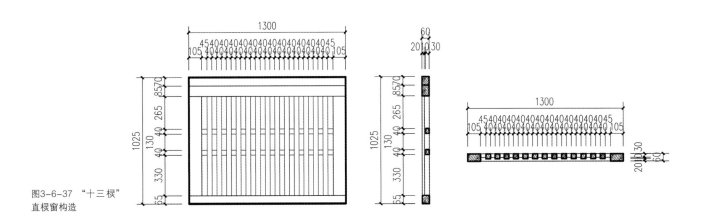

图3-6-37 "十三棂"
直棂窗构造

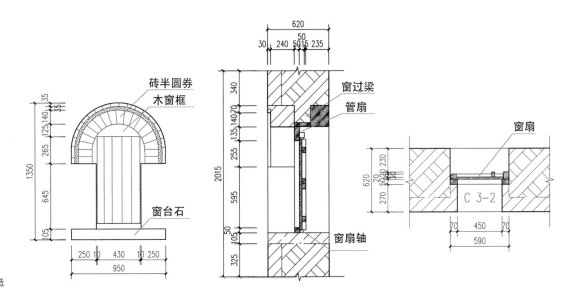

图3-6-38 板窗构造

第 四 章

鲁西北平原传统聚落

第一节　鲁西北平原地理特征

鲁西北平原区域是指山东省内的黄河三角洲西侧、小清河和黄河沿线北侧区域，该地区的生成原因来自于上千年来黄河冲积所形成的泥沙堆积，区域内从古至今都频繁遭受黄河改道、淤堵所造成的洪涝灾害，且该地区同属于温带季风气候区，具有显著的季节变化和季风气候特征，在此影响下，鲁西北地区人文环境和地貌特征有很大的相似性。

综合来看，鲁西北平原所辖区域大致可以分为如下三个类别区域：

一、运河沿线地区

京杭运河自元代开通，开通后对鲁西北区域带来了巨变，运河的影响不仅仅是流域范围内经济上的繁荣，整个运河自南向北形成了一条运河文化带，大量的徽州、苏州以及山西、陕西地区的商人在此经商或迁此定居，促进了运河流域南北、东西文化上的交融，因此目前在运河沿岸仍然存有大量兼具南北或东西风格的民居大院、商业会馆等建筑，具有很高的艺术价值与历史价值[①]（图4-1-1）。

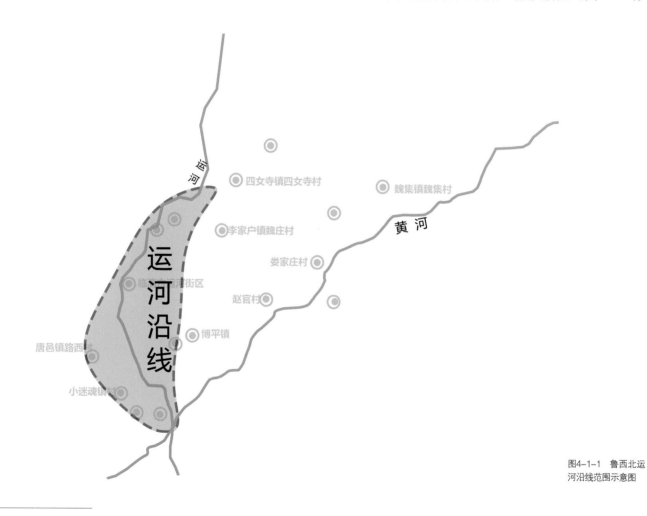

图4-1-1　鲁西北运河沿线范围示意图

---

① 赵鹏飞. 山东运河传统建筑综合研究［D］. 天津：天津大学，2009，6.

图4-1-2　鲁西北黄河沿线范围示意图

二、黄河沿线地区

鲁西北平原的成因是黄河下游几千年来的泥土堆积，黄河河道位于鲁西北地区南侧，沿线地势平缓，土质疏松。相对于成本较高的石、木、砖瓦等材料，黄河沿线广泛的生土资源简单、易取且方便施工，普遍作为该区域乡土建筑墙身屋面等施工材料，从而形成了独具特色的鲁西北生土民居。归纳起来，黄河沿线的生土建筑有两种类型：一是茅草土屋；二是囤顶土屋，这两种生土民居在山东黄河沿线分布密集，是当地民众长期采用的建筑形式。（图4-1-2）

三、浅山丘陵地区

鲁西北南部靠近鲁中山区，地势海拔较高，山地分布广泛。尤其在济南长清、平阴等地区山地面积过半，

图4-1-3 鲁西北浅山丘陵区域示意图

石材矿产资源非常丰富，保留有大量以石材为主要材料的传统建筑。

鲁西北东南部的浅山丘陵地区处于中纬度地带，属暖温带大陆性季风气候，冬季和夏季均有5个月，冬季从11月上旬至次年3月下旬；夏季从5月下旬至9月上旬；冬季干旱，雨雪较少；夏季盛行南风，雨量充沛，气候炎热。其气候特征与鲁西北内陆平原有明显差异，尤其是降水量相对集中，由此在建筑的屋面坡度、墙身构造等因素上也存在较大不同。（图4-1-3）

第二节　鲁西北平原区域传统聚落资源及其影响要因

一、鲁西北平原区域传统聚落资源及其分布

目前，鲁西北地区在"乡村记忆工程"和"历史文化名城名镇名村名录"中收录传统文化城镇3个，传统文化村落34个，其中包含中国历史文化名村1个，省级历史文化名村12个，省级文物保护单位15个，中国传统村落12个，省级传统村落26个。以下为鲁西北地区所属名录内的城镇、村落与建筑（表4-2-1）。

鲁西北平原区域传统聚落资源及其分布　　表4-2-1

聊城市	阳谷县乔润街道迷魂阵村、阳谷县七级镇七级运河古街区、东昌府区堂邑镇路西村、东阿县铜城街道郑于村传统民居、东阿县鱼山乡青苔铺村传统民居、阳谷县张秋镇张秋陈氏民居、阳谷县张秋镇张秋山陕会馆、冠县冠城镇南街村南街民居、茌平县博平镇仰山书院、临清市、东昌府区、阳谷县
德州市	武城县李家户镇魏庄村、武城县四女寺镇四女寺村、临邑县德平镇闫家村、宁津县相衙镇村27号民居、宁津县刘营伍乡刘营伍村民居、宁津县柴胡店镇闫集村25号民居、齐河县赵官village镇北一村孟氏民居
其他区域	普集镇博平村、相公庄镇梭庄村、文祖镇三德范村、双山街道三涧溪村、官庄乡朱家峪村、历城区柳埠镇窝巢村、洪范池镇东峪南崖村、榆山街道东蛮子村贤子峪村、孝里镇方峪村、唐王镇娄家庄村娄家祠堂、西营镇天晴峪村传统民居、安城乡兴隆镇村民居、孔村镇前转湾村廉家大院、张夏镇小娄峪村古建筑群、回河镇举人王村卢氏旧居

二、自然条件

自然环境是鲁西北地区传统建筑风格的关键成因，同时决定了当地传统建筑的建造材料与空间尺度，深刻影响了该地区传统营造技艺的产生与发展。鲁西北位于山东省内黄河沿线以北，北靠冀中南，东与胶莱平原相接，京杭大运河贯穿南北，面积约32000平方公里，占全省总面积的21%左右。

（一）地貌特征

在黄河多次决口、改道和沉积的过程中，造就了鲁西北地区以平原为主的地貌特征，其中还交错着一系列高差相差不大的河道高地和河间洼地，在东南部靠近鲁中山区的部分地区存在少量浅山丘陵地区。总体来说，鲁西北地区地貌以平原为主，海拔大多不超过50米，自东南向西北以1：6000～1：10000的比降微倾。同时，黄河泛滥使这一地区土地碱性较大，建筑也因此常采用防碱、防潮措施。

（二）气候特征

鲁西北地区的气候特征同样造就了该地区建筑的地域性特征，很大程度上影响了建筑的空间尺度和形制。当地民间建筑在对自然环境的长期适应下，营造出与气候特点相得益彰的居住环境。

鲁西北地区属于温带季风性气候，年降水量500～600毫米，较为干旱。该地区季节变化明显，春秋多风，雨量较小，太阳辐射强；夏季高温多雨；冬天气候寒冷，常有霜冻雨雪冰雹等天气，所以该地区民间传统建筑大多需要满足保温隔热、通风防潮等功能。

鲁西北与黄河中上游的山西、陕西地区气候环境相似，所以大量地区沿用了类似的生土建筑形式，这种类型建筑具有非常好的保温隔热性能，很好地适应了当地的气候条件，营造出适宜的居住环境。位于东南部的浅山丘陵地区处于中纬度地带，其气候特征与鲁西北内陆平原稍有不同，主要是降水量相对集中，因此建筑屋面坡度较陡，墙身屋面多用砖石以防雨水渗透。[①]

---

① 王朕. 黄河中下游地区的气候适应性研究［D］. 济南：山东建筑大学，2014，10.

（三）聚落营建物质基础与资源

20世纪60年代之前，烧制青砖造价较高，民间建筑尽可能利用现有资源节省建房开支，地域资源决定了营造材料的选择，这对传统营造技艺的产生和发展有直接影响。鲁西北地区民间传统建筑一般使用四种主要材料，分别是木材、石材、干草和生土。[①]

1. 木材

鲁西北地区是黄河下游冲积平原的重要组成部分，该地区地形平坦、土层厚实、光照充足，所以树木种类繁多，木材资源丰富。北温带针、阔叶树是该地区的主要树种，其中包括杨树、柳树、杏树、枣树等，榆木和杨木为鲁西北地区乡土建筑木作的主要材料。

民间传统建筑中木材主要用于梁架和其他屋面构件及装修，其分别属于大木作与小木作，所需木材种类存在较大差异。梁架作为传统乡土建筑中的主要承重结构，既长直又不易折，且鲁西北地区的白杨具有速生、优质、适应性强等优点，木质坚韧，是当地建房梁柱的主要材料。槐木的生长较为缓慢，材质较为细密，常用于制作屋面构件。门窗、家具等选材较为讲究，需注意树木的材质纹理，槐木和梧桐木易于加工，常用于制作门窗和家具。

2. 石材

在鲁西北地区的东南部，地势海拔较高，山地分布广泛。尤其在济南长清、平阴等地区，石材矿产资源非常丰富，保留了大量以石材为主要材料的传统乡土建筑。

不仅在浅山丘陵地区，在经济条件允许的情况下，鲁西北地区传统民间建筑中的地基、墙基等承重部位大多使用石材。石材大料一般加工为条石，用在墙基或下碱处，小料则一般垒砌碎石墙或作墙体内部填充。除此之外，石材在乡土建筑中还用于雕刻装饰，主要用在建筑墀头、门框等部位，一般选用花纹轻浅而单一的花岗石作为雕刻材料。

3. 秸草

秸草在鲁西北传统乡土建筑中常用作铺设屋面，也当作生土墙的骨料和墙身下碱的防潮层。常用的秸草种类包括山草、苇子以及农作物秸秆，种类较为繁杂，其中山草又包括茅草、芦苇、荨条等。秸草在使用之前通常会晒干并编成笆席，用以替代望板或铺设屋面。

4. 生土

几千年来由于黄河冲积泛滥而形成鲁西北黄河冲积平原，泥土土质松软且黏性较大，普遍用于黄河沿线地区的建筑营造。鲁西北地区现存有数量众多的生土建筑，其取材方便，施工简单，取土一般在田地、河床或直接利用地基挖出的泥土，与水、麦秸等材料搅拌在一起用夯筑墙身，或用模具压成土坯砖垒墙。

三、社会环境因素

（一）历史沿革

鲁西北地区在公元前4300年~前2500年的先秦时代，就已产生了璀璨的龙山文化。汉朝时期，鲁西北地区经济发达，百姓富庶，虽然战事频繁，但因上佳的地理位置和自然条件，社会生产力发展迅速，粮食产量富足，商业贸易密集。尤其至隋朝开通了京杭大运河，商业、手工业也得到了快速成长，更进一步促进了鲁西北地区的经济发展。1421年永乐皇帝迁都北京以后，京杭大运河山东段地理位置越发重要，沿线的大量城镇由于漕运的发展日益繁荣。

---

① 刘修娟. 黄河下游流域传统民居类型及特征研究 [J]. 城市建筑，2014（3）:121-123.

（二）社会经济

20世纪60年代以前，鲁西北地区农民的主要收入依托于农业生产，该地区村落选址最先考虑的因素是生产资料丰富、生活条件方便。最佳的选址往往是靠近土壤条件好、肥力高且灌溉方便的稳产、高产之地，而耕地的数量与耕作半径决定了相邻村落间隔的距离和村落规模。总体来说，鲁西北地区农业经济发达，相较于鲁中山区和黄河三角洲人流量更为密集，村落布局也更紧凑。随着农业资本的集中，封建地主实力的加强，形成了多进并排的院落，集合居住、防御于一体，例如齐河县赵官镇北一村孟家大院。

伴随着运河投入使用，沿岸聚落商业兴起，鲁西北地区的手工业和商业日趋增多，促使运河沿线地区建筑形式趋于多样，兴建了大量的会馆、书院等建筑，同时产生了许多小作坊，后发展为店铺式民居。这些作坊与民居沿运河聚集逐渐形成了聚落，如临清的古中州、德州的豆腐巷等，其形成都以运河贸易为基础。

（三）交通条件

鲁西北地区文化的发展与交通条件有很强的关联性，交通是文化进步的前提条件，也间接影响了该地区地域建筑特征的形成。在这方面，京杭运河沿线区域最有代表性。尤其明清两代河运的发达，运河沿线商贸云集，促进了聊城、德州等沿线城镇经济的繁荣。伴随着经济的兴盛，建造技术也得到了长足的发展，在运河沿线地区出现了许多同时融合南北风格的建筑，促进了我国传统建筑形式发展的多样性。

（四）鲁西北地区传统文化的渊源

鲁西北地区面积3.2万平方公里，在这广袤的区域内拥有丰富的文化资源，该地区传统营造技艺的发展深受这些地域文化的影响。

1. 儒家思想

儒家学说发源于鲁西南地区，是我国北方地区的主导思想，鲁西北地区的营造习俗和建筑形制受其影响深远。同时传统建筑作为儒家学说的载体，也充分表达出儒家的思想观念。礼、仁、中和是儒家学说中的核心思想，反映在鲁西北民居建筑中则表现出礼制、内向性、尚祖制等特点，建筑形制遵循"守中""对称""平衡"等规律，院落布局内外分明、尊卑有序。鲁西北民间传统建筑强调等级划分和宗族意识，同样与儒家思想所提倡的"以血缘为纽带，以道德为本位"的思想相互呼应。[①]

2. 运河文化

在我国历史上，经常发生民族的迁徙与流动，而这种人员流动可以最直接地促进不同地域之间的文化交流，形成不同文化的相互渗透与融合。在鲁西北地区的历史上，由于大运河的开凿产生了多次大规模的民族迁徙，外来百姓沿运河而移，逐运河而居。随着经济的快速发展，大运河沿线区域人口增长迅速，至清嘉庆时期，流经区域的江苏、浙江、安徽和山东四省人口密度均列于全国前四位。

早期的鲁西北居民的生产多以农耕为主，民居以村落而聚，遵循日出而作、日落而息的生活方式。运河贯通后，随之而来的商业生产模式对运河沿线聚落的传统生活方式带来了巨大的冲击，同样改变了运河沿线区域的聚居模式、房屋布局和建筑形制。安徽、江苏等地区迁居到鲁西北地区的商人在建造房屋时，大多请其本地的匠人前来修建，但又同时或多或少地融入了自己的家乡元素，形成了兼具南北风格的建筑形式，例如临清钞关片区的汪家大院、德州竹竿巷的张氏民居等，这些建

---

① 赵鹏飞. 山东运河传统建筑综合研究［D］. 天津：天津大学，2009，6.

筑一般规模较大且做工精致，外观风貌既有北方建筑的大气又不失南方建筑的细节。

3. 黄河文化

黄河是华夏文明的诞生之地，是中华民族的基础文化所在地。不论从建筑形式、院落布局、建筑技术还是建筑材料上，鲁西北传统民间建筑在一定程度上继承了黄河上游沿岸民居的整体风格。在明永乐年间，因黄河上游战乱导致饥荒四起，山西、陕西地区的大量人口沿黄河迁徙至山东。这些移民中有许多手工艺人，尤其是精通山西、陕西地区民居建造的泥瓦匠、木匠等，现存的许多出自于这些西北匠人的鲁西北民间建筑，至今仍带有明显的西北地区建筑特点。鲁西北地区传统建筑继承了中国北方传统梁柱体系，凡是经济较好的人家，普遍采用"四梁八柱"的抬梁形式。该地区民间建筑中生土房分布广泛，且营造过程中原始的打夯技术、囤顶作法都有西北地区民居的特点。[①]

第三节　鲁西北平原区域传统聚落特点

鲁西北现有传统聚落基本形成于元代至明初、明至清两个时期，村落和街巷的形成与发展也在一定程度反映了当地社会的变迁。聚落的形成原因包括移民迁入、躲难逃荒等多种因素，与自然经济和社会变革均有关系，村落所表现出的空间形态也各不相同。

一、聚落布局

在鲁西北地区传统聚落中，当地的自然环境与社会条件是影响村落形态及街巷格局的决定性因素，折射了居民生产生活、交往贸易等方面的需求，这些影响因素共同塑造出村落空间和街巷格局。根据传统村落平面边界闭合图形的形态特征对其进行分类，鲁西北传统村落分为团状布局村落、带状布局村落两种基本类型。

（一）团状布局

聚落团装布局方式在鲁西北地区最为常见，多处于平原地区，村域范围内一般很少有山脉、河流等制约性因素，聚落布局规整。村落内基本道路是东西方向的主路连接南北方向的宅街巷路，巷道纵横，接近垂直交叉，划分规整，街道布局形态类似于网状（表4-3-1）。

聚落内每一个家庭院落为一个单元，院落平面基本为合院式布局，这些院落像棋盘一样呈南北向排列成行，又称棋盘式布局。棋盘式布局的特点是建筑采光良好且街巷利于通风，夏季的平行风向可以为村落交换空气、降低温度，这种布局方式对所处地区的自然气候特征有着充分适应性。

（二）带状布局

带状布局的村落大多只有一个线形要素形成外延主导，村落内的建筑沿其生长，这些带状要素大部分是道路、河流等外在制约或引导因素（表4-3-2）。

鲁西北地区的带状布局村落主要集中在两个区域，第一，运河沿岸，村落沿运河的两岸依河修建，呈线性

---

① 赵鹏飞. 山东运河传统建筑综合研究［D］. 天津：天津大学，2009，6.

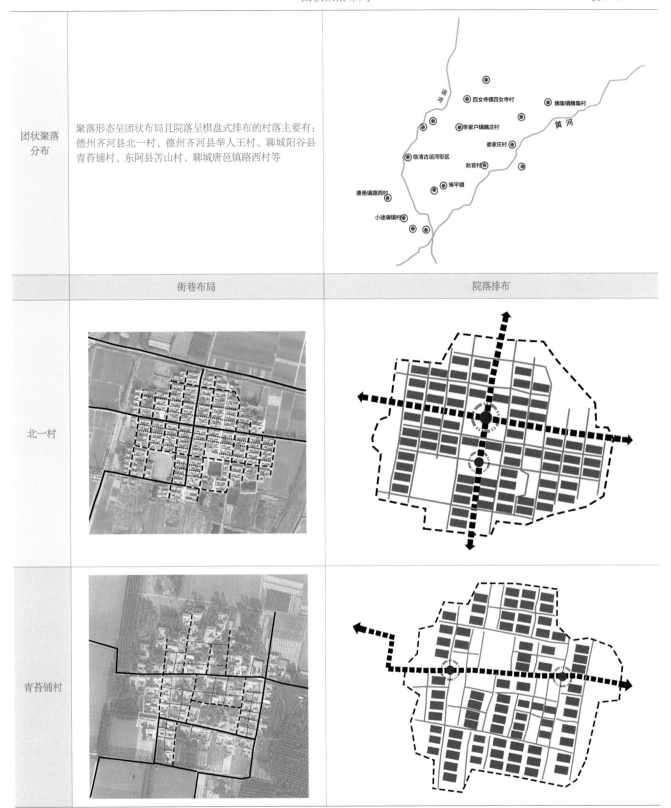

团状聚落分布	聚落形态呈团状布局且院落呈棋盘式排布的村落主要有：德州齐河县北一村、德州齐河县举人王村、聊城阳谷县青苔铺村、东阿县苫山村、聊城唐邑镇路西村等	
	街巷布局	院落排布
北一村		
青苔铺村		

带状聚落分布	聚落形态呈带状布局且院落呈鱼骨状排布的聚落主要有：聊城市张秋镇七级村、临清钞关古运河街区、平阴县东峪南崖村、平阴县方峪村、阳谷县小迷魂阵村等	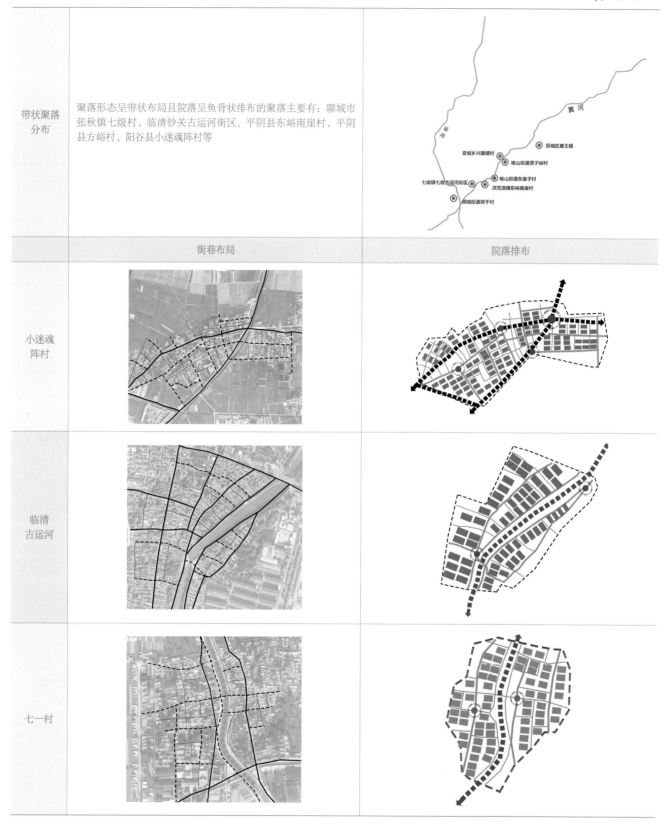
	街巷布局	院落排布
小迷魂阵村		
临清古运河		
七一村		

布局，村落主干道与河流平行；第二，次要街道与主干道交叉连接成鱼骨状，将所有住户连为一体。这种布局方式可以使得沿岸居民更好地利用运河资源，方便居民出行和蓄水抗旱，充分体现了当时匠人的营造智慧。

此外，另一部分带状村落集中在鲁西北地区东南部的浅山丘陵地区，山地地区限制性因素较多，村落布局只能朝一个方向展开，通过自身组织形成一条线性的街巷交通空间，村落单体建筑沿着这条主体公共空间聚集与发展，从而使聚落的轮廓呈现带状特征。

二、街巷肌理

在鲁西北地区的传统聚落中，街巷鲜有统一的规划，街巷形成及发展一般出于自发性和适应性。最初的居民搬迁至此，逐渐形成主街，随着人口的逐渐增长，相互为邻，建起新的院落，形成各个支路巷道，并逐渐发展成为现有的村落街巷格局，并仍在使用需求的基础上向外生长。

人员交往是街巷所起到的主要功能，除此之外，在村落主路人们经常自发地形成集市，相互买卖，而在支路巷道和拐角处则存在许多驻足空间，是当地居民茶余饭后的交谈场所。笔者通过对鲁西北传统聚落街巷调研，根据尺度、功能、使用频率等因素将其分为主街、支路、巷道三级。

同时，鲁西北平原地区与浅山丘陵地区的传统街巷尺度存在普遍差异。山地丘陵地区限制性因素较多，街巷在延伸生长的过程中需尽量适应地形，所以主街、支路和巷道的尺度都比平原地区要小。

通过选取平原地区的阳谷小迷魂阵村、阳谷七级镇、茌平博平镇、聊城路西村、临清中州古城、冠县南街村六个聚落和浅山丘陵地区的东阿苫山村、平阴东峪南崖村、长清贤子峪村、方峪村几个聚落为重点研究对象，详细测量其街巷尺寸，对比研究鲁西北地区传统村落的街巷空间（图4-3-1）。

（一）主街

主街多为一级道路，鲁西北平原地区主街的宽度一般在6~10米范围内，丘陵地区在5~9米范围内。主街是聚落中主要与外界联系的道路，整个聚落对外都通过主街进行人流的疏散和物流的运输。其街道空间较开

（a）平原地区街巷研究对象

（b）浅山丘陵地区街巷研究对象

图4-3-1　街巷调研对象

阔，在聚落中的位置一般靠近中央，穿村而过。除此之外，主街还承担着绝大部分商业活动和重要的社会活动，时常会成为当地集市买卖的场所，是三级街巷中功能性最强、使用频率最高的街道（表4-3-3）。

（二）支路

支路属于二级道路，主要供村内居民使用，道路两侧一般会存在少量商业，主要功能是作为巷道与主路的联系性道路。经调研，鲁西北平原地区支路的宽度范围在4~5米，丘陵地区支路的宽度范围在3.5~5米。可行驶非机动车和单向行驶小型汽车，基本满足快速通过的需求。支路的形成存在多种因素，包括建筑兴建，或依附河流、山地，又或者是应生产活动的需要（表4-3-4）。

（三）巷道

巷道为三级道路，经调研鲁西北平原地区巷道的宽度范围在2~3.5米，丘陵地区巷道的宽度范围在1.5~3米，使用人群一般为巷子里的居民。巷道因为使用频率较低，在三级道路中一般是原始形态保持最好的道路，其尺度一般较小，仅能保证单人或双人通行，承担人流疏散和居民交往的功能（表4-3-5）。

主街尺度   表4-3-3

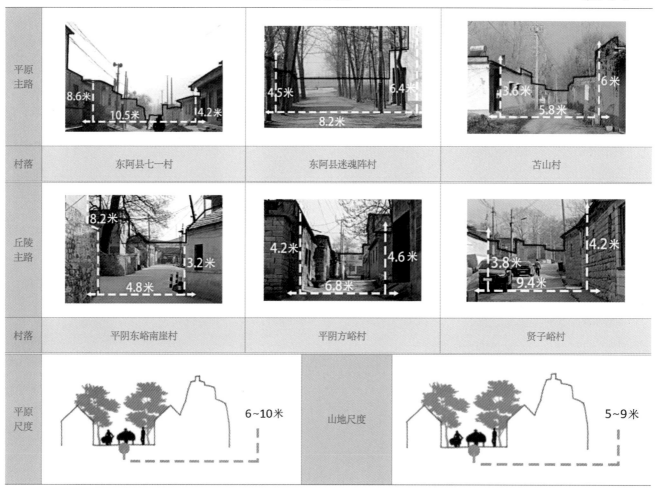

平原主路	8.6米 10.5米 14.2米	4.5米 6.4米 8.2米	3.6米 6米 5.8米
村落	东阿县七一村	东阿县迷魂阵村	苫山村
丘陵主路	8.2米 3.2米 4.8米	4.2米 4.6米 6.8米	3.8米 14.2米 9.4米
村落	平阴东峪南崖村	平阴方峪村	贤子峪村
平原尺度	6~10米	山地尺度	5~9米

184

平原主路	运河七一古街区	北一村	举人王村
丘陵主路	兴隆镇村	前转湾村	贤子峪村

平原尺度	4~5米	丘陵尺度	3.5~5米

巷道尺度 表4-3-5

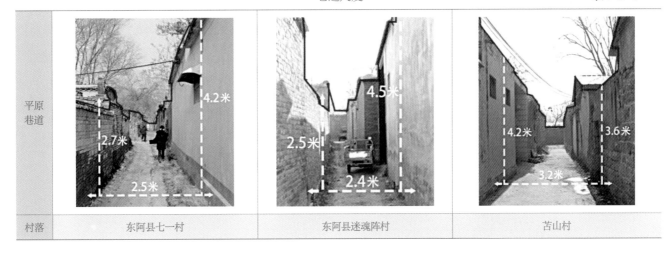

平原巷道	东阿县七一村	东阿县迷魂阵村	苫山村

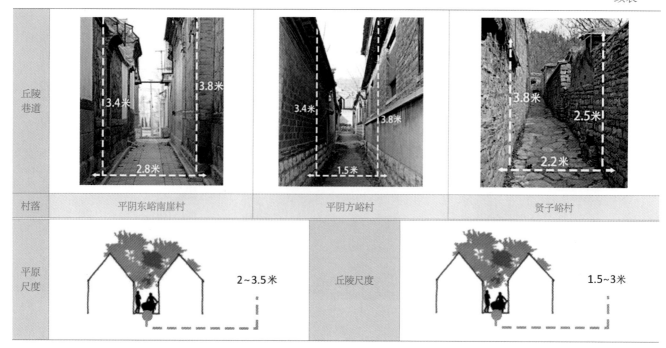

丘陵巷道			
村落	平阴东峪南崖村	平阴方峪村	贤子峪村
平原尺度	2~3.5米	丘陵尺度	1.5~3米

在现存的传统聚落中一般存在大量的街巷转角，这些转角一般形成驻足空间，现代建筑学称之为盲角空间。其一般作为公共空间使用，成为少量人流聚集的场所。驻足空间在鲁西北地区传统村落中十分常见，满足了当地居民的生产、生活需要，可放置石磨等工具，又可供街邻在树下吃饭闲聊。

三、院落布局及空间特征

（一）院落组成

合院式布局是我国北方地区的基本院落形式，这种布局形式反映了鲁西北传统院落内向型的栖居方式和对当地气候环境特征的适应性。在鲁西北地区传统村落的合院形式中，建筑和院墙可组成二合院或三合院等多种院落形式，规模较大的官商宅院则又有多进或并排形式的复杂院落组合。院落的选址布局与所处地形地势联系紧密，平原区域限制因素较少，院落大多整齐方正，而丘陵地区地势变化较大，布局需适应地形，形态相对自由。

当地院落构成元素包括院门、影壁、建筑、院墙以及庭院等其他院落环境要素。院门和门楼作为院落的入口空间，通常代表了院落主人的身份地位，是院落的重要组成要素，鲁西北地区大门一般会偏在一侧以单独门楼的形式出现，如院落中设有倒座，大门可设在倒座梢间位置。大门内侧正对的位置设置影壁，起到阻隔视线和装饰的作用。在鲁西北地区，影壁有两种形式，一是正对大门独立建造称为"一字影壁"，二是紧靠厢房山墙上称为"座山影壁"。院落内一般包括正房和两侧厢房，鲁西北地区大多数民居不设西侧厢房，作牲口棚代替。

院落是乡土民居单元的基本组成，是居民日常生活最主要的活动场所，其布局形式、空间尺度直接反映了当地人民生产生活的使用需求和当地营造技艺的地域特征。

（二）院落形态

鲁西北地区属温带季风气候区，季节差异性明显，资源条件较为有限，并且该地区历史上匪盗猖獗，这些因素使得当地民间建筑形成了朴素、封闭、实用、避免奢华排场的特征。三合院或四合院是鲁西北地区最基本的院落布局形式，受制于经济等社会环境因素，该地区的院落形态类型较为单一，除运河沿线或分散在各区域的官商大院外，民间建筑以单进院落居多，院落中建筑类型以单层的木构瓦房或屯顶土房为主。该地区的典型院落形态可分为三种：

1. 单进合院

单进合院是鲁西北地区民间最常见的院落形式，包括单合院、两合院、三合院和四合院等多种类型。这种院落形式因阔大方正在北方地区又称阔院，比例趋近于矩形。鲁西北地区正房开间多取五间，梁架形式多为五架，房屋进深一般6米左右，较小院落则一般做三架，少数院落规模较大的正房可做七间七架。正方屋顶一般只在官商宅院中做双破硬山起脊，普通民房不起脊或作屯顶。厢房一般多为三开间，屋顶、开间等形制比正房低，大户人家多做卷棚形式。倒座形制与其功能相关，如作储物或厨房使用，则间数少、尺寸小；若住人，则尺度接近厢房。

部分规模较大的院落正房两侧附有耳房，耳房紧贴于正房山墙两侧，后檐墙与正房平齐，前檐墙相对于正房要做退让，这种平面形式与古代官员帽子上所带纱翅相类似，故在当地民间俗称为"纱帽翅"。这种形式通常正房三间，耳房多做一开间，耳房的架数也一般少于正房，檐口更低高度也更矮，屋面形式与正房统一（图4-3-2）。

2. 两接院

两个院落的并联或串联可成组合两接院。两个院落并联的组合形式是入户门正对照壁，照壁左右两侧设门，分别进入两个院落。左右两个院落建筑规格一般相同，院落之间设隔墙，隔墙两侧一般不建厢房。这种并排院落的主家大多是一个家族的兄弟，院落之间既方便联系又相互独立。（图4-3-3）

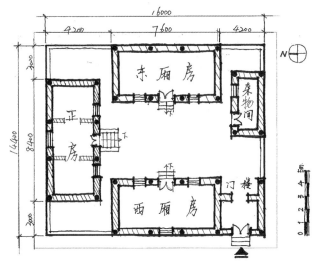

东阿县传刘集镇西苫山刘中元宅院。院落南北长16米、东西宽14.4米。正房开间8.4米，厢房开间7.6米。

图4-3-2 鲁西北平原区域单进合院

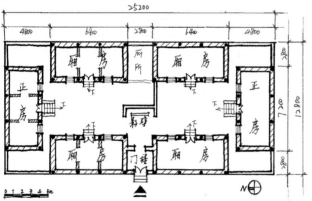

东阿县刘集镇西苫山刘家兄弟宅院，南北两个院落并排布置。院落南北总长25.2米、东西宽12.8米。南北两个院落形制统一，正房开间均为7.2米，厢房开间6.4米。

图4-3-3　两接院并联

3. 两进院

两进院是由院落串联组成，分为前院和后院，后院又叫作内宅，设正房和厢房，一般作为主家居住空间。前院由门楼、倒座房组成，有的还会设有厢房，连接前

后院的一般为月亮门或穿堂屋（图4-3-4）。

另有一些大型的四合院可以在单进院落的纵深方向进一步扩展，形成两进、三进的串联院落，前后院落间通过穿厅或者侧门相连接。极少数的富商大户，将合院串联之后又并联，形成多进多路的院落组合。

4. 前店后宅

鲁西北平原区域邻街居民宅院多有商业功能，通常将店铺与居住相结合，形成"前店后宅"式院落，后院和前院分别设置独立出入口，通过过厅相联系。外院邻街，主要功能是加工制作、经营买卖，内院则用于主家或伙计居住使用，后院正房无规定朝向，可正南也可随院落布置。

这一类型的建筑主要位于聚落的主街，尤其常见于山东运河沿线的传统聚落，在当地被称为店铺民居。在当地，除极少数规模较大的商铺外，经营一般商品的店铺一般不将商铺独立出来，只将沿街的倒座房或厢房稍加改造，面向街道将当心间打开，就可作为简单的商铺来使用。在鲁西北地区只有在汪家酱园等一些规模较大的商家实行雇工制，大部分商铺民居都是家人经营，而他们的居住区域设在店铺后的院落，店铺则设在前院（图4-3-5）。

（三）院落空间处理

鲁西北地区传统民间建筑的空间处理与北方其他地区相类似，空间序列都是以院门为起点，通过围墙及建筑的组织向内逐层展开，空间组织简单又有层次，其特点是对内开敞、对外封闭，而这种空间特点的营造离不开过渡空间的使用，从外到内可分三个过渡空间：

1. 街巷到宅门的过渡

院门主要体现在空间分隔上的作用，与院墙结合将街巷与内院分隔为相互独立的关系，院门除彰显地位、点缀街巷的作用外，也是院落连接内外的通道。

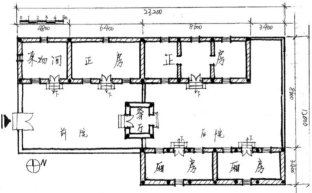

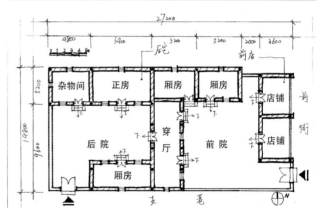

平阴县传统洪范池镇南崖王家民居，此院落为二进院落，前后院落串联布置，其中孩子一家住在前院，父母长辈住在后院，现有院落形制保存完整。院落东西总长为23.2米，南北宽12米，前院正房开间6.4米，后院正房开间8.6米，厢房开间6.2米。

图4-3-4 两接院串联

聊城临清运河钞关街区苗家大院，此院落为典型的前店后宅布局形式，其中在前院和后院各有一个院门。院落东西总长为27.2米，南北宽14.8米，后院正房开间6.4米，前院店铺总开间为9.8米。

图4-3-5 前店后宅院落格局

2. 宅门到院落的过渡

这一过渡空间较为狭小，主要为形成内外空间的对比，也通过过渡空间弱化街巷与院落的比例尺度关系。在这一空间中最为突出的是影壁，其与院门相对应，或独立或附于厢房山墙，狭小的空间强调了其装饰性。

3. 院落到室内的过渡

建筑与院墙的相互围合，形成了传统民间院落空间的尺度关系，尤其多进院落可通过二者的尺度对比创造出不同的空间感。鲁西北院落较为开阔，但同样注重空间的私密性。由院落到室内的转换，等同于半私密空间过渡到私密居住空间，代表了鲁西北传统院落空间上的中轴向心性。

第四节　鲁西北平原区域典型传统聚落

一、阳谷县小迷魂阵村

小迷魂阵村村域总面积约2.33平方公里（约233.0公顷），包括杨庄、东迷、西迷、后迷4个村庄，村庄现状建设用地约71公顷，主要农作物有小麦、玉米等，全村耕地面积约120.0公顷。全村共514户，常住人口2118人，其中杨庄610人，129户；东迷560人，128户；西迷442人，111户；后迷506人，146户。全村人均纯收入约11000元。

小迷魂阵村地处华北断陷盆地的东部边缘，属渤海凹陷地块，地层下部为第三纪红土、沙砾岩和玄武岩，上部为第四纪沉积物。该镇地处黄河冲积平原，由于黄河多次决口、改道和泥沙淤积，逐渐形成了微微起伏的现状平原地形。

小迷魂阵村属东部季风区域暖温带半湿润地区，大陆性气候，四季变化明显，气候温暖，雨量适中，光照充足，无霜期长，形成"冬季干冷、春旱多风、夏热多雨、晚秋易旱"的气候特点。

（一）历史沿革

小迷魂阵村已建村2000多年，原名枣林庄，战国时期齐军将领孙膑在此摆出迷魂阵，大败魏军庞涓，该村遂改名为小迷魂阵村，沿用至今。

（二）修建沿革

村庄雏形位于村庄西部，主要沿西部的迷魂道布局，奠定了村庄布局的基础。中华人民共和国成立后，全民经济水平得到大幅度提高，小迷魂阵的社会经济发展得到了长足提升。由于得天独厚的自然条件和交通优势，村庄向东部、南部及北部拓展的速度进一步加大，新建建筑多为砖木结构、平屋顶的现代风格建筑，与传统格局的囤形屋基本相离，但清晰地表现出村庄发展演变的历史规律。

（三）村落选址及布局

小迷魂阵村位于254省道北部，形状不规则，由居住用地、公建用地及坑塘水面等用地组成，其中绝大部分为居住用地，公建用地主要为村委会、小学、幼儿园、集贸市场、沿街商业用地，分布在村庄的东部和南部，坑塘水面位于村庄中部。（图4-4-1）

按照当地人的说法，小迷魂阵村由东迷魂阵（前迷魂阵）、西迷魂阵（后迷魂阵）两部分组成，包括杨庄、

图4-4-1　小迷魂阵村格局

图4-4-2　小迷魂阵村主街

图4-4-3　小迷魂阵村次街

东迷、西迷、后迷4个村庄。村子的布局是按照八卦的形式排列的，因此，东、西两部分就像八卦图上的阴阳两极，而东、西迷魂阵中间则是一条斜曲的路径。村中的房屋依街道走向而建，斜度不一，朝向各异。（图4-4-2～图4-4-5）

该村为战国时期著名的军事家孙膑智擒庞涓的古战场。当时孙膑和庞涓同拜鬼谷子为师，研习兵法。后来，齐魏相争时，孙膑在阳谷的地面上摆出了迷魂阵，困住了庞涓的大军，还故意在阵的西南方向开了个小口放走庞涓。庞涓逃出后，以为自己脱险了，没想到却进到孙膑的另一个迷魂阵里。最后，在马陵道口庞涓兵败自杀，孙膑从此名扬天下。后来，人们就在这个地方按孙膑布兵的格局建房子，迷魂阵村由此诞生。

图4-4-4　小迷魂阵村胡同

图4-4-5 小迷魂阵村现状航拍

（四）院落及建筑

小迷魂阵村的传统历史建筑为鲁西囤形屋民居。现遗留的囤形屋民居，聚集成片，保存较好，以一进院落为主。一进院落继承了华北平原院落的特点，布局规整严谨，其布局多采用封闭的四合院，由正房、倒座、两厢围合而成。现今根据生活生产的需要不设倒座，简化为三合院或二合院。二进院落在鲁西囤形屋民居中也占一定的比例，一般布局较为简单，各房按中轴线对称排列。（图4-4-6）

村中多数院落占地为东西宽13~20米，南北长15~18米，具体由村情和户主的宅基地而定。一般以北屋为上房，然后确定街门走向，以及厨房、厕所、牲口棚圈的位置。上房以外的左右配房叫作厢房。厨房一般在东厢房的下首或者在上房的东侧房。厕所建在与街门相对的角落。而街门的位置按传统习惯建设，即建于路东的，街门建在西南角；建于路西的，街门建在东南角；房前有胡同的，街门建在正南处。街门前过于空旷，无物遮拦要盖影壁，除了街门外周围以院墙封闭。

整个院落以上房最高，街门楼次之，东厢房再次，西厢房比东厢房更低，其他附属用房更将之，如牲口棚最低。

囤形屋为平顶房，屋顶呈弧形，夏季雨水多，可以快速流到地面，有的在屋顶的东西两侧垒上女儿墙，做成各种花墙样式，外形美观。囤形屋的屋顶是可以利用的一个上层空间。屋顶用来晒粮食和囤粮，在上面囤粮既通风又防鼠患。

囤形屋是中国传统民居的传承，它的内部梁架结构与抬梁式构架有相似之处，只是檩条的数量要比抬梁式构架少，如三间的囤形屋需要两根梁，十二根檩条，每20厘米的间隔放一根椽子，椽子数量和房子宽度有关。相比鲁西地区的起脊瓦房，一间房子要省一根檩条，省若干砖与瓦。

囤形屋在后墙开的窗子很少，在20世纪七八十年代的砖披房后墙，一般只在中间堂屋的后墙开一扇窗，近年后墙的开窗逐渐增多，只是窗户小且高。在前墙开窗相比后墙要多且大，并有逐年增大的趋势。（图4-4-7、图4-4-8）

山东古城镇和古村落以其悠久的历史文化、众多的历史文物古迹、独特的城市格局和古朴的城市风貌而闻名。改革开放后，对众多城镇及村落进行保护实践，既取得了显著的成就，积累了宝贵的经验，也留下了不少遗憾，积攒了沉痛的教训。当前城镇与村落的保护发展趋势逐步从宏观走向微观、单一走向多元、理论走向实践。

二、聊城市阳谷县七级镇七一村

七级镇，在山东阳谷县东北运河之东，路出聊城市，有古渡（图4-4-9）。唐时此地称毛镇。后来运河开通，穿镇境而过，是运河渡口码头，因修有石阶七级改为今名。元初在此建闸，设官管理，并有兵营驻守，明清相沿。当时阳谷、东阿、莘县均于此设官仓转漕，货运繁忙，来往舟船颇多。南方士子进京赶

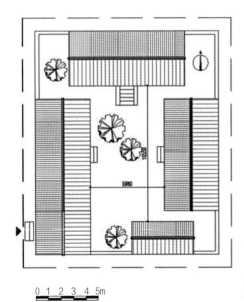

0 1 2 3 4 5m

图4-4-6 典型民居
平面布置格局

图4-4-7 典型囤顶民居正立面

图4-4-8 典型囤顶民居侧立面

图4-4-9 七一村总体格局卫星影像

考、官吏进京述职走运河都要经过此地，名士文人常在此路过停留并有吟咏，康熙、乾隆皇帝南巡也曾幸此。清末漕运停轩，河道废止，该镇工商业发展受到影响，中华人民共和国成立后逐步得到恢复和发展。党的十一届三中全会以后，再次进入新的发展时期，

1984年设七级镇至今。

七一村西侧毗邻运河，东侧紧靠S258省道，位置十分优越。村内区域交通条件较好，基础设施较多，为七级镇镇政府的所在地。村落格局可以形容为：顺应运河脉络，古街凭借运河带状发展；村内民居围绕村内水

体集聚一体，向外围拓展；整个村落借助省道优势，整体呈现沿路长条状形态。村落选址与格局满足生产、生活、适应当地气候地理、方便交通以及加强防御自卫等性能。（图4-4-11～图4-4-12）

选址特点：七一村交通便捷，靠省道，临水系，地理位置十分优越。

聚落形状：南北狭长，东西偏窄的长条状。

街巷：以七级古街为核心，贯通穿插南北的街巷空间格局。

重要公共建筑及公共空间：公共建筑主要分布于村落古街区域，公共空间零散分布于村落内部及外部边缘。

村落整体风貌保存情况：整体风貌存在一定的破坏，保存较好的片区主要位于七级古街。

图4-4-10 七一村运河沿线民居

图4-4-11 七一村近代大街

图4-4-12 七一村近代大街

（一）街巷尺度

街巷根据尺度、用途、使用频率等可分为主街、支路、巷道三级：一级道路为主干道，宽度在5～9米；二级道路为支路，宽度在3.5～5米；三级道路为巷道，宽度在1.5～3米。（图4-4-13、图4-4-14）

（二）院落及建筑

该地最具地域特色的建筑样式是"土培房"，与传统的土坯房有所区别，材料上都是用土，在做法上有所不同。土坯房是把土做成一个个的土坯，而"土培房"是把土和秸秆掺合在一起，反复多次在地上摔打，使得

图4-4-13 七一村街巷风貌与肌理

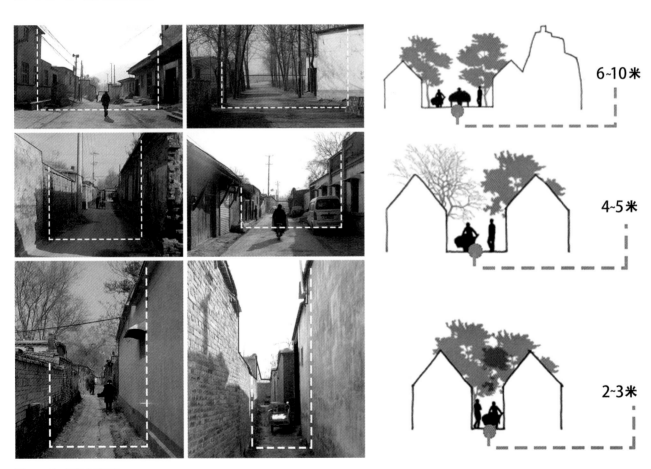

图4-4-14 街巷空间尺度

土和秸秆均匀结合，然后一层一层地"培"起一座座墙体，这就是土坯房与"土培房"的区别所在。这是当地自然环境相适应、相协调的结果，是当地的历史信息、地理信息、生存方式、审美标准、民俗风情等的物化载体。如今，对现存为数不多的"土培房"予以保护势在必行。在建设现代化城市的进程中，对传统建筑涵盖的信息加以合理利用，还可以创造出新的、涵盖更加丰富信息的媒介样式。专家对"土培房"的调研，走向对"土培房"命运的关注。开始从仅仅将文字与镜头定格于"土培房"的审美意趣，延伸到对"土培房"历史成因的辨析，对"土培房"建筑样式、建房习俗的记录，对以"土培房"为核心的农业生产方式、生活方式、民间信仰、节令习俗、人生礼仪等文化的全面梳理。（图4-4-15～图4-4-17）

三、聊城市东阿县苫山村

苫山村地处泰山西来余脉与鲁西平原东南向分界线，因依苫羊山而居亦名苫（羊）山村，黄河由西南向东北绕过村子。苫羊村是鲁西北地区的历史文化古村。苫山村重视耕读，留存有清顺治时期李濠所著的《苫羊山志》，其中记载了苫山村的人文地理和风俗人情。李濠自称村落"山水汇而灵气呈，其间多绣文纬武之儒、异才绝智之士，自是有忠孝焉，有仙释焉。事业文章之大，他乡莫能先焉"。

（一）选址特点

苫山村位于黄河北岸，属黄河冲积平原背河槽洼地，黄河自西南向东北绕过苫山村，古代苫山村整体呈"西高东低、南高北低"的地势。古代苫山村背靠苫羊山，面朝黄河，背山面水，水资源丰富，有大片平原，是适宜居住的风水宝地。（图4-4-18）

黄河冲积平原的岩性主要为厚沙黏土及砾石组成，

方便人们就地取材建造房屋。苫山村不管是水利、交通、防御还是生活资料的获取上都满足人们的需要，是绝佳的村落选址。

图4-4-15 鲁西北平原区域典型沿街铺面

图4-4-16 鲁西北平原区域囤顶房梁架

图4-4-17 鲁西北平原区域囤顶房檐口做法

图4-4-18 苫山村栖居劳作及与地形地貌关系

（二）村落形态

1. 平面形态

苫山村的平面布局是在对气候、水源、地形适应的基础上形成的。苫山村为团状布局村落，东西向和南北向道路交错呈网状布局，具有典型的"梳子式"网格肌理。村落空间格局相对整齐，街巷纵横清晰，建筑布局紧凑。苫山村村落布局主要表现为：一村（一个行政村）、一山（苫羊山）、一庙（三官庙）、一寺（石佛寺）、一祠堂（刘氏祠堂），数座古民居建筑的空间结构形态。苫山村分为东苫山村、西苫山村、前苫山村。东苫山村是建立在刘氏宗族单姓的传承下，以血缘为基础发展的，所以村落布局以刘氏祠堂为中心展开。前苫山村村落布局呈方形分布，作为民间信仰场所的石佛寺位于村落西边主入口处，前苫山村至今仍保留"一街十三巷"的传统特色，传统民居保留较多。（图4-4-19）

2. 竖向空间

原苫山山村因中华人民共和国成立初期大量采石而形成坑塘，深10米多，残留山丘海拔约38米。苫山村在村落布局上顺应独特的地形高差，形成了层次丰富、错落不一的整体布局形式。其中，居住区多位于地势较平缓处，房屋以紧密排列式布局。

紧密排列式：建筑位于平坡地或山谷地带，因为用地紧张，建筑排列比较紧凑密集，相比其他地形地带排列较为规整。（图4-4-20）

3. 水系脉络

苫山村西面和北面有引黄河水修建的干渠和管路沟，用于农田灌溉。东南方向有黄河流经。苫山村水源充足，便于灌溉，适合农作物生长。

4. 交通系统

苫山村道路呈网格状布局，街巷除了具有交通作用外，还起到划分水平空间、提供生活场所、形成景观视觉通廊、景观节点等功用。街道路包括街和巷两种形式，道路宽度因地制宜，与苫山村自然、乡土、生态、亲和的属性相符。

苫山村位于地势较平缓的平原地区，路网布局的场地限制小，以方便居住生活为主要考虑因素。直路多、弯路少，东西向道路较长，贯穿全村。苫山村道路较狭，一方面苫山村人口众多，住房用地紧张；另一方面狭窄多变的街巷格局可以预防土匪。前苫山村"一街

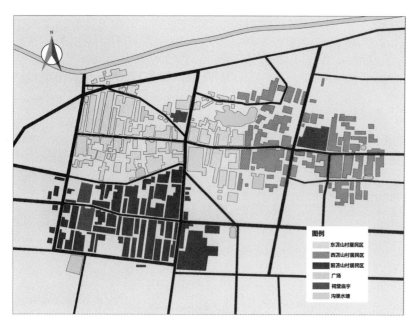

图4-4-19 苦山村聚落平面形态

图4-4-20 平地紧密
排列式

"十三巷"的整体风貌保留较完整，延续了清代鲁西传统民居的风格，有一条东西主街和南北十三条巷子平行排列组成。这样的街巷可以节省造价，同时获得有序的乡村景观。村落的道路承担的交通量较小，只要能方便到达每家每户即可，因此只有局部交织相连成"网"，多数采取尽端式道路。

苦山村的街道宽度基本在1.2~5米，街道宽度与建筑外墙的高度比在0.3~1.43之间。界定街道的界面是院门高度或是建筑后墙。从苦山村进入街道再步入巷道，最后进入各户宅院，形成一个完整的空间序列。从村外农田到村中主干道再到通达自家院落的小巷，空间由开敞逐渐封闭，空间的私密性逐渐增强。这种街道的空间形态与内向型院落一起共同营造了安静祥和、隐私静谧的居住环境，符合中国人对家的要求，满足纷乱时期人们内心对安全感的需求。（图4-4-21）

苦山村的"十三巷"中，大部分仍保留着原有的街巷尺度，地面为简洁朴素的青砖铺设或原始夯土路面，合适的空间尺度和以石头为墙基的民居营造出自然而质朴的街巷肌理。（图4-4-22）

（三）民居院落

儒家"中和"和"仁"的思想对苦山村影响深远。"中和"则建筑布局上多对称的形式，以中轴线为主，两侧设厢房或围以院墙。"仁"则布局严谨、尊卑分明，正房最高最宽敞，厢房倒座次之，院落内主次有序，进门有影壁以保证私密性。

苦山村古村落民居建筑以一开间作为基本单位，以一进院作为房屋的群体构成单位。合院朝向坐北朝南，满足北方日照和采光要求。三合院的院墙内布置正房、厢房和耳房，院落尽可能维持着基本的轴线关系，但受地形影响，随之而变。正房等级最高，厢房次之，耳房最低。部分正房规模因用地受到限制，没有办法保证三间，当地居民将其灵活变通为两间，厢房则由两间减少为一间。（图4-4-23、图4-4-24）

图4-4-21　苫山村街巷风貌与肌理

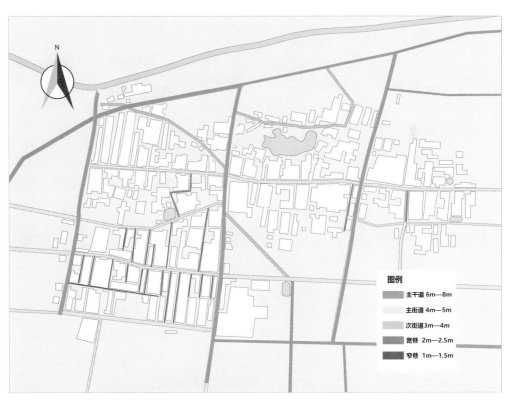

图4-4-22　苫山村的街巷与公共空间组织

图4-4-23　苫山村李学诗故居门楼及沿街建筑立面

图4-4-24　李学诗故居侧门砖券特点

第五节　鲁西北平原区域传统民居建筑特色与风貌特点

鲁西北平原区域多为合院格局，由大门、影壁、正房、厢房、倒座构成。

一、院落大门

鲁西北地区传统院落大门通常为单独门楼，小门楼檐口高一般在2米以内，开间在1.5米左右，大门楼檐口高一般在3米左右，开间为2.5~3米。如院落中有倒座房，大门一般占用倒座稍间，开间为2~3米。

鲁西北地区民间宅居大门种类繁多，常见的以金柱大门、蛮子大门、如意门和小门楼等为主，在门的装饰内容和形式上也体现出了鲁西北地区民间传统文化特色，而且各地依据当地的自然条件利用当地资源作为建筑材料，使得门楼院门的形制特征不尽相同，这种多样性反映了与官式建筑的差异。

（一）金柱大门

金柱大门是鲁西北地区大户院落最常用的大门样式，其形式与北京四合院的广亮大门接近，区别只是在门扇分别安装在金柱或中柱上，门内空间相对外部空间较大（图4-5-1）。

（二）蛮子门

蛮子门是南方商人在北方安家落户时常用的一种形式，其门扇相较于金柱大门又向外推出了一个步架，放置在檐柱轴线位置上，门内空间得到了扩大。由于门扇、门框、抱框等木构件直接暴露在阳光下，容易受日晒雨淋的侵蚀，由此，构件的耐久性方面比金柱大门要差一些。虽然蛮子门比金柱大门级别略低，但在鲁西北地区建造蛮子门的也非普通人家（图4-5-2）。

（三）如意门

如意门的基本形式与蛮子门差不多，区别主要是去除了蛮子门紧挨檐柱的抱框和余塞板，换成砖墙。如意门一般为规模较小的院落使用，大小不一，形式多样，虽略显生冷，但防卫性强（图4-5-3）。

济阳县回河镇举人王村
卢永祥故居（现为卢氏
家祠）正门，形制为金
柱大门，门楼开间为2.6
米，进深4.2米。

图4-5-1 金柱大门

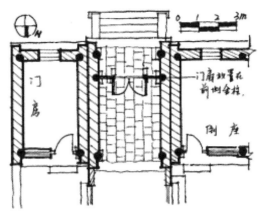

（a）平面图

（b）大门实景

冠城镇南街村南街民居
正门，形制为蛮子门，
门楼开间为3.4米，进深
4.4米。

图4-5-2 蛮子门

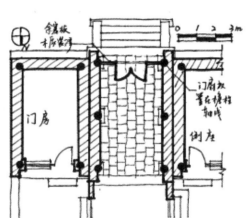

（a）平面图

（b）大门实景

德州相衙镇村27号民居
正门，形制为如意门，
门楼开间为2.8米，进深
4.2米。

图4-5-3 如意门

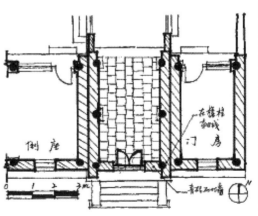

（a）平面图

（b）大门实景

（四）小门楼

一些平民居住的一进院落用地局促，院门随墙而开，虽然仅开了个门洞，但仍要在某种程度上模仿屋宇式大门的形式，故称为小门楼，也叫随墙门。其没有过道，门上做过梁，梁上搭檐瓦，是最平民化的一种院门。

（五）小开间门

这种门楼的特点是门扉在檐柱位置，开间较小，大多与倒座房同高。一种情况是因用地局促或预算有限，又想保留门楼样式的妥协选择；另一种情况是在倒座房中改建而成的小门楼。

二、影壁

影壁是鲁西北地区传统民间院落中院门内的重要装饰，主要作用在于屏蔽视线和装饰院落，彰显主人的身份地位。影壁与院门二者密不可分，互相陪衬，虽影壁体量较小，但是通常设计巧妙、考究，是院落入口处的画龙点睛之笔。

鲁西北地区的影壁形式经调研目前发现有两种：

第一种是紧靠山墙砌筑或影壁直接与山墙连为一体，称之为"座山影壁"（图4-5-4）。这种影壁做法简单，在鲁西北地区的传统民间院落中最为常见，通常是由青砖砌成，由上至下分顶、身、座三部分。顶部用灰瓦铺设檐口，墙身的中心区域称为影壁心，中间雕刻"福""祥"等文字。这种影壁大多只做砖砌或条石底座，不设须弥座。

第二种是位于院门内，建在大门的正面，独立于厢房，平面呈"一"字形，叫作"一字影壁"（图4-5-5）。其规制较高，一般只留存在规模较大的官商宅院。和座山影壁相同，影壁分上下三段，上为墙檐口，可用青砖做多种样式。中间为影壁芯，当地大多用方砖斜向贴成，方砖多为35厘米左右。部分影壁的影壁芯上还做

图4-5-4　座山影壁

图4-5-5　一字影壁

有砖雕图案，图案都是吉祥祈福的寓意，如"松鹤""莲花牡丹""岁寒三友""福禄寿喜"等。底座由青砖砌筑，极少数独立影壁下面设须弥座，等级较高。

三、房屋

（一）平面形制

1. 正房与耳房

鲁西北地区传统宅院北房因"坐北朝南"，故称之为"正房"。它是宅院中最主要的建筑，台基和房屋的尺度都比较高大。在中国古代，房屋等级规制有明确划分，《明史》卷六十七《舆服志》室屋制度上规定："一品二品厅堂五间九架，三品五品厅堂五间七架……六品至九品厅堂三间七架……庶民庐舍不过三间五架，不许用斗拱，饰彩色。"所以鲁西北地区正房多为三间或五间，梁架多为五架或七架梁，部分等级较高的正房前设外廊。正房明间一般用作起居厅，次间或者梢间用作卧室，北方冬季寒冷，卧室中在靠前槛墙或后檐墙一侧常设土炕。

一般官商宅院形制较高的正房两侧会设有耳房，其紧贴正房山墙建造，在鲁西北地区耳房大多只做一间，空间狭小，通常用作储藏室或厨房，也有人家用作卧室或书房，视情况而定。

经笔者调研发现，鲁西北传统正房一般有三种平面形式：

其一，为正房前檐墙立在檐柱的位置上，无前廊，中间一间正房的开间可能稍大。

其二，为正房前檐墙向内退一个步架，立在金柱的位置上，前设檐柱或横梁硬挑形成前廊。

其三，为正房与耳房组合，在正房两边加建进深与高度都小于正房的耳房，形成"纱帽翅"形式（表4-5-1）。

2. 厢房

鲁西北厢房用于居住，多做三开间，架数、进深一般不超过正房，少数院落较大的人家厢房会设前廊。

3. 倒座房

倒座房（南房）一般位于整个院落南侧，后檐墙邻街，一般不开窗户或只能开设高窗。倒座房形制一般按照使用需求而定，如若用作厨房或储物，则做三架，若作居住使用，则做四架或五架。

鲁西北地区尤其是运河沿线区域，如果倒座房邻街，则一般改为经商的铺面房。

（二）立面形制

建筑立面包含了墙身材质、形状以及比例关系等要素。鲁西北地区乡土建筑立面一般分为三个部分：墙基、墙身和屋顶。其中，因为檐口做法多样，又起到墙身和屋面的分割作用，所以将檐口单独论述。

1. 墙基

墙基决定了建筑的稳定程度，由于鲁西北地区经常遭受黄河改道和决口的冲击，所以该地区传统建筑的墙基首先需要坚固牢靠，其次要注意便于施工、易于修葺，故墙基所选材料既要耐用又应方便取材。

鲁西北地区一般用砖石作为墙基，内陆平原地区青砖墙基较多，浅山丘陵地区青石墙基较为常见。砖石墙基具有较高的稳固性，遇到突发水灾时即使墙身被冲倒，利用保存完好的墙基也可以快速重建（图4-5-6）。鲁西北部分区域土地碱性较高，一般会在墙基与墙身下碱的交界处垫一层晒干的稻秆或柏油毡子防止墙体碱化，也被称作"碱角"。

2. 墙身

鲁西北民间建筑墙身形制的主要影响因素包括：气

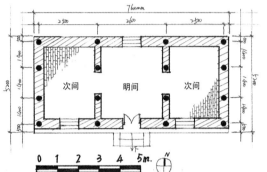

德州刘营伍村李家民居正房，三开间，东西开间尺寸为7.6米，南北进深尺寸为5.2米。其中当心间宽2.6米，两侧次间宽2.5米

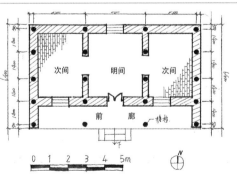

德州前转湾村廉家大院正房，三开间，前出廊。东西开间尺寸为8.4米，南北进深尺寸为6.4米。其中当心间宽3.0米，两侧次间宽2.7米

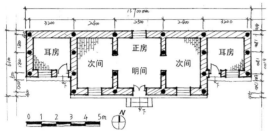

德州北一村孟氏民居正房，三开间，东西两侧附有耳房。东西开间总尺寸为13.7米，正房进深尺寸为6.1米，耳房进深3.8米。正房当心间宽2.5米，两侧次间宽2.4米

（a）砖作墙基　　　　　　　　　　　（b）条石墙基

（c）毛石墙基　　　　　　　　　　　（d）生土墙基

图4-5-6　墙基形式

候条件、材料资源和经济条件。鲁西北民间建筑竖向绝大多数为单层，注重纳阳保暖，房屋墙身厚实，具有良好的保温隔热性能，墙体材料多采用砖、土、石三种。在鲁西北内陆平原，尤其是黄河与运河沿线，气候干燥、降水量小，生土墙体较为常见。而在靠近鲁中山地丘陵区域，石材的使用量较大，出现砖石墙、土石墙，甚至在济南平阴及长清附近地区，许多传统村落的民居墙体全部由石材砌筑。（表4-5-2）

墙身构造   表4-5-2

| 全石墙 | 外石内土 | 外砖内土 | 外砖内石 | 土坯砖墙 |

从经济因素讲，一般青砖墙和加工过的条石墙最昂贵，其次为毛石、乱石墙，土墙最为经济，所以在鲁西北地区的民间建筑中使用青砖条石一般为官商宅院，普通百姓民居多用生土或毛石、碎石作为墙身主要材料。在本书中，笔者按照墙身材料将鲁西北民间传统建筑墙身概括为两大类：

1）生土墙（墙体材料以生土为主）

鲁西北地区，以生土为主要材料的墙体按照立面样式又可分为两类，一是生土夯筑墙身，二是土坯砖砌筑墙身。这两种墙体类型在整个鲁西北地区都普遍存在，尤其在黄河沿线地区分布密集。夯筑又包括土坯和版筑两种做法，而土坯砖墙则是需提前利用模具加工，

其加工方式和青砖类似，只是不经过烧造，尺寸较青砖较大，在鲁西北地区的土坯砖尺寸一般为400毫米×250毫米×100毫米。

该地区多数工匠都将生土与砖石混合使用，从而形成多种生土墙样式。但在黄河运河沿线，生土资源丰富，为节省开支一般墙体自上而下全部使用生土夯筑，一些经济较好的人家或商户宅院，为加大墙身强度，在墙基、下碱和门窗洞口使用青砖，在靠近鲁中山区的丘陵地带，因石材资源丰富，多用石材代替青砖做墙基及下碱。土坯砖墙体因强度较夯土墙稍差，且不耐雨水侵蚀，所以一般必须在墙基和下碱使用青砖或石材。以下为调研发现的鲁西北地区所有的生土墙样式（表4-5-3）。

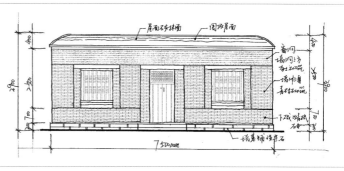

该建筑位于聊城东阿县迷魂阵村，为一座商人期的宅院，墙身下碱由块石砌筑，上身由青砖砌筑，在檐口下侧约半米为生土夯筑。下碱高度为1.2米，檐口下皮高度为3.5米

该建筑位于济南平阴东峪南崖村，墙身下碱由毛石砌筑，上身由生土夯筑，门窗洞口为条石承重。下碱高度为0.9米，檐口下皮高度为3.5米

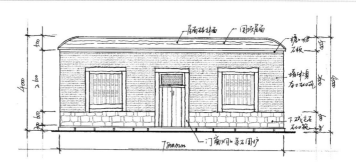

该建筑位于聊城东阿县苫山村，墙身下碱由青砖砌筑，上身由土坯砖砌筑，门窗洞口有木质过梁。下碱高度为1.1米，檐口下皮高度为3.2米

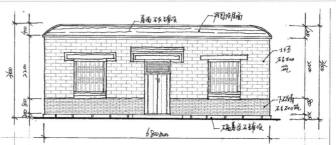

该建筑位于聊城阳谷县小迷魂阵村，墙身下碱由毛石砌筑，腰线和墙身四角用青砖砌筑，上身由土坯砖砌筑。下碱高度为1米，檐口下皮高度为3米

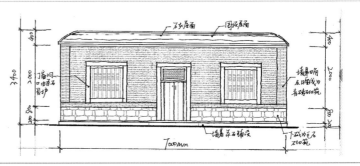

该建筑位于聊城阳谷县小迷魂阵村，墙身全部为生土夯筑，在门窗洞口用条石做支撑，檐口部分用青石板做出挑。檐口下皮高度为2.8米

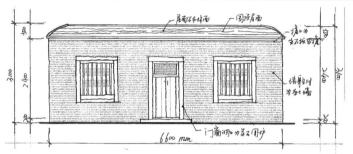

该民居位于聊城东阿县迷魂阵村，前檐墙下碱由青砖砌筑，上身为土坯砖夯筑，门窗洞口和墙身四角为青砖砌筑。东西开间7.4米，至檐口下皮高度为3.2米

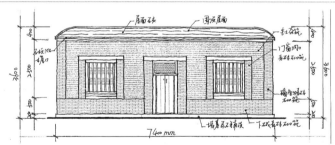

2）砖石墙（墙体材料以砖石为主）

砖石墙身，即墙身材料为青石、青砖或砖石混合，从经济层面考虑，砖石的成本大大高于生土，所以在鲁西北地区使用加工过的砖石砌筑墙体的一般为官商宅院，或是地方家族祠堂。

在鲁西北地区青砖均为地方砖窑烧制，无严格规制，故其尺寸亦因地域不同而规格也有所差异。在鲁西北地区，最常见的青砖规格为290毫米×140毫米×70毫米，个别地区的青砖尺寸较之稍有区别。

墙身所用石料又包括条石、块石和碎石三种。一般条石与块石都需经过打磨处理，多用作墙身下碱，而碎石则即取即用，无须加工，其尺寸较小，多用于墙身上部或作填充使用。

砖石墙体形式多样，首先是全石墙，主要分布在济南长清、平阴等靠近鲁中的山地丘陵地区，当地石材资源丰富，石墙造价较低。全石墙墙体相对于砖墙较厚，一般做内外两层，前后檐墙的外侧石料一般都经过加工打磨，由瓦匠垒砌，做法较为精细，砌筑过程中需仔细注意石料大小，缝隙衔接。墙身内侧所用石料则较为粗糙，尺寸大小不一，随外侧厚度的变化调整。内外两层墙之间的空隙一般用碎石或黄泥填充。

其次是砖墙，主要建筑材料为青砖，石料为辅。条石或毛石一般用作砌筑墙体基础或者下碱，墙身主要用青砖砌筑。这类墙体的造价最为昂贵，只见于官商宅院或家族祠堂中。

这种墙身形式一般窗台以下部分由条石或块石垒砌。和石墙相同，墙身部分一般也分为内外两层，外侧墙用青砖砌筑，大多为淌白墙做法，砖缝间用黄泥黏结，砖缝为0.5～1厘米。根据建筑成本预算，墙身内墙可用砖、碎石或土坯砖砌筑，墙体之间的空腔用黄泥灌浆（表4-5-4）。

砖石墙身	表4-5-4

该建筑位于聊城东阿县青苔铺村，为一座清朝时期的地主宅院，建筑墙身全部为青砖砌筑。东西开间7.2米，墙身下碱高度为1.2米，至檐口下皮高度为2.9米

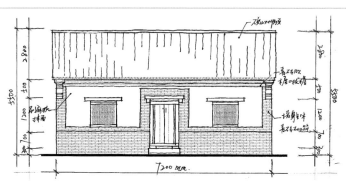

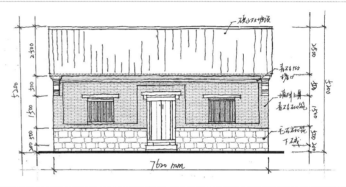

该建筑位于聊城东阿县青苔铺村，为一座商人宅院，前檐墙下碱由块石砌筑，上身由青砖砌筑。东西开间7.62米，地面至檐口下皮高度为2.7米

相较于生土墙体，砖石墙体在山墙处理上手法较多，山墙可分为下碱、上身、山尖三个部分，墙体下碱形制与前后檐墙保持一致，但上身的墙心部分多用碎砖砌筑，外抹麻刀灰，在靠近山地丘陵地区，则或选用毛石砌筑墙心。在鲁西北民间建筑中，墙心形制又分为五进五出软心、普通软心等四种做法（图4-5-7）。

3. 檐口形制

鲁西北地区传统民间建筑中，普通民居的生土房或石头房檐口做法简单，只通过青砖或石板挑出即可。而一般官商宅院或家族祠堂，檐口做法相对复杂，建筑在檐墙上部收口有两种形式，一是露出椽子、连檐等木结构构件，这种叫作"露檐出"；一种是不暴露木结构构件的，叫"封护檐"，而封护檐又有"鸡嗦檐""菱角檐""抽屉檐""冰盘檐"等样式（表4-5-5）。

4. 屋顶形制

在鲁西北地区民间传统建筑的屋顶可分坡顶与屯顶两种形式，坡顶的规制高于屯顶，坡屋顶大多用于官商宅院，形制大多为硬山式双坡，屋面起脊。屋面材料大多为板瓦，屋面坡度较小。在山地丘陵等地区为节省成本，用干草和石片来替代灰瓦。除此之外，在鲁西北地区的传统建筑中还存在少量硬山卷棚顶做法，多用于厢房倒座，做法简洁，一般没有垂脊和正脊，在等级规制上要低于硬山式起脊顶（表4-5-6）。

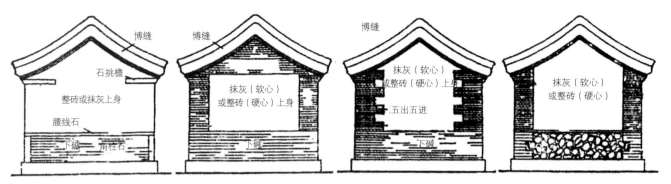

图4-5-7 墙心形制

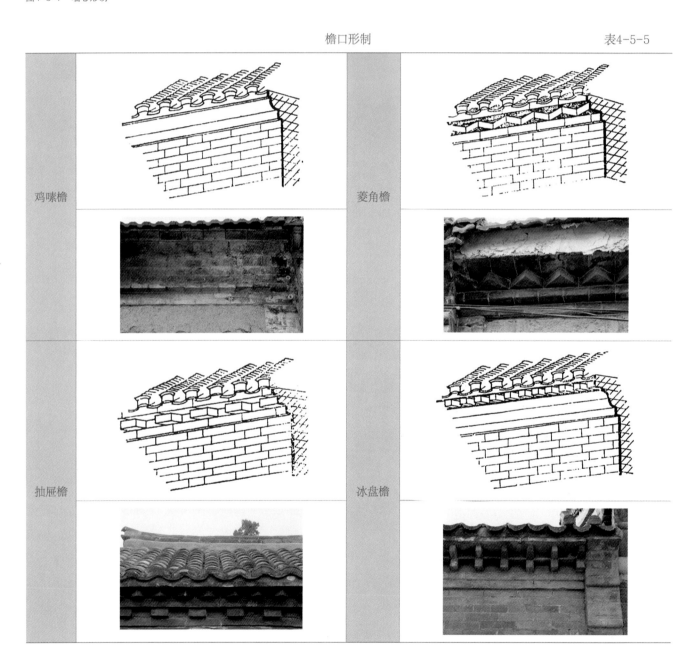

	檐口形制		表4-5-5
鸡嗉檐		菱角檐	
抽屉檐		冰盘檐	

该建筑位于济阳县回河镇举人王村，为卢永祥旧宅的正房，前檐墙下碱由条石砌筑，上身由青砖砌筑。屋顶形式为硬山式双坡，东西开间8.2米，地面至檐口下皮高度为3.3米，屋面高度为3.2米

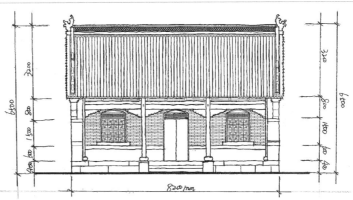

屋面起脊，脊上设有脊兽，因建筑设有前出廊，故双破不对称

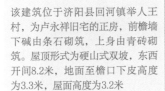

该建筑为卢永祥旧宅前院厢房，使用硬山式卷棚顶做法

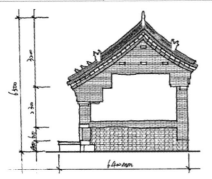

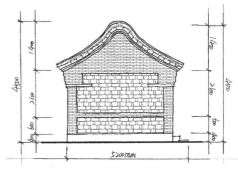

囤形屋顶相较于坡顶，不起脊不挂瓦，前后出檐，房顶通过黄泥铺垫成弧形，最上层在河床中取用红土胶泥压实用于防水，在石灰普遍使用之后，则用石灰替代胶泥。山墙面屋顶前后呈一弧形坡度，屋檐四周压一圈石板或望砖，以利排水。通常经济条件较好的人家在檐口上筑一矮墙垛，并在墙垛上打孔，探出若干个约5厘米的水槽，便于将集中到檐口的雨水排出，这种做法能有效保护墙基不受雨水侵蚀（表4-5-7）。

该建筑位于聊城东阿县小迷魂阵村，墙身为青砖、块石、生土组合式墙体。屋顶形式为屯顶双坡，东西开间9.5米，地面至檐口下皮高度为3.35米，屋面高度为0.5米。
建筑山墙面可见屋顶为一流畅的弧形坡面，其最大坡度在10%左右

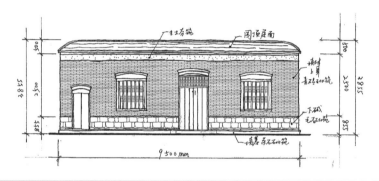

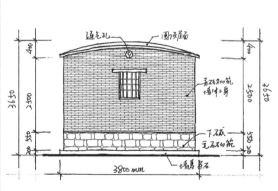

该建筑位于聊城东阿县苫山村，墙身为青砖砌筑。屋顶形式为屯顶，并在檐口上筑一矮墙垛，在墙垛上打孔探出若干个约5厘米的水槽。地面至檐口下皮高度为3.4米，檐口矮墙高度为0.4米

该建筑位于聊城东阿县苫山村。屋顶形式为屯顶，并在檐口上筑一矮墙垛，墙垛上作花脊装饰，在墙垛上打孔探出若干个约5厘米的水槽。

建筑山墙面的檐口上并不设出水孔，且在矮墙垛上不设花瓦等装饰性构件

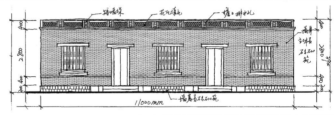

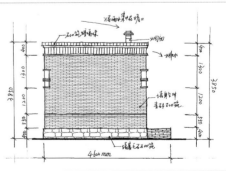

（三）梁架形制

根据笔者的调研，鲁西北民间传统建筑中梁架形式类别可分为三种：分别是抬梁式梁架、三角梁架和屯顶梁架，其中屯顶梁架也可看作抬梁式与三角梁架的变异。三角梁架和屯顶梁架成本较低，常见于鲁西北地区的普通民宅中，而抬梁式梁架则做法复杂、用料较多，主要用于家庙祠堂或官商宅院。

1. 抬梁式梁架

抬梁式也称叠梁式，是我国北方地区最常用的梁架构造形式，其构造方式是在柱子或墙后檐墙上架主梁，童柱搁置于主梁之上支撑次梁，如此类推，最后用穿接枋做横向连接，构成一榀梁架。最后在梁的两端和脊瓜柱上架设檩条，再在檩条垂直的方向上铺设椽板，构成房屋的基本骨架。

一般而言，鲁西北地区民间传统建筑的抬梁式梁架一般以五架梁为主。七檩房屋规模较大、等级较高，只有在城镇的富家正房使用。在本书中，笔者以五架梁作为抬梁式研究的基型，其他类型的抬梁式做法可看作五架梁形式的变异。

五架梁即四步架房屋，其室内空间对于普通人家生活来说最为适当。五架梁房屋的屋顶常做硬山式双坡，屋顶起脊，造型对称。少量使用五檩梁架的倒座或厢房会做卷棚式屋顶。基于五架檩为基型，鲁西北地区的抬梁式梁架又衍生出了以下变化（表4-5-8）。

抬梁式梁架 表4-5-8

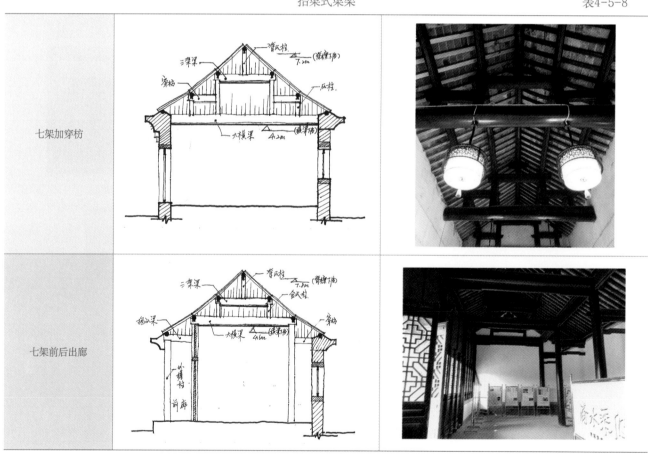

| 七架加穿枋 | | |
| 七架前后出廊 | | |

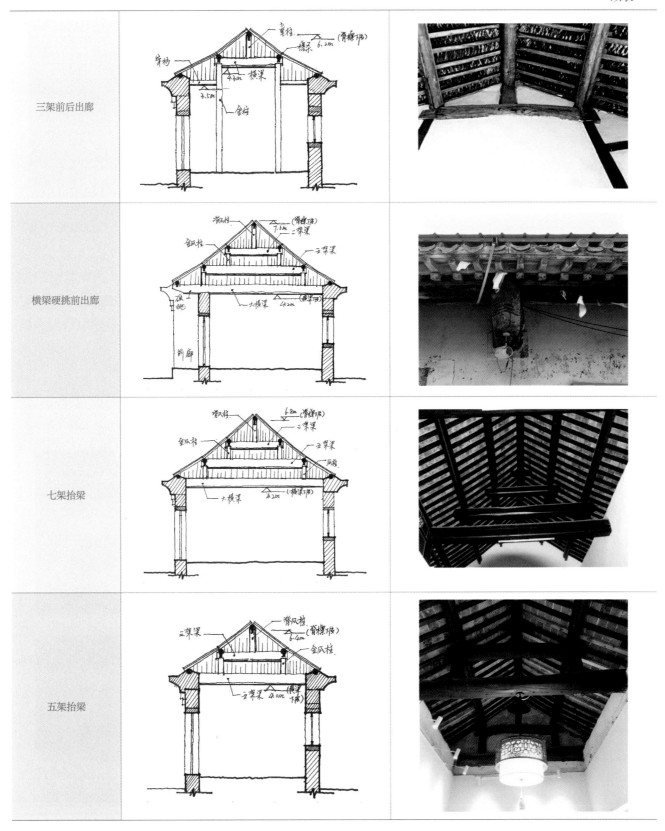

三架前后出廊		
横梁硬挑前出廊		
七架抬梁		
五架抬梁		

七架梁立瓜柱	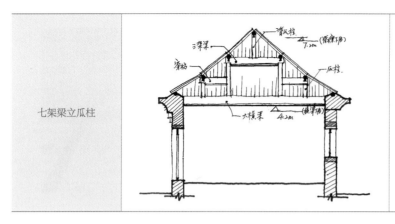	

2. 三角梁架

三角梁架相较于抬梁式等级较低且造价低廉,是鲁西北地区民间建筑最常用的梁架形式,使用两条平行于屋面的斜梁是其和抬梁式梁架的主要区别,斜梁放置檩条。在斜梁底部开榫,使其固定于大梁之上,构成了刚性的三角梁架,内部辅以类似于抬梁的童柱与横梁,将

其整体搁置于柱或前后檐墙上。

三角梁架的主要构件是大斜梁、大横梁和一根童柱,该形式通用于鲁西北各地的传统建筑,是三角梁架的主要形式。鲁西北地区以其为基础形式又衍生出多种变化形式(表4-5-9)。

三角梁架 表4-5-9

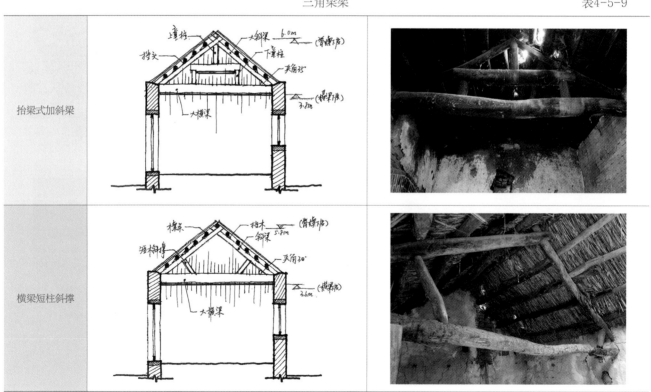

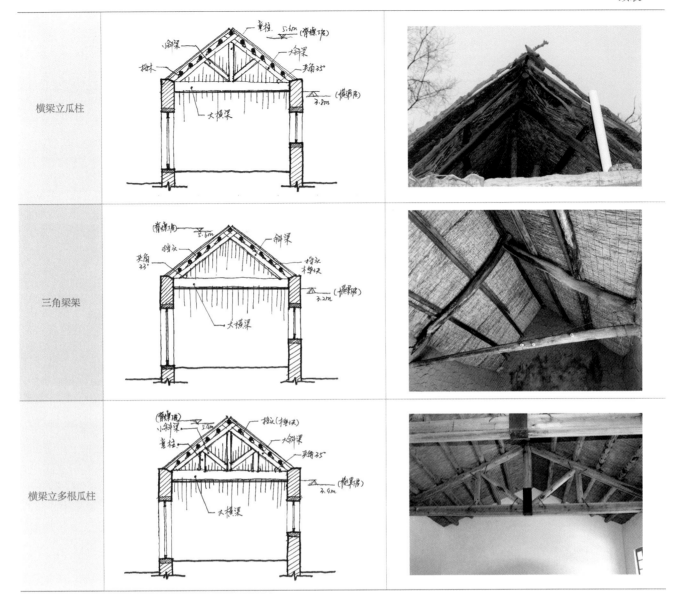

横梁立瓜柱		
三角梁架		
横梁立多根瓜柱		

3. 屯顶梁架

屯顶房的梁架形式与抬梁和三角梁架相似性很强，除去檩条全部用瓜柱支撑以外，其他基本上是抬梁与三角梁架的变异（表4-5-10）。

四、门窗式样与装饰风格

鲁西北地区将民间传统建筑中非承重木构件的制作安装内容统称为装修，宋时称为小木作。按照位置可分为外檐装修和内檐装修两大类，前者包括门窗隔扇、檐下挂落等，主要用在室外，后者在室内包括室内隔断、家具陈设等。

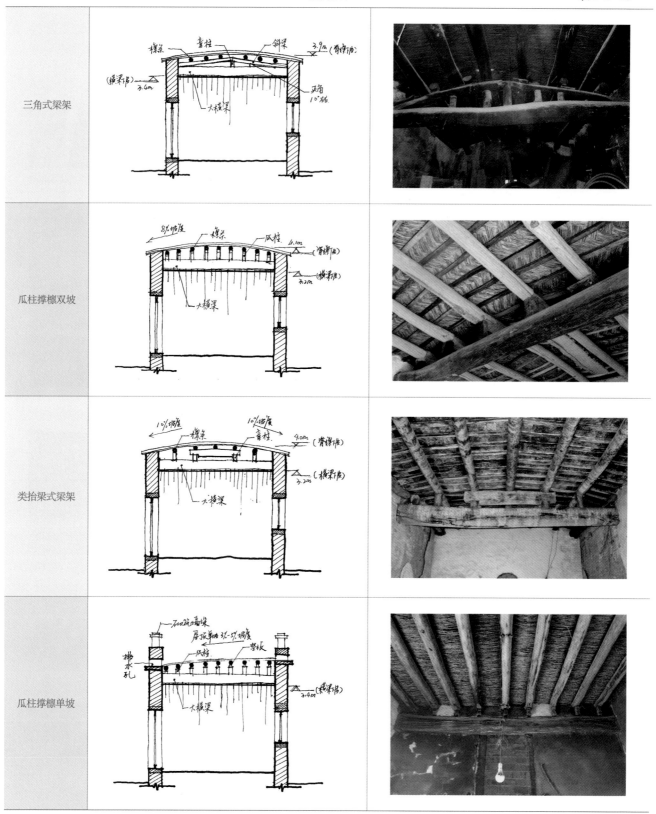

三角式梁架	
瓜柱撑檩双坡	
类抬梁式梁架	
瓜柱撑檩单坡	

（一）房门

板门在鲁西北地区民间传统建筑中的房门中最为常见，以不通透的厚实木板做门扇。房门不仅作为建筑的出入口，还有着分隔室内与院落空间、防卫匪盗等作用，板门具有厚重而结实的特点，满足鲁西北地区居民所需的功能要求。院落正房明间开间较大，多采用双扇板门，宽度大多为1.1～1.4米。偏房与倒座房门宽度略窄，尺寸大多为0.8～1.2米，有时则采用单扇板门。在鲁西北，板门又分为镜面板门与可拆板门。

1. 镜面板门

鲁西北地区房屋板门中，镜面板门占绝大多数。镜面板门一般不设门框，门扇是由多条厚木板竖排拼合钉起，之后用横木在门板的背面钉死，起穿带固定作用（图4-5-8）。

2. 可拆卸板门

可拆卸板门多见于市镇中的商铺建筑，尤其在京杭运河沿线居多，由多块木板插入门板槽中组成。店铺开张时将门板拆下，室内变为半开敞空间，既能招揽生意，又能够增加店铺内亮度；店铺打烊时，再将板门拼回去（图4-5-9）。

图4-5-8　镜面板门

图4-5-9 可拆卸板门

（二）窗

鲁西北地区民间建筑的窗主要有直棂窗、槛窗、花窗、支摘窗等形式，以直棂窗最为常见。通风采光是窗的主要功能，但在鲁西北地区的少数官商宅院中，大多使用花窗或支摘窗，形式多样，具有很强的装饰性作用，样式相较于房门更为丰富。

1. 直棂窗

直棂窗是鲁西北地区最常见的窗户样式，做法简单，样式单一。其形式是窗框内平均竖排着数根木条，与窗框固定，不能开启。除普通直棂窗外，经济状况较好的人家常用一马三箭窗的样式，较普通的直棂窗装饰性强。和普通直棂窗不同的是，一马三箭窗多设置了两条横木，将窗格划分成三层，形式上多了一些变化。在鲁西北地区，直棂窗常装于房屋的外墙，由于其不能开合，私密性较差，当地居民常在窗的内侧安装可以开合的木板窗（图4-5-10）。

2. 槛窗

相对于直棂窗，槛窗规制较高，在鲁西北地区多见于官商宅院。在鲁西北民间，槛窗只装于前檐墙，墙体下碱砌筑墙体，上半部安装槛窗。由于槛窗较为通透，故不开窗也能通风透气，当地居民常在窗户内侧糊一面窗纸用于防寒，玻璃普遍使用后则多用玻璃替代窗纸。

3. 花窗

花窗的形式较为自由，样式最多，同直棂窗一样，窗棂嵌入墙体或窗框，不能开合。鲁西北地区传统民间建筑中的花窗具有很强的装饰性与艺术性，体现了民间精湛的木雕技艺。常见的花窗形式有冰裂纹、灯笼锦、盘长纹、万字回纹等（图4-5-11）。

（三）其他装饰

1. 门簪

中国传统民居中的装饰性构件往往也具有浓厚的文化色彩，在门簪上的体现尤其突出。门簪因位于院门之上，代表主人的身份地位，通常请当地有名的工匠对其精心雕琢。在不同地区，门簪做法也各不相同，其不仅反映了当地的文化与信仰，也在院门处起到了画龙点睛的效果。

门簪作为鲁西北地区院门上部主要雕刻的构件，用以锁合中槛和连楹，门簪名称的起源是因其与古代女子头上的簪子相似。簪子用来固定头发，门簪用于固定门板，将连楹系于槛上，建筑中的门扇就可以自由转动，和卯榫的结构类似。但是随着建筑技术的进步，门簪由功能性构件逐渐演变为纯装饰构件。

门簪的形式多种多样，鲁西北地区院门通常用两颗门簪。门簪正面雕刻题材有牡丹（春）、荷花（夏）、菊花（秋）、梅花（冬）代表四季；有"福""禄""寿"或"吉祥"等祝词。雕法多采用贴雕，即雕好以后粘贴于门簪表面（表4-5-11）。

图4-5-10　直棂窗

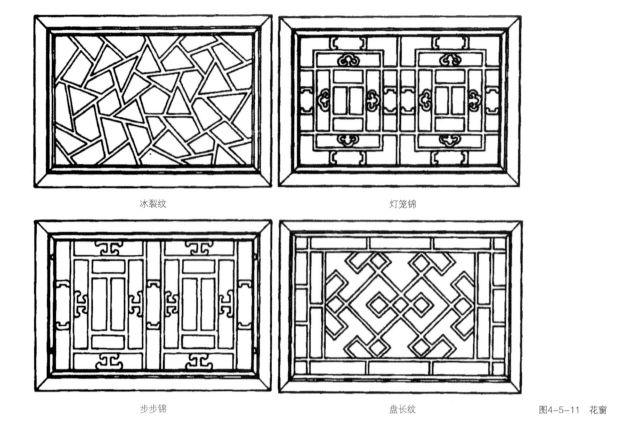

冰裂纹

灯笼锦

步步锦

盘长纹

图4-5-11 花窗

花草植物或吉祥文字图案门簪样式 表4-5-11

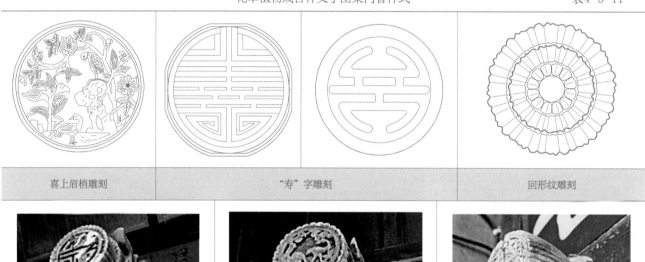

喜上眉梢雕刻	"寿"字雕刻	回形纹雕刻

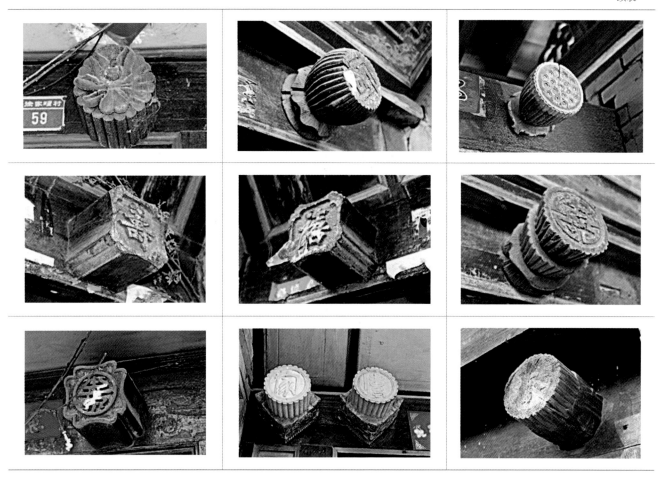

2. 雀替及走马板

在鲁西北地区雀替多用于金柱大门，雕刻比较简单，讲究的采用透雕，内容多为蕃草，一般也靠油漆或彩画分层装饰。

中槛之上走马板多为平板，讲究的也在其上放置雕刻的木板，内容多为蕃草（图4-5-12）。

（四）砖雕石刻

鲁西北地区传统民间建筑的砖石雕刻主要存在于柱础、门枕、墀头、屋脊等处。雕刻的内容多取材于动植物或吉祥词汇，具有一定的象征意义，寓意去灾避祸、幸福安康，表达了人们对于健康幸福的期许。

1. 镇石雕刻

在鲁西北地区传统村落中，院落山墙或街巷拐角处多有高三四尺的青石镶嵌在墙体中，上书"泰山石敢当"五字。此为鲁西北地区普遍的风俗信仰，将此青石多置于要道。（图4-5-13）

"石敢当"的传说很庞杂，有文记为人名，有文记为仙石。但据笔者查阅，石敢当是古代灵石崇拜的遗俗。西汉史游《急就章》中对"石敢当"的解释是：其为灵石可敢当一切。

图4-5-12 雀替及走马板

2. 院门雕刻

1）门头雕刻

门楼位置突出，是整座建筑的脸面，也是房主社会地位的象征和文化品位的标志，因此，院门的门头便成了砖雕和石雕的重点装饰部位。

鲁西北地区传统民间建筑中现存门楼上保存的砖雕，多为清代或民国时期的工匠所做。门头上的砖雕组成部分包括挂落、冰盘檐、栏板等，雕刻内容丰富，题材多由主家来定。砖雕的图案大致分为如下几类：

（1）吉祥富贵图案：图案多取其谐音，如在栏板上浮雕出蝙蝠（谐"福"音）、鹿（谐"禄"音）等。

（2）花卉图案：如梅兰竹菊，自古以来就得到众多文人雅士的称颂，代表了主人的高雅志趣。

（3）民间传说图案：如将《八仙过海》《山海经》

图4-5-13 石敢当

中的故事雕刻在门头上。

2）门枕石

门枕石，简称为门枕，也称门墩。鲁西北地区传统民间建筑门枕石式样又分为石座形和抱鼓石。石形门枕石比较简单，大部分都集中在门楼侧面位置。雕刻丰富多样，装饰有人物、花卉、树木、鸟类，吉祥动物、文字和抽象图案的组合，象征着吉祥、长寿和财富。鼓门石也称为"门鼓石"（图4-5-14）。

3）腰枕石

腰枕石位于门框的中间位置，功能与门枕石类似，其主要作用是固定门边框，分内外两部分。腰枕雕刻，大多雕刻梅兰竹菊等植物，还有些雕成花瓣、葫芦等形状，但都是用其半边（图4-5-15）。

3. 柱础雕刻

在当地柱基石一般都有丰富的雕刻图案，常加工成圆鼓状或覆斗状，满足其受力需求。鼓形柱基部具有圆

（a）花卉图案

（b）抽象图案

（c）人物图案

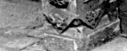
（d）花草图案

图4-5-14 门枕石样式

（a）花瓣图案

（b）人物图案

（c）花草图案

（d）神话故事

图4-5-15 腰枕石样式

形横截面，上鼓表面比下表面小，取决于柱的尺寸，并且中鼓部分向外突出。这种底座的形状有利于把柱子施加的重量分散到地面。

在山东西北部的传统民间建筑中，柱基通常不被视为关键装饰要素。大多数柱基，无论是圆形还是覆斗，都用珠状图案装饰或用简单的线条勾勒出轮廓。在济南

附近的区县，有少量建筑采用圆形鼓底、荷叶装饰，是该地区最精雕细琢的柱形。这座雕刻柱础在济南市卢氏故居内最为典型。

4. 墀头雕刻

墀头是山墙伸出至前檐墙之外的部分，主要作用是维护前后檐墙和支撑屋面出檐。其分为上、中、下三个部分，最上面的部分称为盘头，常做砖石雕刻等装饰，雕刻内容一般是梅兰竹菊等花卉、神话故事或中国传统吉祥文字、吉祥动物。（表4-5-12）

5. 屋顶雕刻

1）通气孔

通气孔位于山尖的位置，主要作用是通风透气，保护墙体内柱子不被湿气侵蚀腐朽。在鲁西北地区传统民间建筑中，普通人家的通气口用几块瓦片组成一些简单图案，讲究的则安装带孔眼的雕花方砖。其雕刻的内容大多为花卉，有些雕刻以动物形象或铜钱纹饰。（表4-5-13）

墀头样式   表4-5-12

花草植物图案样式

神话故事或吉祥动物

通气孔样式 表4-5-13

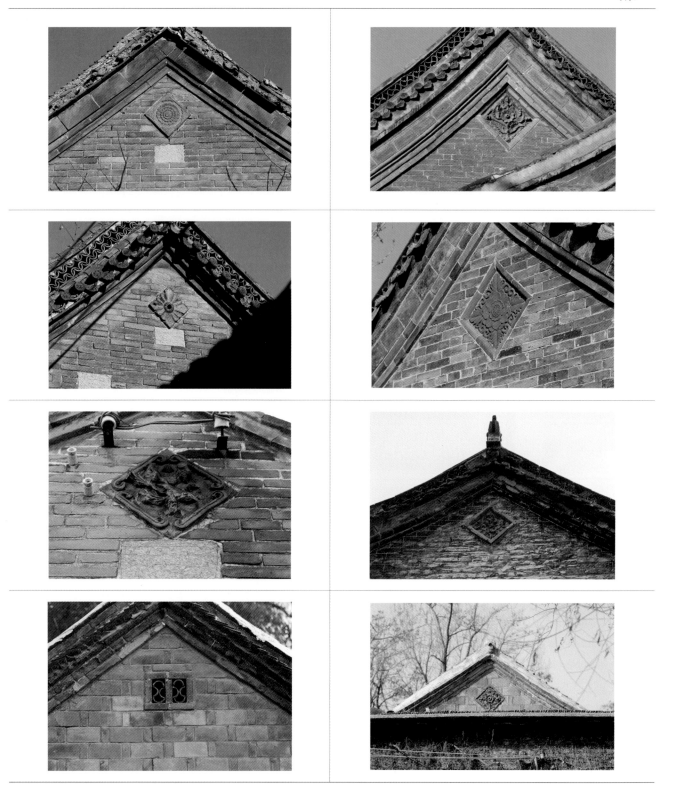

2）博风板

鲁西北地区传统民间建筑中，博风板的位置在屋面两坡侧边与山墙交界处。博风板通常为方砖，尺寸约200毫米×200毫米。博风板的雕绘图案比较单一，以花卉雕刻为主，还有些"卍"字纹、回形纹以及花草等。（表4-5-14）

3）屋脊

鲁西北地区屋脊雕刻只见于院落规模较大、建筑形制较高的官商宅院，其屋面多做合瓦屋面、清水脊，屋脊两端向外侧翘起，俗称"蝎子尾"，在蝎子尾下方，常缀以花草砖雕。其上雕刻，多以四季花、松竹梅、富贵花（牡丹）为题材，取吉祥之寓意。屋脊上的雕刻主要集中在正脊或垂脊脊块上，其上雕刻的多为绵延的花草，花以菊花、牡丹花为主，象征福寿绵长。（表4-5-15）

除此之外，在一些富裕人家，脊上还安置脊兽做以装饰，脊兽也有仙人走兽、走兽、蹲兽等称呼，是中国传统建筑屋脊上安置的兽形建筑部件，其中正脊上安放吻兽或望兽，垂脊上安放垂兽，屋脊边缘处则安放仙人、走兽图案。在鲁西北地区，吻兽常做鱼龙吻，制作比较精简，身体部分有植物或简单回形纹装饰，尾部正卷。（图4-5-16）

鲁西北地区垂兽基本上都是可辨别轮廓的简易兽头形象，大多和望兽类似，底部为简易兽坐。（图4-5-17）

博风板样式 表4-5-14

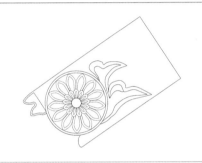 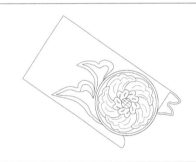

赵官镇孟家大院正房博风——回形纹及花草雕刻

| 花瓦脊 | | |
| 花草雕刻 | | |

(a) 鲁西北地区官商大院常用 "鱼龙吻" 1

(b) 鲁西北地区官商大院常用 "鱼龙吻" 2

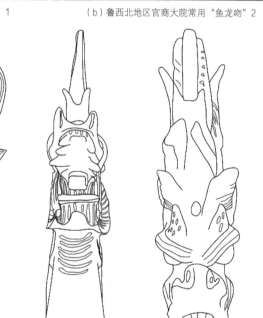

(c) 侧立面   (d) 正立面   (e) 顶视图   图4-5-16 正脊望兽

（a）鲁西北地区常用垂兽装饰1　　　　　　　　　（b）鲁西北地区常用垂兽装饰2

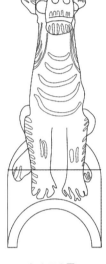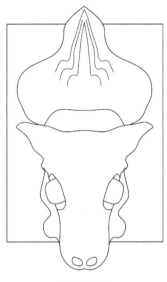

图4-5-17　垂脊走兽　　　　　　　（c）侧立面　　　　　　　（d）正立面　　　　　　　（e）顶视图

第
五
章

鲁西南地区传统聚落

第一节　鲁西南地区传统聚落资源及其影响要因

《山东省志·地理志》一书按照土壤地质条件划分了山东省的各个区域，以平原的生成原因为线索，将鲁西南的地质环境划分成黄河冲积形成的黄泛平原和鲁中山地丘陵剥蚀堆积形成的山前平原。同时，根据河流的走势确定了鲁西南地区和鲁西北地区的界限，将京杭运河山东段南段至鲁中北侧的小清河连线以南的区域划为鲁西南。[①]《山东地貌区划》中将山东省地理地貌定为划分标准，参照海拔高度和50米等高线将山东西部区域划分为鲁西平原和鲁北平原。[②]《山东地理》按照人文、经济和发展利用等因素来划分，《山东地貌规划》将山东西部按照相类似的人文特征、经济水平和地形地貌特征将此区域划分为了鲁西南、鲁西北、黄河三角洲三个部分。[③]综合以上三部著作的划分，结合本书写作本旨，本书中将鲁西南地区的地理划分边界：北部边界：以黄河—小清河为界，区分了河北、鲁西北；东南部边界：鲁西南与鲁南、鲁中山区以50米等高线为界。（图5-1-1）

在此划分下，鲁西南地区主要包括菏泽市、济宁市境内，涵盖了郓城县、嘉祥县、鄄城县、定陶县、巨

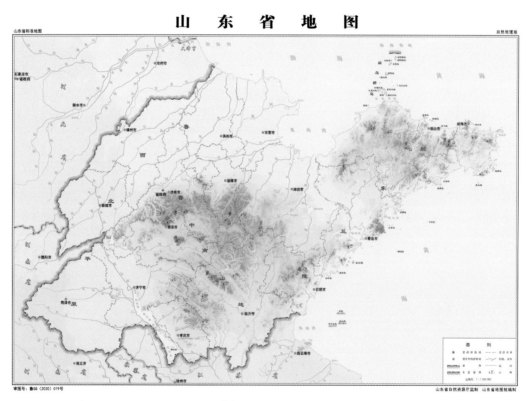

图5-1-1　鲁西南地区传统聚落研究范围地理边界示意图［来源：山东省自然资源厅，山东省地图院，审图号：鲁SG〔2020〕019号］

---

① 山东省地方史志编纂委员会. 山东省志·自然地理志［M］. 济南：山东人民出版社，1996：6.

② 侯春岭，黄绍鸣，徐本坚，潘庆德. 山东地貌区划［J］. 山东师范大学学报（人文社会科学版），1959（04）：1-31，31-34.

③ 张祖陆. 山东地理［M］. 北京：北京师范大学出版社，2014.

野县、曹县、单县、成武县、金乡县、微山县、汶上县、鱼台县、梁山县、泗水县等14个以及邹城市（局部）、兖州市、曲阜市、滕州市4个县级市。

鲁西南地区的传统文化城镇1个，传统聚落23个，其中包含中国历史文化名村3个，中国传统聚落3个，省级历史文化名村12个，省级传统聚落15个。

一、鲁西南地区传统聚落及其民居资源概况

为了更为详尽地研究鲁西南传统聚落及其民居，笔者在既有各级传统聚落名录的基础上，扩大了调查研究范围，如表5-1-1所示。

鲁西南地区的传统聚落与传统建筑调研名录 表5-1-1

名录所示的传统聚落和传统建筑名单	济宁市	传统聚落：嘉祥县马村镇张家垓村、嘉祥县马集镇沈庄村、嘉祥县孟姑集镇岳楼村、嘉祥县卧龙山街道双凤村、梁山县黑虎庙镇西小吴村、梁山县水泊街道刘集村、曲阜市尼山镇夫子洞村、曲阜市吴村镇葫芦套村、曲阜市小雪街道凫村、泗水县泗张镇梅鹿庄、泗水县泗张镇王家庄、邹城市城前镇越峰村（国家级传统聚落）、邹城市郭里镇高李村、邹城市郭里镇庙东村、邹城市石墙镇上九山村（国家级传统聚落）。 传统建筑：上九山建筑群、越峰建筑群、梁山县拳铺镇拳北村传统民居、梁山县水泊街道张坊村张氏家祠、泗水县济河街道鲁舒村传统民居、泗水县济河街道五里庙村苏家大院、泗水县金庄镇乔家村传统民居、泗水县金庄镇西岩店村乔氏庄园
	菏泽市	传统聚落：巨野县核桃园镇付庙村、巨野县核桃园镇前王庄村、菏泽市牡丹区马岭岗镇穆李村。 传统建筑：成武县伯乐集镇邵楼村传统民居、巨野县陶庙镇后董楼村董氏民居、巨野县章缝镇章西村田氏家祠、鄄城县红船镇孙家祠堂、前王庄建筑群、付庙建筑群、郓城县北门街片区刁氏家祠、李氏家祠、夏家公馆
	枣庄市	传统聚落：滕州市柴胡店镇葫芦套村、滕州市木石镇粮峪村、滕州市羊庄镇北台村、滕州市羊庄镇东辛庄村（国家级传统聚落）、枣庄市台儿庄区兴隆村。
其他聚落与其文物保护单位名单		嘉祥县孟姑集乡岳楼村岳氏家祠、滕州市大坞镇大刘庄村刘氏家祠、滕州市荆河街道办事处西门里街二巷王氏家祠、兖州市颜店镇洪福寺村、郑都村郑氏庄园、滕州市柴胡店镇柴胡店十间楼、邹城市石墙镇东深井古民居、济宁市中唐村潘氏祠堂、济宁韩堂村韩氏家祠、金乡县羊山镇小屯李氏民居、金乡县胡集镇靳楼古民居、金乡县周家堂楼、金乡县王丕镇王丕村周家祠堂、汶上县刘集村刘韵珂故居、梁山县水泊街道张坊张氏家祠、嘉祥县马村镇张垓张氏家祠、微山县南阳古建筑群、滕州市大坞镇大坞村张氏祠堂、北王召苏氏家祠等

综合来看，鲁西南区域内的传统生土建筑集中分布在大运河沿线和黄河冲积平原区。运河沿岸和黄泛区平原在建造房屋时，由于受建筑材料的经济成本和运输成本的制约，当地民居大多选择黄土作为建筑材料。黄土之所以能长期以来被广泛使用与当地土壤的物理性质有关，当地黄土土质黏性较大且含有一定的沙土，制成的墙体和构件强度较大。山东生土民居归纳起来主要有三种类型：一是茅草土屋，以枣庄市台儿庄区兴隆村为集中代表[①]；二是囤顶土屋，现存数量较少，分布较零散；三是起脊挑土屋（鲁西南南部的叫法），目前在济宁中部、南部及菏泽的一些村落中仍保留着为数不多的

挑土房，因年久失修，目前多数已荒废。这些生土民居造价低廉且分布广泛，是鲁西南平原地区最悠久的民居形式。

鲁西南东部及东北部位于鲁中山地向鲁西平原地区过渡的地带，是整个鲁西南海拔地势最高的区域。当地地形除了面积过半的山地还有广阔的山前平原，行政区划上主要属曲阜、泗水、邹城、滕州四地，这些地区盛产石材，当地的传统民居多以石材为建筑材料，现存建筑风貌保存较好的传统聚落集中分布在泗水县泗张镇，邹城市的石墙镇、郭里镇，曲阜的吴村镇以及滕州的木石镇、羊庄镇、柴胡店镇。另外，在鲁西南平原腹

---

① 赵鹏飞.山东运河生土民居实例探析[J].华中建筑，2012（10）：151.

地，嘉祥县、巨野县境内以及汶上县军屯乡东北部零散分布着一些低山丘陵，尤其在嘉祥县南部的纸坊镇和巨野东北部的核桃园镇部分地区，至今仍保存着数量可观的明清石头房建筑群，其独特的建筑风格和精湛的营建技术充分反映出鲁西南山地丘陵地区的文化特征。

二、自然条件

鲁西南位于山东省西南部，北纬34°39′~35°53′，东经114°48′~116°24′，面积广阔，可达1.2万平方公里[①]。其南面为黄河故道，北面在黄河入境地带与鲁西北平原相接，与河南、江苏、安徽、河北四省接壤，属华北平原组成部分。

（一）地貌特征

鲁西南是典型的内陆河谷型地貌，整体地势平坦，自西南向东北呈簸箕形逐渐降低，平均坡度为1/8000，[①]以平缓坡地面积最大，约占54.4%。鲁西南地区广袤的平原地势和优渥的土壤条件为传统聚落的形成提供了必备的物质基础。

鲁西南水文条件较好，河网交错，湖泊密集，气候湿润，物产丰饶，适宜人类居住。河流以内陆河为主，主要河流有黄河、泗河、万福河、汶河、洙赵新河、小清河等，此外还有京杭大运河。黄河自河南入境，流经东明、菏泽、鄄城、郓城、梁山5县市，境内长212公里，主漕河宽0.6~3.3公里，是有名的"豆腐腰"河段。[②]明清时期水患严重，黄河几度泛滥，长期泥沙淤积逐渐形成如今的黄泛平原，当地的土地碱性较大，因此民居常采用防碱、防潮措施。同样遭受水患困扰的还有运河沿岸地区，由于受季风气候的影响，当地季节性降水变化很大，因此也时常导致水患灾害的发生，运河沿岸的生土民居建造技术就是在这种反复摸索中不断发展、改进而成的。

（二）气候特征

鲁西南地区属暖温带季风性大陆性气候，冬冷夏热，雨量集中，四季分明。最低气温可达-15℃，最高温度可达40℃，年平均气温13~14℃，年平均降水量为600~700毫米。鲁西南等地春季干旱，夏季多暴雨，常伴有夏涝、春旱等自然灾害。

当地气候特征对于传统聚落及其建筑的生成与演化起到了不可忽视的作用，鲁西南地区所面临的最主要气候因素有保温、隔热和防潮，鲁西南传统聚落及其民居的气候应对策略也是根据气候因素制定的，例如在鲁西南平原地区，聚落选址多位于背风区域，传统民居常选择生土建筑形式，考虑到土的热稳定性高且便于就地取材，因此一定厚度的土墙是建造的最理想选择。土墙的保温隔热性能较好，可以适应当地的气候条件，在炎热的夏季，500毫米厚土墙的内表面温度比外表面低5℃左右。鲁西南浅山丘陵地区与内陆平原相比，其气候特征的差异主要体现在降水量上，由于降水量相对集中，因此采取的应对策略则是提高建筑屋面坡度，在墙身四角和下碱砌筑砖石，在屋面檐口处用砖石做出飞檐，防止雨水下落浸湿墙身。为了冬季保温需要，建筑外墙的门窗开洞较少，北侧檐墙的窗洞高度较小，有利于防风、御寒，同时兼顾防御功能。

（三）聚落营建物质基础与资源

鲁西南地区自然资源充足，当地传统建筑在材料选择上具有较大的灵活性，进而衍生了多样的建筑形式和

---

① 山东省菏泽地区地方志编纂委员会. 菏泽地区志 [M]. 济南：齐鲁书社，1998：1.
② 中国天气网. 山东站. 山东气候概况 [EB/OL]. http://sd. weather.com.cn/sdqh/11/88004.shtml.2009-11-16.

构造做法。建造材料通常取之于日常生活，鲁西南地区传统建筑材料与鲁西北地区相比差别很小，同样包括木材、石材、砖材、生土、秸草等，但在实际使用中却有明显的差别。

1. 木材

在鲁西南地区传统建筑中，梁架、柱、檩、椽等构件的做法属于大木作，门窗、隔断、家具、雕刻等构件的做法属于小木作，木作的原料有杨树、榆树、柳树、槐树、松木、杉木等。用作梁架的木料对树种的要求较高，一般选择硬木，且木材形状挺直粗壮，纹理顺直，易得长材。当地多用本地杨木或产自东北地区的杉木、松木做大梁，有的地方为了迎合吉祥的寓意，也用榆木做梁。房屋木构件对于木料种类的选择有所讲究，例如，民间流传"枣脊榆梁、杏门香窗"的说法。制作门窗、格栅等小木作的木料不仅要求实用还要求美观，材质坚硬、纹理细密、便于加工，木材材性以收缩性大、易干燥、耐腐蚀为佳，除少数地区外，常用松木、槐木的木料制作门窗等小木构件。

2. 石材

鲁西南东南部靠近鲁中山区，海拔较高且山地分布广泛，丰富的石材资源为传统民居建造提供了物质基础。鲁西南盛产的石材种类有石灰石、青石、温石等，因材质的差异，不同地区有不同的建筑风格。石材在鲁西南传统建筑中的应用主要部位有房屋地基、墙身、柱身、柱础等部位，各地民居在用材上存在一定的共性，主要体现在用料原则上，地基、墙基以及转角等承重部位需要使用完整且坚固的大料砌筑，从附近开采的石材大料常加工为条石，而开采的小料则一般用于垒砌或填充墙体内部。除此之外，石材还用于雕刻装饰，如墀头、过梁等部位，用于雕刻材料的石材常选用花纹轻浅而单一的青石。

3. 砖材

黏土烧制的黏土砖和用坯模具脱制的土坯砖在鲁西南地区应用最广泛。黏土砖的做法是用当地黏土、砂土与水按比例配制成泥浆，加适量水拌和至黏稠的糊状，然后倒入一定尺寸的矩形木制模具内塑形，待砖坯成型后放置阴干，最后入窑烧制。黏土砖常见种类有青砖、望砖、地砖，一般于基础、墙身、台阶、铺地、散水、封檐、屋面层等结构。土坯砖是一种古老的建筑材料，在鲁西南东部和北部的民居中常见，做法是当地的黄土加入水和麦秸秆等骨料混合拌匀，没有固定配比要求，一般根据工匠的经验判断，然后用木模具制成生土坯砖，脱模后直接阴干，加工成土坯砖材。

4. 秸草

秸草常作为鲁西南地区传统建筑的屋面基层和屋面面层，也可用来砌墙，增加墙体的拉结性。高粱秆、芦苇是鲁西南地区常用的秸草类型，高粱秆和芦苇加工成箔，材质细密有利于防水和保温，用在屋面基层可代替望砖或望板。屋面苫草时，常用晒干的茅草、芦苇、稻草等，目前这种草屋顶现存实例较少，因材质本身易遭受腐蚀，多数已被实用性更高的布瓦屋面取代。

5. 生土

鲁西南近四分之三的面积地处黄河冲积平原，泥土资源十分丰富，当地土质条件松软且黏性较大，生土含水量较高，干后质地发硬，适合建造房屋。鲁西南地区的生土建筑在建造时就地取材，一般在田地、河床或直接利用地基挖出的淤土，土料应用的主要部位是墙身、屋面和地基，生土与水、麦秸秆等材料混合之后可直接砌筑墙身，或加工成土坯砖垒砌。另外，生土还用在墙体砌筑所用的灰浆（由土和石灰配比）中以及屋顶的苫背泥（由黄土、麦秸秆、白灰按一定的比例配制）中。

三、社会环境因素

（一）历史沿革

鲁西南地区自明代以来就有较为确切的区划范围。据《明史》（卷四十一，志第十七）记载："兖州府元兖州，属济宁路，洪武十八年升为兖州府，领州四，县二十三，东北距布政司三百五十里。"[1]明代鲁西南地区包括鲁西平原和鲁南丘陵，属山东东昌府和兖州府。从明代地图上看，兖州府故治在今兖州区，主要管辖济宁、东平、曹、沂四州及下辖的23个县。当时的行政区划所划定的鲁西南范围较大，基本与现在广义上的鲁西南的范围吻合。

清承明制，仍然称为兖州府，属兖沂曹济道，并为道治所，领四州二十三县。《兖州府志》（卷一）记载："雍正年间（1723~1735年），沂、曹、济宁、东平四州直隶于省，先后割县十三，不再领州，只领滋阳、曲阜、邹、泗水、滕、峄、汶上、阳谷、寿张十县。金乡、鱼台、嘉祥归济宁州；东阿、平阴、东平州归泰安府；曹州、单县、成武、曹县、定陶、巨野、郓城建立曹州府；沂州、郯城、费县建立沂州府。"[2]由此推断，清代的行政区划有所缩小，但清代兖州府的行政区划范围与本书中对鲁西南划定的研究范围的吻合度更高。发展至近代，在抗日战争时期中国共产党在曹县建了鲁西南地委，划定的鲁西南大体上包括：山东的曹县、定陶县、菏泽城区的西部与南部，以曹县为中心[3]。这一时期划定的鲁西南地域范围受政治因素影响较大，鲁西南最核心的区域——菏泽地区成了鲁西南的代名词，其范围也更接近在狭义上对鲁西南的定义。（图5-1-2）

由此，从明初到清末，行政区划虽然发生了较大的变化，但本书划定的鲁西南的范围始终是古兖州府辖区范围的一部分，覆盖的范围主要包括曹州和济宁州，该地历史悠久，历史资料丰富，《兖州府志》《山东府县志辑》及各地的县志、乡志等资料为本书研究鲁西南地区营造技艺源流、营造文化、营造习俗等方面提供了丰富的历史依据。（图5-1-3、图5-1-4）

（二）社会政策

明初推行"移民宽乡"的民垦政策，[4]从明洪武二年（1369年）到永乐年间，大批移民由山西洪洞县迁至菏泽、济宁一带，开垦荒地，建立村落，这些山西移民带来的民俗文化和生产、生活方式对鲁西南当地的营造习俗产生了深刻影响，例如，上梁时贴对联、大门两侧贴门神等。

（三）交通条件

鲁西南地区以平原地形为主，水陆交通发达，交通条件的优势为文化交流带来了便利。明清以来，受南北漕运影响，频繁的商贸往来和大量的人口流动造成了当地经济结构和社会结构的变革。京杭大运河沿岸的码头城镇和附近的村落逐渐繁盛，来往的徽商和晋商对运河传统聚落的发展做出了巨大贡献，当地的建筑在营造习俗和文化方面颇受影响。尤其是在济宁、微山等运河沿线的城镇，例如南阳古镇，古镇中的传统建筑以商业经营为主，南北方商人在此经营会馆、当铺、杂货店等，从而发展成"前店后宅（坊）"的合院布局。此外，几乎每个运河城镇都有一条江南特色街巷，聚集了江南地区的竹编店铺和茶馆，俗称为"竹竿巷"，可作为南北方营造文化交流的一个典型例证。而在广阔的平原内

---

① （清）张廷玉. 明史（卷四十一，志第十四）[M]. 北京：中华书局，1974.
② （明）于慎行. 兖州府志（卷一）[M]. 济南：齐鲁书社，1985.
③ 根据百度百科的解释，鲁西南一词，最早出现于抗日战争时期中国共产党在曹县建立的鲁西南地委。
④ 郭宁. 山东文化的历史演进及山东文化区划研究[D]. 合肥：安徽师范大学，2006.

陆村落和道路不便的山地村落，民居建筑的类型较运河沿岸城镇而言相对单一，民居的建造方法也相对固定。

（四）传统思想观念

鲁西南地区深受孔孟之道影响，由于孔子、孟子、孙子以及墨子等圣人皆出于鲁西南地区，因此该地有比较浓厚的传统思想氛围。鲁西南地区的传统文化中的儒家思想根深蒂固，其核心思想是"礼"，"礼"的本质是尊卑等级的社会伦理秩序，由此产生的社会伦理观念，如长幼有序、尊卑分明，影响到家庭生活的各个方面。在这种传统价值观念引导和约束下，形成了以血缘为纽带的家族聚居的生活模式，映射到营造层面主要体现在传统聚落空间形态、院落格局、建筑装饰以及营造尺度系统等多个方面，如在院落空间布局上，讲究中轴布局、上下等级、尊卑长幼、秩序分明。

第二节　鲁西南地区传统聚落特点

一、鲁西南地区传统聚落选址特点

（一）对自然环境的巧于因借

鲁西南黄泛平原的村落在选址上受自然地形的约束较小，往往会考虑水源和耕地等资源的影响。平原传统聚落附近一般会有天然河流或湖泊，或者通过人工建造水库、池塘或挖井来解决取水问题，并且常常以池塘或水库的边缘界定村落的空间边界，如嘉祥县张家垓村、嘉祥县卧龙山街道双凤村、金乡县化雨乡化南村等。

鲁西南黄泛平原的传统聚落在选址时，一方面要充分考虑当地水源的便利性，另一方面要未雨绸缪地规避其可能带来的灾害，这就要求在村落与天然水源之间规划出合适的安全距离。将天然河流作为取水资源的传统聚落大多傍河而建或近河而建，很少见其跨河而建，主要因为天然河流有潜在的洪涝风险。以化南村为例，该村始建于唐，村落南面与苏河相距约300米，虽临近河流却没有直接将苏河作为村落的屏障，而是另寻一处新地建址。村落空间形态整体上呈圆形，四周以寨墙环绕并紧邻寨墙建造环壕，引苏河水作为村落的防御屏障，基址地面有9处天然坑塘，村内水系通过地下暗河与苏河相通，该村明清时期虽然经历数次水患但却安然无恙，可见在村落选址过程中近水而避水，体现了对水源的敬畏态度。

相较于黄泛平原的传统聚落，鲁西南中部的低山丘陵和东部的山地村落受自然地形影响较大，村落一般选址于平缓的山坡或者山间平坦的谷地，大都背山面水或四面环山，这样的格局在传统的风水理论中能够藏风纳气。山地型传统聚落一般在旧址上延续原有的格局，协调周边环境生长发展，如曲阜吴村镇葫芦套村、汶上县军屯乡梅山庄村、泗水县王家庄村等。

（二）契合于传统堪舆理论

鲁西南平原地区山地传统聚落在选址理念上与中国古代选址模式不谋而合，以巨野县核桃园镇前王庄村为例，该村建于明正德年间，由王氏家族从山西洪洞县迁于此地安居逐渐发展而成，距今已有500多年的历史，前王庄村位于核桃园镇鲜白山（又称白虎山）西山脚下，鲜白山呈东南—西北走向，南部与齐山相连接，群山像臂弯一般将前王庄村环抱其中，冬季可阻挡西北风的侵袭，夏季还可得益于东南风。村落北面有一条水系，呈南北走向，当地称作蔡河。根据村民回忆，早前村子东面被护城河（俗称海壕）环绕，现仅留存一段河道遗迹，护城河的河水引自鲜白山的山泉。根据风水学

说分析，前王庄村背倚鲜白山，面朝蔡河，利用道路和与道路平行的海壕将村落包围起来，构成了藏风纳气之势，如表5-2-1所示。

①巨野县核桃园镇前王庄村

②梁山县水泊街道刘集村

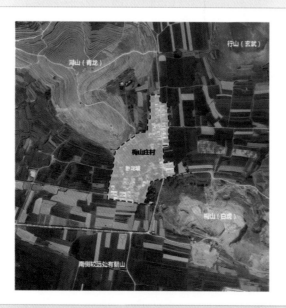

③汶上县军屯乡梅山庄村

④金乡县化雨镇化南村

⑤曲阜市吴村镇葫芦套村

⑥泗水县泗张镇王家庄村

⑦邹城市上九山村

⑧巨野县核桃园镇付庙村

⑨嘉祥县张家垓村

⑩嘉祥县隋庄村

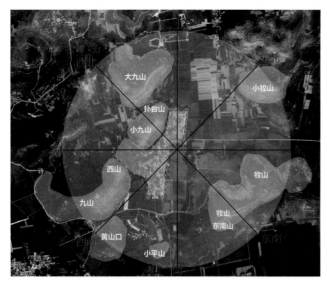

图5-2-1 省级历史文化名村上九村山水格局

上九山村在选址和规划上深受儒家文化和风水学说影响，是鲁西南山地型传统聚落的典型代表。上九山村位于鲁中山区向鲁西南平原过渡的低山丘陵地带，该村恰好坐落于凫山山系的南部，四周被9座山头环绕，小九山与西山之间平坦的地带为村子的生产耕地，村内生活和灌溉用水均取自周边的山泉水（图5-2-1）。其选址按照中国传统"风水"格局，独取乾位（天），坐落于乾位两山之间，犹如咽喉锁钥，且布局自然形成"人"字形，有天、地、人三合之寓意[①]。

二、鲁西南传统聚落布局特点

鲁西南传统聚落大致可以分为平原型村落、丘陵地貌村落、山地型村落三种类型；就其平面布局形态而言，大致可以分为三个类型，即集中式空间结构（平面形态呈团状）、线性空间结构（平面形态呈带状）、混合空间结构，典型传统聚落平面形态如表5-2-1所示。

（一）线性空间结构

该类型传统聚落是依托于某种线性要素而产生的村落类型，整个村落宛如一条长带，村落往往是某个方向上的空间距离延续特别的长，而与之垂直的方向则相对较短[②]。鲁西南山地型传统聚落和丘陵地貌传统聚落多呈线性空间布局，该类村落受自然因素影响较大，多以自然山体或河流为村落边界，且空间布局具有明确的轴线方向，往往沿着主要道路、水系或山体等高线等线性元素延展。

（二）集中式空间结构

组团状的平面布局，是鲁西南平原型传统聚落常见的布局方式。在鲁西南地区，集中式空间结构的影响因素有村落中心和边界。村落中心具有很强的凝聚力，往往是村民心中占据重要地位的建筑、公共场地甚至坑塘。村落的边界通常有两种，一种是擅于利用天然河流、湖泊或人工建造的水库、池塘作为村落的自然边界；另一种是设立人工边界，如在村落周边筑造寨墙来限定村落的空间形态，寨墙之外再围以环壕，形成双重防御体系，因平面形态与扁圆形类似，所以民间常用"龟背形"来描述这种团状村落形象。《说苑·辨物》中这样记载："灵龟文五色，似玉似金，背阴向阳，上隆象天，下平法地，槃衍象山，四趾转运应四时，文著象二十八宿，蛇头龙颈，千岁之化，下气上通，能知凶吉存亡之道。"[③]龟作为中国古代四灵之一，其外壳坚硬能抵御攻击，有坚不可摧之寓意，

① 熊国礼. 山东地域典型村庄空间组织基因梳理［C］//中国城市规划学会、重庆市人民政府. 活力城乡 美好人居——2019中国城市规划年会论文集（18乡村规划），2019：309-317.
② 张东. 中原地区传统聚落空间形态研究［D］. 广州：华南理工大学，2015.
③ （西汉）刘向，《说苑·辨物》（卷十八）.

且传统八卦的理念以龟为原型，所以中国古代多模仿龟的形态，如营造城池、村寨及建筑①。例如，化南村的平面形态形似龟壳，城内共9处坑塘，其中一处名为"老鳖盖坑"，四周寨墙环绕，这种格局对于排洪、排涝十分有利，其龟形团状平面形态是集中式布局的经典案例。

（三）混合空间结构

该类型传统聚落一般规模较大，发展时间较长，发展过程中受到的外部因素影响也最多，这类村落中既有集中组团式的空间结构，又有受道路地势影响而成的线性空间结构，村落一般为多中心式布局②。付庙村和前王庄村均是这种平面形态的典型代表。（表5-2-2）

鲁西南传统聚落平面形态分析　　　　　　　　　　　　　　　　　　表5-2-2

①巨野县付庙村

②巨野县前王庄村

③梁山县刘集村

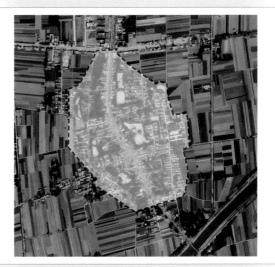

④金乡县化南村

---

① 吴庆洲. 中国古代城市规划设计哲理研究——以龟形城市格局为例［J］. 中国名城，2010（08）：37-46.
② 张雪菲. 基于地形特征的山东典型传统聚落空间句法研究［D］. 济南：山东建筑大学，2017.

⑤邹城市上九山村

⑥泗水县王家庄村

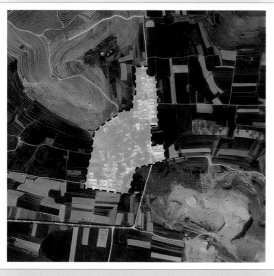

⑦汶上县梅山庄村

⑧嘉祥县张家垓村

三、街巷肌理

影响鲁西南传统村落空间组织的主要人文因素是宗法伦理。在稳定的社会中，地缘不过是血缘的投影[①]。宗族"共祖而居"的空间组织形式在本质上反映了以血缘关系为纽带的宗族结构，这类传统聚落的空间结构通常呈向心性，而在建筑及院落布局上则表现出一定的等级性，通常房支院落紧邻祖宅两侧展开建设，或是房支院落环绕祖宅四面展开，最终逐代壮大，形成同祖而居的院落组团，在嘉祥县及菏泽地区的一些村落至今

---

① 费孝通. 乡土中国 [M]. 上海：生活·读书·新知三联书店，1985：72.

仍保持着同宗族聚居的特点。这种宗族聚居的传统村落常以宗祠、庙宇等公共建筑为重要的空间节点，而在非宗族聚居的传统村落中，则是多以古井、古树、石碾作为村内公共活动的重要节点。此外，在封建社会时期，祭祖仪式、村中公共建筑的建设等社会活动一般会请当地有声望的人组织，一些重要节点和建筑的空间格局会专门请当地风水师进行勘察。因此，传统村落空间组织在一定程度上也会受到传统风水观念的深刻影响。

此外，在自然因素主导下，鲁西南地区的院落格局以相对封闭的三合院、四合院为主，街巷格局结构也呈现多样性变化，如平原的村落街巷体系呈规则的形态，道路笔直呈网格状分布；山前平原及低山丘陵的村落街巷体系呈不规则的树枝状、鱼骨状，村庄主街多为"上下盘道"，沿山势等高线方向发散，再和宅间小道串联成交错复杂的路网，布局自由且灵活。

（一）街巷空间结构类型

街巷是村落空间的骨架和支撑[①]，街巷结构由主要道路、次要道路和宅间巷道构成。平原地区街巷单体的基本单位有"一"字形、"丁"字形以及具有防御功能的"S"形，主、次道路组合形成"十"字形、"田"字形、"土"字形、"王"字形等网格状结构，或"非"字形、"丰"字形等枝状、鱼骨状结构。（表5-2-3）

街巷基本单元总结　　　　　　　　　　　　　　　　　　　　表5-2-3

基本单位	特征总结
"一"字形	平原地区村落最常见的单体街巷结构，可作为村内建筑之间的联系介质，由两侧院墙围合形成连续的空间界面，有效避免了公共交通的嘈杂，确保了院落的私密性
"丁"字形	平原地区现存的明清时期古村落中大量出现。从防御的角度上，过于平直的街道容易被一眼望穿，而"丁"字街的曲折则更有利于遮挡来往的视线，在危险入侵时方便村民逃生；风水上认为平直的道路容易透风漏气，"丁"字街则能够"藏风聚气"，相比于"十"字形道路，"丁"字形道路在冬季更有助于阻挡冷气流，改善居住微环境；"丁"字街的形式有美好寓意，象征了"人丁兴旺"
"十"字形	将村落分割成规则的网格型，方便通行，在交会处形成中心节点，具有一定的仪式性和中心性，常见于宗族聚居的传统村落。"十"字形道路常与"丁"字形道路相结合，形成"土"字形、"王"字形的道路体系
"S"形	"S"形路也称"之形路"，迂回曲折，除了具有很强的防御功能，同时也具有一定的生财象征意义

村落内部的街巷格局受地形的影响较大，山区村落道路一般顺应地势而建，道路单体基本形态呈"之"字形，如王家庄村（表5-2-4②）、梅山庄村（表5-2-4⑤）、上九山村（表5-2-4⑧）等，村内路网以自然有机的形态为主，主要平行于等高线分布，一般为土路和石路。平原的村落则考虑对外的通达性，会有多条进村主路，例如梁山县刘集村（表5-2-4-①）以四纵四横的主街形成主要骨架，巷路多为"丁"字形道路，相通而不相对，主路与次要道路形成鱼骨状布局，加上次要道路分支的"S"形巷道共同构成庞大的路网体系（图5-2-2）。

① 王婧磊. 地域特色导向下的黄土平原区村落空间组织模式研究［D］. 西安：西安建筑科技大学，2014.

①梁山县刘集村——"非"字形

②泗水县王家庄村——"之"字形

③巨野县前王庄古村——"丁"字形

④金乡县化南村——"土"字形

⑤汶上县梅山庄村——"之"字形

⑥曲阜市葫芦套古村——"丁"字形

⑦巨野县付庙村——"丰"字形

⑧邹城市上九山村——"之"字形

图5-2-2 刘集村"S"形巷道

（二）街巷空间尺度

古村落在产生之初其格局并没有经过科学、严谨的规划设计，街巷的形成及发展是为了满足基本使用需求，在道路组织上具有自发性，在街道形状上呈现出有机性。传统街巷集交通、商品交换、日常生活、人际交往等多种功能为一体，其尺度受到多方面因素的限制，但最主要的是与当时的交通方式有关。由于过去出行以步行为主，交通工具相对简单，所以道路的宽度相对较窄，传统街巷界面尺度也相对宜人。根据使用状况可分成主路、辅路、胡同三个等级，在对调研对象的街巷尺度进行整理之后，发现不同地形的传统街巷尺度存在普遍差异。平原地区传统村落主要道路平均尺度为3.5~5米，辅路尺度平均为2~4米，胡同等宅间小路平均尺度为1.5~3米。山地丘陵地区限制性因素较多，所以街巷尺度相交平原地区要窄。（表5-2-5）

典型传统聚落街巷空间尺度调研　　　　　　表5-2-5

村落名称	主路	辅路	胡同（宅间路）
梁山县水泊街道刘集村	7米，水泥路面	3.5~4米，水泥路面	2米，土路

村落名称	主路	辅路	胡同（宅间路）
汶上县军屯乡梅山庄村			
	6米，水泥路面	3～4米，水泥路面	2～2.5米，土路或碎石路
曲阜市吴村镇葫芦套村			
	6.5米，水泥路	3.5米，青石路	2～2.8米，土路或碎石路
泗水泗张镇王家庄村			
	5米，柏油路	3～4米，石板路	2～3米，石板路
巨野县核桃园镇前王庄村			
	3.5米，碎石路	2.5米，土路	1.5～2.5米，碎石路

村落名称	主路	辅路	胡同（宅间路）
巨野县核桃园镇付庙村	3.5米，土路	1.5～2米，土路	1.5～2.2米，土路
滕州市羊城镇东辛庄村	4.5米，石板路	3.5米，碎石土路	2～2.5米，碎石土路

四、传统建筑院落空间布局

鲁西南地区的传统院落朝向追求坐北朝南，平面形态倾向于方正、规则的理想格局，重藏与纳，忌露与散，其中影响院落空间组织的关键因素主要包括道路走向、文化习俗、自然地形等。

（一）鲁西南院落空间组织方式

1. 平原传统村落院落空间组织方式

在鲁西南平原地区，院落的空间组织与道路走向有着密不可分的关系，平原地区的道路大多中规中矩，呈南北走向或东西走向，也有的与正向构成一定夹角，通过调研发现，在多数村落中，院落的空间组织方式是一个动态变化的过程。在村落形成之初，建筑和院落的组织具有偶然性和不确定性，以最优自然资源的位置为最佳选择，但是当发展到一定时期后，此时主要街巷结构已基本生成，建筑及院落的空间组织便具有一定的规律可循。往往院落的朝向与周边道路的走向保持一致，或与道路之间的夹角保持一致，以前王庄古村为例，该村院落空间组织的参照物是东西方向的老南门大街与南北方向的尹商路交会处所产生的夹角。借助图底关系分析院落空间组织与主要道路间的联系，呈现的结果如图5-2-3所示。

2. 山地传统村落院落空间组织方式

山地及丘陵地带院落空间组织方式则更加自由，地形相对平坦且向阳之处是首选，不同院落之间相对独立且分散，因而呈现出山村的院落沿等高线层层叠落的现象。如上九村的传统民居院落中一进的三合院或四合院数量居多，在院落平面组织上布局相对自由，一般顺应山势或等高线而建，各院落之间相对独立，以自然蜿蜒的山路相连，建筑呈现出高低错落的美感，如图5-2-4所示。

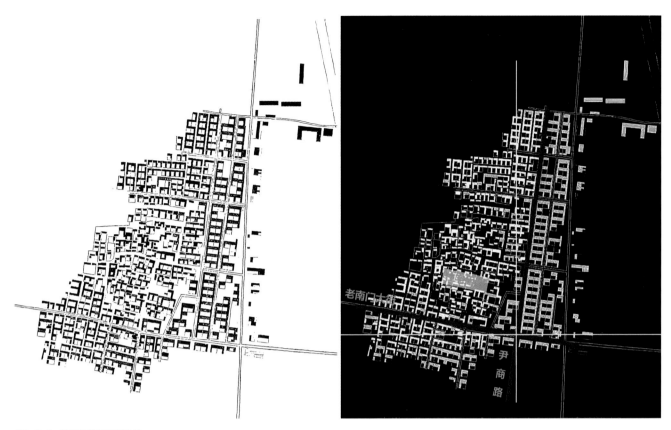

图5-2-3　前王庄院落空间组织

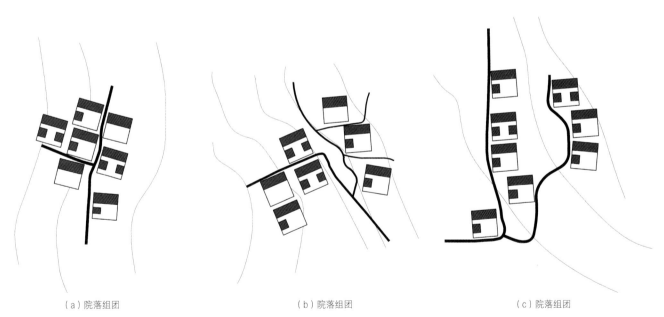

（a）院落组团　　　　　　　　　（b）院落组团　　　　　　　　　（c）院落组团

图5-2-4　上九村院落平面组织

（二）院落空间的基本构成

1. 鲁西南传统乡土建筑院落构成

鲁西南地区最普通的传统乡土民居以一进内院式住宅居多，多采用三合院、四合院的布局形式，表现出对外封闭、对内向心的特点。当地的四合院由正房、倒座、东西厢房组成，四个方向均建房，在各建筑间围以院墙；当地三合院一般由正房、倒座、东厢房或西厢房组成，只有三个方位建房，且围以院墙，菏泽地区将三合院的格局称为"簸箕叉"。另外，还有少量的院落采用二合院的格局，二合院相较于三合院仅少了南向的倒座。当地富庶人家或官商宅院则在一进院落的基础上不断扩展，形成二进院落、三进院落，同一宗族聚居则采用更大规模的大型复合式院落。院落排水也有一定的讲究，一般通过设置阴水沟组织院落排水，方便雨水和污水外流，常见做法是在大门左边院墙的墙角挖一个洞，让水避过大门流出。

1）一进院落的空间构成

（1）正房

正房位于院落中轴线上，一般面阔三间，常采用"一明两暗"的基本格局，即中心为明间、两侧为次间。明间是院内建筑中等级最高的房间，也叫作正屋或堂屋，明间面阔稍大于次间。堂屋正中间对着大门的位置通常摆放一张八仙桌，上面供奉祖宗牌位，20世纪60年代以前常在堂屋前左侧门窗之间砌香台，右侧安放石磨。

过去，房间的格局一般与封建等级制度和伦理观念挂钩。除了正中心的堂屋之外，东屋的地位要高于西屋，这与"以东为贵"的传统思想有关，故东屋常作为最年长者的卧房使用。明间与次间常用隔扇墙或者隔墙进行空间划分，也有些地方的正房不划分明间、次间，或者仅用隔墙隔出东次间。鲁西南各地在三开间的基本格局上演变出其他的布局形式，比如，有的建筑后檐墙开一扇形制完全相同后门，与正门相对，或在正房两侧加耳房，又或在建筑南侧做檐廊等，如表5-2-6所示。

鲁西南地区正房常见的平面布局　　表5-2-6

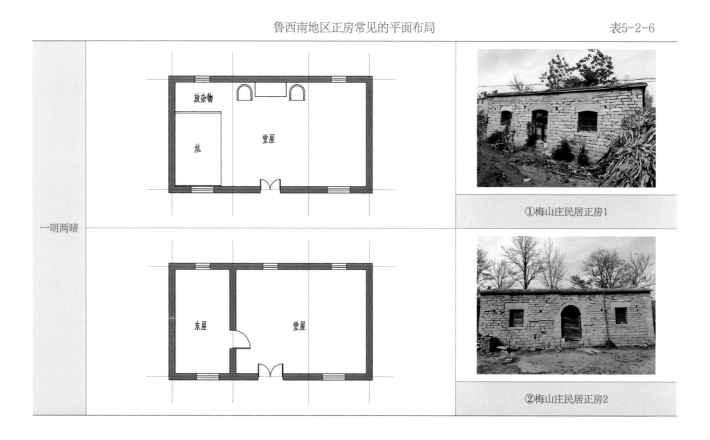

一明两暗		①梅山庄民居正房1
		②梅山庄民居正房2

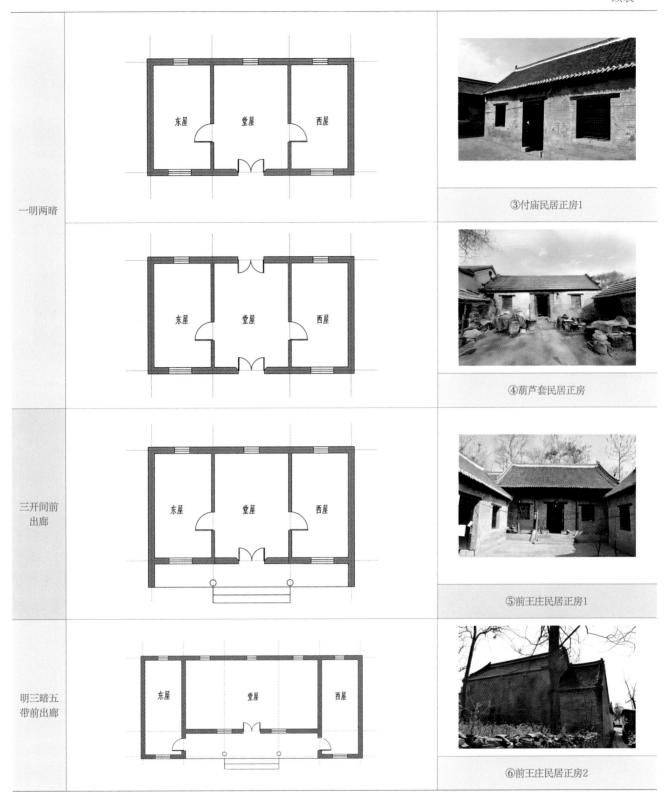

一明两暗		③付庙民居正房1
三开间前出廊		⑤前王庄民居正房1
明三暗五带前出廊		⑥前王庄民居正房2

（④葫芦套民居正房）

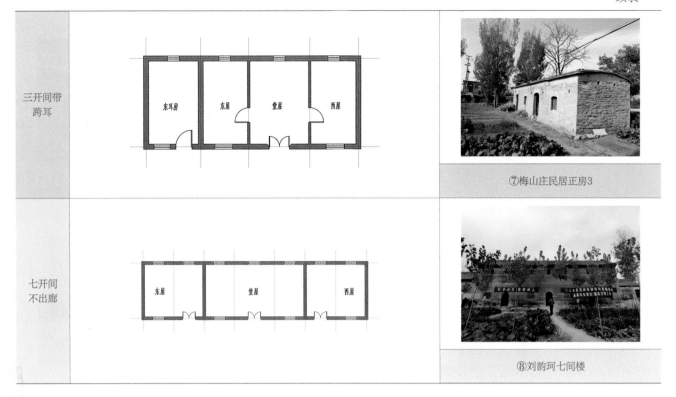

| 三开间带跨耳 | | ⑦梅山庄民居正房3 |
| 七开间不出廊 | | ⑧刘韵珂七间楼 |

（2）耳房

鲁西南地区经常在正房的两侧或一侧附加耳房，且朝向与正房相同。耳房一般作为未出嫁女儿的卧房，有时也当储藏用房使用。在当地，耳房的建筑形制和规格必须低于正房，比如其高度和进深均不能大于正房，且建筑空间上通过隔间门与正房的次间进行连通。

（3）厢房

东、西厢房为晚辈的起居用房，普通的厢房通常采用三开间格局，东厢房较西厢房身份尊贵，所以由家中长子居住。建造时，东西厢房的高度必须低于正房，甚至地基的深度也要正房高于两厢，否则就是对年长者的不敬。在巨野县付庙村的传统合院民居中有一种特殊类型的厢房，为了院落防御需要厢房高度会在房屋局部做两层，如表5-2-7①所示。在一些规格较高的民居中，东西厢房的形制堪比普通民居的正房，例如小李屯民居三进院的西厢房，其平面面阔6间，正房和耳房的形制均是一明两暗的基本格局，如表5-2-7②所示。

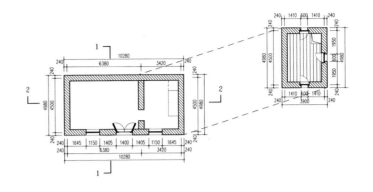

①付庙某民居东厢房

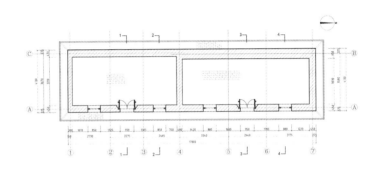

②小里屯民居三进院西厢房

（4）辅助用房

辅助用房主要是厨房与厕所。厨房一般位于院落东侧或东南侧。鲁西南传统民居建筑的厕所一般是旱厕，位于院落西南角。从使用角度来分析，风向是首要考虑的因素，东北风为当地常年主要风向，西南角处于下风位，有利于污气的排放，且西南向日照充足，环境卫生较好。

（5）大门

在鲁西南地区，南屋（倒座）和堂屋呈南北对称布置，常将靠左边一间留出作为过道（大门），即将院落入口设置在东南角，这个方位是"润风"吹进的方向，象征"一帆风顺"。在鲁西南，一些散居的院落一般既不设院墙也不设大门。而在前王庄村，院落通常于正房东或西过道处留置一后门用于疏散，还有一些院落在正房东侧过道加建耳房作厨房。鲁西南合院式民居中，主入口正对大门位置要设置影壁，在功能上，起到区分内外、遮蔽视线、装饰庭院的作用。

（6）院内植物

鲁西南合院式民居的内院常植花木，通常会特别注意植物的品种和数量。如院内种植树木时宜双数忌单数。另外，民间还流传"前不栽桑、后不栽柳，中间不栽拍打手"的谚语。（表5-2-8）

		院内植物的种类	
宜栽常见类型	柿树	寓意"事事如意"	
	枣树	谐音"早",寓意早得贵子,象征财运,常栽种在院落南侧	
	石榴树	多子,象征子孙旺盛,常栽于院落东边	
忌栽常见类型	桃树	桃谐音"逃",忌栽种在正房南边,有"难逃"之意	
	柳树	避"柳巷"之嫌,忌栽在正房后面	
	柏树	谐音"悲",不吉利	
	花椒树	谐音"焦",不吉利	
	杨树	树叶会产生啪啪的响声,忌栽在院内,破坏风水	
	桑树	谐音"丧",开门见丧之意,不吉利	

2)多进院落的平面组织方式

鲁西南平原地区多个院落的空间组织方式呈现出一定的规律性,大致可分成四种:(1)在纵轴上延伸出多进院落,数进院落沿着主要道路一侧并列分布,如张居正故居的平面组织;(2)由同一院门划分内外,以一条内向性道路串联各个单体院落,反映了以血缘关系为纽带的同宗族群居的院落平面组织,如前王庄某民居的平面组织方式;(3)围绕公共空间如宗祠建筑、广场、寺庙道观、古树名木等空间节点展开布局,民居院落的组织体现儒家文化的伦理性特点,多呈向心性分布,如嘉祥县张家垓村的民居院落组织;(4)山地的院落组织一般顺应山势或等高线高低错落,呈现自由布局,朝向有正南北向、东偏南向、西偏南向,如上九村、王家庄村等山村。(表5-2-9)

鲁西南地区典型的院落平面图 表5-2-9

（1）单体院落平面图	
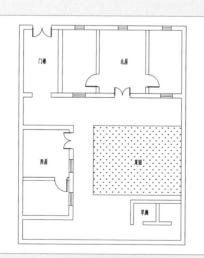	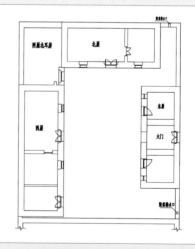
①刘集村某民居平面	②满庄民居172号院平面
该院落为普通民宅,北侧紧邻宅间小路,北向主要建筑面阔4间,留出最西侧开间作为门楼使用,西侧是2间附属用房,院落面积较大,院子中心开辟菜园,厕所位于东南角	172号院南北长19.7米,东西宽16.6米,占地面积约330平方米;现保留有北屋,西屋及其北耳房,东屋中间为过道门,作为院落的入口,典型的三合院形制,当地也称为"簸箕叉"

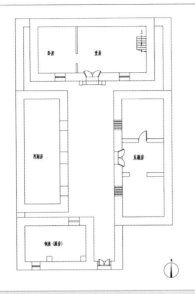

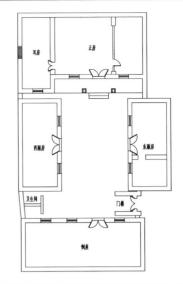

③前王庄某处民居	④张居正民居一进院落平面图
院落基本形态为四合院，正房为二层，三开间，坐北朝南，东西厢房各三间。院中最南端的房子为倒座房，其檐墙紧临胡同，一般不开窗或开小窗，做存储或厨房使用	该院落南北长28.8米，东西宽17.4米，占地面积约500平方米，现保留北屋前出廊带一间耳房，东西厢房各3间，南侧为倒座4间，东侧门楼为院落入口，典型的四合院形制

（2）院落建筑群平面图

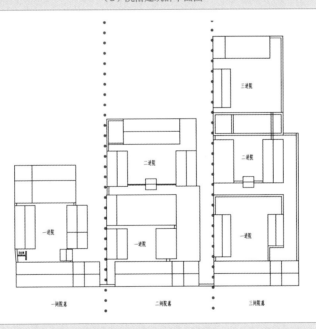

①张居正故居院落平面图

民居整体为三列院落横向组合，各院落多依进深方向展开，由外向内由门楼、一进院、二进院、三进院等依次排布，各进院落间既独立又相互连通。三间院落并列而置，互不影响。各独立院落入口门楼处右侧皆设门房，用于看守

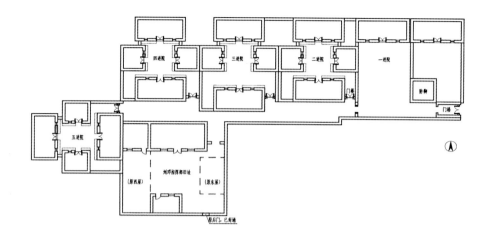

②前王庄某院落平面图

在前王庄的某院落平面组织中，与传统院落沿南北纵轴延伸的模式有所不同，进入院落大门后，由一条内街串联起各独立院落，各院落单元以四合院为基本单位。这种以家族为单位的群居模式，严格遵循长幼有序的尊卑等级观念，院门以内皆为同姓宗亲，关上各个院落独立的院门又是各自的家庭。门楼处院落设监控防御用房。除大院门楼外，大院内部巷道也设门，形成由外至内的多道防御体系

五、民间宗祠在鲁西南传统聚落中的影响及特点

鲁西南地区传统聚落中民间宗祠众多，这是有别于山东其他地区的一大显著特点，宗祠对于传统聚落空间的布局有着较为深远的影响。如济宁嘉祥岳楼村，作为典型单姓宗族村落，村内保留了完整的宗祠建筑体系，一个主祠、四个支祠控制着整个聚落的空间布局，整个村落以主家祠为中心向四周发展规划，村中道路也是参考主祠的方位向东西南北四个方向延伸，后每个房支的子孙以各自支祠为核心建筑抱团居住形成了房支组团，规律且有章法，形成了传统村落以宗祠为核心的内聚向心布局体系。（图5-2-5）

在这种向心性的布局中，每个组团内的宗祠为最高等级构筑物，是组团内"心"之所在，具有神圣且不可侵犯的地位，而每个组团内部的中心则与主祠保持高度

一致。因此，形成四个支祠院落的朝向与主祠院落的朝向保持相同，每个组团内临近祠堂周边的建筑中轴线会与每支宗祠建筑中轴线保持基本平行，且各院落内正房朝向与各支祠寝堂朝向保持统一，都是坐北朝南。房支组团肌理中除了祠堂建筑以外，其余构成单位就是以这些院落为主。他们除了在朝向上与核心建筑保持高度一致以外，各个院落布局相对规整，呈"棋盘式"布局，这种空间肌理是在宗族秩序掌控下自上而下形成的，与其他自下而上自发性建造的村落空间形态有明显的区别。（图5-2-6）

鲁西南地区民间宗祠院落包括中轴线上的前堂（即大门）、中堂、后堂及后堂两侧的衬祠，还有东西两侧的厢房等辅助用房。通常在宗祠入口处设置照壁。菏泽章缝镇章西田氏家祠的空间序列颇具特色，祭祀流线充分体现了空间序列的布局优势。整个空间序列最具仪式感的部分重点集中在中堂，中堂后堂以及左右两侧厢房组

图5-2-5 岳氏宗族房支组团示意图

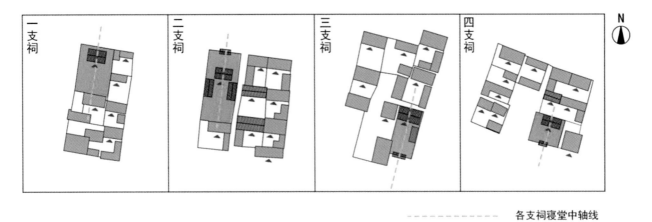

---------------- 各支祠寝堂中轴线

▲ 建筑主入口

图5-2-6 各支祠与周边建筑示意图

成院落空间，田氏家祠的院落平面组织如图5-2-7所示。

田氏家祠中轴呈南北之势，轴线上依次排布了与祭祀相关的3座建筑，即前堂、中堂和后堂。前堂作为宗祠对外入口，大门上方悬挂"荆树堂"匾额，进入前堂后须经过两个相连的中堂才能到达后堂祭祀空间。东西厢房之间设第一个中堂，该建筑省略了围护结构，只保留了梁柱体系和屋顶结构，四纵四横柱廊形成强烈的视觉冲击，强化了空间的秩序感。第二个中堂位于第一个中堂和后堂之间，结构与第一个中堂类似。后堂为三开

间基本格局，平面呈规则矩形，面阔约11米，进深约6.5米，两侧各布置一间配房作衬祠使用。配房和后堂之间设月亮门，形成衬祠的单独院落。整个院落形成完全的中轴对称布局，体现了鲁西南传统建筑的"中正"之美。（图5-2-8~图5-2-10）

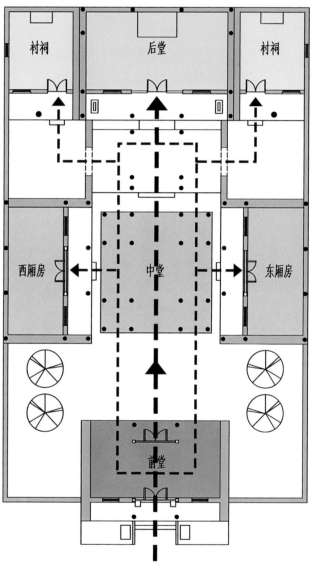

图5-2-7 巨野县章缝镇章西村田氏家祠（自绘）

图5-2-8 田氏家祠中堂

图5-2-9 中堂与衬祠之间的月亮门

图5-2-10 前堂的屏门

通过比较汶上县赵庙村东徐氏祠堂、邹城市唐村潘氏祠堂、梁山县韩堂村韩氏祠堂、巨野县章缝镇章西田氏家祠等鲁西南各地宗祠院落的空间组织方式，如表5-2-10所示，最终归纳出民间宗祠的院落平面有以下特征：以一进院落为基本单元；强调中轴对称；空间序列体现秩序性与等级性。

鲁西南部分宗祠院落平面图　　　　　　　　　　　　　　　　　　表5-2-10

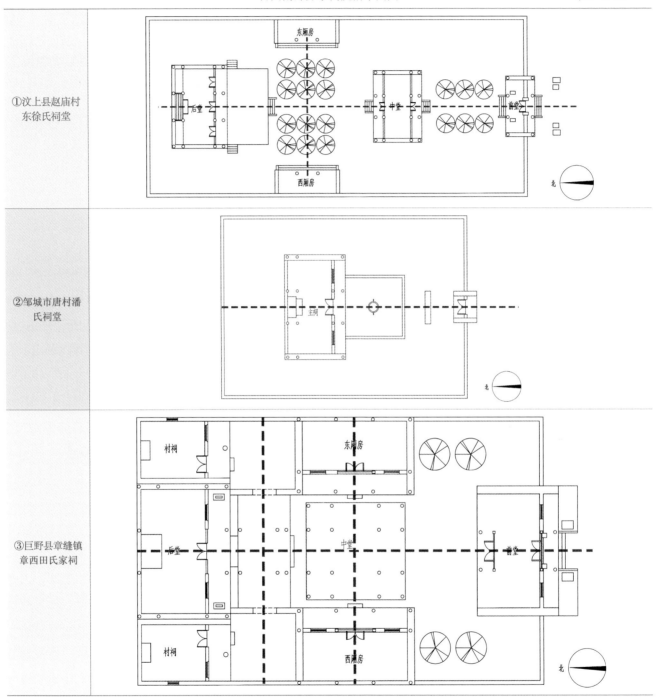

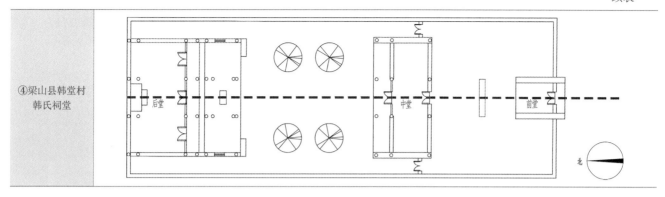

④梁山县韩堂村
韩氏祠堂

第三节　鲁西南地区典型传统聚落

一、临沂沂南县常山庄村

沂南县常山庄村位于沂蒙山区中部，四周山脉最高峰是位于西南方向的蒙山，海拔约1156米，被誉为"岱宗之亚"，素称"亚岱"。常山庄村地貌特征主要为低山区和丘陵，东、西、南三面环山，为典型的鲁西南近山古村落。

（一）选址特点

村落背山面水，利于军事防御，充分形成了背山面水、左右围护的格局。常山庄村古村落与自然环境相融，东、北、南三面环山，村落内流经一条河流，整体形成了背山面水的格局。这种格局能出能进，使村子既保持自己的传统，又能接受外界影响不致闭塞落后。三面环山，形成了自然的保护屏障，有一夫当关、万夫莫开之势。据当地村民讲，鸦片战争以后，由于盗匪四起，山沟里的村民安全和财富受到了威胁，村民在村子东面修建了一道防御性围墙，在围墙上修建了礼门。平时礼门紧锁，村民进出时才打开，城墙上留有用于瞭望、射击的洞口，顶部建有城楼，平常登高眺望，战时坐镇指挥，是非常重要的高空防御设施。

常山庄村的选址很好地融合了堪舆学上对"势"的追求理念。北面靠山，南有连绵群山为屏障；左右有山脉环抱围护；前有弯曲的河流，体现了"聚"的意境；平原之外还有远山近丘的对景呼应。村落周围的山水构成了村民赖以生存的资源：山地可以提供木材，缓坡地和谷地可以用作耕地，而且北面的山岭可以抵挡寒风；南面的河流提供水源，方便排泄山洪，这样的选址也体现出当地居民对生活环境的重视。（图5-3-1）

（二）村落形态

1. 平面形态

常山庄村古村落位于东西走向的两山之间，因此发展成为东西宽、南北窄的狭长梯形聚落。独具特色的地理环境使得聚落沿等高线弯曲变化呈内凹的形式，总体布局紧密，依山就势，错落有致。建筑群沿巷道和轴线关系纵向延伸，形成线性布局。建筑整体朝向南偏东居多且随地形层层抬高。形成此朝向的原

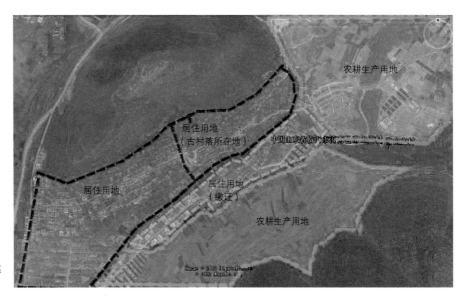

图5-3-1 常山庄村栖居劳作及与地形地貌关系
（改绘自谷歌地图）

因：一是满足充足的日照采光需要；二是常山庄村地处山区，建筑只能根据等高线依山就势布置，房屋无法保证正南正北朝向；三是从常山庄村整体空间格局来看，东南向的朝向形式恰好体现了选址对传统堪舆学说中"势"的追求。

常山庄村建设带有很强的自发性，村落平面形态呈现出偶然性和不规则性。由于建筑的内向形制早已确定，人们主要考虑自家院落的完整性。有的建筑为了尽量争取较大的宅基地，南北方向院落之间几乎无间隙，东西方向院落之间的巷道空间弯曲狭窄。同时，功能关系使村落平面具有一定的结构和秩序感，因此没有造成杂乱无章的局面。建筑既要保持一定的私密性又要与外界保持连通，各个单座建筑本身是独立的但却不是孤立的个体，弯曲狭长的街巷与不规则的节点空间将它们之间相互联系起来，串联成一个有机的整体，共同发挥着建筑群体的功能作用。（图5-3-2）

2. 竖向空间

常山庄村聚落地区是山地地形，耕地珍贵，大部分村民选择在不宜耕作的山地上安置住所；另有部分民居建筑分布在山谷平地上，数量有限。因此形成了独特的村落整体竖向空间：（1）建筑呈现沿山势跌落的整体形态；（2）建筑的主要排列走向基本与山地等高线相互平行，且大部分位于山坡阳面，避风向阳，利风水；（3）建筑多建在山麓较低而不是最低的位置，方便对外交通，也利于防洪；（4）村庄聚落小气候宜人，季相景观变化和山体、河流以及植被的错落分布更加丰富了聚落的空间层次。

常山庄村聚落民居建筑对山地的利用不拘一格，有很强的适应性。民居建筑对地形的利用可大致分为平坡地排列、缓坡地筑台和陡坡地筑台三大类，与之对应产生三种不同的建筑和外部空间的竖向关系。

紧密排列式：建筑位于平坡地或山谷地带，因为用地紧张，建筑排列比较紧凑密集，相比其他地形地带排列较为规整。（图5-3-3）

分散筑台式：处于缓坡地带的建筑大多数采用分层筑台方式，纵向空间利用随意，可开敞、可紧凑。（图5-3-4）

紧凑筑台式：陡坡地地区受地形限制比较大，为使空间能够被合理利用，同时减少找平的开挖量，建筑纵向空间布置得非常紧凑，建筑之间的间距比较狭窄，院落的入口往往比院落标高低。（图5-3-5）

图5-3-2 常山庄村聚落布局特征

图5-3-3 平地紧密排列式

图5-3-4 缓坡分散筑台式

图5-3-5 陡坡紧凑筑台式

3. 水系脉络

常山庄村重视村落的水口选择和经营。水口区是入村的象征，各村之间的重大议事和纠纷亦是在水口区域商讨解决，有敌意的其他村落进入水口区被看作入侵，所以水口外划边界、建城墙，并设防卫功能的建筑。山地环境是常山庄村古村落的规模、空间的发展受到限制的重要因素之一，但是村内自东向西流向的河流给村落注入了活力。一是它承担了排泄山洪的作用，二是起到排放居民生活、生产废水孔道的作用。村民根据山势走向开挖明沟，跨明沟的石桥上筑有涵洞，方便排水。为了更好地排泄山水，在必要的道路下方还筑有沟渠和涵洞。这些做法与现代市政工程不谋而合，构成了一套比较完备的山地村落排水系统。

4. 交通系统

常山庄村古村落古朴自然，整个村落顺应山势、高低错落，形成了较为完整的道路交通体系，街巷除了具有通往宅院等目的地的交通作用外，还起到划分聚落的空间结构、提供生活活动场所、形成景观视觉通廊等功用。道路包括街和巷两种形式，道路宽度因地制宜，总体窄而不宽、弯而不直、短而不长，与常山庄村自然、乡土、生态、亲和的属性符合。

常山庄村位于地形比较复杂的山岭重丘地带，路网

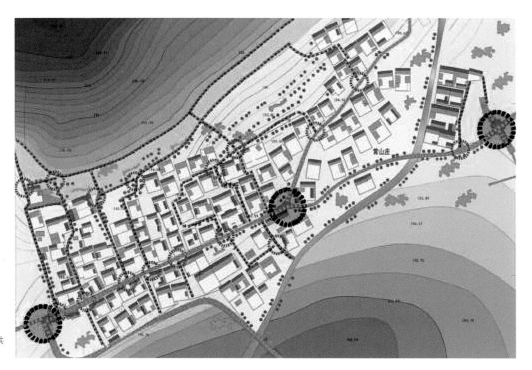

图5-3-6 常山庄村的街巷与公共空间组织

在形成过程中结合当地地形，随地形弯曲起伏，充分利用地形地势布设街巷和安排村庄布局。这样的街巷可以节省造价，还可以获得优美的自然村庄景观，是当地村民智慧的结晶。干路分两条，沿等高线布置，呈"丫"形布局；支路垂直于等高线布置，并不是笔直向上的，而是分为几段，略有错开，用来缓解地势。村落的道路承担的交通量较小，只要能方便到达每家每户即可，因此只有局部交织相连成"网"，多数采取尽端式道路。（图5-3-6）

常山庄村的街道宽度基本在3～4米，街道宽度与建筑外墙的高度比在1.1～1.15之间。界定街道的界面是院门高度或者建筑后墙。巷道是一种封闭、深远、狭长的带状空间，它在形态上比街道更窄，两院落之间巷道宽度不足2米，窄的仅有0.8米，石质台阶，步步升高。巷道的宽度与建筑外墙的高度比多在1.2～1.25之间。界定巷道的界面一般是建筑不开窗的山墙，因为又是拾级

而上，形成极为狭窄、深远的带状空间效果，成为常山庄村的特色之一。从常山庄村庄东门进入街道再步入巷道，最后进入各户宅院，形成一个完整的空间序列。在这个序列中，空间的性质伴随着道路形态的变化逐渐发生改变，从开敞的自然空间进入人工界定的越来越窄的街巷空间，空间的公共性逐渐减弱，私密性逐渐加强。这种街道的空间形态与容量特征能够作为居住环境由闹入静的过渡，保证居住区尽可能地免受外界因素的打扰。

常山庄村的路面材料源于自然，具有典型的乡土性和生态性。路面材料多使用土、石，与天然地貌特征相适应，选材时注重经济实用，有时直接从地势高的地方取石铺垫地势较低的地方，形成较为规整的路面。干路是素土夯实的路面，土层薄的地方山体岩石显露，如图5-3-7（a）所示。支路有两种铺法，如图5-3-7（b）（c）所示：中间铺块石、两边铺素土或碎石；全部采用山体石材。

图5-3-7　街巷肌理及路面铺陈

（三）民居院落

常山庄村古村落民居建筑以"间"作为基本构成单位，以"院"作为房屋的群体构成单位。合院朝向坐西北朝东南，满足日照采光要求，因为山地合院受地理条件的制约，用地紧张，住宅多根据等高线依山就势布置，因此院落并不是方方正正、正南正北。即便是院落用地狭小，其布局仍然受中国传统等级观念的影响，有明显的主次、高低之分。单进三合院和两进三合院布置正房、厢房和耳房，院落保留着基本的轴线关系，但受地形影响，无法完全对称。正房等级最高，厢房次之，耳房最低。部分正房规模因用地受到限制，没有办法保证三间，当地居民将其灵活变通为两间，厢房则由两间减少为一间。

1. 单进合院

单进合院平面布局较为简易，只有一座平面呈"一"字形的房屋，无正房和厢房之分。院落整体朝向

南偏东。房屋布局不讲究对称，一般在院中靠北偏东或偏西位置。南面院墙上留有院门洞，但不设门，无影壁墙。为避免从外部直视院内，增强居住的私密性，常设有东西两侧开门洞的院落作为过道，如图5-3-8所示，此过道为公用，不归私有。平面近正方形，长宽比约为1：1。房屋山墙面与院墙围合成的空间被称为"露地"，作绿化空间。院落地面由素土夯实，用石块铺就甬道或者不设甬道。房屋多为三开间或二开间，三开间房屋正中开间作为堂屋，前部设门，两侧两开间多作为卧室或者厨房、杂物间使用；二开间房屋卧室兼作堂屋，靠近屋门的开间筑灶作厨房。

规模较大者，亦有在单进院落上添置厢房的做法：进而形成单进二合院、三合院。（图5-3-9）

2. 两进合院

常山庄古村落前后两进合院三面建房，包括厅房和两厢房，前院无倒座。合院东南朝向，平面呈长方形，

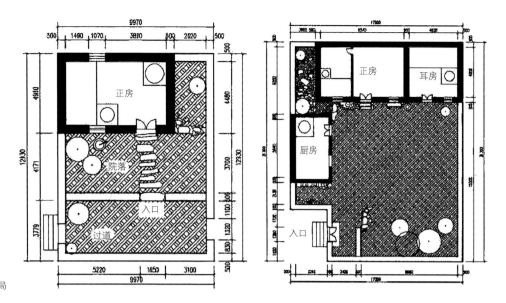

图5-3-8　常山庄古村落单进合院格局

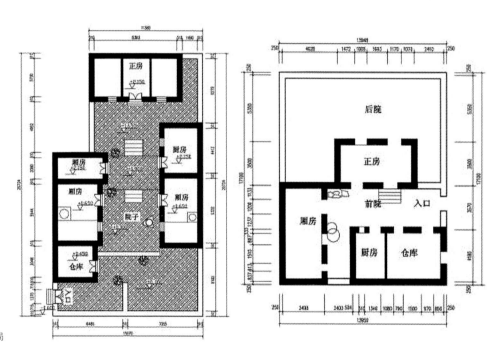

图5-3-9　常山庄古村落单进三合院格局

长宽比约为1.5∶1。院落整体格局特点是：（1）采用了前院待客、后院栖居的多进庭院式布局，空间封闭，但层次分明，安全性高。（2）多采用中轴对称的建筑格局，但由于受山地高差大、居住用地有限等条件限制，亦有非绝对对称的院落格局。这种布局格式，整体上下有序，长幼有序。（图5-3-10）

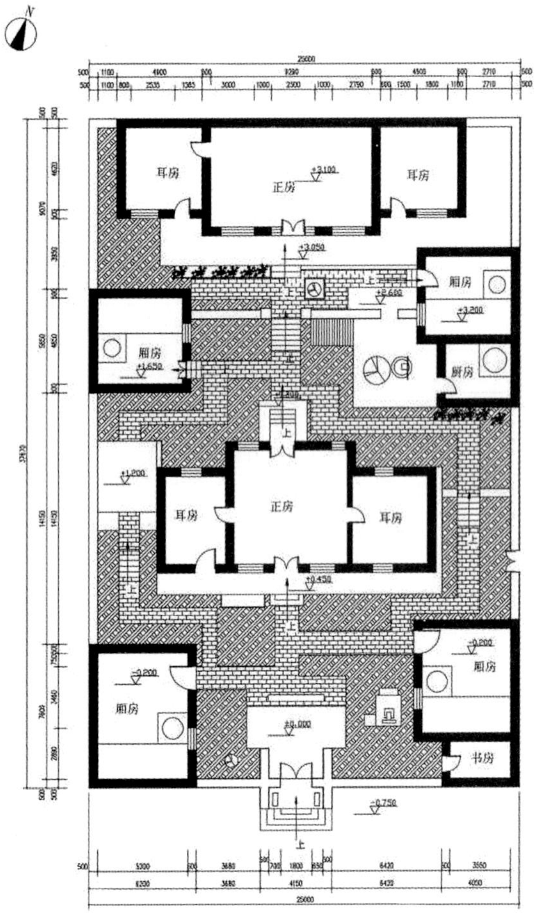

图5-3-10 常山庄古村落两进合院格局

二、菏泽巨野县核桃园镇付庙村

付庙村位于菏泽巨野县核桃园镇东南，坐落在青龙山南麓，东与范店村为邻，南与南马庄相连，北与马山接壤，西与金山相接，区域位置优越，交通便捷。村落历史悠久，建筑文化底蕴深厚，村落内民居具有明清时期鲁西南地区传统民居的特点，保留了明清时期的传统民居营造技艺。2015年，山东省"乡村记忆"工程办公室将付庙村列为山东省"乡村记忆"工程文化遗产单位，2016年付庙村被列入中国传统村落名录，是鲁西南平原地区的典型村落。（图5-3-11）

（一）选址特点

明洪武元年（1368年），朋氏迁巨野择地定居，取名道隆村，因村中有一付君庙，后演称为付庙村。付庙村地处鲁西南黄泛平原，周边丘陵众多，村落选址深受自然地形地势、传统聚落选址观念和传统风水学说等方面的影响，村落北面背靠马山、西邻金山，西、北两侧有山丘围护，村落东南侧地势平坦，面向开阔平原田地，这样的村

图5-3-11 付庙村呈现的典型平原聚落选址特点

落选址既使该村交通便利，与外界村落保持联系，又进退有据，利于军事防御，充分体现着负阴抱阳的村落选址观念，符合典型的风水学说，是较为理想的宜居之所。

（二）村落形态

1. 平面形态

付庙村形成于明代，村域面积约93.8公顷，规模庞大，历史悠久。因村落发展时间较长，发展过程中受到的外部因素影响较多，村落建筑布局既有组团式的平面模式，又有以东西向道路串联而成的线性平面模式，为多中心式布局模式，村落平面呈长条形，村落中主要建筑布局多为南北向，具有较强的秩序感。

付庙村地势平坦，建筑排列呈现组团式和沿东西向道路线性排列模式，建筑布局比较紧凑密集，较为规整，竖向空间并未像靠近山地村落因地势而建，呈现出多种层次性，传统民居均为1~2层。

2. 交通系统

付庙村地势平坦，村落发展历史悠久，在产生之初其格局并没有经过科学严谨的规划设计，后村落经过长时间的演进发展形成了一套完整的道路交通网，村落道路以东西向主路和若干南北向支路串联组成，呈现"丰"字形，道路平坦，尺度适宜，交通便利。（图5-3-12）

由于村落中原传统出行方式以步行为主，交通工具相对简单，所以道路的宽度相对较窄，村落中主要道路平均宽度为3~4米，辅路平均宽度为2~3米，胡同等宅间小路平均宽度为1~3米，路面多以土路为主。（图5-3-13）

（三）民居院落

付庙村民居具有典型鲁西南地区传统民居的建筑特征。据统计，付庙村传统民居建筑现存20栋，共80余间，沿村中东西向大街向南北两侧排布，建筑院落为传统北方合院形式，基本格局为南侧有门楼倒座，北侧有正房、耳房，两侧对称建有东西厢房。不同院落可能根据实际情况呈现一定的变化，具有一定的差异性。（图5-3-14、图5-3-15）

付庙村民居以其中省级文物保护单位的民居建筑最负盛名，该民居始建于明代，据传这里曾为明代后期重臣、内阁首辅张居正所设行邸别院，后因事变，张家家产或充公或变卖，张氏一族就此没落。巨野城西望族李氏的一支于明洪武五年（1372年）迁入付庙村，其后

图5-3-12 付庙村主街肌理

图5-3-13 付庙村巷道

图5-3-14 付庙民居倒座门楼

图5-3-15 付庙传统砖石北屋

人因钦慕张公德行，遂出资购买张家旧宅，并在此基础上增修扩建，形成现代的规模。

1. 单进合院

付庙村民居中，单进合院平面布局较为规整，南北向布局，平面呈方形，长宽比近似1∶1，院落内建筑多由门楼倒座、东西厢房、北屋和院墙组成，少数单进院落中带有院内二门和耳房，院落地面由素土夯实，部分院落内设"十"字形甬道，为青砖铺地的形式。倒座作为杂物间或厨房，东西厢房作为居住卧室或仓库，北侧正房作为起居室和主人卧室。

2. 多进合院

付庙村民居中现存多处多进合院，最多为五进、两路的院落形式，院落多呈南北向，平面为长方形布局，建筑排布上并非完全遵循对称布置，而是根据实际功能和使用需要来进行排布。多进院建筑中，第一进院落由门楼进入，后续院落则通过前一进院落的北侧穿堂进入，多进院落在功能布局上更为复杂多样，前后进在使用功能上会存在差异，且具体建筑营造技艺和做法也会因前后进关系而存在较大差别。在功能上，前院通常作为接待外客用房、储存物品用房使用，后院多作为日常起居场所；在具体营造技艺上，后进院落营造做法往往

图5-3-16 付庙民居呈现了鲁西区域典型的封闭围合院落

较前进院落更为精巧细致，建筑规模体量也更为庞大，整体而言，多进院的空间较为封闭，但具有层次性，体现传统社会尊卑等级。（图5-3-16）

三、济宁嘉祥县孟姑集镇岳楼村

岳楼村位于山东省济宁市嘉祥县孟姑集镇东部，是鲁西南地区典型以岳姓家族血缘凝聚形成的传统村落。据村中族谱所载，该村居民均为名将岳飞三子岳霖的后代，村落宗族文化兴盛，原始肌理保存完整，保留有一个主祠四个支祠组成的宗祠建筑群，为鲁西南地区典型的血缘型村落。（图5-3-17）

图5-3-17　岳楼村总祠与聚落空间关系

（一）选址特点

岳楼村位于山东省济宁市嘉祥县西北部孟姑集镇，村落选址地处黄泛平原地区，村落及周边地势平坦，皆为平原地带，视野开阔，交通便利。村落中有小清河发展而来的水系，北邻赵王河，保证了村落排水和水源供给。周边仅有少许海拔较低的孤山、残丘。村落周边村庄密布，紧邻村庄有薛庄村、商庄村、申楼村、东李村。据传岳楼村始建于明代，距今已有600余年，全村以岳氏为主，村西侧孟姑集镇中的岳氏后人均来自该村。

（二）村落形态

1. 平面形态

从现有形态上来看，岳楼村老村村落平面形态呈团状，属于典型的集中式村落平面布局。村落中以一个主祠、四个支祠而组成的岳氏宗祠作为村落核心，具有较强的凝聚力，在村民心中具有较高的地位。岳楼村村落发展正是以宗祠作为核心向外延伸发展而来，加之地处小清河东岸，逐渐延伸成环绕村落的完整水系，随着人口增长、村落扩张，后在老村东南侧营建新村，逐渐形成现今村落的形态。

2. 水系脉络

岳楼村老村由水系环绕，在平原开阔地区，由于没有可以借势的山地丘陵，因此水文条件变成村落选址聚居的重要因素。在传统村落布局上，古人往往追求附近水系能对村址、城址形成包围环绕之势，以玉带水为佳。这样的水系系统不仅便于村落和城址在雨季及时排除雨水，从而拥有一套完整、便捷的排水体

图5-3-18 岳楼村村落水系

系，同时也会为聚落内建筑防火消防提供便利。通过当地的地方志和相关村史可知，岳楼村在选址和形成之初，自然环境要素是一项重要参考条件，以其中的水文环境条件最为重要。该村十一世祖岳仲明最初迁居此地时，开始择临南旺湖而居，后因筑堤，向西南又迁十多公里，择小清河东岸定居，之后子孙后代在此繁衍生息，逐步形成现今村落规模。（图5-3-18、图5-3-19）

3. 交通系统

岳楼村历史悠久，伴随这村落发展，村内形成一套较为完整全面的交通系统，由乡镇主干道申闫路通向岳楼村，村口立有牌坊，穿过牌坊沿着村中南北主干道一直向前，便可见村落核心——岳家祠主祠，由主祠外道路可通向不同方位的支祠，而村民民居就以这"一主四支"的祠堂依次排布；可见岳楼村的交通

图5-3-19 岳楼村宗祠分布

图5-3-20 岳楼村宽敞的宗祠前部空间

图5-3-21 岳楼村传统街巷肌理

图5-3-22 岳楼村传统巷道肌理

图5-3-23 岳楼村宗祠大门

系统主要以主祠和支祠这些祠堂核心作为"点",以服务于通向这些祠堂的道路作为"线",由南北向的线串联形成村落交通网,从而联系周围村落中的民居建筑"面"。在岳楼村中,街巷的尺度受邻近宗祠建筑体量、规制的影响,岳氏家祠主祠南侧的东西主干道街道宽14米,支祠附件街道宽5~7米,民居建筑与建筑之间的夹巷宽则为2~4米,可见岳楼村街巷尺寸适宜,并会依据其邻近宗祠的建筑体量、规制而变化。(图5-3-20~图5-3-24)

图5-3-24 岳楼村宗祠祀堂

四、济宁邹城市郭里镇庙东村

庙东村位于邹城市郭里镇西南东西凫山之间，因当地羲皇庙（俗称爷娘庙）而得名，与西侧爷娘庙西村相连。村落呈长方形，主街南北走向。东西两侧有东、西凫山脉环绕，村南有一座水库，南北流经庙东、庙西村北汇入郭里环山河；村西地势平坦，村东地势东高西低，地势高差较大；村落四周山环水绕、古树森然，自然环境丰饶。此村建于明初洪武年间。据《邹县志》载，宋乾德二年在凫山西麓改创伏羲女娲神殿，此庙规模宏大，古碑林立，俗称爷娘庙。因村依庙而建，故称爷娘庙村。1948年分为庙东、庙西两个村。（图5-3-25）

（一）选址特点

爷娘庙村地处鲁西南中部低山丘陵地带，村落选址深受自然环境条件的影响，村落位于邹城市郭里镇西南3公里处的东、西凫山之间的平坦谷地，东西两村之前有条从村南水库流经的河流，南部又与大白山、凤凰山相邻，两村东、西、南三侧受山丘围护，北侧地势较为平坦开阔，这样的格局在传统风水学理论中符合藏风纳气的要求，是环境优美的宜居之地。而具体到庙东村中，村西地势较平坦，村东地势东高西低，尤其庙东村南北主路东地块，地势高差较大。总体村落布局紧凑，依山就势，错落有致。

（二）村落形态

1. 平面形态

爷娘庙村形成于明代，依山就势而成，发展时间较长。庙东村东靠东凫山、西靠河流，在村南侧汇聚成水塘，因此村落边界受东凫山、河流和水塘的制约，村落平面呈长方形，东西向较短，南北向较长。村中东部一条南北主路串联，而村西则有王氏祠堂建筑，是传统聚落的核心位置，从平面形态来看，庙东村布局也受到主路和祠堂建筑的影响，村落建筑布局既有因祠堂建筑而呈现的组团式平面模式，又有以南北向道路串联而形成的线性平面模式，为多中心式的平面布局模式。（图5-3-26）

图5-3-25　庙东村典型的山前平原选址格局

图5-3-26　庙东村交通路网及村落肌理

2. 竖向空间

庙东村地势存在变化，村西地势较平坦，村东地势东高西低，因此导致村落西部建筑排列比较紧凑密集，相比其村落东部地带排列较为规整。村东部建筑大多数采用分层筑台方式，纵向空间利用随意，可开敞、可紧凑，具有较强的适应性。

3. 交通系统

庙东村地处东西枭山之间谷地，历史悠久，在产生之初其格局并没有经过科学、严谨的规划设计，后经过长时间的村落演进发展，形成了一套完整的道路交通网，村落道路以南北向主路和若干东西向支路串联组成，呈现"丰"字形，道路平坦，尺度适宜，交通便利。

由于村落中传统出行方式以步行为主，交通工具相对简单，南北向主路后因交通需要而逐渐拓宽并改筑为水泥路面，而村落中原有东西道路的宽度相对较窄，村落中主要道路平均宽度为3~4米，辅路宽度平均为2~3米，胡同等宅间小路平均宽度为1~3米，路面多以土路为主。（图5-3-27~图5-3-29）

（三）民居院落

庙东村民居院落体现了鲁西南中部低山丘陵地区民居特色，建筑材料取自山地，风格较为拙朴，院落格局主要以单进院落为主，院落由正房、侧房和院墙组成，入口朝向根据道路灵活开设，院落尺度多为10米×10米、15米×15米的方形宅院。正房根据功能作为寝室和起居室使用，侧房根据需要作为厨房、储物室使用，正房坐北朝南，侧房根据实际需要，安置方位较为灵活。（图5-3-30、图5-3-31）

图5-3-27　庙东村逐河而居的道路

图5-3-28　庙东村主街

图5-3-29　庙东村巷道

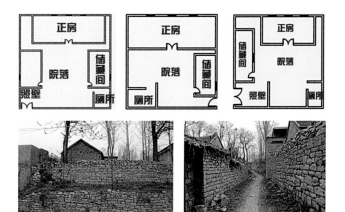

图5-3-30　庙东村传统民居院落

图5-3-31　庙东村传统民居门楼

第四节 鲁西南地区传统民居建筑特色与风貌特点

一、鲁西南地区传统民居的营造尺度

传统建筑营造过程中，开间和进深的尺寸受到使用功能的制约，同时还要兼顾备料时选用的木料规格及当地营造尺度系统等因素。

（一）平面尺度

鲁西南平原地区传统民间建筑建房时以白布尺为单位，1尺的长度大约60厘米，建造时为了吉利，多采用六、八尺数。正房基本单元为一明两暗格局，一般面阔三间，明间面阔六尺（约3.6米），两次间面阔四尺（约2.4米）；进深六尺或八尺，大约3.6～4.8米。或者根据使用需求在三间组合的基础上再在两侧增加耳房，耳房面阔和进深与次间相差不大。1949年以后盖房子，也有地区使用老市尺作为度量工具，一尺等于30厘米。鲁西南东部山地的石头房，由于建造材料的限制一般建造成面阔二间或三间，开间和进深均较小。当地工匠经常使用"里净数"[①]来表示开间尺寸。（图5-4-1）

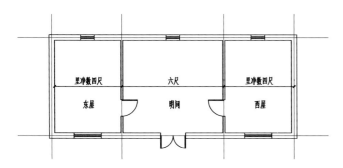

里净数四尺 | 六尺 | 里净数四尺

东屋 | 明间 | 西屋

图5-4-1 鲁西南东部地区平面尺度表示方法

---

① 里净数，指从明间一架梁的投影的中线至里间内墙壁的净尺寸。

（二）立面尺度

菏泽及济宁附近地区传统民居的正房立面高度按当地传统做法取六尺（从门槛石到檐口）的高度，根据实地调研发现受建造条件和经济因素的限制，单层传统民间建筑檐口高度在3.3～4.2米，一些防御性的平顶建筑檐口高度依建筑层数而定，两层一般在6.0～9.2米不等，只有极少数做到三层。鲁西南低山丘陵地区的石头房檐口相较于平原地区低矮，且建筑年代约久远，檐口高度越低，比如在汶上县梅山庄村，清代的囤顶石头房檐口高度约2.2～2.4米，1949年前后的囤顶房檐口高度约3～3.3米，20世纪70年代以后的囤顶房檐口高度逐渐加高，普遍在3.3米以上。而鲁西南民间宗祠建筑比普通住宅建筑高大，其檐口高度一般在4.2～4.5米。（图5-4-2）

二、梁架制式

鲁西南传统民间建筑中的木构架形式根据屋顶起坡程度可以分成坡屋顶梁架、囤顶梁架、平屋顶梁架三大类。坡屋顶梁架有抬梁式、抬梁式变体、三角形梁架、八字屋架等多种形式，抬梁式屋架的做法又分成立柱和不立柱两种类型；囤顶起坡较缓，主要有弯梁+檩、直梁+矮瓜柱+檩、直梁+矮瓜柱+趴梁子+檩、檩+立柱四种主要类型；平屋顶主要采用了单梁排檩式梁架和主次梁的做法。

同古代官式建筑相比，民间建筑的体量和结构均有所简化，一些作为阶级象征的装饰构件因其华而不实变得难以继用，鲁西南大木营造技艺在发展过程中取官式

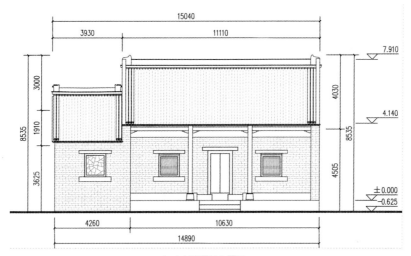

（a）付庙民居立面图

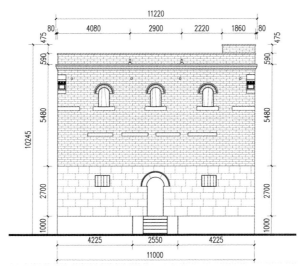

（b）前王庄民居立面图

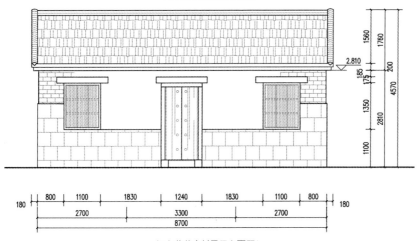

（c）葫芦套村民居立面图1

图5-4-2　鲁西南各地区民间传统居住建筑立面尺度

（d）葫芦套村民居立面图2

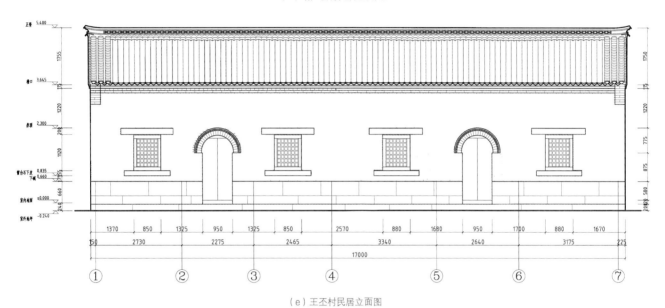

（e）王丕村民居立面图

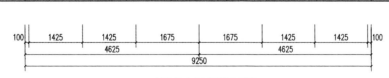

（f）梅山庄村民居立面图

图5-4-2　鲁西南各地区民间传统居住建筑立面尺度（续）

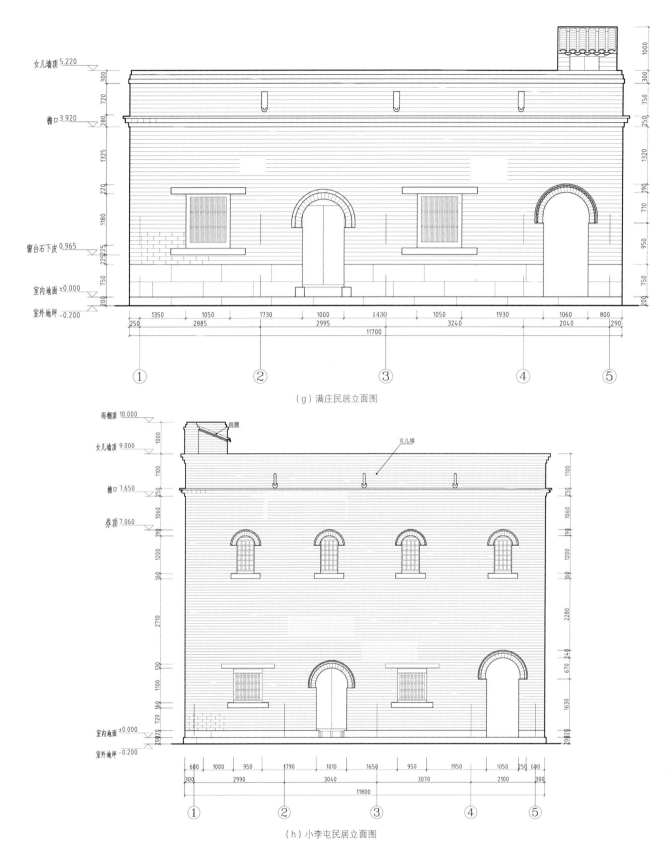

（g）满庄民居立面图

（h）小李屯民居立面图

图5-4-2　鲁西南各地区民间传统居住建筑立面尺度（续）

营造之精华，充分发扬了"宜用"的基本原则。鲁西南传统民间建筑的梁架制作工艺属于"小式大木作"[1]，按照清代工部的《营造则例》所讲，小式大木作民居建筑之面阔为三间至五间，进深的空间尺度可用屋面举架之桁木数来衡量，一般不超过七件桁木（包括正脊）及其跨度[2]。

（一）坡屋顶梁架

抬梁式木构架是鲁西南传统民间建筑中应用最广泛的一种梁架形式，其中以不设立柱的抬梁式木构架为主。这种梁架的承重方式与梁柱承重的差别在于以前后檐墙承梁代替了柱上承梁的做法，具体是在梁两端放置檩条，并在梁上设置瓜柱，同时在进深方向上叠梁置檩，其上安放童柱承托脊檩，檩上铺椽，最终形成一榀完整的屋架。屋面荷载传递方向是椽—檩—承重梁—前后檐墙—基础。

五檩不带檐廊的梁架形制在普通民居建筑中最为常见（表5-4-1①），其他类型的抬梁构架均是在此基础上通过添加或者删减构件而形成的。另外，在当地乡绅或地主官僚的私宅以及民间宗祠建筑中，常采用六檩带前廊（表5-4-1②）或七檩前后廊（表5-4-1④）的梁架结构。在鲁西南民间还流传着一种低梁高瓜柱的特殊抬梁类型（表5-4-1⑦），其做法是在檐墙高度不变的情况下，降低五架梁的放置高度，同时将五架梁上两侧的瓜柱高度加高，由此三架梁与五架梁之间的空间高度大大增加。一般在五架梁放几根宽木，一端担在梁上另一端架到山墙里，并在其上平铺一层棚板，利用夹层储藏农具和生活用品，满足人们的生活使用需求。低梁高瓜柱五架抬梁结构作为五架抬梁式改良的实例，侧面反映了传统民间建筑营造的灵活性。

三角形梁架也是鲁西南地区农村乡土民居常用的屋架形制，相较于抬梁式，其等级较低且造价低廉，它充分利用了三角形的稳定原理，两条平行于屋面的斜梁底部与大梁榫卯相接，斜梁相交叉处呈"V"字形，方便放置脊檩，或直接在斜梁上挖一凹槽卡住脊檩，檩条两端靠山墙承重。为了稳定檩条常在檩条的下端加置垂直于斜梁的挡板。三角屋架的变体较多，主要通过在内部增加不同数量的斜撑形式增加受力点强度，构成稳定的小三角形。常见的八字屋架中间立柱的做法有两种（表5-4-1⑩）：直接承脊檩，两侧开榫眼与斜梁相交；斜梁承脊檩，立柱穿插于斜梁与大梁之间。

坡屋顶梁架类型（自制）　　　　　　　　　　　　　　　　表5-4-1

	类型	照片	结构示意
抬梁式	五檩不带廊	①	

① 大木，指木构架主要承重部分。清式大木做法分为大木大式和大木小式两种。主要用于面阔3～5间，进深不过7檩，大梁不过5架的普通民居。
② 黄永健. 东楮岛村海草房营造工艺研究 [D]. 济南：山东大学，2014.

类型		照片	结构示意
抬梁式	六檩带前廊	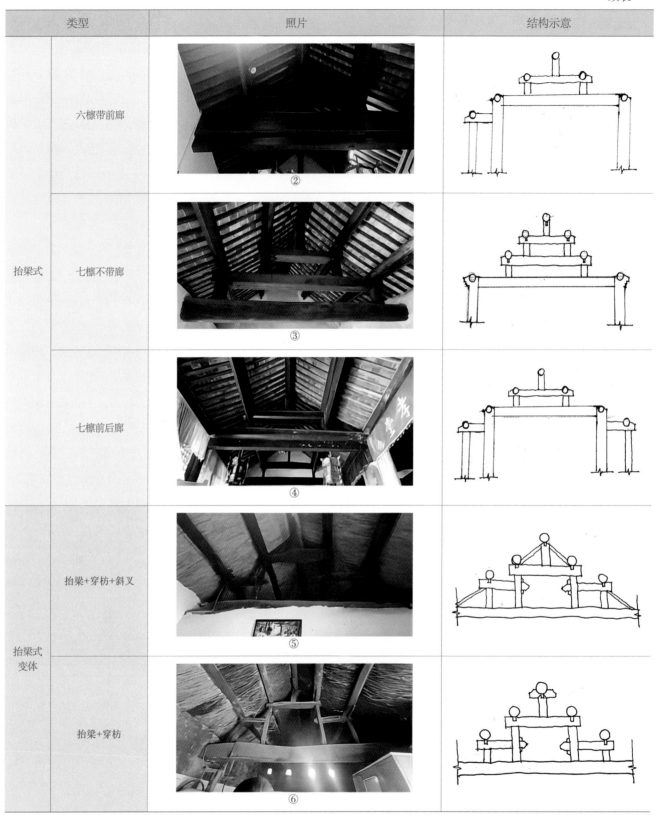②	
	七檩不带廊	③	
	七檩前后廊	④	
抬梁式变体	抬梁+穿枋+斜叉	⑤	
	抬梁+穿枋	⑥	

类型		照片	结构示意
抬梁式 变体	低梁高瓜柱	⑦	
	三角屋架（叉手+梁）	⑧	
三角屋架变体	加八字斜撑	⑨	
	八字屋架	⑩	
	八字屋架 变形	⑪	

（二）囤顶梁架

囤顶房是鲁西南黄泛平原常见的民居形式，囤顶微微拱起略成弧形，立面上看两侧略低、中央稍高。其屋顶坡度由梁架结构决定，经历了长时间的发展与演进才慢慢形成合理的结构形式。在囤顶房发展早期，其梁架多选用带有一定弯度的木料，天然的弧度不经加工可直接放檩条，然而在实际使用过程中，弯梁存在一定的弊端，首先，在选料时很难恰好选到符合要求的弯木；其次，弯梁在建造和使用时结构不稳定。因此，发展到后来多采用直梁加短立柱的基本构造，短柱高矮不同使梁架略成弧形，其上置檩，故也称为排柱木构架。有的地方会在短立柱上再加一段较细的趴梁子，趴梁子取一段弯木或用两段细直梁拼接，再在其上搁檩。檩条的数量取决于木材性能的优劣和房间的进深，进深越大用料越多，木材较细承载力较差时，需要的檩条数越多。若用粗壮木料作檩，一般放4～6根即可。中间的短立柱的高度一般取150～200毫米。（表5-4-2）

囤顶梁架类型   表5-4-2

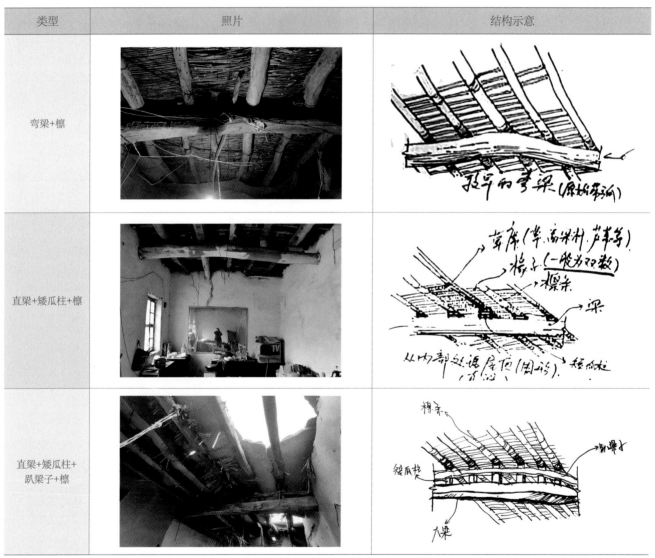

类型	照片	结构示意
弯梁+檩		
直梁+矮瓜柱+檩		
直梁+矮瓜柱+趴梁子+檩		

类型	照片	结构示意
无梁（只放檩+立柱）		

（三）平屋顶梁架

明清时期鲁西南地区常闹土匪兵乱，当地百姓为了保卫家园，修建了带有防御性质的寨堡式民居建筑。这类的防御性建筑一般高2～3层，多采用可上人的平顶屋面，其屋面起坡做法与囤顶屋面类似，建筑内部设置可直达屋顶的楼梯。屋顶檐口以上围筑女儿墙并设置放哨用的垛口，供巡逻和防御使用。由于广阔的鲁西南平原地区深处内陆，气候较干燥，平屋顶还经常作为晾晒粮食谷物的场所。

在巨野县前王庄村和付庙村中分布着鲁西南地区最具代表性的明清平屋顶建筑群。其梁架结构主要采用了架设主次梁架为的形式，通过在主次梁之间垫设不同高度的木块形成一定的屋面坡度，并根据实际建造需要进行调整（表5-4-3）。屋顶排水方式属于女儿墙有组织排水，女儿墙预留排水口与水道相接，排水口处安放石嘴沟，石嘴沟要伸出外墙一定的距离。排水时，屋面的积水要先汇聚到女儿墙的水道中，经由伸出外墙的石嘴沟排出。平屋顶梁架找坡的常见做法有两种：（1）单向找坡。在前后檐墙之间架设单根木材平梁，通过檩条和平梁之间的短木形成微坡进行排水。具体做法是在梁架上放置短木，建筑后檐墙高出前檐墙25厘米左右，靠近后檐墙的短木最高，沿进深方向由后向前逐渐递减（如表5-4-3①），在短木上放置次梁，从而形成单向坡度。（2）双向找坡。中间脊檩处的垫块最高，由中间向两边找坡。完成找坡后在檩上铺设扁椽，扁椽之上再铺笆砖，最上面一层抹灰背层。为提高梁架承载力，常在大梁之下结构薄弱的地方加根立柱。

将金乡县满庄满氏民居与前王庄的平屋顶传统建筑的梁架进行对比，发现梁架的结构和屋面找坡的方法与其基本一致，满庄民居采用了单梁排檩式木构架，梁架与檩条间设有高度不同的垫块，通过垫块高度进行找坡并控制屋面排水曲线。整栋建筑共设三榀梁架，大梁直径约270毫米，前端使用木柱支撑，后端搭建于后檐墙，底部安装与檩条成同一方向的木枋，防止梁架出现横向歪闪。檩条成组设置，一组檩条由两根或三根直径为90毫米的自然材料用铁丝捆扎组成。

类型	照片及图示
单梁排檩式木构架单向找坡	

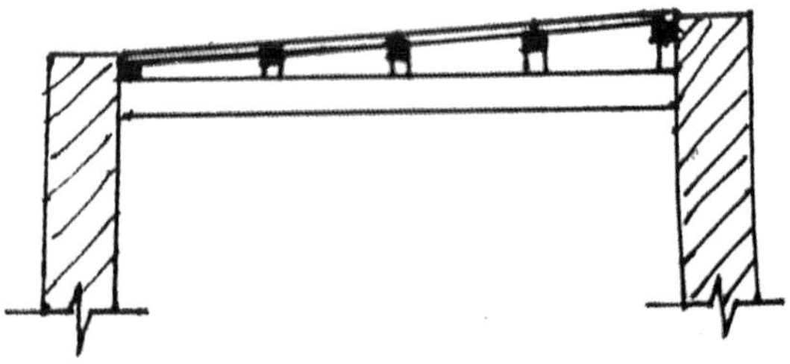

①前王庄民居梁架

由建筑后檐墙向建筑前檐墙倾斜，靠近建筑后墙的木块最高，由后向前依次递减。单根木材平梁，通过檩条和平梁之间的短木形成微坡进行排水

| 单梁排檩式木构架双向找坡 | |

②满氏民居梁架

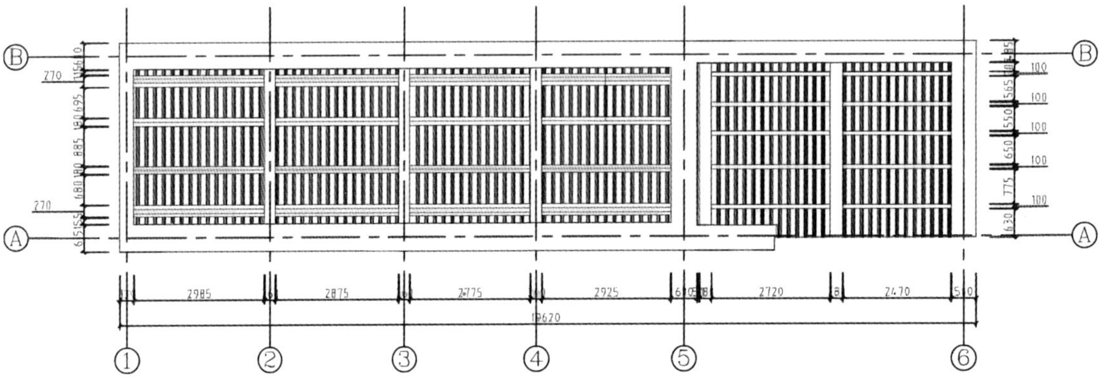

③满氏民居西屋及北耳房梁架仰视图

类型	照片及图示
单梁排檩式木构架双向找坡	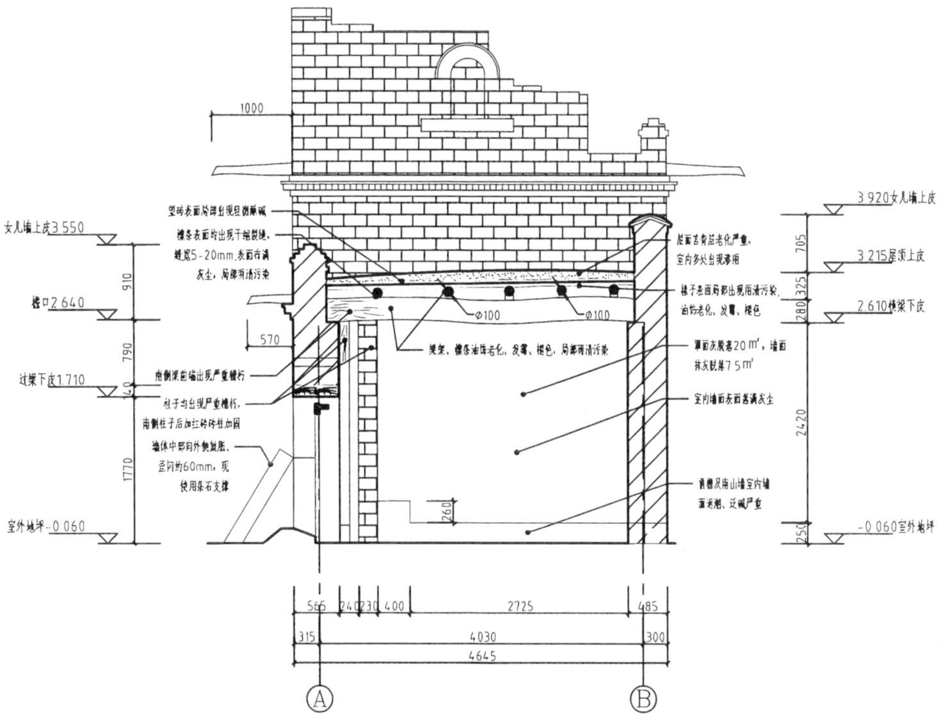 ④满氏民居西屋及北耳房剖面图 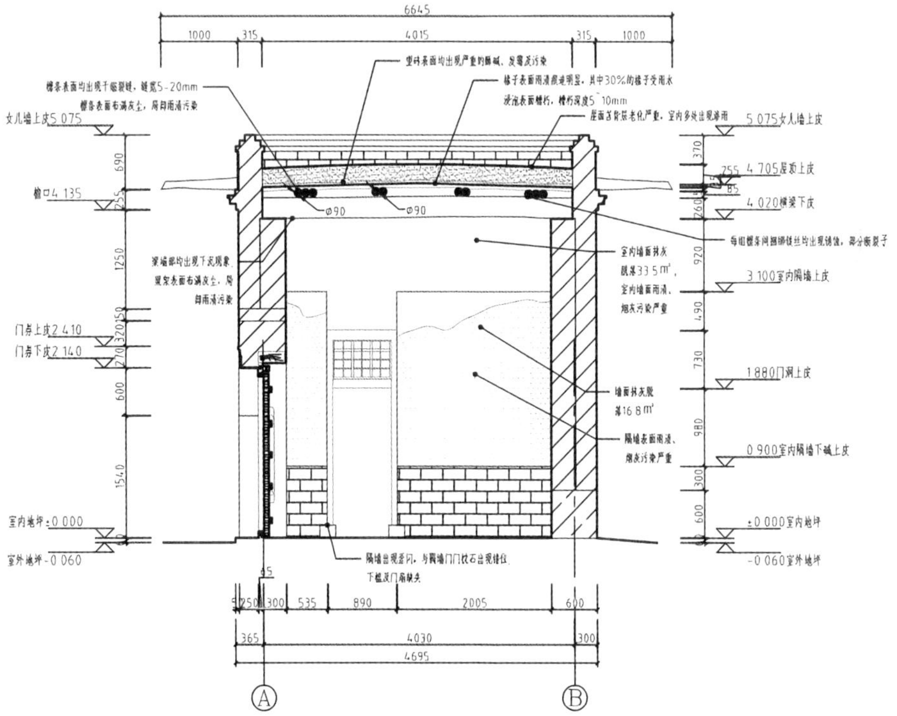 ⑤满氏民居西屋及北耳房剖面图

类型	照片及图示
单梁排檩式木构架双向找坡	 ⑥付庙民居梁架 ⑦巨野县核桃园镇付庙村战地医院剖面图 ⑧巨野县核桃园镇付庙村战地医院剖面图

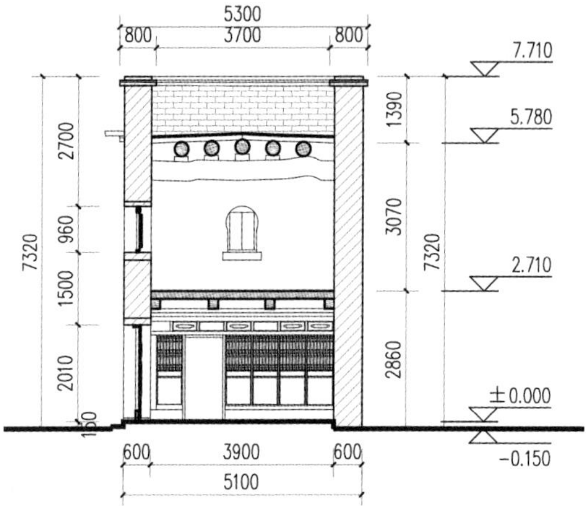

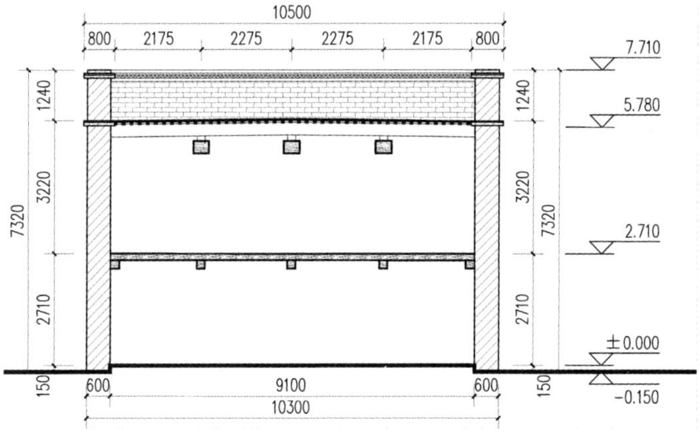

三、屋面特点

鲁西南地区的建筑屋面多为挂瓦屋面，且具有一定的瓦屋面类型和屋面装饰。

挂瓦屋面

1. 勾头滴水特色

鲁西南的民间传统硬山建筑多用青瓦铺设屋面，民间常在瓦当上做砖雕装饰，装饰题材可以分"四灵"、兽面、花草、卷云、文字等，鲁西南地区最常用的是花草纹和兽面。（图5-4-3）

2. 瓦屋面类型

鲁西北传统民居中，常见的瓦屋面类型有：干槎瓦屋面、筒瓦屋面、仰瓦灰梗屋面和合瓦屋面四种类型。其中，以干槎瓦屋面和合瓦屋面居多。（图5-4-4）

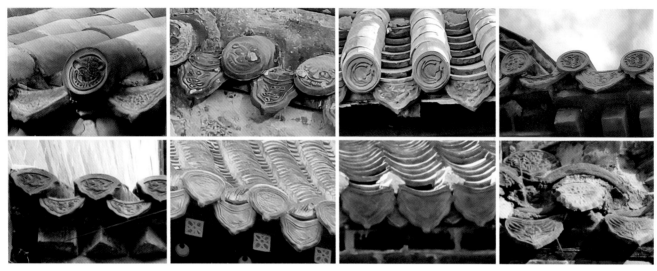

图5-4-3　常见勾头滴水题材

（a）干槎瓦屋面　　　　　　　　　　（b）合瓦屋面　　　　　　　　　　（c）筒瓦屋面

图5-4-4　鲁西南常见布瓦屋面类型

3. 屋面脊饰

鲁西南传统硬山建筑的屋脊做法种类繁多，尤其屋脊砖瓦的叠砌方式、脊兽与扭头等装饰性构件种类丰富，共同构筑了鲁西南特有的脊饰风格。

1）正脊

鲁西南硬山建筑的正脊以直线型屋脊为主，屋脊的做法主要有花板实脊、花瓦脊、清水脊、皮条脊、泥鳅脊、扁担脊等多种类型。（表5-4-4）

鲁西南传统聚落建筑中常见的正脊样式 表5-4-4

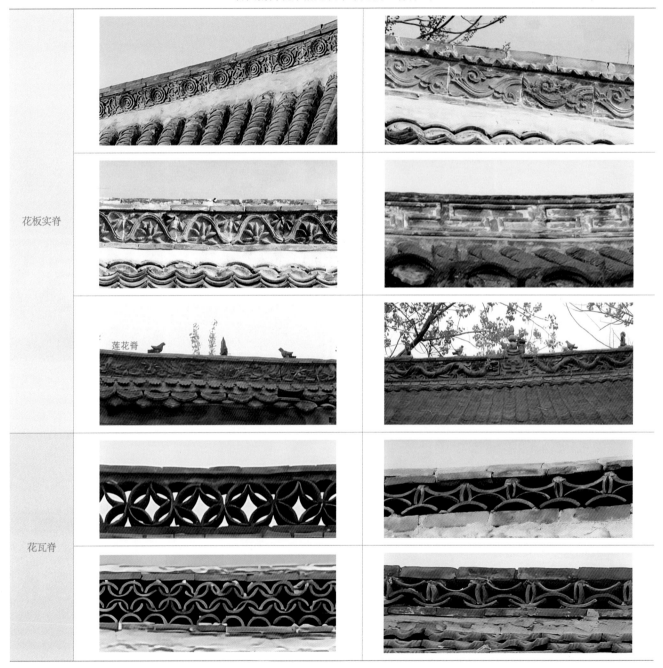

泥鳅脊	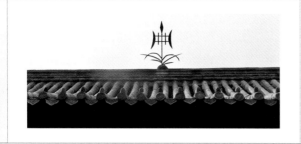	

（a）排山勾滴　　　　　　　　　（b）排山勾滴——滴水坐中　　　　　　　（c）排山勾滴——勾头坐中

（d）披水排山脊　　　　　　　　　（e）披水稍垄　　　　　　　　　（f）披水稍垄

图5-4-5　鲁西南传统聚落建筑中常见的垂脊样式

2）垂脊

鲁西南传统民间硬山建筑的垂脊属于小式垂脊做法，常见的有小式铃铛排山脊和披水排山脊两种。（图5-4-5）

3）脊兽

鲁西南菏泽地区传统民间建筑屋顶的脊兽有30多种，主要题材有龙、凤、狮子、鸡、太平鸽、马、鱼、牛、麒麟等，使用最多的祥禽瑞兽便是狮子。民间宗祠建筑的脊饰最为精美，与官式做法接近，主要包括吻兽和仙人走兽，具有防火防灾、祈求平安的寓意。正脊两端正吻的常见造型有龙之三子嘲风、九子螭吻、摩羯鱼等，通常吻兽面朝正脊，呈张口吞衔之状。曹氏祠堂的正吻形似鳌鱼，有"鲤跃龙门"之意，期望后代子孙争作上游。田氏家祠后堂的脊正中是"狮子驮宝瓶"，两端是龙吻，背上插剑把，龙吻口朝向屋脊内，呈吞吐之势。而传统乡土民居屋脊上吻兽的数量和造型与官式建筑相比有明显的简化，正脊两端的吻兽主要有望兽和"鼻子"等常见类型。

在当地，一般居住性质的传统建筑垂脊上的脊兽构件会安放五个蹲兽和一个吞兽，鲁西南的"五脊六兽"与传统的"五脊六兽"有所不同，"这里的六兽不是吞兽、狻猊、斗牛、獬豸、凤、狎鱼，而是吞兽、马、羊、牛、鱼、和平鸽[①]"，此外还有龙头鱼、海鸡、海马、海牛，"文革"时还出现过猫和绵羊等素材。（图5-4-6、图5-4-7）

4）脊刹

在菏泽地区的平民住宅和民间祠庙建筑中，常在正脊的正中心放置脊刹，功能上相当于建筑的避雷针，民间将其视为"姜太公"的化身，用来保佑住宅安全。使用最多的形式有宝葫芦形、宝塔形，如菏泽章西田氏家祠的正脊脊心立狮子驮宝瓶，郓城李家祠堂正脊脊心立葫芦，还有的呈莲花造型或用铁片焊接而成类似于兵器造型的平面构件。（图5-4-8）

图5-4-6 周家祠堂正房垂兽

图5-4-7 田氏家祠正房垂兽

图5-4-8 鲁西南地区菏泽等地正脊脊刹造型

---

① 郜翠平. 记忆与口述：山东郓城谢家砖塑的艺术特色探究［D］. 兰州：西北民族大学，2011.

5）正脊吻兽

屋脊的形式和脊兽的样式的使用都有一定的讲究，尤其在菏泽地区，脊兽在屋顶的排列次序与当地风俗习惯有关，屋脊及脊兽的用法形成了当地特色的民俗文化。大致可以分为望兽和正吻两种。（图5-4-9）

四、墙体特点

鲁西南地区传统建筑的墙体类型根据建筑材料进行划分，大致可分为单一材料墙体和混合材料墙体两大类，其中单一材料的墙体可分为生土墙、砖墙、石墙，混合材料墙体可分为砖坯混合墙、砖石混合墙、土石混合墙。

（一）挑土墙

挑土墙的用料配比根据鲁西南地区长期流传下来的建造经验而定，主要原料包括水、当地淤土、秫秸秆[①]和一定量的砂土混合搅拌。（图5-4-10）

（二）土坯墙

鲁西南地区各地土坯墙的厚度平均在500毫米左右。土坯墙的墙身主要建造材料是土坯砖。（图5-4-11）

（三）砖墙

鲁西南传统民居砖墙墙面最常见的砌筑方式为十字缝淌白砌法和粗砌砌法，在廊心墙和影壁心的位置还有更细致的丝缝砌法。鲁西南的砖墙按墙体的构造可归纳为实心砖墙、空斗砖墙、空心砖墙、金满斗墙等4种类型。（图5-4-12、图5-4-13）

（a）周家祠堂望兽　　　　　　（b）张居正故居吻兽　　　　　　（c）刁氏家祠吻兽　　　　　　（d）田氏家祠吻兽

图5-4-9　鲁西南传统聚落建筑常见吻兽样式

图5-4-10　挑土墙

---

① 晒干后压扁，长20～30厘米。

图5-4-11 土坯墙

（a）五顺二丁　　（b）三顺一丁　　（c）七顺一丁　　（d）一顺一丁十字缝

图5-4-12 鲁西南地区传统聚落砖墙实心墙墙面特点

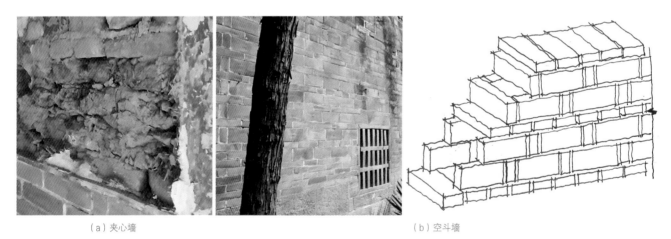

（a）夹心墙　　　　　　　　　　　　　　（b）空斗墙

图5-4-13 鲁西南地区传统聚落砖墙空心墙与空斗墙墙面质感

（四）石墙

鲁西南近山区域，如菏泽巨野县等地石墙砌筑及其凿刻肌理颇具特色，构成了传统聚落风貌典型特点。（图5-4-14、图5-4-15）

（五）盘头

鲁西南地区盘头的种类繁多，常见的戗檐由3~5

皮砖叠砌而成，其侧立面为向外出挑的曲线，有的则会直接省去或简化戗檐的构造。（图5-4-16、图5-4-17）

（六）檐口特点

在鲁西南地区，檐口封檐的每层砖都有当地的叫法，通常会根据砖雕的形状及习俗对其命名。（图5-4-18、表5-4-5）

（a）条纹石材　　　（b）錾点与蛤蟆纹　　　（c）满天星（錾点）　　　（d）刷錾道　　　（e）风摆柳　　　（f）光面

图5-4-14　鲁西南近山传统聚落石墙肌理与特点

按照石材大小分类

（a）毛石石材　　　（b）碎石石材　　　（c）块石石材

按石头的材质分类

（a）温石　　　（b）石灰石1　　　（c）青石　　　（d）石灰石2

图5-4-15　鲁西南地区传统聚落砖墙实心墙墙面特点

图5-4-16 鲁西南传统聚落砖砌盘头特点

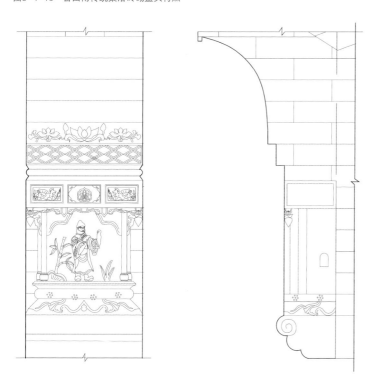

图5-4-17 鲁西南传统聚落砖砌盘头常见的戏曲人物题材

图5-4-18 鲁西南传统聚落建筑特色檐口

羊蹄子 · ── 盖板子

── 斜巴砖

砖椽子 · ── 大檐子

── 大圆混

── 枭

── 花巴子

── 线砖

── 小圆混

	类型	
		做法
硬山建筑常见砖封檐	 鸡嗉檐	鸡嗉檐一般有3层或5层，常用在普通小式民居中，3层鸡嗉檐从下而上的构造层次依次为笆砖、半混笆砖、枭砖（砖弧面朝外），上层砖比下层砖依次向外凸出3厘米左右
	 菱角檐	菱角檐有3层或5层，5层菱角檐从下而上的构造层次依次为线砖、菱角砖，往上再砌两皮砖，最后加一层盖板子，每层外凸出4厘米左右。菱角砖丁头朝外，顺时针旋转35°左右，转至凸出的两边基本相等
	 飞椽檐	飞椽檐一般3层，从下而上的构造层次依次为头层铺青砖、二层青砖、飞椽、砖盖板。上层比下层凸出4厘米左右
	 抽屉檐	鲁西南有3、5、7层等不同种类的抽屉檐，三层檐最为常见。从下而上的构造层次依次为线砖、水波瓦（装饰）、笆砖、抽屉砖、盖板子，砌抽屉砖时，丁头朝外，凸出的青砖向外出挑4厘米，收进的青砖丁头和下层笆砖外皮对齐，相邻青砖一进一出组合成为一皮抽屉

当地特色封檐	仿斗栱檐口	复合型特色檐口
生土、石头民居常见檐口	石板檐口	石板檐口
平屋顶常见封檐	平屋顶封檐	平屋顶封檐
坡屋顶设置披檐	披檐	披檐

（七）门窗特色

1. 传统窗式

在鲁西南地区传统建筑中，传统窗户形式种类繁多，主要样式归纳有直棂窗、方格窗、板窗、隔扇[①]和槛窗[②]等五类。（表5-4-6）

鲁西南地区传统聚落常见窗式样风格　　　　　　　表5-4-6

直棂窗	十三棂七穿	十三棂五穿
	九棂七穿	十一棂五穿
板窗	双扇板窗	方格窗 — 6厘米×7厘米方格窗

① 多用于建筑前檐墙，由边框、槅心、裙板、绦环板等基本构件组成。

② 槛窗，安装于槛框以上，由槅心、绦环板加边抹组成，上半部分和隔扇相似。

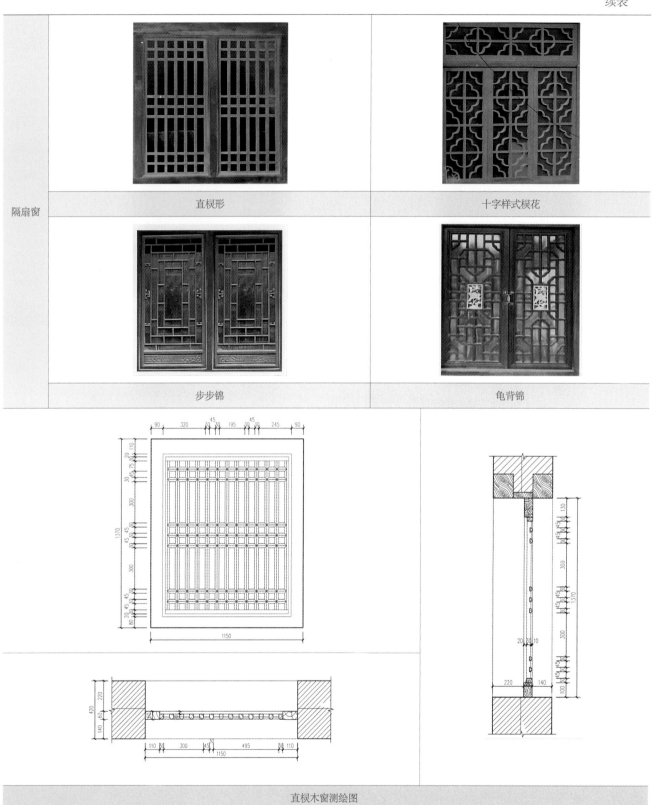

	直棂形	十字样式棂花
隔扇窗	步步锦	龟背锦

直棂木窗测绘图

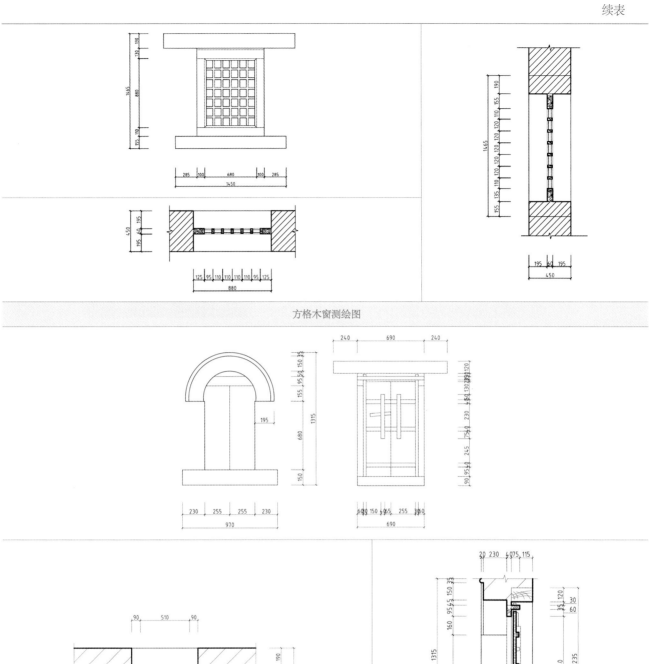

方格木窗测绘图

板窗测绘图

2. 传统门式

在鲁西南地区，传统建筑的门均为木质的，可分为 板门和隔扇门两种。（表5-4-7）

鲁西南地区传统聚落常见大门样式 　　　　　　　　　表5-4-7

板门		
	①建筑双扇板门1	②门楼双扇板门2

	③带亮子双扇板门1	④带亮子双扇板门2
隔扇门		
	⑤直棂式隔扇1	⑥直棂式隔扇2

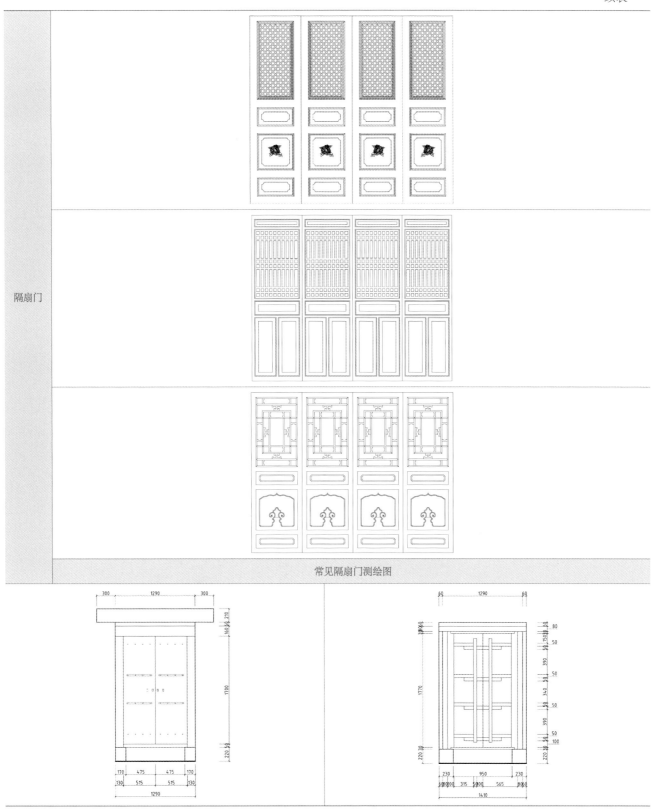

常见隔扇门测绘图

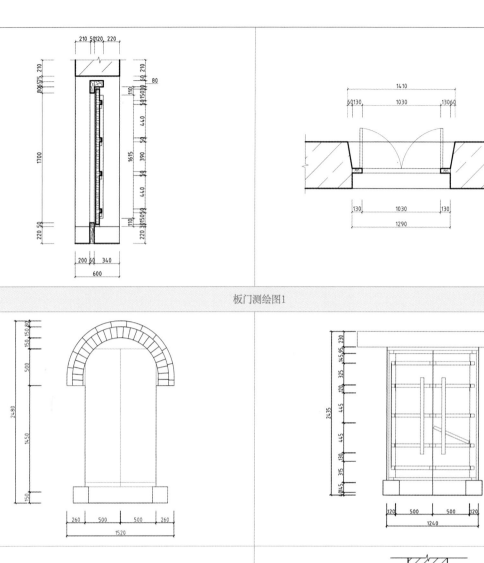

板门测绘图1

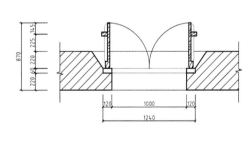

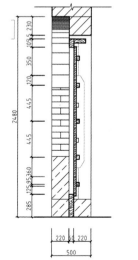

板门测绘图2

（八）雕饰风格

鲁西南地区常见的小木作还有雀替、走马板、挂落、木楼梯以及匾额、楹联等。

1. 雀替

民间传统建筑中雀替的形式远没有官式建筑复杂，形制和造型都以美观大方为主，就其制作工艺而言，常使用木浮雕工艺和木作彩绘工艺，但以浮雕做法为主。鲁西南的透雕工艺十分精致，装饰内容以云纹、卷草纹、"寿"字纹、万字纹、蝙蝠、梅花鹿以及各类植物纹样为主。（图5-4-19）

2. 挂落

挂落是外檐用于分隔室内外空间的构件，主要起拉结檐柱、装饰立面的作用。挂落与雀替相比，虽两者在工艺做法上相似但挂落的体量更大。鲁西南的挂落多采用双面透雕的工艺，装饰内容有花草图案、几何纹样等，尤其在菏泽地区，当地喜用菊花、牡丹、莲花等图案作为雕刻主题。（图5-4-20）

3. 门楣

门楣，属于外檐装饰的构件之一。鲁西南地区有浮雕和透雕两种做法，题材以花鸟、植物为主，如付庙村的张居正故居的走马板以镂空的雕花板做成，刻菊花纹样，庄重大气，暗喻了主人的高风亮节。（图5-4-21）

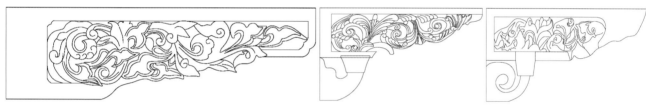

图5-4-19　鲁西南常见雀替测绘大样

图5-4-20　挂落常见木雕样式

图5-4-21　张居正故居院门门楣

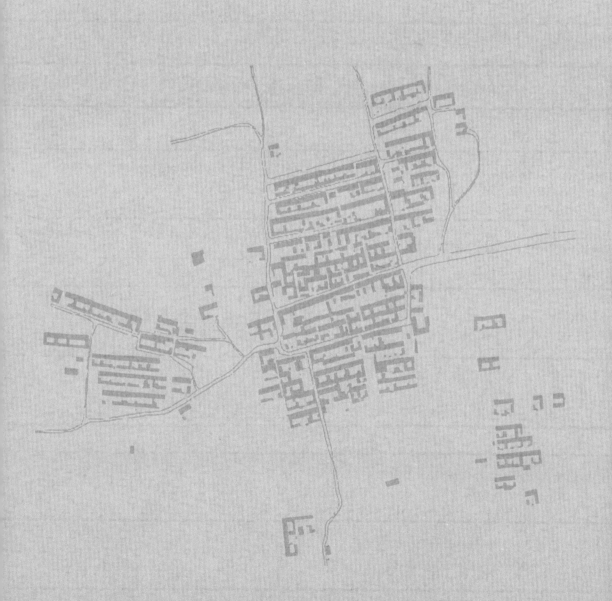

山东省省委省政府高度重视传统聚落保护工作，2013年山东在全国率先提出实施"乡村记忆"工程。这一山东地域传统聚落及相关文化保护与传承的大型工程于2014年开始实施。首批确定了24个工程试点单位，其后于2015年5月正式公布了第一批"乡村记忆"工程单位300个。

山东省"乡村记忆"工程实施六年来，山东传统聚落保护研究与实践不断深入。目前已建立山东地域传统聚落亚文化区系划分，形成了以亚文化区系为单元，整体探讨各类型传统聚落保护与发展利用；以镇域为落实单位，联动落实相关保护与活化举措；以每一处传统聚落为实施项目，结合其既有资源实施保护工程的保护体系。总体而言，山东传统聚落保护实践具有如下几个方面的特点：

首先，加强了山东传统聚落资源的梳理、研究和分析评估，切实掌握了山东省传统聚落的资源与实际现状；结合传统村落及其民居显著的动态、活态特点，创造性地建立了传统村落历史演进真实性和动态完整性为基础的价值评估体系；制订了以延承地域传统营造技艺与特色文化生态为核心的技术标准。

其次，加强了山东传统聚落保护利用的总体规划，构建了以区域特色资源类型为保护、利用、发展的基本框架，先后由乡土文化遗产保护国家文物局重点科研基地（山东建筑大学）完成了山东现存传统村落为对象的《山东省乡村记忆工程总体规划》，以特色类型资源为研究对象的《山东省海草房传统村落保护利用总体规划》《鲁中山区山地聚落保护利用总体规划》等大型实践项目。

最后，在传统资源认知和保护的基础上，突出了乡土文化资源通过产业活化、新型业态适宜植入来促进地域经济复兴的核心作用。

第一节　山东省乡村记忆工程技术导则

该导则由乡土文化遗产保护国家文物局重点科研基地（山东建筑大学）承担，现已编制完成并由山东省主管部门公布实施。其主要框架内容包括如下方面：

一、传统聚落既有物质景观与资源保护

（一）空间格局保护与整治

保护传统聚落的空间格局，包括村落的平面形态、路网格局、传统轴线、建筑布局、街巷肌理、视线通廊、重要天际线等在内的总体布局。保护传统村落所依存的地形地貌、河湖水系等自然景观环境。

（二）传统风貌保护与整治

传统聚落保护范围内维修、整饬活动，不得破坏其传统格局和历史风貌，并应符合相关保护规划的要求。

切实保护并合理利用传统设施，保护范围内对市政设施的改善、整治及新建，必须以保持传统村落风貌的完整性为前提。建筑物、构筑物、街巷两侧建筑外部装饰、广告、牌匾等设施以及新增街巷公共设施，应适度控制其位置、形式、材料和尺寸，与传统风貌相协调。

（三）街巷保护与整治

保护传统聚落内具有历史文化价值的传统街巷的整体性和真实性，维系其传统乡土气息，保持地域乡土风

貌与人文特色。

保持街巷原有走向和空间比例尺度，不得随意改变传统街巷的长度和宽度，保持其传统的形式、高度、色彩和材质；保护原有沿街建筑界面和天际轮廓线的统一性、连续性和完整性；街巷地面铺装应选用当地传统铺砌方式与材料，且应兼顾街巷风貌特色与功能需求；保持街巷立面的历史真实性和完整性。

保留街巷的历史名称，明确并展示其源流，以街巷物质空间为载体，加强对地域人文空间及其承载的非物质文化遗产的展示和宣传，采用多种方式保护、恢复，标示部分已消失的乡土人文，扩大文化遗产的影响力。

（四）传统民居保护与整治

优先保护濒危的文物保护单位和历史优秀建筑，严格按照相关法律法规进行保护。

提升改造一般性传统建筑，坚持外观保护为主、结构体系加固维系、内部设施适度改善的原则。保护传统风貌建筑的建筑外观风格、形式、高度、装饰、色彩、质感，维系传统聚落历史风貌的独特性与地域性。传统风貌建筑可因地制宜地改善和利用内部设施，宅院庭院、天井及其院落陈设等应保持传统风貌。

整治改造其他建筑，结合建筑与村镇历史风貌协调与否等情况，分别采取拆除或保留整治的措施。保留的其他建筑，位于乡土文化遗产密集区域的，应以协调传统聚落历史风貌为要求予以改造利用，可优化建筑平面和结构，改进相关设施，提升宜居条件。

（五）历史环境要素保护

对城（寨）墙、城（寨）门、墙垣、护城河等标志性建筑与设施以及能反映历史风貌的古塔、古井、牌坊、戏台、围墙、石阶、铺地、驳岸、古树名木、公共陈设、历史印记等历史环境要素进行合理有效的保护，并注意保护其周边历史环境，保持风貌的协调性。注重对与农耕渔猎等当地赖以生存的生产生活相关的历史古迹的保护、标示与展示，维系当地农耕渔猎历史文化景观要素特色。

二、非物质文化保护

（一）非物质文化保护措施

充分发挥非物质文化传承人的作用，既对其进行扶持和帮助，又要经过培训使其履行其职责和义务，加强传承人"后继有人"的工作。

加强对濒危的非物质文化遗产项目保护，在完成认定、记录、建档等工作的前提下，视其发展前景，对有突出的地方特色和具有一定影响力的优秀项目，在经费、传承人、基本队伍等方面给予扶持帮助，恢复其生存活力。

加大地域传统营造技艺类非物质文化的保护，大力培养本土的工匠队伍，在设计机会、项目委托上予以倾斜，为本土传统建造工艺创造设计和机会，建立可持续的传承机制。

（二）推进博物馆建设

保护并展示地域文化的多样性。展示有地域特色的自然与文化生态景观及物化环境，反映地域社会民间生活及其变迁的乡土器物与印记、地域民俗艺术以及生活生产方式和风俗习惯、传承人口述史等物质和非物质文化遗产。充分发挥乡村记忆博物馆的社会功能，以"民俗馆""乡情展"等形式，全面记录地域乡土文化的历史、沿革及变迁。鼓励和支持遗产传承人、持有人依托博物馆开展传承与传播活动。

三、完善传统聚落与其传统民居名录

（一）完善传统聚落名录

继续深入开展村落调查，按照"一村一档"建立传统村落基本信息库，引导市县区将有重要价值的传统村落列入传统文化村落预备名录。建立较为系统的乡土文化遗产传统村落名录，指导开展市县级传统村落的认定，逐步建立省、市、县三级乡土文化遗产名录。

（二）完善传统建筑名录

推进乡村优秀传统建筑普查，摸清其数量、分布、保护现状等基本情况，做好优秀传统建筑的测绘、图片影像资料拍摄等工作，建立档案和管理数据库。依据认定条件和分级标准，建立完善的优秀传统建筑保护名录。

（三）完善非物质文化名录

深入挖掘和整理乡村的非物质文化资源。可参照国家非物质文化遗产普查的要求，规范做好非物质文化项目认定、记录和建档等工作，建立完整的档案资料和数据库，为以后申报非物质文化遗产名录、保护级别做好准备。调查中发现的与非物质文化直接相关的实物，如表演类的服装、道具、乐器、加工工具及非物质文化遗产产品等，可征集整理至乡村博物馆进行保护与展示，其中属于文物的遵照《中华人民共和国文物保护法》的相关规定保护。

四、传统聚落发展模式研究

（一）知名景区先导型

以知名景区为龙头，利用知名景区的市场优势吸引游客，带动周边传统村落的保护发展，实现联动发展。如由泰山风景区、水泊梁山风景区、岱崮地貌风景区等带动、促进周边传统村落的发展。

（二）资源集中观光型

传统村落所在地旅游资源类型多样，拥有众多颇有知名度的景点，在观光旅游开发中占据得天独厚的优势。如省内旅游城市济南、曲阜、青岛、烟台、威海等，尤其是滨海旅游城市，可将海滨旅游与滨海村落旅游串联发展。

（三）文化创意主导型

传统村落作为历史文化的活体，充分体现着中国传统文化中天地人和的观念，尤其强调人与自然的和谐共生，具有极大的文化创意空间。通过创意的手法发展传统村落，实现文化与科技的融合，在满足大众"求新、求特、求异"需求的同时，实现传统村落的发展。

（四）特色产业带动型

利用传统村落特色资源，通过注入生态、绿色、健康、科技等元素，通过开发特色产品，实现农业生产、产品加工等与丰富的多元文化的有机结合，实现特色农业产业、特色旅游产业、特色文化创意产业等的有效耦合。

第二节　海草房传统聚落分区整体保护与发展利用研究

山东地域传统聚落整体格局与分布分区划分中，海草房传统聚落分布区域位于胶东半岛滨海区域，目前海草房传统民居保有量在30%以上的村子共有63处，整体探究其保护利用是山东传统聚落以区域类型为单元整体探讨保护、利用与发展的典型案例。

一、海草房传统聚落分布区内资源分布

海草房传统聚落分布区内，分布在平原地区的传统聚落共34个，分布于丘陵地区的共29个。大多数海草房聚落基本上是以平原丘陵为基础，以山脉山地为背景的结构层次。（表6-2-1）

海草房传统聚落名录及片区地形地貌特征   表6-2-1

地貌特征	传统聚落名称
平原地形	马栏耩、东楮岛、东墩、所东王家、大庄许家、东烟墩村、烟墩角村、陈冯庄村、瓦屋石村、项家寨村、东崮村、初家泊、金角港、沟崖张家、小耩村、中我岛 古里高家村、张家屯村、大瞳林家、颜家村、国家村、小西村、鸡鸣岛村、龙家、大西村、王家村、嘉鱼汪村、竹村、卢家村、东龙家村、止马滩、南洼村、所东张家、东钱家、所前王家
丘陵地形	后神堂口村、前神堂口村、金角口、大瞳李家、大苏家村、关沈屯村、凉水泉、英西庄、庄上宋家、小瞳林家、凤凰崖、杏台南村、杏石硼村、东利查埠、沟陈家村、西利查埠、石山东家、杏陈家村、西林村、巍巍村、留村、渠隔、大岔河、季家、刘庄、口子、北场

元代及以前形成的村落：大西村、巍巍村、杏陈家村、金角口村、前神堂口村、小瞳林家村、大瞳林家、大瞳李家、留村、渠隔，共10个村落。

明代时期形成的村落：龙家村、杏南台村、国家村、东崮村、烟墩角、沟崖张家、凤凰村、东利查埠、西利查村、颜家村、张家屯、东烟墩、关沈屯家、沟陈家、大苏家、初家泊、项家寨、瓦屋石、英西庄、中我岛、小耩村、东龙家、庄上宋家、竹村、卢家、嘉鱼汪、东楮岛、马栏耩、止马滩、尹家庄、所东张家、所东王家、东钱家、季家、所前王家、东墩、口子，共37个村落。

清代时期形成的村落：鸡鸣岛、王家村、小西村、古里高家村、杏石硼、后神堂口村、西林村、石山东家、凉水泉村、大许庄家、陈冯庄、金角港、大岔河、北场、刘庄村、南洼村，共16个村落。

二、海草房传统聚落存在的主要问题

（一）整体风貌较差及空心化问题

多数海草房传统村落呈现扩张趋势，并分为内、外两个圈层。村落内部为海草房传统建筑集中区，建筑建设年代较为久远，层数多为1层，建筑质量较差，空置率较高，多为60岁以上村民居住。村落外部为现代建筑集中区，近年建设，以多层建筑为主，建筑质量较好，多为年轻人居住，空置率低。外部现代建筑与海草房传统建筑相邻布置，不设风貌缓冲区，这使得新旧风貌对立，视觉冲击较大。

（二）既有传统民居不断锐减

荣成市域范围内，海草房院落数占村落总院落数的比例80%以上的有3个村，分别是巍巍、大庄许家、所东王家；60%以上的有15个村；10%以上的有63个村。海草房院落数250个以上的村落有3个，为巍巍、东墩、烟墩角；150个以上的村落有15个；100个以上的村落有29个；25个以上的村落有63个。

（三）道路基础设施较差

海草房传统村落原始道路为土路、石块路。伴随着村落的经济发展，主要街道已逐步被水泥、沥青路面取代，仅有部分胡同路为土路。个别村落使用传统材料铺砌，如中我岛利用磨盘等历史要素铺路，传统乡土韵味十足。

（四）公共空间利用及附属要素保护不足

主要的公共空间有三类，村落出入口空间、以村委为中心的公共活动空间以及古树周边、院前街道等散点公共空间。公共空间存在问题：与海草房文化相脱节；与历史要素结合不紧密；缺少本土化的景观设计。海草房传统村落内散落分布着古井、石碾、石磨、石臼等，多处于废弃、闲置状态。部分村落有古迹名胜，但均处于保护利用初期，散点开发，不成体系。海草房传统村落多分布有古树，价值较高，但不到半数挂牌保护，保护状况堪忧。

（五）保护落实不当

村落发展对传统风貌的破坏和保护中的粗暴修缮较为普遍。新农村建设过程中，缺乏对新建住宅的控制引导，与传统海草房建筑距离较小，比例尺度、色彩风格等与传统风貌缺乏必要协调。多数街道采用水泥、沥青硬化，原有特色被打破。目前，部分海草房传统村落已经开始了保护修缮整治工作，包括海草房修缮、村落路面改造、村落环境整治等，但由于缺乏指导性质量标准、施工队伍水平参差不齐、竣工验收不规范等原因，导致村落传统风貌遭受一定破坏。

三、保护举措

（一）设立保护原则

1. 分级分类保护原则

荣成市域范围内海草房村落数量众多、差别较大，应对各村落价值评判，划分价值等级，并根据海草房的分布情况划分保护类型与保护区划，明确保护重点与保护内容。

2. 物质与非物质文化并重原则

传统村落是物质文化要素和非物质文化要素的综合载体。应坚持海草房民居、街巷、历史要素等物质层面保护和村落匠作记忆、文化生态传承等非物质层面保护并重的原则。

3. 兼顾发展原则

在严格保护海草房资源的基础上，应采取切实可行的措施，充分利用各项传统资源的价值，提升村落的发展能力，使人居环境得到明显改善，村民生活品质得到明显提升，形成保护与发展的良性循环，并坚持政府引导、村民自主、社会参与的原则。

（二）分类保护

根据村落区位、各级保护名录以及村落海草房规模、保存与分布状况，综合判定，划定三大保护类型——整体保护型、片区保护型、街巷保护型。

1. 整体保护型村落

整体保护型村落应同时符合下列条件：

1）村落价值突出。

2）位列中国历史文化名村、中国传统村落、省级文物保护单位、山东省乡村记忆工程等名录。

3）海草房传统院落占村落总院落数的60%以上，且保存质量好。

4）村落选址特色鲜明，且村落保留传统格局，呈现传统风貌。

5）村落地理位置好，交通便利。

巍巍、大庄许家、陈冯庄、止马滩、东烟墩、渠隔、东岛、嘉鱼汪等应划入整体保护型村落。

2. 片区保护型村落应同时符合下列条件：

1）村落价值较高。

2）至少有3条海草房传统风貌街巷。

3）片区内海草房传统院落占片区总院落数的60%

以上，且保存质量好。

4）片区能够较完整和真实地体现海草房传统格局和传统风貌。

东楮岛、留村、小西、项家寨、东墩、鸡鸣岛、烟墩角、所东王家、初家泊、所前王家、瓦屋石、所东张家、后神堂口、金角港等应划入片区保护型村落。

3. 街巷保护型村落

街巷保护型村落应同时符合下列条件：

1）有1条以上海草房传统风貌街巷。

2）至少有一个特色鲜明的风貌节点。

3）能够较真实地体现海草房传统风貌。

杏陈家、西林、杏南台、大瞳林家、石山东家、杏石硼、西利查埠、卢家、颜家、北场、竹村、张家屯、东龙家、国家村、沟陈家、关沈屯等应划入街巷保护型村落。

（三）划定保护区划

1. 整体保护型村落

其核心保护范围为村落建设用地范围以内区域。

建设控制地带为村落建设用地范围以外，对保护范围内风貌产生影响的区域。

涉及省文物保护单位的传统村落，其保护区划的划定应严格遵守《中华人民共和国文物保护法》和《中华人民共和国文物保护法实施条例》的要求。

2. 片区保护型村落

其核心保护范围为海草房院落较为集中且质量保存较好，海草房传统风貌街巷所在的能够完整和真实地体现海草房传统格局和传统风貌的区域。

建设控制地带为核心保护范围外15～20米完整院落空间，严禁周边建筑影响核心保护范围内的传统风貌。

涉及省级文物保护单位的传统村落，其保护区划的划定应严格遵守《中华人民共和国文物保护法》和《中华人民共和国文物保护法实施条例》的要求。

3. 街巷保护型村落

其核心保护范围应包括能够较真实体现海草房传统风貌的街巷、节点。

建设控制地带为核心保护范围外15～20米的完整院落空间，严禁周边建筑影响核心保护范围内的传统风貌。

（四）保护引导

1. 建筑

1）保护修缮原则和总体要求

（1）遵守不改变历史、民族、地方特色的原则，不允许改变传统特色民居建筑的外立面原有特征和基本材料，严格按照原有特征，使用相同材料进行修复。

（2）传统特色民居露明可见部分均应使用旧木料、旧石料、海草，严格按照其原始状态，做到修旧如故，做好详尽的修缮纪录。

（3）对于原有构件存在的不安全因素，或历史上干预形成的不安全因素，允许调整结构，包括增添、更换少量构件，改善受力状况。有利于传统特色民居建筑保护的技术和材料均可采用，但具有特殊价值的传统工艺和材料应予保留。

（4）传统特色民居建筑内部可以加以调整改造，改善厨卫设施，从而改善和提高居民生活质量，以适应社会的和谐进步，实现可持续发展。改造措施均应通过有关部门的审查，不得改变建筑外观和院落内的格局。

2. 海草房修缮整治

对核心保护范围内的海草房建筑进行修缮、维护，对影响传统风貌的建筑进行整治改造。海草房的修缮整治主要包括屋面修缮和墙体修缮。

海草房的屋面修缮有局部维修和整体维修两种，其中局部维修包括压脊、补檐和修屋面三种：

1）压脊：对脊上抹泥被风吹或雨水冲刷而导致压脊老化的情况进行修缮。

2）补檐：檐部的海草和麦草容易受到雨水的腐蚀，对损坏的檐部进行修缮。

3）修屋面：俗称"拱房子"。屋面整体重苫，与新房苫顶的做法一致，海草房的材料可以循环使用。

墙体修缮有局部重新砌筑和石缝抹灰修缮两种：

1）局部重新砌筑主要针对墙体倒塌的海草房。

2）传统海草房使用黄泥为粘结材料，粘结力有限，不耐雨水，多数海草房石缝需重新抹灰处理。

3. 制度管理

1）成立海草房保护管理小组，负责价值宣传、维护修缮、统计管理等工作。

2）制定完善的海草房修缮整治实施流程，严格把控修缮质量标准、建筑材料、施工队伍、修缮过程、验收标准等内容。

3）对核心保护范围内的海草房建筑建立档案，内容应包括海草房的建造年代等基本信息；平面、立面、剖面测绘图档；使用现状和权属变化；维修整治记录等内容。

4）加强对海草的管理。生态保护，提高人工养殖海草产率；沿海村落海草房保护管理小组负责收集滩涂野生新海草；海草房保护管理小组负责统一管理旧海草。

5）将海草作为荣成市文化战略资源，启动海草生存环境保护工程，划定海草生态恢复区。

6）建立海草房出租屋管理制度，明确房屋所有者、使用者在保护利用方面的责任界限，禁止对海草房造成破坏。

7）保护拥有海草房建造技艺的匠人，对匠人采访、拍摄，建立知名匠人口述资料库。拍摄海草房营建技艺纪录片，展示并宣传海草房建造技艺。

4. 非海草房建筑

对年代久远、价值较高的非海草房传统建筑原状保护，保证其价值信息的完整性。其中涉及文物保护单位的，应严格遵守《中华人民共和国文物保护法》《中华人民共和国文物保护法实施条例》等相关法律法规的要求。

整治、改造核心保护范围内的一般性村民住宅，使之与核心保护范围整体风貌相和谐。

四、发展利用

（一）发展原则

1. 旅游发展应当尊重传统村落现有格局与风貌，不对传统建筑、街巷空间、历史要素构成破坏。

2. 挖掘传统村落蕴含的历史、文化、艺术、习俗等多种价值，针对不同类型文化遗产旅游资源，提出合理的保护性开发利用方式和措施。

3. 适度有序地发展传统村落旅游、休闲度假、文化创意等产业，形成空间环境资源与历史文化资源共保共建共享机制。

（二）引导思路

旅游线路梳理，文化组团打造，重点村落引领。

旅游线路梳理：依托S301省道，打造海草房文化旅游观光线。

文化组团打造：将海草房地理位置相对聚集，交通线路易于组织的村落划分组团，根据组团特点突显主题文化，划定组团内主题线路。

重点村落引领：针对各个组团中特色的海草房村落，对其文化特色、景观组织等进一步提升改造，形成组团中的增长极、引领点，带动组团中其他村落的发展。

镇	旅游组团
宁津街道	以东楮岛为中心的海草房历史文化展示区； 以东墩、渠隔、留村为重点的红色文化与海草房文化旅游展示区
俚岛镇	以烟墩角为中心的天鹅观光区； 以中我岛、大庄许家为核心的海草房传统风貌展示区； 以凉水泉为中心的海草房体验观光区
寻山街道	以嘉鱼汪为中心的休闲渔业旅游区
港西街道	以巍巍、鸡鸣岛为中心的海草房营建技艺展示区
备注：粗体部分为各组团重点村落，具有发展引领作用。	

（三）发展策略

1. 根据各村落的区位优势、资源优势和文化优势，培育村落特色产业。

2. 推动村落特色主导产业（如：农业、渔业）与旅游业相融合，通过产业的有机互补提升附加值，从而实现村落的可持续发展。

3. 充分利用传统村落生态环境优势和文化元素，推出一批特色鲜明的精品旅游景点、线路、片区，促进休闲观光、健康养生、传统文化体验、红色文化等乡村旅游业发展。

4. 在不改变传统建筑主体结构和外观的前提下，鼓励村民利用传统建筑依法从事旅游经营等相关活动，积极引导民宿建设，打造地方特色民宿。

5. 组织实施"互联网＋传统村落"行动，积极融入新业态，加强地域特色产品营销策划，拓展产业发展空间，打造智慧旅游品牌。

（四）发展模式

1. 综合旅游发展型

在自然条件良好、村落特色明显、经济相对发达，现状产业具有一定优势和影响力的村落发展旅游产业。

综合旅游发展型的海草房传统村落包括东楮岛、鸡鸣岛、东墩、**巍巍**、嘉鱼汪、东烟墩、烟墩角、前神堂口、后神堂口、瓦屋石、陈冯庄、东崮、留村、中我岛等（表6-2-2）。

2. 旅游＋现代渔业发展型

将旅游产业引入临近海岸、渔业产业主导的村落，发展以海产养殖捕捞为支柱，海景观光、海产购物为特色的现代渔业。

旅游＋现代渔业发展型的海草房传统村落包括马栏耩、小西、所东王家、大庄许家等。

3. 旅游＋生态农业发展型

围绕特色农产品或产业链，实行专业化生产经营，在发展农业生产的基础上有机附加生态旅游功能，实现旅游业与农业的融合发展。

旅游＋生态农业发展型海草房传统村落包括大疃李家、古里高家、大苏家、英西庄、竹村、金角口、所前王家等。其中农业资源占优势的村落或片区，可发展观赏、学习、参与型的农业游；周边自然环境占优势的村落或片区，可发展观光、体验型农业旅游。

（五）海草房民居的更新利用

根据村落发展规划，结合海草房在村落中的位置，可考虑产权人入股合作经营等方式，对长期空置海草房进行更新利用。海草房更新利用过程不能改变原有海草房内部结构、外部形态等，不能对整体风貌有所破坏。主要更新利用方式有三种：民宿、乡村记忆博物馆、公共服务和管理用房。改造为民宿、乡村记忆博物馆的海草房，建议保留海草房内的灶炕。

1. 民宿改造：将海草房建筑保存完好、风貌特征显著的住宅改造为民宿。在维持传统建筑外观的前提下，对室内空间进行合理的装修，引入现代服务设施。

2. 乡村记忆博物馆：根据功能布局、参观流线、展品陈列等要求，在现有海草房建筑基础上提升改造。打造主题明确、凝聚乡愁，能充分反映当地自然风貌、风土人情、历史变迁、生产生活习惯的乡村记忆博物馆。

3. 公共服务和管理用房：根据村落公共管理的实际需求，将重要公共节点的海草房建筑改造为公共服务与管理用房，便于村落集会、宣传、教育活动的开展。

第三节　太河镇传统聚落保护与利用案例研究

太河镇是2010年11月6日由原太河乡、峨庄乡、淄河镇合并而成的，地处淄博市淄川区东南部，资源丰富，生态环境优美，是淄川区面积最大、村落最多的一个镇。全镇占地面积268.7平方公里，辖95个行政村，户籍人口5.8万人，耕地面积39375亩。这其中包含24个省级历史文化名村，9个中国传统村落。

一、地形地貌

太河镇地形起伏较大，整体地势南高北低，东高西低。最高峰黑石寨海拔高度为932米。最低处为规划范围北部，辛泰铁路以东、淄河以西的位置，海拔161.8米。东西两翼为山地丘陵，中间沿淄河两岸地形较为平坦。

太河片区：地貌类型为石灰岩低山丘陵，山脉多呈"V"形。区域整体地势西高东低，由西向东倾斜，西北较高，多呈东西走向，境内群山环绕，形成天然屏障。

峨庄片区：山峦叠嶂，沟壑交错，危崖峭壁，奇峰怪石，共有大小山头446座，山沟241条，自然形成24片小流域。片区为独立流域，无外来水源。整个区域呈"丰"字形排列，地势南高北低，最高峰黑石寨海拔高度为932米。有溶洞4处，沟谷纵横交错，构成了若干小地貌类型。

淄河片区：淄河片区地势较为复杂，纯属山区乡镇。境内山峦均属南北走向。东西两翼为山地丘陵，中间沿淄河两岸地形较为平坦，整个地势呈东西高、中间低、南高北低的特点。淄河从南至北穿境流入太河水库，形成箕状阶地，中南部马鞍山海拔高度为616米，北部淄河出境口海拔235米。

太河镇生态水系完整，水利风景资源丰富。地处山区，太河水库、淄河以及峨庄古村落森林公园内水系发达，库塘瀑布成串，成为鲁中地区的水景明珠。境内水利资源丰富，有大型水库——太河水库1座，小一型水库——紫峪水库1座，小二型水库2座——土泉水库、后沟水库，塘坝3座，拦河坝64座，扬水站30处，各类水池424个，深井77眼，护堤7000米；峨庄森林公园东山上渠、东山下渠、太河片区东下册水渠，总长26598米，构成了一道亮丽的水利景观。太河生态保护区内优质的饮用水源使太河矿泉水在全市矿泉水市场销量达到50%以上。

二、村庄形成的年代与原因

太河镇村庄的形成年代，从汉代到近现代都有分布，其中又以明代建村者数量最多。建村最早的为城子村，按其为"齐国边镇"说，已有两千多年的建制。1970年后因修建太河水库而搬迁的村庄均集中在太河片区。

太河镇传统村落多因迁移聚居而成。省外主要从河北、河南、山西、安徽等地迁移而来，省内主要从青州、临淄、博山、泰安、莱阳、沂水、临朐迁移而来。也有部分村庄是在太河镇早期存在的村庄基础上迁移而成（表6-3-1、图6-3-1）。

太河镇传统村落迁入统计

表6-3-1

年代	数量	村庄名称		
		太河片区	淄河片区	峨庄片区
元代以前	9	北马鹿、南马鹿、西同古、东同古	淄河、前怀、西石门、北镇后、城子	—
元代	18	黑山村、李家、曹家、宋家	孙家庄	柏树村、上岛坪、下岛坪、西岛坪、峨庄村、东东峪村、西东峪村、柳花村、响泉、后沟、前沟、纱帽、罗圈
明代	45	赵家庄、郭家庄、后峪、王子山、东下册、东余粮、西余粮、双山	前香峪、后香峪、北岳阴、南岳阴、湾头、东石门、马陵、小口头、东坡、东等、本齐、杨家、双井、梦泉、亭子崖、南股、永泉、陈家井、池板、西股	西石村、鲁子峪村、东石村、石沟、孙家坪、石安峪村、东坡庄、上端士、下端士、土泉、秦家、王家村、后紫峪、上雀峪、下雀峪、杨家庄、山桥
清代	12	同古坪、杨家泉村、林泉村、老峪、北下册、南下册、方山村	聚峰、南镇后、幸福、桑杭	十亩地
近代	11	小后沟、新村、太河、北牟、西南牟、东南牟、南阳、东崖、东峪、东太河、后庄	—	—

三、太河镇传统村落价值综述

（一）历史价值

太河镇传统村落历史悠久，村落多建于明清以前且集中连片。村落选址、格局、历史风貌与建筑保存较为完好，证实了村落的形成过程和族群的变迁沿革，保留了关于鲁中山区古村落选址、规划、建设、建筑风格、文化发展等方面的大量历史信息。作为鲁中山区石质建筑的典型代表，反映出当时的生产力水平和生产资料的供应水平，具有很高的历史价值，是研究齐鲁地区山区丘陵地带古村落的活标本。

（二）科学价值

太河镇传统村落选址、街巷走势、建筑布局与建筑

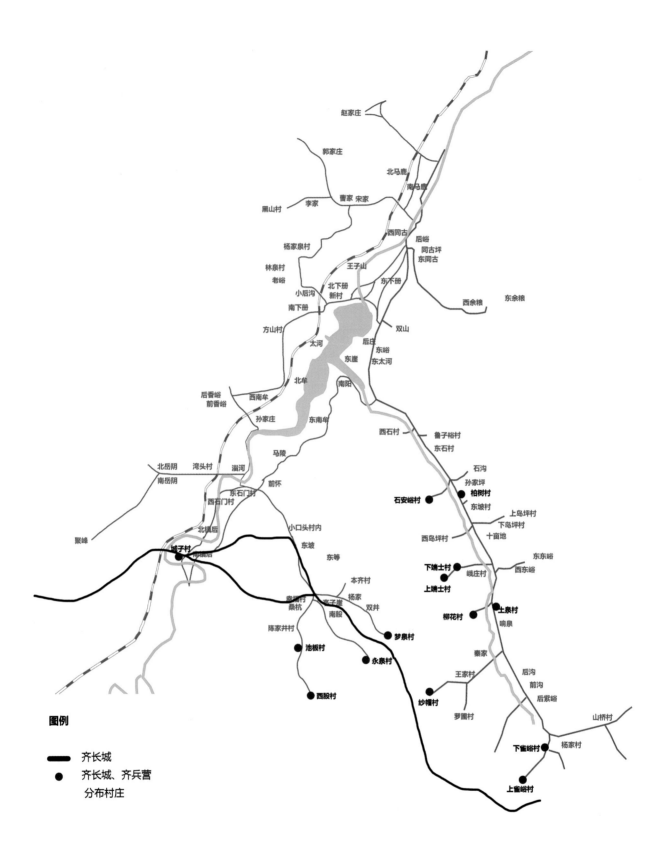

图例

──── 齐长城

● 齐长城、齐兵营
　分布村庄

图6-3-1　村庄形成年代示意图

取材，都反映了规划布局的合理性和严谨性。村落选址或群山环绕或畔水，既具有良好的自然景观风貌又藏风聚气、方便生活。街巷走势或依山就势，呈线形延伸；或以长辈居住的院落为中心，向外呈放射状扩散，形成家族连片区域。由于地貌起伏、平地狭小，民居院落布局多分布在山坡陡地，以求少占耕地。建筑取材因地制宜，道路为石板、石台阶或石砌路面；石磨石碾众多；民居营建选用山里的青石、树木、黄土、麦秸，保温隔热、冬暖夏凉；勾角压缝增加建筑强度，"人"字形麦草或茅草顶减轻负荷，充满了生活智慧。

（三）艺术价值

太河镇传统村落石质民居的院落布局、建筑风格与建筑装饰极具艺术价值。院落布局因地制宜，统一而富有变化，形成错落有致的村落景观；石质建筑营建技艺朴拙、精良，墀头、门枕、腰枕、悬枕、雀眼、门窗等装饰形式多样，工艺精美。

（四）文化价值

太河镇依山傍水、谷深林密的自然环境和以农耕、林业种植为主的村庄产业对地域文化生态产生了深厚影响，具体体现在村庄的命名方式、独具特色的建筑形式、石头房匠作技艺传承、颇具自足性的民间信仰等方面，极具文化独特性。

四、现状主要问题

（一）村落原有物质空间遭到破坏

传统建筑功能空间不适应现代生活的需求；人口外流严重，闲置废弃比例高，房屋坍塌颓圮无人管理；部分传统建筑的修缮不合理，对传统建筑和传统村落风貌造成破坏；无序新建与翻建住房，破坏传统风貌，在保护区划内突破建设要求。

（二）对传统村落保护认识不足，传统文化资源有待开发

对村庄历史文化资源认识不强，村民保护意识不高；过度旅游开发盲目建设，拆旧建新；传统生活方式和文化逐渐褪色，展示利用不足。

（三）缺乏资金与技术保障

规划缺位，整体保护不足，缺乏保护措施；部分村庄编制过相关保护规划，但规划缺乏法律效力，规划实施力度弱；传统村落乡土建筑保护的技术力量缺乏，传统工匠工艺传承困难；保护资金缺乏，尽管专项经费逐年增多，但对面广量大的传统村落来说仍是杯水车薪。

五、保护策略研究

（一）保护原则

1. 整体保护原则

对传统村落要进行整体保护利用，注重自然和人文的有机结合。居民是传统村落整体景观的灵魂，要处理好村民生活生产需要和传统村落景观之间的协调关系。

2. 动态保护原则

传统村落是村民生活生产的空间，因此，必须在严格保护的前提下，进行适度的改造、开发和利用，才能更好地保护乡土文化遗产，促进村落的动态保护和可持续发展。

3. 全方位参与原则

传统村落的保护和利用，除了依靠政府的主导与政策支持外，还要充分调动原住居民参与的积极性，鼓励

各相关学科的专家学者和实际工作者共同成立传统村落保护的民间组织，为传统村落保护提供技术支持。

（二）总体保护措施

1. 保护传统村落的空间格局，包括村落的平面形态、路网格局、传统轴线、建筑布局、街巷肌理、视线通廊、重要天际线等在内的总体布局。

2. 空间格局恢复：对已经毁坏的街巷格局可适度恢复，应重视街巷的转折和对景关系，适当美化街巷环境。

3. 街巷风貌整饬：保持街巷立面的历史真实性和完整性，拆除、整饬后世添建的低劣建筑，并应协调控制增补建筑的比例尺度、外形特征、色彩、材质、细部装饰；街巷地面铺装应选用当地传统铺砌方式与材料，且应兼顾街巷风貌特色与功能需求。

4. 规划修整部分土路，改为石板铺地，延续石板路的肌理和断面形式，保持道路界面建筑传统风貌不被改变，核心保护区内禁止机动车辆通过。

5. 街巷名称标志设立：保留街巷的历史名称，用标志牌等标识方式展示其源流。

6. 新建建筑控制引导：保护原有沿街建筑界面和天际轮廓线的统一性、连续性和完整性，确需添建、整修沿街建筑时，应保持其传统的形式、高度、色彩和材质。

7. 重要空间节点恢复：适度恢复已毁坏的公共空间，应注重保护其传统空间比例尺度和传统风貌，整饬和美化公共空间环境。

（三）建筑保护要求与修缮标准

1. 文物保护单位

文物保护单位的修缮，不能改变其原本的特征，在布局和外观上按照原有特点进行修复，修旧如旧，新旧有别。

2. 历史建筑

1）特征要素保护：属于历史优秀建筑特征要素的结构、立面（门面、门楼、围墙、承重墙等）及其附属装修装饰（墙面、门窗、石雕、砖雕、木雕、构件、彩画、陈设）等，在维修时不得随意改动，应保持其原有体量、形式、材料、质感、色彩等。

2）对于室内各时期的添加、修补物应慎重对待，需保留其有价值的部分，拆除对原有空间格局及形态造成严重破坏的部分。

3）历史优秀建筑在一般情况下宜延用其原有功能，可适度更新内部设施，设施外观应与传统建筑风貌协调；功能确需置换或调整时，新的功能宜在荷载、空间尺度、使用方式、温湿度需求、对环境的影响等方面适用于保护对象，不损害其特征要素。

3. 一般传统风貌建筑的整饬

1）传统风貌建筑的整饬，应坚持外观保护为主、结构体系加固维系、内部设施适度改善的原则。

2）屋面一般应采用灰色调，砖混、钢筋混凝土等现代建筑结构形式的平屋面应改为坡屋顶。更新修缮时不得采用水泥瓦、红色黏土瓦等与保护区风貌不协调的屋面材料，现有红色黏土瓦等屋面应予更换。

3）外露墙面应以青石、青砖、白灰色调为主，石砌墙面保留传统做法，其他墙面可以采取拆砌、抹灰勾缝、涂料粉饰等做法处理，色调应与整体风格相协调。

4）临街门、窗宜采用中式门、窗的传统形式，宜采用木质材料，如采用现代建筑材料，应与房屋的整体风格相协调。

5）院落修缮后应达到：格局整齐，院内无违法建筑，院门、门楼整修、油饰见新，风格统一，色彩协调，院墙以石墙为主，无坍塌、明显裂缝。

4．重点修缮的传统风貌建筑

重点民居的修缮，在达到一般房屋修缮要求的基础上，应当更加突出地方民俗和风貌特色。

1）屋顶应采用传统形式，如合瓦、筒瓦、仰瓦灰梗和秸草等。屋面经整修后应达到整体平顺，脊件完整，檐口平直，瓦件齐全，瓦垄（灰梗）顺直。恢复挂檐板或瓦檐口的传统形式。

2）外露墙面应采用传统块石砌筑形式。

3）临街门、窗应按原有形制恢复。院落内房屋门、窗宜采用中式门、窗的传统形式，与房屋的整体风格相协调。门窗材质以木材为主，油漆彩画的颜色应以传统色调为主。

4）石雕、木雕等装饰性构件应保留，并按原形制恢复、修补。

5）院落周边的历史环境要素予以保护、临街景观界面予以整饬。

六、以传统聚落为单元落实具体项目

（一）西股村

类别		现状描述
传统街巷		村庄规划用地范围内的南头街路贯穿西股村传统民居集中分布区，现状石板路出现断裂、碎裂及局部水泥硬化现象，原始风貌遭到一定影响和破坏
传统民居建筑群	待修缮建筑	核心保护范围内孟浩院、孟庆苗院、孟宪明院、孟庆对院、孟庆宏院、孟昭好院、孟广新院等8处院落现状院落格局较完整，建筑构件保留较精美，但为满足日常使用，建筑局部略有改动，对风貌造成一定影响
	待整治建筑	（1）改善村中与传统风貌协调的建筑，整饬有较大改动、与传统风貌不协调的建筑，酌情拆除坍塌建筑和建筑质量较差的民居。 （2）民宿：村庄入口处有民宿1处，2层建筑，房间5间。 （3）商业：超市一处，与民宿联合设置；农家乐一处，位于民宿对面，宜增加餐饮服务点或与民宿结合设置
历史环境要素		（1）石碑多处、石桥2处。 （2）古井2处。 （3）3处石碾、5处石磨、多处拴马石。 （4）古树名木4棵（柏树3棵、池梨树1棵）
公共空间		（1）神赐灵泉建筑群是村中最为集中的村民、游客活动交流空间。其中有古柏一棵，三官庙等建筑十余座，石碑十余处。历史环境要素集中空间尺度宜人，宜加强配套设施进一步提升公共空间品质。 （2）村入口处未设置明显标识，缺少进村提示作用。新建民居风貌与传统建筑风格有冲突。 （3）村中部靠河南路有大片空地，周边包围传统石头民居建筑，建筑景观资源丰厚，但暂未形成村中具有典型空间暗示的公共交流区域。 （4）村南侧靠河南路的交叉口处空地集中分布有石碾、古井等重要历史环境要素，周边建筑资源丰厚，紧邻村中主要道路交通便利，贴近河道景观视线良好，宜结合周边资源打造公共交流空间
公共服务设施		（1）公厕：村内仅神赐灵泉建筑群有一处公厕，位置较偏僻，覆盖面积小，承载力低，不能满足村庄未来发展需要。 （2）游客服务中心：村内暂未建设游客服务中心等公共服务设施，难以为村庄旅游业发展提供服务支撑

（二）双井村

类别		现状描述
传统街巷		村庄规划用地范围内的东西向大街贯穿双井村传统民居集中分布区，建筑景观资源丰厚。现已全部使用水泥硬化，原始街巷风貌遭到破坏
传统民居建筑群	待修缮建筑	核心保护范围内等6处院落格局较完整，建筑构件保留较精美，但为满足日常使用，以上建筑局部略有改动，对风貌造成了一定影响
	待整治建筑	（1）改善村中与传统风貌相协调的建筑，整饬有较大改动、与传统风貌不协调的建筑，酌情拆除坍塌建筑和建筑质量较差的民居。 （2）商业：村内暂未设置超市、商店、农家乐等商业设施，难以满足村庄未来旅游业发展所需的配套服务需求，宜设置餐饮服务点或与民宿结合设置
历史环境要素		（1）古井3处。 （2）李老先师庙周边的数块石碑。 （3）石碾、石磨、石槽等7处。 （4）古柏2棵
公共空间		（1）村庄入口公共空间有景观树一棵，是村民集中休息、交流、纳凉的场所，宜结合周边景观设置景观节点，打造休闲广场。 （2）沿村入口主要道路两侧有石磨及古井两处，应加强两处历史环境要素的联系，形成公共交流空间。 （3）村庄"人"字形主要干道交会处交通便利，人流量大，建筑景观资源丰厚。宜在此建设可容纳较多游客休憩停留的公共交流场所，在提供配套服务的同时起到人流分流的作用。 （4）村东侧李老先师庙分布有众多石刻等历史环境要素，加之周边包围传统石头民居建筑及古河道，环境静谧，景观怡人，宜结合周边资源形成休闲景观节点。 （5）村内散布有众多传统石头民居建筑集中分布节点及景观、历史要素成片汇集区域，可结合周边环境打造不同规模的公共活动空间和景观节点
公共服务设施		（1）公厕：村内暂未设置公厕，不能满足未来村庄旅游发展需要，宜在交通便利，人流集中区域设置公厕。 （2）游客服务中心：村内暂未建设游客服务中心等公共服务设施，难以为村庄旅游业发展提供服务支撑

（三）永泉村

类别		现状描述
传统街巷		村庄主要道路与河道交汇处至村庄河道尽端的部分拥有较好的景观优势，且是村中人流量最大的路段，宜修缮维护以提升街巷风貌和品质
传统民居建筑群	待修缮建筑	核心保护范围内传统建筑核心分布区12处院落格局较完整，建筑构件保留较精美，但为满足日常使用，建筑局部略有改动，对风貌造成了一定影响
	待整治建筑	（1）改善村中与传统风貌协调的建筑，整饬有较大改动、与传统风貌不协调的建筑，酌情拆除坍塌建筑和建筑质量较差的民居。 （2）民宿：村内设有宾馆一处，砖混结构，3~4层。整体风貌与传统风貌有冲突，应进行外立面整饬
历史环境要素		（1）古井3处。 （2）古桥2处。 （3）石碾、石磨、石槽等8处。 （4）标志性景观——大槐树一棵

类别	现状描述
公共空间	（1）村庄入口处有古桥一座（龙门桥），属于进村标识，但不能充分起到入口空间的提示作用。宜结合进村处空旷场地打造具有空间暗示的入口广场。 （2）位于村庄主要道路上的大槐树是永泉村的标志性景观节点，与东侧的小学校均是电视剧《马向阳下乡记》的影视取景点，目前作为村民休息集会的主要空间，宜结合村庄未来旅游业的发展增加商业配套，升级大槐树广场空间，保护并升级小学校的影视景点功能。 （3）村庄中部主要道路与次要道路的交叉地段形成一片空旷场地，交通便利人流量大。宜结合大槐树广场建立马向阳纪念馆等展览场所，并利用广场空间形成特色农家餐饮休闲广场。 （4）村庄南侧核心保护区以东区域处于主要道路与次要道路的交叉地段，同时是河道尽端形成的水塘，具有建筑、景观双重优势。宜在此处与核心保护区加强联系，打造形成休闲景观节点
公共服务设施	（1）公厕：村内暂未设置公厕，不能满足未来村庄旅游发展需要。宜在交通便利，人流集中区域设置公厕。 （2）游客服务中心：村内暂未建设游客服务中心等公共服务设施，难以为村庄旅游业发展提供服务支撑

第四节　济南市小龙堂村保护利用研究

小龙堂村位于济南市高新东区孙村片区，西临旅游路，东侧、南侧临巨野河，北侧为杨家河源头，距经十东路0.4公里，处于高新东区活力核心区的门户位置与经十路城市发展轴上，地理位置优越，交通发达便利。村东南有围子山，北临赵山、丘山，村庄在群山之间，地势平坦，土壤肥沃，宜居宜耕。小龙堂因河（巨野河）而建、因河而兴、因河而名，拥有丰富的乡土文化遗产资源。远至唐代，即有先民栖居于此，躬耕于此。小龙堂村的街巷空间格局完备于清末，因河就势，呈"九门九关厢"的村落布局。村内东西为街，南北为巷，共计两街十二巷。村中有带门楼的清代宅第、草顶土墙的简朴民居、曲径通幽的街巷、开启民智的小学堂、古朴的哨门券洞、布防严整的圩子门、圩子石墙，以及东边围子山上避防匪患的山寨……构成了富有济南典型地域特色的丘陵地带历史村落。

中华人民共和国成立以来的社会巨变，也在小龙堂村留下了点点印记，这里有红瓦红砖的民房、"一方有难、四方支援"的"青年林"、镌刻时代特色标语的盘头雕刻、塑钢铝合金的玻璃外廊、钢筋混凝土的屋顶晒台、彩色瓷砖装饰的照壁、"好年好景好运气"与"多财多福多吉利"样式的门联、"家兴财源旺"的横批。项目实施前小龙堂村民已经全部搬迁，村内人去房空，街巷杂草丛生，荒芜凄凉。部分建筑年久失修、残破倒塌；其质量粗劣者，安全状态堪忧；部分临时加改建筑，与村落历史风貌格格不入。小龙堂村及其承载的历史文化信息在现代城市化更新改造中面临着随时被湮灭的处境。如何使小龙堂村这一稀缺乡土遗产文化资源在城市化进程中得以留存、保护乃至利用，使这一集聚地方特色与价值的历史村落在当下焕发青春，是所有有识之士所面临的紧要与迫切的问题。

一、小龙堂村调查研究与认知

（一）村落选址与周边环境（图6-4-1）

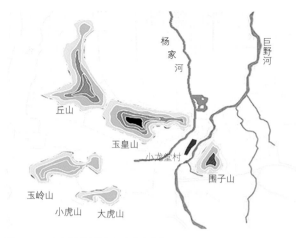

图6-4-1 小龙堂村选址与周边山水格局

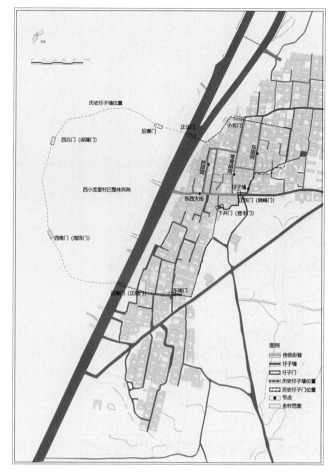

图6-4-2 小龙堂村总体格局

（二）村落总体格局

小龙堂村位于西巨野河中段。村因河而建、而兴、而名。村中小龙潭水脉灵韵，居巨野河"汭位"，是为吉地；周边群山环绕拱卫，北枕玉皇山，南出东、西狼猫山间，是为吉祥，遂成山藏水蕴、景致绝佳、风水宝地之势。（图6-4-2）

其中，圩子门为济南典型圩子门形制，现遗存圩子门四处，仅剩完整的一处；圩子墙石砌墙体拱卫村内栖居，为我国北方地域，典型传统村落卫戍设施。1975年部分圩子墙被拆除，尚留有圩子墙192.44米。

（三）街巷肌理

东小龙堂村传统街巷共计两街九巷，多石板铺砌，旱时行路，雨时走水，肌理特色显著，保存较为完整。小龙堂村街巷及街巷节点因需而置，具有典型的济南山地丘陵地域传统主村落特点：

（1）圩子墙以内区域为明清延及至今的老街，宽以4.5米左右为限，合于传统交通工具下街巷尺度。

（2）路面以石板路为主，铺砌朴拙。拴马桩、沿街传统建筑立面古朴，乡韵浓郁，街中蕴含了民俗文化与风情。

（3）空间节点

作为该地文化生态的物质体现，街巷空间体现了济南地域传统村落世俗空间的典型特点，这些空间包含了圩子门下、井台边、路尽端等区域，构成了集合地域习俗空间中多元素汇集、传统市井生活、济南地域村民民众的空间认知传统，这构成了历史追忆的外部场景。（图6-4-3、图6-4-4）

（四）院落特征

小龙堂村传统院落为北方合院格局，由于山地丘陵，地形多变，院落以合院为本，因地制宜，多进规模院落多采用跨、进组合形式，为典型的济南山地丘陵传统民居院落。

村内院落布局大多为一进院，有405处，占98.5%；也有少量二进院4处，占1.0%；三进院仅有2处，占

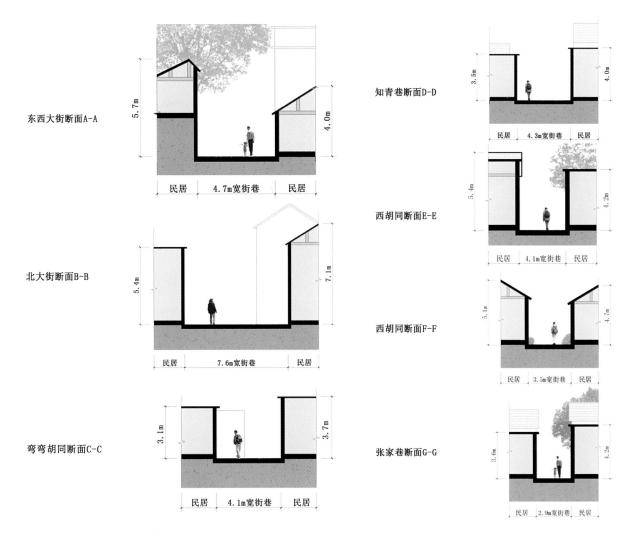

东西大街断面A-A — 5.7m / 民居 4.7m宽街巷 民居 / 4.0m

北大街断面B-B — 5.4m / 民居 7.6m宽街巷 民居 / 7.1m

弯弯胡同断面C-C — 3.1m / 民居 4.1m宽街巷 民居 / 3.7m

知青巷断面D-D — 3.5m / 民居 4.3m宽街巷 民居 / 4.0m

西胡同断面E-E — 5.4m / 民居 4.1m宽街巷 民居 / 4.2m

西胡同断面F-F — 5.1m / 民居 3.5m宽街巷 民居 / 4.7m

张家巷断面G-G — 3.6m / 民居 2.9m宽街巷 民居 / 4.2m

图6-4-3　小龙堂村街空间尺度

0.5%。单个院落有一正无厢一倒座、一正一厢一倒座、一正两厢一倒座等多种格局。即门楼多位于东南位，正房坐北朝南，也有院落入口在西南、东北方位。20世纪80年代改革开放后，院落格局有所变化，有的正厢房连通，有的倒座与门楼连通，有的在正房或厢房加建二层，设平台，但依然保持了合院模式。村内院落占地面积有四种大小：小于200平方米的院落，占40%；200～250平方米的院落，占34%；250～300平方米的院落，占17%；大于300平方米的院落，占9%。（图6-4-5）

（五）院落文化空间特点

小龙堂村传统民居院落格局、陈设体现了济南地区传统村落民众栖居中神圣空间与信仰格局的呈现，蕴含着济南近郊地域民众朴素的价值系统与美好生活愿景。（图6-4-6）

就栖居格局而言，在小龙堂，四合院一般由大门、主房、耳房、厢房、配房、厨房、栏圈等组建而成，当地素有"东南门、西南圈，进入大门就做饭（东屋为饭屋）"的民谣。宅院正房最敞，厢房次之，"倒座为宾""杂屋为附"，整体格局井然有序。

图6-4-4 小龙堂村街空间节点

　　就民俗元素而言，表现形式多样。匾额：小龙堂村大门门楣之上及墀头处多置匾额题刻，如尽朝晖、春满堂、幸福之家、安居乐业、福禄寿祥等，反映着质朴、善良的人生价值。照壁：小龙堂村照壁多借用倒座山墙附置，显示中正、遵礼之意，亦彰显进门见福，进门见喜之吉祥字意。对联：小龙堂村民众注重对联张贴，文字题材多以诗书传家、忠厚为事等内容为主。灶台及灶王爷：小龙堂村自古有家家户户供奉灶神的习俗，灶神像多张贴于灶屋东墙。天地桌：小龙堂村民居院内一般放置拜祭天地时陈设香烛、供品的石桌子。泰山石敢当：小龙堂村各家各户大都在宅子外面的一角砌一"泰山石敢当"的石块，有的把石块直接嵌在屋角的外墙上。

　　就庭院植物而言，多以竹、梅、石榴等为主。

330

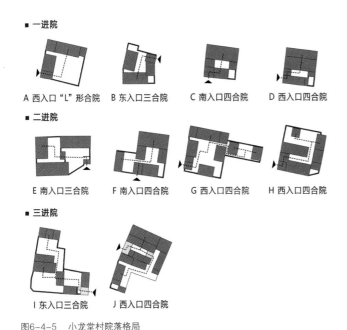

■ 一进院

A 西入口"L"形院 B 东入口三合院 C 南入口四合院 D 西入口四合院

■ 二进院

E 南入口三合院 F 南入口四合院 G 西入口四合院 H 西入口四合院

■ 三进院

I 东入口三合院 J 西入口四合院

图6-4-5　小龙堂村院落格局

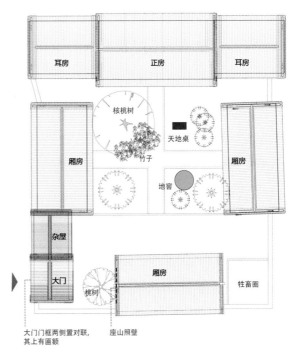

耳房　正房　耳房

核桃树

天地桌

厢房　竹子　厢房

地窖

杂屋

大门　桃树　厢房　牲畜圈

大门门框两侧置对联，
其上有匾额　座山照壁

图6-4-6　小龙堂村院落文化空间特点

（六）建筑风貌

小龙堂村历史悠久，村落民居地域特色显著，具有典型的济南山地丘陵地带传统民居特点，综合而言，主要特点如下：

1）体现了"崇儒循礼""祈福迎祥"的乡土风情

大门规制严整，虽家境一般者多施土坯，但建造精良，亦呈光大门楣之意。门内多依倒座（或厢房）山墙建置照壁，取"中正""迎祥"之意。宅内正房最敞，厢房次之，"倒座为宾"，"杂物为附"，整体秩序井然。宅内多植竹、梅、石榴等。大门上悬"倒镜"。如此种种，体现着浓浓乡情。

2）建筑地域特色显著

由明清、中华人民共和国成立至20世纪80年代末、90年代至今，虽建筑活动延绵不绝，然亦守候"乡土"，虽建造材料有变，但"乡韵"延承。具体而言：

门楼与倒座相连，一般檐口高出倒座，在整个院落中形制最隆、用料最规整。村内保存较完整、较典型的

传统门楼有28处。其正房一般三开间，每开间2.2米左右，进深约4米，高约6米。坐北朝南，双坡硬山。有些正房两侧有耳房。正立面下碱料石陡砌，之上3皮青砖，下碱高度仅有0.5米，相较山东其他地域民居，下碱较矮。墙上身白粉饰面，砖拔檐上面压石板，灰色板瓦或麦草屋面。门窗洞口周圈青砖，一般宽约一个半砖。一码三箭或直棂门窗，黑色木过梁。厢房一般三开间或二开间，每开间2米左右，进深约3米，高约5.5米，双坡硬山。正立面下碱料石陡砌，之上3皮青砖，料石尺度规格较正房小，下碱高度比正房低。同正房相似，墙上身白粉饰面，砖拔檐上面压石板，灰色板瓦或麦草屋面。只有门洞周圈有青砖，宽度仅有一个砖长，窗洞口没有青砖包圈。一码三箭或直棂门窗，黑色木过梁。倒座与门楼相连，一般三开间或二开间，每开间2米左右，进深约3.6米，高约5.5米，双坡硬山。传统倒座制式与风格相似于厢房，尺度、用材略低于厢房。

传统礼制规范，体现在村落传统建筑中，即"北屋

为尊，两厢次之，倒座为宾，杂屋为附"。因而正房、厢房、倒座在尺度、用材和装饰上存在明显的等级差异。20世纪80年代改革开放后，正房、厢房、倒座等有了很多变化。有些正房两侧耳房加高，屋顶高度一致，形成五开间瓦房；有些南面增加了外廊，少有开敞，多用铝合金或塑钢窗封闭。外廊尺度差别大，从进深1.3米~2米以上逐渐增宽，占去院落一部分面积的同时，增加了室内空间，形成了改革开放以后"北京式""硬挑式"等具有时代特征的民间建筑，体现着时代变迁与社会演进。

影壁正对大门，多是座山影壁，部分也有设于正对门楼的院落外、临街的"一"字形独立影壁。传统影壁为小灰板瓦叠脊，仰瓦屋面，砖拔檐，下碱料石之上3皮青砖，两侧撞头也为青砖，影壁心为白灰墙，简朴素净。20世纪80年代之后，影壁有了很多变化，在修葺或改造中保留了传统影壁的大体尺度和形制，更换了墙身材料和屋面瓦。有些用红砖代替了青砖；有些影壁因为门楼改为平顶后直接连于厢房，影壁的正脊、披檐瓦不复存在，砖拔檐也省略掉，传统制式中仅保留了影壁心、下碱和撞头；有的影壁心抹水泥面，下碱和撞头用水刷石饰面；有的影壁全部抹成水泥面，灰板瓦换成了红瓦。20世纪90年代后，影壁面貌逐渐变为新式，因为门楼与厢房连体，影壁的正脊、披檐瓦和砖拔檐不复存在，在原有位置上的影壁宽、高尺度都加大，影壁心用彩色瓷砖镶贴墙画一幅，构图仿中国山水画，用色大胆绚丽，乡土气息浓厚。

小龙堂村建筑雕刻与装饰的重点在门楼、照壁。传统门楼雕刻主要集中在盘头、腰枕石处。盘头砖雕几乎全是文字，每侧盘头各雕两个并列的海棠池，一池一字，两字一组，一对盘头雕字组成四字词组，有"福禄寿祥""万紫千红""安居乐业""春光满院"等。腰枕石雕以莲花、青竹、暗八仙等为主，底地以沉雕或线雕技法处理、裸露石材本色，凸起处饰黑漆。20世纪90

年代后建造的门楼，不再有传统墀头的做法，代之以八字门洞，两侧用瓷砖或马赛克拼砌门联一幅，竖向图案和底色中突出文字，有"户纳东西南北财"和"门迎春夏秋冬福""好年好景好运气"和"多财多福多吉利""福来小院四季乐"和"春到门庭合家欢"等。横批也用瓷砖或马赛克拼砌，有"风华正茂""家兴财源旺""家和万事兴""鹏程万里""幸福之家""福居鸿光""前程似锦"等。

影壁多是座山影壁，传统式样的仅有1处遗存，影壁心大多已改造为瓷砖或马赛克拼砌，构图仿中国山水画，不拘一格，色彩绚丽，几乎每图都有点睛之用的题字，如"松鹤延年""锦绣前程""一帆风顺""竹报平安""年年有余""富水长流"等。

无论是盘头雕饰、门联横批还是影壁的点题文字，用词不相雷同，字体多样，色彩丰富，既是各家各户个性的彰显，也表达了村民期盼美好生活的共同夙愿。小龙堂村民众以简洁文字作为雕刻与装饰载体的集体喜好，以及石雕凸起处饰黑漆的民间做法，有别于山东其他地区以复杂人物或动植物图案做石雕装饰题材、不饰漆或饰彩漆的做法，是村民艺术审美趣味和价值取向的体现，是小龙堂村乡土文化艺术个性的体现，也是济南地域性乡土艺术的体现。（图6-4-7、图6-4-8）

二、价值评估

小龙堂村历史可追溯至唐代，盛于明清，历代先民栖居躬耕于此，凝结了历史的记忆，反映着文明的进步，包含着济南地域民众与自然和谐相处的经验与智慧。生活于此的人们世代延续、族群传承，衍生了独特的济南近郊山地丘陵地域文化传统、地方方言、神祇信仰、节庆习俗，寄托着济南地域乡村民众、先辈耕读传家等美好愿望。小龙堂村这一凝结历史的传统村落，其风情独特的民间文化及赖以栖息的济南近

20世纪50年代之前

YB120号院子门楼　　王家大院门楼　　YB127号院子门楼　　YB139号院子门楼

20世纪50～80年代

门楼1　　门楼2　　门楼3　　门楼4

20世纪90年代之后

门楼1　　门楼2　　门楼3

门楼4　　门楼5　　门楼6　　门楼7　　门楼8

图6-4-7　小龙堂村门楼风貌及演进变化

郊山水自然环境构成了完整的地域精髓和空间记忆，这些是能讲述济南地域山里人故事的珍贵文化及物质资源。

综合来看，小龙堂村价值重点体现在以下几个方面：

首先，小龙堂村作为我国华北地区传统村落，内容丰富、系统齐全；作为济南近郊传统村落，特色鲜明，具有典型的代表性，这体现于小龙堂传统村落的山水相依、风光秀丽的外部自然环境，蕴含于山中避祸、山麓栖居的典型方式，呈现于"九门九关厢"的完整格局，其街巷、院落、民居建筑特色显著，其匾额、题刻、景观植被、物产与民俗文化，凡此种种，忠实地讲述着济南近郊"一方水土养育一方人"的济南故事。这里包含

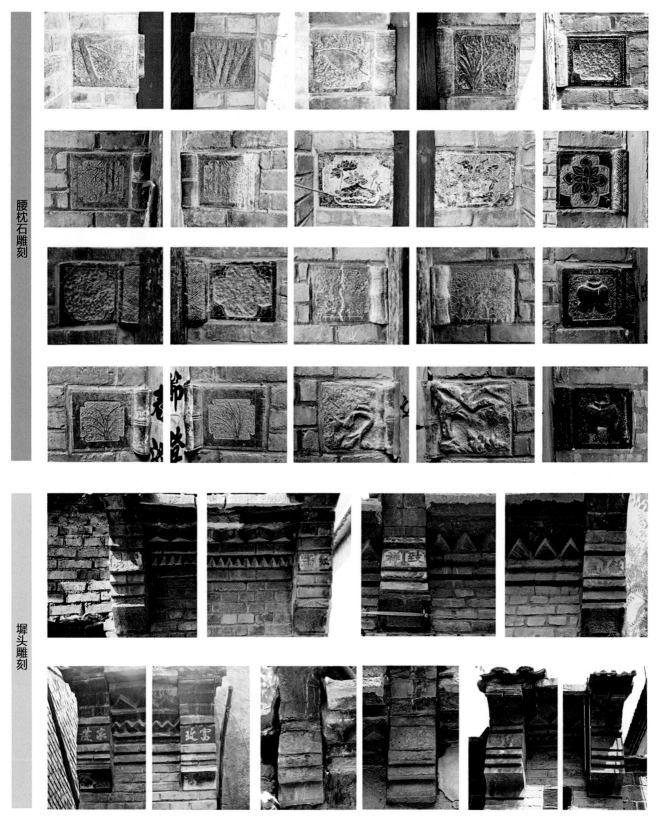

腰枕石雕刻

堰头雕刻

图6-4-8　小龙堂村建筑装饰细部及演进变化

着济南近郊山村人的"乡韵、乡风、乡味与乡情",是不可多得的珍贵资源。

其次,小龙堂村较济南其他传统山村,具有济南市域地理中心区位的巨大优势,其保护与利用同巨野河湿地公园建设功能互为补充,资源互相利用,必将在济南都市圈建设中,助力城市文化多元性传承与建设,丰富地域文化旅游资源,惠于济南民众近郊游栖生活。

最后,截至目前,济南已拆除957处近郊村落,小龙堂村已是济南城市化过程中存留的少数代表性历史村落,是凝聚济南民众情感记忆,增强文化认同感和归属感的重要载体,是进行中华优秀传统文化教育的重要场所,是人们了解济南乡土文化和济南城乡发展史的窗口,是济南东部城市文化景观的独特名片。

三、主要保护利用措施

(一)总体策略与具体措施

深入发掘小龙堂村具有价值的物质与文化资源,形成其全面与系统的价值认知成果,构建其保护与开发利用战略共识。

保护传统建筑——特别是明清、民国时期具有时代典型特征的近代、当代民居与院落。

保护传统村落空间肌理、历史价值要素与典型特色文化生态。

赋予传统村落新的城市近郊生命,拆除毫无保留价值的当代建筑,维修改造有保留价值的当代建筑,适度开发文化旅游,赋予其活化动力。

考虑整体布局——注重与正在开发的巨野河湿地公园项目布置、功能设施的相协助布局,整体布局村落特色文化资源项目。

南北贯穿的村落文化生态与变迁演进轴。该轴以圩子墙围合以内老街整饬提升为主,结合轴线沿线现状建筑整饬,街巷石板路、水泥路铺设,沿线清末、民国、20世纪80~90年代典型时代建筑保护、维修、改造,真实呈现了小龙堂的历史变迁与社会演进。(图6-4-9)

村落发展轴线:该沿线包括路面整饬,建筑利用。沿街如大队部,原为龙泉寺,后拆寺兴学,兴建学校,是为我国开启民智之典范,结合开启民智博物馆建设,特色民俗项目打造呈现村落发展变化轨迹;结合济南地域垂髫、弱冠之礼仪,打造济南人人生成长节点历程的体验活动。

乡村精品酒店:区域包括知青大院及周边共计56个院落,包括特色乡村酒店及乡土体验住宿两大板块,打造近郊短期传统村落乡情体验住宿院落。

设立乡村记忆馆:包括开启民智博物馆、人生礼仪馆、乡情馆、物产馆、庆习俗馆、游艺娱乐馆,讲述济南近郊民众传统游艺及娱乐故事。

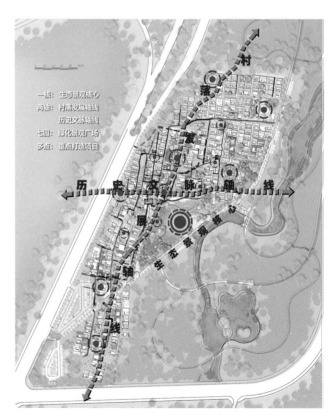

图6-4-9 小龙堂村保护利用总体格局

小龙堂卫戍体系展示：打造圩子墙、圩子门及相关区域，远期结合发展状况，启动避祸山寨打造。

创产业园区：围绕特色文创、汇集优秀艺术家，助力济南特色为主题的文创特色产业园区。

地域特色餐饮：以济南菜为主题，融合星巴克等当代时尚餐饮，以沿旅游路线打造济南特色本土餐饮。

（二）建筑群落保护维修

重点针对小龙堂文脉核心区，尤其是现状格局及形制保存较好的重要历史院落，整治措施以保护修缮为主，恢复原有院落及建筑的历史特征，并通过对建筑的维修保护，彻底消除建筑存在的各种安全隐患。保护设计原则：通过对历史文献、历史照片和现存不同时期维修记录的研究，尽量恢复建筑始建时期的形制特征，并注意在建筑维修时，保留建筑不同时期的历史风貌，增强建筑的可识别性。（图6-3-10～图6-4-14）

图6-4-10 小龙堂村公共空间整治效果

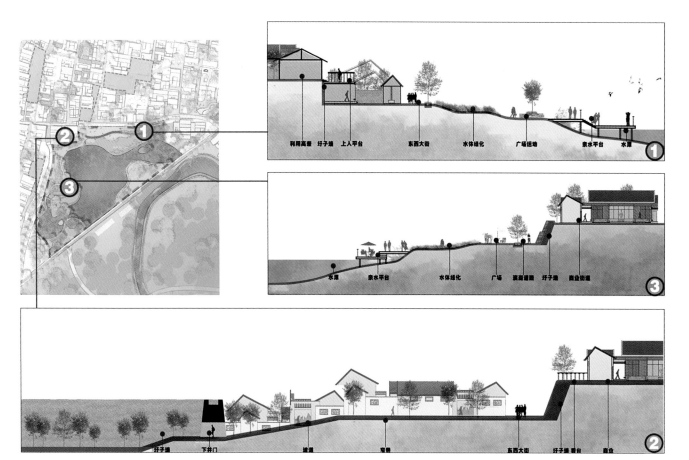

图6-4-11 小龙堂村水系驳岸整治效果

图6-4-12 小龙堂村门前小农田特色
空间的维系与整治

图6-4-13 小龙堂村民居院落的保护
修缮、院落整治串联与更新利用

图6-4-14 小龙堂村民居院落保护后
总体效果

附录一 海草房传统聚落村落历史沿革表

村落名称	形成年代		迁徙起始点	祖先	村名更替
	朝代	朝代起始时间（年）			
留村	元朝至元年间	1335	1340	河南省洛阳	程佰通	—
巍巍村	元朝大德年间	1297	1307	烟台市牟平县	曲敬先	—
金角口村	元朝皇庆年间	1312	—	—	颜、蔡、康、倪姓	命名金角口村
	明朝初年	—	—	南方邢永村、成山镇宫永村、烟台杨永疃	车国宝、孙燕、杨贵兄弟二人	仍称金角口村
小疃林家	元朝至正年间	1341	1370	福建省莆田县	林敬礼	中华人民共和国成立初期名为小疃，1981年经县政府批准恢复原名小疃林家
大疃林家	元朝至正年间	1341	1370	福建省莆田县	林敬先	命名大疃林家，中华人民共和国成立初期，简化为大疃。1981年，经县政府批准恢复原名大疃林家
渠隔	元朝至正年间	1341	1370	文登市桃花岘	张钦兄弟五人	
大疃李家	元朝末年	—	—	荣成市埠柳镇杭上村	李氏	命名李家村，明崇祯年间更名为大疃李家后简化为大李家村。1981年，复命大疃李家村
杏陈家村	元朝末年间	1368	1370	云南	陈氏	命名杏林陈家，后演变为杏陈家。中华人民共和国成立后简化为陈家，1981年经县镇府批准，恢复原名为杏陈家
大西村	元朝至正年间	1341	1370	荣成市港西镇巍巍村	—	—
	明朝崇祯年间	1628	1644	荣成市埠柳镇埠虎台村	—	—
关沈屯	明朝洪武年间	1368	1398	云南	关景斌	命名关家屯
	明朝永乐年间	1403	1424	浙江小沛县迁徙至关家屯村西	沈刚、沈强、沈勇、沈烈兄弟四人	命名沈家屯
	清朝顺治年间	1644	1661	荣成市成山镇成山二村徙此至关家屯之南	刘珣	命名刘家屯

村落名称	形成年代		迁徙起始点	祖先	村名更替
	朝代	朝代起始时间（年）			
尹家庄	明朝洪武年间	1368	1398	—	王氏	王家庄
	明朝崇祯年间	1628	1644	—	尹氏	更名尹家庄
	明朝永乐年间	1403	1424	—	郑氏	于王家庄村西建郑家庄，1943年两村合并，仍称尹家庄
东钱家	明朝永乐十三年	1415	—	浙江省台州府黄岩县三十三都有庄村	钱煜	小钱家（1940年更名东钱家，小东耩并入东钱家）
	清末	—	—		钱氏	西钱家钱姓于东钱家村东建村，名小东耩
	明朝成化年间	1465	1487	荣成市大疃镇双石徐家村	徐氏	徐家村，1943年徐家村和小钱家合并，仍称东钱家
杏南台村	明朝永乐年间	1403	1424	荣成市马道乡杏北台	孙氏次子	命名杏林南台，后演化为杏南台。中华人民共和国成立后演化为南台村。1981年经政府批准恢复原名为杏南台
沟崖张家村	明朝永乐年间	1403	1424	云南	张氏	—
东龙家村	明朝永乐年间	1403	1424	—	曲氏	曲家屯
	明朝嘉靖年间	1522	1566	—	龙氏	更名龙家庄
	明朝万历二十年	1592		龙姓一部分迁至村南建一西龙家	—	更名东龙家
	清朝康熙年间	1662	1722	荣成市成山镇	程士街	仍称东龙家
口子	明朝宣德年间	1426	1435	文登市高村镇高村	周汪	—
项家寨	明朝宣德年间	1426	1435	荣成市成山镇柳夼	项胜	命名为项家寨村
国家村	明朝正统年间	1436	1449	云南	国大儒	—
所前王家	明朝天顺年间	1457	1464	荣成市宁津街办殷家	殷三	所前殷家村
	明朝嘉靖年间	1522	1566	云南	宁玘玉	于所前殷家东建村，命名所前宁家村
	清朝康熙年间	1622	1722	文登市十里头	王甲、王超	于所前宁家东定居，命名所前王家村
沟陈家村	明朝成化年间	1456	1487	云南	陈连善兄弟二人	1977年因修水库迁至今址，仍称沟陈家村
竹村	明朝成化年间	1465	1487	—	于氏	命名竹村
	明朝万历年间	1573	1620	荣成市成山卫镇黄埠村	李钦明、李钦德	于姓外迁，仍称竹村
卢家村	明朝正德年间	1506	1521	荣成市寻山乡寻山所	卢荣	命名团峰村
	清朝顺治年间	1644	1661	—	—	更名卢家
东墩	明朝嘉靖年间	1522	1566	文登高村	刘宝	—
大苏家村	明朝嘉靖年间	1522	1566	烟台市福山区徙至俚岛镇大庄许家村居住。后又迁至今大、小苏家村建立两村	苏尚义、苏尚仁	其弟居住此村，故名小苏家村。因支系旺盛，村落扩大，于明朝末年更名为大苏家村

村落名称	形成年代		迁徙起始点	祖先	村名更替
	朝代	朝代起始时间（年）			
东崮村	明朝嘉靖年间	1522	1566	荣成市埠柳镇邹家村	邹氏	—
东利查埠村	明朝嘉靖年间	1522	1566	荣成市埠柳镇虎台村	孙氏	命名东蝲碴埠村，后演变为东利查埠村
西利查埠村	明朝嘉靖年间	1522	1566	荣成市埠柳镇虎台村	孙氏	命名西蝲碴埠村，后演变为西利查埠村
瓦屋石村	明朝嘉靖年间	1522	1566	—	郭氏	命名郭家庄
	清朝康熙年间	1662	1722	荣成市成山镇成山卫	张廷玉	更名瓦屋石村，2001年撤村设居
英西庄	明朝嘉靖年间	1522	1566		于氏	命名于家庄
	明朝万历年间	1573	1620	荣成市成山卫镇成山卫	李日朝、李日颙	仍称于家庄，1981年经县政府批准，命名英西庄村
				—	于徐贵、于徐荣	
				—	隋来柱、隋喜	
庄上宋家	明朝嘉靖年间	1522	1566	文登市宋家沟	宋桦	命名松庄，后以姓氏更名庄上宋家
所东张家	明朝嘉靖年间	1523	1566	云南	张氏	命名张管庄，后更名所东张家
所东王家	明朝隆庆年间	1567	1572		王氏	—
小耩村	明朝隆庆年间	1567	1572	荣成市俚岛镇大耩村	李维学	—
止马滩	明朝万历年间	1573	1620	荣成市宁津街办宁津所	姜氏	命名姜家疃
	清朝康熙年间	1662	1722	荣成市王连街办北桥头村	王世培	更名止马滩
东楮岛	明朝万历年间	1573	1620	荣成市宁津街办宁津所村	卢氏	—
	清朝顺治年间	1644	1661	荣成市宁津街办所东王家（原卢氏外迁）	王芝瑚、王芝兰	命名东楮岛
	—	—	—	柳树村	毕启财，毕启善	
初家泊	明朝万历年间	1573	1620	云南	初氏祖	—
	清朝雍正年间	1723	1735	寻山镇街道办事处东北山村	李氏祖	—
东烟墩	明朝万历年间	1573	1620	—	田氏	琵琶寨
	清朝顺治年间	1644	1661	—	张氏	更名东烟墩
中我岛村	明朝万历年间	1573	1620	—	—	命名倭岛王家，后改称中倭岛，1981年改称中我岛
嘉鱼汪村	明朝万历年间	1573	1620	文登市大水泊镇土埠岭村	于氏	嘉鱼汪村
				荣成市俚岛镇后花园村	卢氏	
	清朝中期	—	—	分东西嘉鱼汪村	—	—

村落名称	形成年代		迁徙起始点	祖先	村名更替
	朝代	朝代起始时间（年）			
龙家村	明朝万历年间	1573 1620	—	王氏、袁氏	命名芹夼
	清朝康熙年间	1662 1722	荣成市崖头街道办事处西龙家	龙应登、龙应凤、龙应玘	于芹夼村北建村，命名龙家。1956年芹夼并入龙家，仍称龙家
马栏耩	明朝天启年间	1621 1627	日照市石臼所迁至荣成市斥山街办北窑村	尹世英	—
	明朝崇祯年间	1628 1644	北窑村迁至此	—	命名马栏耩
季家	明朝天启年间	1621 1627	荣成市宁津街道宁津所	季日德、季日友	—
颜家村	明朝天启年间	1621 1627	陕西省巩昌府知府颜惟仁弃官迁至今荣成市成山镇成山二村隐居	颜惟仁	—
	明朝崇祯年间	1628 1644	荣成市成山镇成山		命名颜家村
金角港村	明朝天启年间	1621 1627	—	金氏	命名金家港
	清朝康熙年间	1662 1722	荣成市俚岛镇庄上宋家	宋士会	金氏外迁，仍称金家港。民国初年演变为金角港
张家屯	明朝崇祯年间	1628 1644	荣成市港西乡北港西村	张绅	—
大庄许家	明朝崇祯年间	1628 1644	荣成市成山镇成山卫	许氏	命名大庄。1981年，经县政府批准更名为大庄许家。2001年撤村设居
烟墩角	明朝崇祯年间	1628 1644	荣成市港西镇巍巍村	曲氏	—
凉水泉	清朝顺治年间	1644 1661	山东省海阳市徽村	高氏	—
大岔河	清朝康熙年间	1662 1722	荣成市宁津街道南港头村	周三贵	—
北场	清朝康熙年间	1662 1722	荣成市宁津街道渠隔村	张日友	—
杏石硼村	清朝康熙年间	1662 1722	荣成市马道乡杏北台	孙氏十三世祖九义	命名杏石硼村，后又改名为石硼村，1981经政府批准恢复为原名杏石硼村
凤凰崖村	清朝康熙年间	1662 1722	荣成市马道乡杏北台	孙氏	命名南庄。民国初期因村临凤凰山陡崖枝下，更名为凤凰崖村
王家	清朝康熙年间	1662 1722	荣成市埠柳镇埠柳村	王氏	命名王家村
小西村	清朝康熙年间	1662 1722	荣成市埠柳镇埠柳和虎台	王子兆、孙九洲	于港西乡原大孙家庄村东定居成村，命名小孙家庄，1939年随大孙家庄改名大西庄而改称小西庄，1981经县政府批准更名小西村
后神堂口村	清朝乾隆年间	1736 1796	荣成市俚岛镇前神堂口村	孙氏	—
石山东家	清朝乾隆年间	1736 1796	荣成市俚岛镇大苏家	张文举	命名石仙东村，后演变为石山东村

村落名称	形成年代		迁徙起始点	祖先	村名更替
	朝代	朝代起始时间（年）			
西林村	清朝乾隆年间	1736	1796	哈山和马道燕沧	姜氏、林氏	分建两村。后两村并入林村统称之为林村。1943年，以村中南北大街为界限，两村分出，因此村居西更名为西林村
陈冯庄	清朝乾隆年间	1736	1796	荣成市俚岛镇沟陈家	陈氏	—
	—	—	—	荣成市成山镇冯家庄	冯氏	命名冯家庄
刘庄村	清朝乾隆年间	1736	1796	荣成市宁津镇东墩村	刘氏八世祖	命名刘家庄
鸡鸣岛	清朝乾隆年间	1736	1796	荣成市港西镇黄山口村	—	
古里高家	清朝道光年间	1821	1850	荣成市夏庄乡二垆	高曰礼	命名鼓楼高家
	清朝光绪年间	1875	1908	—	—	改称古里高家
南洼	无考	—	—		慕氏	南洼
	清朝道光年间	1821	1850	荣成市宁津街道洼里	张从礼	仍称南洼

附录二　陶辅建材"匣钵"统计表

陶辅材料类型		陶辅材料特征、尺寸	示意图
传统匣钵	传统匣钵A	深褐色圆筒形，壁上有密集排列的宽20毫米的横向线条，直径230毫米，壁厚20毫米，高200～250毫米，部分此类匣钵底部中间有60毫米圆口，有的封闭没有开口	
	传统匣钵B	深褐色竖长圆筒状，中间粗两头略细，匣钵壁成微弧状，壁上并有密集排列的宽20毫米的横向线条，直径230毫米，壁厚20毫米，高400～450毫米，部分此类匣钵底部中间有60毫米圆口，有的封闭没有开口	
	传统匣钵C	深褐色扁平圆筒状，并密集排列宽20毫米的横向线条，直径400毫米，壁厚20毫米，高200毫米，底部封闭没有开口	

陶辅材料类型		陶辅材料特征、尺寸	示意图
平壁匣钵	平壁匣钵A	暗黄色，为扁平的圆筒形，匣钵壁平整光滑，直径360毫米，壁厚20毫米，高150～280毫米不等。底部封闭没有开口	
	平壁匣钵B	内凹形的扁圆形，外壁平整，直径220毫米，壁厚20毫米，高75毫米，其中外壁高40毫米	
	平壁匣钵C	暗黄色盘状，直径220毫米，壁厚20毫米，高60毫米	
	平壁匣钵D	暗黄色，外形为扁平的圆筒形，匣钵壁平整光滑，外壁上带有五个半圆形豁口。直径110毫米，壁厚8毫米，高40毫米	
	平壁匣钵E	暗黄色，外形为高筒形，匣钵壁平整光滑。直径360毫米，壁厚20毫米，高220～240毫米不等。底部封闭没有开口	
	平壁匣钵F	暗黄色，外形为高筒形，匣钵壁平整光滑。直径360毫米，壁厚20毫米，高280～300毫米不等。底部封闭没有开口	
	平壁匣钵G	此类匣钵呈暗黄色椭圆盘状，是专门烧制鱼盘所使用的，匣钵壁平整光滑。直径长边380毫米，短边270毫米，壁厚20毫米，高70毫米。底部封闭没有开口	
石膏匣钵		白色圆盘状，质地松软，匣钵壁平整光滑。底部封闭没有开口	

附录三　淄博地区传统建筑常用砖料统计表

名称			材料尺寸	主要用途
青砖			240毫米×115毫米×53毫米	砌"砖把""砖镶窗户""砖镶门"等
耐火砖	窑碴	顶窑碴	320毫米×160毫米×35毫米	用作拔檐砖
		方窑碴	230毫米×230毫米×40毫米	用作铺望板、室内铺地
		六边形窑碴	R=260毫米	个别建筑室内铺地
		大窑碴	330毫米×160毫米×50毫米	砌山尖、砌下碱四角、砌"迎峰"
		拍窑碴	420毫米×380毫米×70毫米	砌外檐墙"漫墙"砌山尖
	缸砖		240毫米×115毫米×53毫米	砌"砖把""砖镶窗户""砖镶门"等
	黄板		220毫米×140毫米×30毫米	屋面做脊、砖檐等
黏土砖			240毫米×115毫米×53毫米	砌"砖把""砖镶窗户""砖镶门"等

附录四　淄博地区传统建筑常用灰浆统计表

名称	当地称谓	主要用途	制作要点
泼灰	白灰	制作各种灰浆的原材料、漫墙抹灰等	生石灰加水反复泼洒成粉状，过筛
黄土	黄土	制作各种灰浆的原材料、茅草屋面苫背等	黄土过筛去除杂质
掺灰泥	夹灰泥、三七灰土	夯基础、砌下碱、砌上身、室内地面处理、瓦屋面苫背等	白灰与黄土加水拌匀，白灰与黄土体积比3∶7至5∶5
—	马粪泥	瓦屋面做脊、砭瓦等	白灰加入风干驴粪
滑秸泥	万年灰	瓦屋面苫背、瓦屋面做脊	掺灰泥加入麦秸，体积比约为100∶20
煤炉灰	炉渣灰	漫墙抹灰	炉灰过筛，与白灰调和

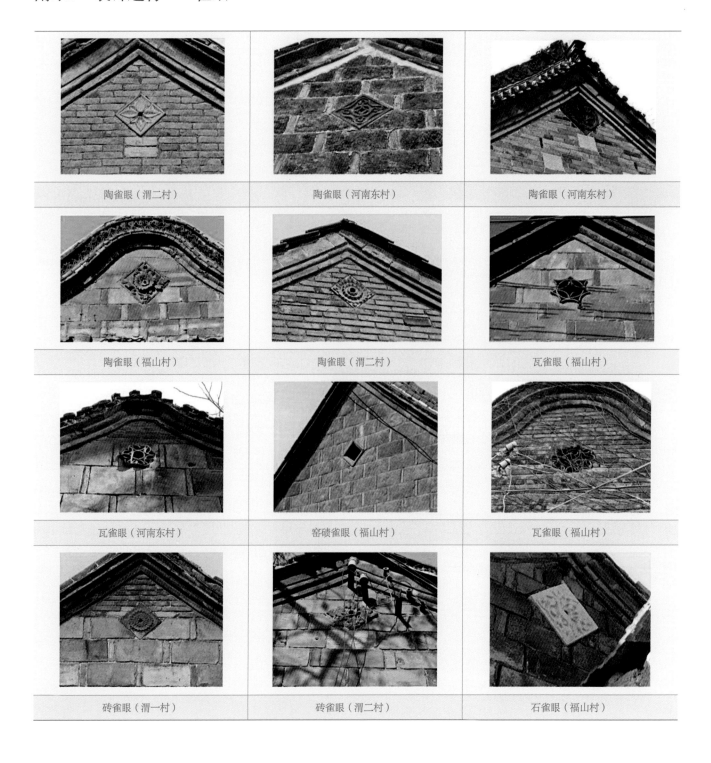

陶雀眼（渭二村）	陶雀眼（河南东村）	陶雀眼（河南东村）
陶雀眼（福山村）	陶雀眼（渭二村）	瓦雀眼（福山村）
瓦雀眼（河南东村）	窑碛雀眼（福山村）	瓦雀眼（福山村）
砖雀眼（渭一村）	砖雀眼（渭二村）	石雀眼（福山村）

序号	所属区（县）	镇（乡）	聚落（村落）名称	现存主体聚落建成年代	民族	批次	页码
18	菏泽市巨野县	核桃园镇	付庙村	明清	汉族	第四批中国传统村落	272
19	济宁市嘉祥县	孟姑集镇	岳楼村	明清	汉族	第三批省级传统村落	274
20	济宁市邹城市	郭里镇	庙东村	明清	汉族	—	278
21	淄博市淄川区	太和镇	双井村	明清	汉族	第一批省级传统村落	326
22			永泉村	明清	汉族	第四批中国传统村落	326
23	济南市高新东区	孙村街道	小龙堂村	明清	汉族	—	327

一、史籍志书

[1] 安作璋. 山东通史·秦汉卷 [M]. 济南：山东人民出版社，1994.

[2] 贾蔚昌，唐志勇. 山东通史·现代卷·上册 [M] // 安作璋·山东通史. 济南：山东人民出版社，1994.

[3] 李宏生，宋青蓝. 山东通史·近代卷·上、下册 [M]. 安作璋·山东通史. 济南：山东人民出版社，1991.

[4] 李诚. 营造法式 [M]. 北京：中国书店，2006.

[5] 梁思成. 清式营造则例 [M]. 北京：清华大学出版社，2006.

[6] 临朐县政协委员会. 临朐县旧志汇编 [Z]. 潍坊：潍坊市新闻出版局，2002.

[7] 孟子. 孟子·滕文公上 [M].

[8] 明史·卷六八·舆服志四 [M]. 北京：中华书局，1974.

[9] 山东省地方史志编纂委员会. 山东省志·文物志 [M]. 济南：山东人民出版社，1996.

[10] 山东省地方史志编纂委员会. 山东省志·自然地理志 [M]. 济南：山东人民出版社，1996.

[11] 山东省地方志编纂委员会. 山东省志·建置志 [M]. 济南：山东人民出版社2003年.

[12] 山东省地图册 [M]. 济南：山东省地图出版社，2005.

[13] 山东省菏泽地区地方志编纂委员会. 菏泽地区志 [M]. 济南：齐鲁书社，1998.

[14] 山东省人民政府. 山东年鉴2008 [M]. 山东年鉴出版社，2008.

[15] 邵士；王埰清. 沂州志·驿递志 [M]. 1674.

[16] 司马迁. 史记·卷四：周本纪；卷六：秦始皇本纪；卷一二九：货殖列传 [M]. 北京：中华书局，1982.

[17] 孙继昌主编. 大寨村志 [M]. 北京：中国国际文化出版社，2011.

[18] 王世会. 孔孟乡俗志 [M]. 济南：泰山出版社，2015.

[19] 王有邦. 山东地理 [M]. 济南：山东省地图出版社，2000.

[20] 王志民. 山东区域文化通览·山东文化通览 [M]. 济南：山东人民出版社，2012.

[21] 王志民，徐振宏. 中国区域文化通览·山东文化卷 [M]. 北京：中华书局，2012.

[22] 于慎行. 兖州府志·卷一 [M]. 济南：齐鲁书社，1985.

[23] 张廷玉. 明史·卷四十一·志第十四 [M]. 北京：中华书局，1974.

二、专著

[24] （意）阿尔多·罗西，刘先觉校. 城市建筑学 [M]. 黄士钧，译. 北京：中国建筑工业出版社，2006.

[25] 迟树功. 山东与沿海发达地区比较研究 [M]. 济南：山东大学出版社，2007.

[26] 丛盛. 大海的盘鬓-胶东海草屋的记忆 [M]. 济南：山东友谊出版社，2009.

[27] 费孝通. 乡土中国 [M]. 上海：生活·读书·新知三联书店，1985.

[28] 高见南. 相宅经纂 [M]. 台北：育林出版社，1999.

[29] 井庆升. 清式大木作操作工艺 [M]. 北京：文物出版社，1985.

[30] 李万鹏，姜波. 齐鲁民居 [M]. 济南：山东文艺出版社，2004.

[31] 李孝聪. 中国区域历史地理 [M]. 北京：北京大学出版社，2004.

［32］李新建. 苏北传统建筑技艺［M］. 南京：东南大学出版社，2014.

［33］梁思成. 中国雕塑史［M］. 天津：百花文艺出版社，1997.

［34］刘大可. 中国古建筑瓦石营法［M］. 北京：中国建筑工业出版，1993.

［35］刘向. 说苑·辨物［M］. 北京：中华书局，1977.

［36］马炳坚. 中国古建筑木作营造技术［M］. 北京：科学出版社，1991.

［37］潘谷西. 中国建筑史［M］. 北京：中国建筑工业出版社，2004.

［38］丘光明. 中国历代度量衡考［M］. 北京：科学出版社，1992，8.

［39］孙运久. 山东民居［M］. 济南：山东文化音像出版社，1999.

［40］王其亨. 风水理论研究［M］. 天津：天津大学出版社，1998.

［41］王志民. 山东省历史文化遗址调查与保护研究报告［M］. 济南：齐鲁书社，2008.

［42］王仲奋. 婺州民居营建技术［M］. 北京：中国建筑工业出版社，2014.

［43］张钦楠. 建筑设计方法学［M］. 西安：陕西科学技术出版社，1995.

［44］张巍. 齐鲁地区建筑文化［M］. 长春：吉林科学出版社，2016.

［45］张祖陆. 山东地理［M］. 北京：北京师范大学出版社，2014.

［46］中国公路交通史编审委员会. 中国公路运输史［M］. 北京：人民交通出版社，1990.

［47］淄博市主要城镇的起源和发展［M］. 淄博：淄博市基本建设委员会，1977.

三、期刊论文

［48］曹枭. 泰安市山西街村传统村落的保护与传承［J］. 城乡建设，2015（09）：68-70，5.

［49］陈连洛，郝临山. 中国古代营造尺及相关古尺长度比较研究［J］. 山西大同大学学报（自然科版），2012，28（01）：89-93.

［50］陈燚，郑严. 齐长城之青石关［J］. 走向世界，2016（10）：76-79.

［51］陈喆. 原生态建筑——胶东海草房调研［J］. 新建筑，2002（6）：54-55.

［52］陈同滨. 乡土建筑遗产的区系研究初探［J］. 住区，2020（01，02）：8.

［53］陈志华，赵巍. 由《关于乡土建筑遗产的宪章》引起的话［J］. 时代建筑，2000（03）：20-24.

［54］褚兴彪，熊兴耀，杜鹏. 海草房特色民居保护规划模式探讨——以山东威海楮岛村为例［J］. 建筑学报，2012（06）：36-39.

［55］范立君，谭玉秀. 近代"闯关东"移民外在特征探析［J］. 北方文物，2010（01）：100-105.

［56］官德杰. 齐长城要隘穆陵关［J］. 中国长城博物馆，2013（04）：8.

［57］侯春岭，黄绍鸣，徐本坚，潘庆德. 山东地貌区划［J］. 山东师范大学学报（人文社会科学版），1959（04）：1-31，33-34.

［58］胡一平. 穆陵雄关将军魂［J］. 孙子研究，2017（01）：114-115.

［59］姜波，赵世明，徐辉. 山东半岛沿海风能资源评估与分布研究［J］. 海洋技术，2009（4）：101-103.

［60］姜波. 传统村落保护与建造技艺非遗传承的思考——以山东国家级传统村落为例［J］. 2017年山东社科论坛——首届"传统建筑与非遗传承"学术研讨会论文集，2017：29-33.

［61］李晶晶. 我国乡土建筑研究的现状及趋势——基于CNKI论文数据库的计量可视化分析［J］. 住区，2020（01，02）.

［62］李浈. 官尺·营造尺·乡尺——古代营造实践中用尺制度再探［J］. 建筑师，2014（05）：88-94.

［63］李政，曾坚. 胶东传统民居与海上丝绸之路——文化生态学视野下的沿海聚落文化生成机理研究［J］. 建筑师，2005（3）：69-73.

［64］刘甦. 2019济南中欧乡土遗产论坛专辑弁言［J］. 住区，2020（01，02）：6-7.

［65］刘修娟. 黄河下游流域传统民居类型及特征研究［J］. 城市建筑，2014（03）：121-123.

［66］逯海勇，胡海燕. 传统宅门抱鼓石的文化意蕴及审美特色［J］. 华中建筑，2014，32（08）：165-168.

［67］路凯. 再回故乡大汶口［J］. 城乡建设，2014（12）：90-91，5.

［68］路延捷. 寻找穆陵关［J］. 春秋，2016（04）：52-54.

［69］马亚丽. 齐长城脚下传统村落保护与利用研究——以济南章丘大寨村为例［A］. 2017年山东社科论坛——首届"传统建筑与非遗传承"学术研讨会论文集，2017：6.

［70］毛敏康. 试论山东省地貌区域结构［J］. 地理科学, 1993, 13（1）: 26-33.

［71］宋文鹏, 李世芬, 李思博, 于璨宁. 方峪村石头房形态及其营建方式研究［J］, 建筑与文化, 2017,（2）: 170-172.

［72］苏燕. 中国传统民居门的结构及其装饰艺术［J］. 大众文艺: 学术版, 2009（13）: 2.

［73］王江, 蓝天翔, 孔黎遥. 英国石板房建筑营造技艺启示［J］. 住区, 2020（01, 02）: 49.

［74］王钰. 感受蒲松龄书馆［J］. 东方散文, 2015年春季刊: 64-65.

［75］吴庆洲. 中国古代城市规划设计哲理研究——以龟形城市格局为例［J］. 中国名城, 2010（08）: 37-46.

［76］吴希庸. 近代东北移民史略［J］. 东北集刊, 1941（02）: 52.

［77］张润武, 周鲁潍. 胶东渔民民居［J］. 山东建筑大学学报, 1996（1）: 17-20.

［78］赵鹏飞. 山东运河生土民居实例探析［J］. 华中建筑, 2012（10）: 151.

四、学位论文

［79］崔垠. 硬山民居建筑的地域技术特色比较［D］. 上海: 同济大学, 2007.

［80］封宁. 青岛即墨鳌山卫匠作传统及民居营造技术研究［D］. 青岛: 青岛理工大学, 2012.

［81］邵翠平. 记忆与口述: 山东鄄城谢家砖塑的艺术特色探究［D］. 兰州: 西北民族大学, 2011.

［82］郭宁. 山东文化的历史演进及山东文化区划研究［D］. 合肥: 安徽师范大学, 2006.

［83］黄永健. 东楮岛村海草房营造工艺研究［D］. 济南: 山东大学, 2014, 10.

［84］姜锋. 胶东半岛传统建筑形态与空间布局研究［D］. 天津: 天津大学, 2009, 6.

［85］孔德静. 印迹与希冀. 明清山东海防建筑遗存研究［D］. 青岛: 青岛理工大学, 2012.

［86］李青青. 田园综合体景观设计研究——以章丘市文祖镇东西田广村为例［D］. 济南: 山东建筑大学, 2018.

［87］李晓峰. 多维视野中的中国乡土建筑研究——当代乡土建筑跨学科研究理论与方法［D］. 南京: 东南大学, 2004.

［88］李晓雯. 鲁南石砌民居再利用研究-以莒县柏庄民宿设计为例［D］. 济南: 山东师范大学, 2017.

［89］李旸. 山东半岛沿海村落景观调查与保护研究［D］. 北京: 北京林业大学, 2013.

［90］刘芳兵. 苏鲁豫皖交界圈传统民居砖瓦石作及相关营造工艺研究［D］. 北京: 中国矿业大学, 2019.

［91］刘祥. 胶东海草房聚落微气候环境研究——以东楮岛为例［D］. 济南: 山东大学, 2015.

［92］刘玉洁. 豫东平原传统民居营造技术研究［D］. 郑州: 郑州大学, 2014.

［93］牛晓霆. 门光尺研究［D］. 哈尔滨: 东北林业大学, 2008.

［94］孙倩倩. 山东沿海卫所研究［D］. 济南: 山东建筑大学, 2013, 6.

［95］王婧磊. 地域特色导向下的黄土平原区村落空间组织模式研究［D］. 西安: 西安建筑科技大学, 2014.

［96］王珺. 北京驿道沿线村落演变与空间形态特征研究——以延庆地区为例［D］. 北京: 北京建筑大学, 2015.

［97］王龙. 胶东地区传统村落空间形态研究［D］. 广州: 华南理工大学, 2015.

［98］王梦寒. 鲁西北地区民居建筑的地域文化研究［D］. 济南: 山东建筑大学, 2013, 6.

［99］王朕. 黄河中下游地区的气候适应性研究［D］. 济南: 山东大学, 2014, 10.

［100］王祝根. 胶东传统民居环境保护性设计研究——以文登营村新农村居住环境设计为例［D］. 武汉: 华中科技大学, 2007.

［101］魏宏源. 京西古村落空间模式语言研究［D］. 北京: 北京建筑大学, 2012.

［102］吴岩. 胶东民居海草房生态策略研究［D］. 上海: 上海交通大学, 2012, 2.

［103］杨慧. 匠心探原-苏南传统建筑屋面与筑脊及油漆工艺研究［D］. 南京: 东南大学, 2004, 9.

［104］杨鸣. 鄂东南民间营造工艺研究［D］. 武汉: 华东科技大学, 2006, 11.

［105］张东. 中原地区传统村落空间形态研究［D］. 广州: 华南理工大学, 2015.

［106］张晓楠. 鲁中山区传统石砌民居地域性与建造技艺研究［D］. 济南: 山东建筑大学, 2014.

［107］张雪菲. 基于地形特征的山东典型传统村落空间句法研究［D］. 济南: 山东建筑大学, 2017.

［108］赵鹏飞. 山东运河传统建筑综合研究［D］. 天津: 天津大学, 2009, 6.

［109］赵萍萍. 齐鲁文化背景下宗祠建筑形制及装饰研究［D］. 西安：西安建筑科技大学，2018.

［110］庄昭奎. 豫北平原地区传统民居营造技术研究［D］. 郑州：郑州大学，2015.

五、网络资源

［111］国际古迹遗址理事会乡土建筑和土质建筑遗产科学委员会（ICOMOS-CIAV&ISCEAH）2019年联合年度会议暨"面向地方发展的乡土和土质建筑保护"国际学术研讨会公告，http：//www. whitr-ap. org/index. php?classid=1529&newsid=2998&t=show

［112］https：//www. icomos. org/charters/vernacular_e. pdf，ICOMOS. Charter on the Built Vernacular Heritage，1999.

［113］莱芜和庄乡马杓湾村游记，https：//baijiahao. baidu. com/s?id=1616201785272999674&wfr=spider&for=pc

［114］Seaweed Roofs on Læsø，丹麦北日德兰行政大区（Region Nordjylland）旅游局官方网站，https：//www. visitnordjylland. com/north-jutland/destinations/seaweed-roofs-laeso

［115］Seaweed Roofs on Læsø，Denmark，https：//www. youtube. com/watch?v=7sfVq9eWMTI

［116］山东省二〇一八年县级以上行政区划变更情况，中华人民共和国民政部官方网站，http：//xzqh. mca. gov. cn/ssdescription?dcps=37&dcpid=2018

［117］山东气候概况，中国天气网山东站，http：//sd. weather. com. cn/sdqh/11/88004. shtml

六、项目档案

［118］传统建筑工程技术规范.

［119］济南长清孝里镇方峪村传统村落保护发展规划，2016.

［120］山东省第七次全国人口普查公报，2021.

［121］山东省第一次全国地理国情普查公报，2017.

［122］太河镇传统村落调研表.

［123］中国传统村落档案：370100-001.

［124］淄川区太河镇杨家庄村传统村落保护发展规划.

后 记

　　2016年孟春，适逢山东省乡村记忆展馆建设，山东建筑大学时任党委书记王崇杰教授嘱我完成一部关于山东传统村落保护研究的图书，盼两年完成。其后，在中国建筑工业出版社李东禧、唐旭主任与华南理工大学陆琦教授主导下，《中国传统聚落保护研究丛书》成功获批国家"十三五"重点图书规划项目。承蒙诸君抬爱，由我来负责承担该丛书山东聚落的研究与编写工作。随着相关田野调查工作的展开，愈觉系统整理山东传统聚落资源任务之繁巨。由此不敢懈怠，结合硕士研究生培养，先后完成山东省自然基金等相关领域课题9项，硕士学位论文9部，在上述工作基础上，这部书稿终于逾5年方成。其间多赖山东省住房和城乡建设厅村镇处、山东省文化和旅游厅文物保护处等遗产保护管理部门及山东省各市县地方政府部门的慷慨支持协助，尤其是中国建筑工业出版社胡永旭副总编辑、李东禧主任、唐旭主任，我校刘甦副校长，我院仝晖院长、任震副院长和乡土文化遗产保护国家文物局重点科研基地（山东建筑大学）诸位同仁始终如一的支持和帮助，特在此一并申谢，并以此书献给李东禧主任、王崇杰教授与以上诸君。

图书在版编目（CIP）数据

中国传统聚落保护研究丛书. 山东聚落 / 高宜生等
著. —北京：中国建筑工业出版社，2021.12
ISBN 978-7-112-26990-7

Ⅰ.①中… Ⅱ.①高… Ⅲ.①乡村地理—聚落地理—
研究—山东 Ⅳ.①K928.5

中国版本图书馆CIP数据核字（2021）第266941号

山东聚落在对山东省传统聚落与民居深入调研的基础上进行了系统梳理与分析研究，通过山东省历史演进变化、自然地理条件、社会人文环境、经济生产状况、栖居审美习俗、营建物质基础等聚落演化生成要素，剖析了山东省聚落格局与空间形态、典型风貌类型特征、民居建筑特色与乡村景观特点，系统总结山东省各地区传统聚落价值构成要素与民众栖居智慧蕴含，提出了山东省传统聚落保护传承发展需求与实践要求。本书可供建筑、城乡规划、风景园林、人文地理、文物保护等相关专业的读者及文化旅游爱好者参考阅读。

扫一扫
观看本书聚落视频资源

责任编辑：吴 绫 胡永旭 唐 旭 张 华 贺 伟
文字编辑：李东禧 孙 硕
书籍设计：付金红 李永晶
责任校对：王 烨

中国传统聚落保护研究丛书

山东聚落

高宜生 王代赟 等 著

*

中国建筑工业出版社出版、发行（北京海淀三里河路9号）
各地新华书店、建筑书店经销
北京锋尚制版有限公司制版
北京富诚彩色印刷有限公司印刷

*

开本：889毫米×1194毫米 1/16 印张：24 插页：7 字数：627千字
2022年9月第一版 2022年9月第一次印刷
定价：278.00元（含视频资源）
ISBN 978-7-112-26990-7
　　（36760）